DIE LATEINISCHE SPRACHE

Werner Eisenhut

DIE LATEINISCHE SPRACHE

Ein Lehrgang für deren Liebhaber

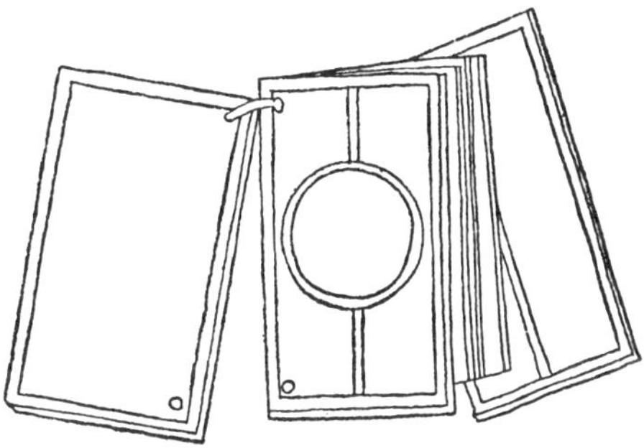

ARTEMIS VERLAG
MÜNCHEN UND ZÜRICH

Auf dem Titelblatt: römische Schreibtafeln

CIP-Kurztitelaufnahme der Deutschen Bibliothek

Eisenhut, Werner:
Die lateinische Sprache
e. Lehrgang für deren Liebhaber
Werner Eisenhut. - 5., verb. u. erw.
Aufl.
München ; Zürich : Artemis-Verlag, 1985.

ISBN 3-7608-1899-4

5., verbesserte und erweiterte Auflage 1985

Verlagsort München

Druck und Bindung: Pustet, Regensburg
Printed in Germany

Inhalt

Zur Geschichte der lateinischen Sprache

Die erste Vorlesung in deutscher Sprache an einer deutschen Universität wurde im Jahre 1688 von dem Professor der Rechtswissenschaft Christian Thomasius in Leipzig gehalten. Bis zu dieser Zeit und auch noch darüber hinaus war die Sprache der Wissenschaft Latein. Auch Francis Bacon und Thomas Hobbes schrieben lateinisch, Leibniz' und Descartes' Werke sind zum Teil lateinisch verfaßt. Dann aber machte sich der Nationalismus auch in der Wissenschaft breit, und man benützte die jeweilige Nationalsprache. In unseren Tagen erleben wir gewissermaßen eine Nachblüte dieses nationalen Selbstbewußtseins: Wissenschaftler kleinerer Nationen haben bis zum ersten und sogar noch bis zum zweiten Weltkrieg ihre Werke in lateinischer Sprache abgefaßt (falls sie es nicht vorzogen englisch, französisch oder deutsch zu schreiben), jetzt aber herrscht in den Veröffentlichungen ein babylonisches Sprachengewirr. Nur die katholische Kirche hält am Latein als Sprache ihrer weltumspannenden Organisation fest: Die Kurie bedient sich in ihren Bullen (*bulla* die Kapsel, nämlich die, in der die Pergamentrolle überbracht wurde), Enzykliken (griechisches Fremdwort: Rundschreiben), Dekreten (*decretum* Beschluß), Breven (*breve* kurz, davon deutsch Brief) der lateinischen Sprache.

Weltsprache war das Lateinische als Verwaltungssprache des römischen Reiches, als Juristensprache bis zur Gestaltung der nationalen Gesetzbücher, als zwischenstaatliche Verkehrssprache bis zum Westfälischen Frieden, als Sprache der Gebildeten bis in die Neuzeit. Vom Atlantik bis zum Schwarzen Meer, von Britannien bis Afrika erklangen zur Zeit der römischen Weltmachtstellung in dieser Sprache die Kommandos der Offiziere und die Bekanntmachungen der Verwaltung, in dieser

Sprache, die anfänglich nur der Dialekt einer Stadt, ja eines Dorfes in Mittelitalien gewesen war. Latinisch, *lingua Latina*, nannten sie die Römer, denn Rom gehörte zur Landschaft *Latium*. Das Latinische bildete zusammen mit dem Faliskischen den einen Hauptzweig des Italischen, den anderen nennt man den oskisch-umbrischen. Die Umbrer saßen in der Gegend um Gubbio, dem alten *Iguvium*. Das Kernland der Osker war *Samnium*; so hieß das im Osten von *Latium* gelegene Bergland. Von hier aus drangen die Römer im 5. Jahrhundert vor Chr. in die fruchtbare *Campania* (das Gebiet um Neapel) vor und brachen dort die Herrschaft der Etrusker, eines aus Kleinasien eingewanderten Volkes mit einer nicht-indogermanischen Sprache, eines Volkes, von dem einst ein großer Teil Italiens, auch Rom, beherrscht wurde. Das Etruskische können wir zwar lesen, denn die Schrift ist griechisch, aber noch nicht verstehen. Sicherlich wird uns die Entzifferung einmal wichtige Aufschlüsse über die Frühgeschichte Italiens geben. Natürlich bestand daneben eine Reihe von weniger bedeutenden Dialekten.

Mit der Ausbreitung der römischen Herrschaft jedoch gewann das Latinische so die Oberhand, daß man zur Zeit Caesars und Augustus' in ganz Italien die *lingua Latina* sprach. Freilich fanden sich hier und da noch Sprachinseln, z.B. war das Oskische aus seinem Gebiet noch nicht ganz verdrängt, in Mittelitalien konnte man zuweilen dem Etruskischen begegnen, im südöstlichen Unteritalien dem Messapischen (einer wohl zum Illyrischen gehörenden Sprache) und im Süden dem Griechischen: Griechen hatten einst dieses Gebiet besiedelt und saßen dort in so großer Zahl, daß man Unteritalien geradezu *Magna Graecia*, „das große Griechenland" nannte.

In Norditalien waren im 5. Jahrhundert Kelten eingedrungen, die den Etruskern das Gebiet entrissen und im Jahre 387 v.Chr. auf ihrem Vorstoß nach Süden Rom erreicht und niedergebrannt hatten.

Nur das Kapitol wurde gerettet. Nach römischer Überlieferung, die uns der Geschichtsschreiber Livius berichtet, versuchten die Gallier (so nannten die Römer diese keltischen Stämme) während der monatelangen Belagerung des Kapitols einen nächtlichen Überraschungsangriff in solcher Heimlichkeit, „daß sie den Wachen und sogar den Hunden, die doch durch jedes nächtliche Geräusch aufgeschreckt werden, unbemerkt blieben. Nur den Gänsen entgingen sie nicht, die die Verteidiger, weil sie der Iuno heilig waren, sogar in der größten Hungersnot geschont hatten. Das war Roms Rettung." (Liv. V 47) — Zur Erinnerung an dieses Ereignis werden heute noch auf dem Kapitol Gänse gehalten.

Das Gebiet nördlich von *Rubico* und *Arnus* wurde von den Römern *Gallia cisalpina* 'das diesseits der Alpen gelegene Gallien' genannt; erst im ersten vorchristlichen Jahrhundert wurde es vollständig romanisiert.

Die als Eroberer ins Land gekommenen Kelten haben keine eigensprachliche Literatur hervorgebracht; ihre Nachkommen gliederten sich in den römisch-lateinischen Kulturkreis ein. Daß die etruskischen Inschriftendenkmäler bis heute noch nicht befriedigend erklärt sind, wurde bereits erwähnt. In oskischer und umbrischer Sprache sind uns Stein- und Erztafeln erhalten, die nicht jünger als das zweite Jahrhundert sind, denn danach war die offizielle Sprache Latein. Die wichtigsten oskischen Inschriften sind ein Grundstücksvertrag zwischen den Städten *Nola* und *Abella* (Avella) und das Stadtrecht von *Bantia* (S. Maria de Vanze), die längste Inschrift aus dem Gebiet der politisch unbedeutenden Umbrer fand sich auf sieben Bronzetafeln aus *Iguvium* (Gubbio), auf denen Opfervorschriften aufgezeichnet sind.

Das Latino-Faliskische und das Oskisch-Umbrische bilden also zusammen den italischen Zweig des Indogermanischen. Beide sind nahe verwandt und haben charakteristische gemeinsame Unterscheidungsmerkmale den anderen indogermanischen Sprachen gegenüber. Die Unterschiede sind aber nicht so gering, daß sie einfach als kleine dialektische Varianten erklärt werden können, die nach der Landnahme in Italien auf Grund der räumlichen Trennung der Stämme entstanden seien. Außerdem hat man die Beobachtung gemacht, daß das Italische eine auffallend nahe Verwandtschaft zum Germanischen und ganz besonders zum Keltischen erkennen läßt. Aus diesen und anderen Gründen setzt sich jetzt immer mehr folgende Anschauung durch: Um 2000 v. Chr., vor ihrer Einwanderung in die Apenninenhalbinsel, saßen die Italiker im östlichen Mitteleuropa als Nachbarn der Kelten und Germanen. Die Einwanderung und Besiedlung erfolgte in zwei Schüben, zuerst die latinische Gruppe, dann die oskisch-umbrische, so daß sich die beiden italischen Sprachzweige zunächst gesondert weiterentwickelten. Durch die spätere geographische Nachbarschaft in Italien bildeten sich neue sprachliche Gemeinsamkeiten heraus. Über die genauere Zeit der Einwanderung der Indogermanen nach Italien, die im wesentlichen auf Grund archäologischer Zeugnisse bestimmt werden muß, ließ sich noch keine Einigkeit erzielen. Im zweiten Jahrtausend jedenfalls vollzog sich die Indogermanisierung Italiens, wahrscheinlich in der zweiten Hälfte; möglicherweise erfolgte der zweite Schub sogar erst zu Beginn des ersten Jahrtausends. Die Italiker saßen zunächst eine Zeitlang in Norditalien. Nach Süden gedrängt wurden sie von den Illyrern im Zuge der sogenannten 'illyrischen Wanderung' (in Griechenland der Anstoß zur 'dorischen Wanderung').

Viel war nun von 'Indogermanen' und 'Italikern' die Rede. 'Indogermanen': Dieser Begriff ist erst einhundertfünfzig Jahre alt. Im Jahre 1816 erschien in Frankfurt a. M. eine kleine Schrift „Über das Coniugationssystem der Sanskritsprache in Vergleichung mit jenem der griechischen, lateinischen, persischen und germanischen Sprache". Ihr Verfasser war Franz Bopp, den man zu Recht als den Begründer der modernen vergleichenden Sprachwissenschaft feiert. In dieser Abhandlung wurde zum ersten mal der Nachweis geführt, daß jene fünf Sprachen miteinander verwandt sind. Die Bezeichnung "indogermanisch" aber wurde erst einige

Jahre später geschaffen, sie ist die Abkürzung für Wilhelm Schlegels „indisch-lateinisch-persisch-germanisch" und wird seit den 20er Jahren des vorigen Jahrhunderts in Deutschland allgemein gebraucht. Im Französischen wird 'indo-européen', im Englischen 'Indo-European' bevorzugt.

'Indogermanisch' ist also ein sprachwissenschaftlicher Begriff. Das sollte man nicht ganz aus den Augen verlieren! Die anfängliche Begeisterung, mit der man sogleich auf eine indogermanische Ursprache und, da man sich das nicht anders vorstellen konnte, ein 'indogermanisches Urvolk' schloß, hat einer etwas größeren Vorsicht Platz gemacht. So naheliegend es ist, an eine indogermanische Ursprache zu denken, aus der sich die bekannten indogermanischen Sprachen genealogisch entwickelten (wie das Italienische, Rumänische, Rätoromanische, Sardische, Französische, Provenzalische, Katalanische, Spanische, Portugiesische aus dem Lateinischen) — und viele Gelehrte halten an dieser Theorie fest —, so könnten aber doch die jeweiligen Sprachen verschiedener Völker durch geographische Nachbarschaft und enge politische Beziehungen sich angenähert haben.

Ist man, wenn eigentlich auch erst in den letzten Jahren, mit der 'Ursprache' oder gar der 'Urvolk'-Theorie sehr zurückhaltend, der indogermanische Sprachstamm ist unbestreitbar. Dazu gehören das Indisch-Iranische ('Arische'), Armenische (mit dem verwandten Thrakisch-Phrygischen), Albanische, Griechische, Illyrische, Italische, Keltische, Germanische, Baltisch-Slavische, außerdem zwei erst Anfang unseres Jahrhunderts entdeckte, längst ausgestorbene Sprachen, das Hethitische (Tontafeln aus dem 14. und 13. Jahrhundert v. Chr. aus Boghazköi in Kappadokien) und das Tocharische (Ausgrabungen in Chinesisch-Turkestan).

Und das 'Uritalische'? Auch dieses hat noch eifrige Verfechter. Auch hier könnten jedoch verwandte indogermanische Sprachen, im wesentlichen also das Latinische und das Oskisch-Umbrische, zu einer engeren Verwandtschaft durch die räumliche Nähe ihrer Träger zusammengewachsen sein: Die trotz aller Gemeinsamkeiten großen Unterschiede legen dies nahe.

Man sieht, hier tappen wir noch sehr im Dunkeln. Um so besser kennen wir das Lateinische, dem ja unsere Betrachtung gilt und dem wir uns nun zuwenden wollen.

Schrift und Aussprache

Mit Schrift und Aussprache haben wir im Lateinischen kaum Schwierigkeiten. Wir könnten also gleich mit dem Lesen beginnen. Die Schriftzeichen sind uns bekannt: Das Alphabet, das wir im Deutschen benützen, ist ebenso wie das der meisten modernen europäischen Sprachen das lateinische. Und die Ausprache — aber wir wollen uns doch zunächst einmal vergewissern, wie die Schriftsteller und Dichter geschrieben haben, an die wir zuerst denken, wenn von 'Latein' die Rede ist, also etwa Caesar, Cicero, Vergil, Horaz, Ovid, Livius und Tacitus. Daß sie auf Pergament, das aus Tierhäuten gewonnen und sehr teuer war, Papyrus, hergestellt aus dem ägyptischen Papyrusrohr (die Rohre wurden in Streifen geschlitzt und diese nebeneinander und quer darüber gelegt, geleimt und gepreßt) und Wachstafeln schrieben, ist uns nicht neu. Wir wissen auch, daß die Inschriften auf Stein oder Erz oder — wovon wir heute natürlich keine mehr besitzen — auf geweißten Holztafeln im antiken Leben, besonders im Staatsleben, eine große Bedeutung hatten. Die Senats- und Volksbeschlüsse, Gesetze und Verordnungen, Bekanntmachungen und vieles andere wurden aufgezeichnet und öffentlich aufgestellt. Dazu kamen Weihe-, Ehren- und Grabinschriften in großer Zahl. Ein Teil der auf Erz verzeichneten und in Stein gehauenen Inschriften ist auf uns gekommen und immer neue werden durch Ausgrabungen gefunden. Eine Originalhandschrift eines antiken Schriftstellers allerdings haben wir nicht. Ihre Werke sind nur in Abschriften überliefert, die fast ausschließlich in mittelalterlichen Klöstern angefertigt wurden. Die meisten der vorhandenen stammen nicht aus früherer Zeit als aus dem 9. Jahrhundert, dem Jahrhundert der Karolinger, einer Epoche, in der die lateinischen Studien gewaltigen Aufschwung nahmen und die daher manchmal als 'karolingische Renaissance' bezeichnet wird.

Die erste Feststellung, die wir machen, ist, daß die Römer alles mit 'großen Buchstaben', Majuskeln, schrieben; die für die Handschrift viel bequemeren 'kleinen Buchstaben', die Minuskeln, entstanden erst allmählich aus den Majuskeln. Die Ausbildung der Minuskelschrift, die die Gebrauchsschrift für den täglichen Bedarf wurde, beginnt zwar schon früh, aber von einer wirklichen Minuskelschrift kann man nicht vor Ausgang der Antike und dem Beginn des Mittelalters sprechen. Wir schreiben jetzt im Lateinischen nur die Anfänge von Abschnitten, zuweilen auch von Sätzen, und die Eigennamen mit großen Anfangsbuchstaben. Letzteres allerdings kam erst zur Humanistenzeit auf, noch im Mittelalter schrieb man auch die Eigennamen klein. Bis ins erste vorchristliche Jahrhundert, also bis in Ciceros und Caesars Zeit, bestand das Alphabet aus den 21 Buchstaben

A B C D E F G H I K L M N O P Q R S T V X

Davon diente V zur Bezeichnung des vokalischen *u* und des halbvokalischen *v*, ebenso wurde I für vokalisches *i* und halbvokalisches *j* verwendet; also VALLVM = *vallum* und IVSTITIA = *iustitia*. Die Scheidung des *u* und *v* wie des *i* und *j* ist erst mittelalterlich. Wollte man konsequent sein, dürfte man in unseren Texten nicht für den u-Laut zwei, für den i-Laut aber nur ein Zeichen verwenden; tatsächlich aber wird fast allgemein *vallum* (nicht *uallum* oder *vallvm*), aber *iustitia* (nicht *justitia*) geschrieben. Wollen wir dies ändern? Aber sollten wir nicht auch noch einen Schritt weitergehen müssen und wie die alten Römer alles mit Majuskeln schreiben, ohne Satzzeichen, fast ohne Worttrennung, ja sogar fast ohne Satztrennung und erst recht ohne geregelte Silbenteilung?

CVMCAESARING	*Cum Caesar in Galliam*
ALLIAMVENITA	*venit, alterius*
LTERIVSFACTIO	*factionis*
NISPRINCIPESE	*principes erant*
RANTHAEDVIAL	*Haedui, alterius*
TERIVSSEQVANI	*Sequani*

(Caesar, *bell. Gall.* VI 12, 1)

Aber so tot ist das Lateinische gar nicht, daß wir nicht eine Entwicklung, die sich schon bei den Römern anbahnte und die im lateinisch sprechenden Mittelalter fortgeführt wurde, aufnehmen und unsere Texte nicht so schreiben dürften, wie dies in der rechten Spalte geschehen ist. Uns, die wir, anders als die Römer, mit Lesestoff übersättigt und Minuskeln und Satzzeichen gewöhnt sind, würde sonst das Lateinlesen wegen dieser Äußerlichkeiten große, dabei völlig unnötige Schwierigkeiten machen; zudem sind ja die mittelalterlichen Handschriften, die uns die Werke der römischen Schriftsteller und Dichter überliefern, in Minuskeln abgefaßt.

Das lateinische Alphabet bestand also bis zum ersten vorchristlichen Jahrhundert aus den genannten 21 Buchstaben. Übernommen wurde es von den Griechen, und zwar waren höchstwahrscheinlich die Etrusker die Vermittler, jenes Volk, das für die Geschichte Italiens von so großer Bedeutung ist. Bei den meisten lateinischen Buchstaben fällt die Ähnlichkeit mit den griechischen sofort ins Auge (wir dürfen bei beiden Alphabeten natürlich nur an die großen Buchstaben denken), und selbst wo das nicht der Fall ist, ist die Verschiedenheit nur scheinbar: D ist eine Rundform von Δ; H wurde teilweise auch im Griechischen für den h-Laut verwendet; L ist ein anders gestelltes Λ; R ist das auch im Westgriechischen verwendete 'geschwänzte P' ('Rho', gesprochen [r]); P und S sind Rundformen von Π und Σ (auch ϟ geschrieben); V ist das griech. Y (auch im Griechischen oft V geschrieben), das ursprünglich den Lautwert [u] hatte; F ist das griechische ϝ (Digamma, gesprochen [w]), das in klassischer griechischer Zeit bereits verloren war; Q ist das griechische ϙ (Koppa), in älterer Zeit für den k-Laut vor O und Y (gesprochen [u]) geschrieben, später begnügte man sich im Griechischen auch hier mit K; X bedeutet im Westgriechischen [ks], bezeichnet also den gleichen Laut wie das lateinische x, während es im sonstigen Griechischen für den Laut [kh] steht; C ist die Rundform des griechischen Γ; es wurde im Lateinischen ursprünglich für den stimmhaften wie den stimmlosen k-Laut verwendet, bald schon empfand man aber das Bedürfnis, zwischen beiden zu unterscheiden, daher machte man durch das C einen Strich: C, G.

Die Abkürzungen *C.* und *Cn.* für die römischen Vornamen *Gaius* und *Gnaeus* stammen aus der Zeit, in der noch kein Unterschied zwischen C und G gemacht wurde: Abkürzungen haben oft ein zähes Leben — so auch unser 'Ew.' für 'Euer' bei 'Ew. königliche Hoheit' u. ä.

Bei den k-Lauten hat das Lateinische in gewissem Sinne noch den alten Zustand erhalten, da man *equus*, *quis* usw. schreibt.

Das 'Christusmonogramm' XP (oft ineinander verschlungen) ist also eine Abkürzung aus den zwei Anfangsbuchstaben des Namens 'Christus', griechisch ΧΡΙΣΤΟΣ.

Zur Zeit des Augustus hatte man das Bedürfnis, einige griechische Fremdwörter lautrichtig zu schreiben. Dazu führte man zwei neue Buchstaben ein:

Y und Z.

So bestand das lateinische Alphabet jetzt aus 23 Buchstaben. Vorher hatte man griechisches Z durch S wiedergegeben (ζώνη = *sona*, 'Zone'), und für das griechische Y hatte man ja das V (wie wir eben feststellten, hatte das griechische Y ursprünglich den Lautwert [u]; κύμινον = *cuminum* 'Kümmel', κύμβη = *cumba* 'Kahn'). Zur Zeit des Augustus hatte sich die Aussprache des Y als [ü] im Griechischen allgemein durchgesetzt; infolgedessen war die Schreibung U für griechisches Y nicht mehr lautgerecht, und so kam auch im Lateinischen das *y* für Fremdwörter in die Schrift.

Nun haben wir aber im Lateinischen drei Zeichen für den k-Laut: C K Q. Sprechen wir einmal 'Kind — Kalb — Kuh'! Merken Sie, wie Sie das [k] jedesmal an einer anderen Stelle im Mund artikulieren? Zuerst vorn, dann in der Mitte und schließlich, vor dem dumpfen u, weit hinten auf den Kehlkopf zu. Bei den Etruskern, durch deren Vermittlung die Römer das Alphabet übernommen hatten, muß dieser Unterschied recht ausgeprägt gewesen sein. Die Römer empfanden es aber bald als lästig, drei Zeichen für den k-Laut zu haben, und zwar C vor *e* und *i*, K vor *a* und vor Konsonanten, Q vor *o* und *u*. Hätten sie dann doch z.B. *kano* 'ich singe', aber *cecini* 'ich habe gesungen' schreiben müssen! Daher hat sich Q nur noch in der Verbindung QV erhalten (*quis*, *quadriga*, *equus*: zu sprechen wie das deutsche [qu] in 'Quelle'), und K kommt nur noch in der Abkürzung *K.* = *Kaeso* (wieder ein Name wie bei *C.* und *Cn.*!) und in der Schreibung *Kalendae* (abgekürzt *Kal.*) vor. (*Kalendae*, wovon unser 'Kalender' abgeleitet ist, wird der erste Tag des Monats genannt); das Wissen um die Jahreseinteilung und damit die Jahresfeste der Götter gehört zum kultischen Bereich, und in diesem halten sich bekanntlich alte Sitten und Gebräuche.

Kalendae ist abgeleitet von *calare* 'rufen', einem nur im religiösen Bereich vorkommenden Wort. Am ersten Monatstag rief ein Priester die Ansetzung der Nonen aus, nämlich ob sie auf den 5. oder 7. Tag des laufenden Monats fallen würden. Damit waren auch die Iden festgesetzt, die auf den 13. oder 15. Tag des Monats fielen. Für diese beiden Tage hatten die Römer eine eigene Bezeichnung, da sie in alter Zeit, als das Jahr und die Monate nach dem Mond gerechnet wurden, von wesentlicher Bedeutung waren: Die Iden zeigten den Eintritt des Vollmondes an, die Kalenden waren bei Neumond. Durch Caesar wurden in den Monaten März, Mai, Juli, Oktober die Nonen auf den 7., folglich die Iden auf den 15. Tag festgesetzt, in den übrigen Monaten auf den 5. und die Iden auf den 13. Tag.

Mit den k-Lauten sind wir schon mitten in der Behandlung der Aussprache und dabei gleich bei einem wichtigen Punkt angelangt. Wer schon einmal davon gehört hat, daß im Lateinischen *c* 'verschieden ausgesprochen' werde, nämlich [*z*] vor *e* und *i*, sonst aber [*k*], wird sich wundern, daß die Römer nicht die beiden Zeichen *c* und *k* belassen haben, sondern das *k* aus ihrem Alphabet tilgten. Aber *c* wurde eben nicht verschieden ausgesprochen! Trotzdem wird die verschiedene Aussprache teilweise sogar noch in den Schulen gelehrt. Jedes *c* ist als [*k*] zu sprechen und nicht anders! Erscheint es Ihnen komisch, *Cicero* [*kikero*], *cella* [*kella*] (Kammer, Zelle) zu sprechen? Sie sind es nur nicht gewohnt! Oder ist etwa [*zizero, zella*] wirklich so schön? Erscheint es Ihnen auch komisch, 'Kaiser' zu sagen? Sicher nicht. Aber *Caesar* [*kaisar*] oder [*kaesar*] zu sprechen soll komisch sein? Nun werden Sie sich auch nicht mehr sträuben, *natio* mit [*t*], nicht [*nazio*], und *ratio*, nicht [*razio*] zu sprechen. Also sprechen wir richtig jedes *c* als [*k*] und jedes *t* als [*t*]! Warum sollten wir es auch komplizierter machen, wenn es noch dazu nicht einmal richtig wäre? Erst vom 4. nachchristlichen Jahrhundert an sprach man *c* vor *e* und *i* als [*z*] und *ti* als [*zi*]; *Cicero* [*kikero*] und *Horatius* [*horatius*] dachten noch nicht daran! Die romanischen Sprachen haben natürlich die späte Aussprache fortgesetzt und im deutschen Text mögen wir ruhig [*zizero*] usw. sprechen, genau so wie wir auch 'Horaz' sagen — und Vergil und Ovid. Die Namen der römischen Klassiker haben Heimatrecht bei uns! Und zwar in der eingedeutschten Form; im lateinischen Text lesen wir aber *Horatius*, *Vergilius*, *Ovidius*.

Woher wissen wir aber, wie die Römer das *c* und das *t* aussprachen? Dafür gibt es sehr viele Anhaltspunkte.

Hier ein paar Beispiele: Die Griechen gaben das lateinische *c* immer als κ wieder: Κικέρων, κήνσωρ (*censor*), und umgekehrt schrieben die Römer *Circe* für Κίρκη; die deutschen Lehn- und Fremdwörter, die auf frühe Zeit zurückgehen, bewahren den lateinischen k-Laut: Kaiser aus *Caesar*, Keller aus *cellarium* (dagegen — später übernommen! — Zelle aus *cella*); viele Alliterationen und Wortspiele entstehen nur dann, wenn jedes *c* gleich gesprochen wurde, wie z.B. Ciceros *cedant arma togae, concedat laurea laudi* (Waffen weichen der Toga, es weiche der Lorbeer dem Lobe, de off. I 22,77). Für *t* haben wir ebenfalls klare Beweise, z.B. schreiben die Griechen Λάτιον für *Latium* und die Römer *Spartiates* für Σπαρτιάτης.

Wieder zum Wort *Caesar*! Diesmal zum *ae*. Wenn wir korrekt sprechen wollen, dürfen wir das *ae* nicht als Umlaut [*ä*], sondern müssen es als Diphthong sprechen, etwa wie das [*ai*] im deutschen Wort Kaiser, nur etwas mehr zu [*ae*] hin: der Diphthong ist tatsächlich eine Zusammensetzung aus *a* + einem Laut, der zwischen *i* und *e* steht. 'Kaiser' kommt ja von *Caesar*, gotisch kaisar, ahd. keisur. Die Griechen nannten ihn daher richtig Καῖσαρ. Und die Römer schrieben Λακεδαίμων folgerichtig *Lacedaemon*. Immerhin mag man noch eher geneigt sein, den Umlaut zu sprechen, denn die Monophthongisierung setzt viel früher ein als die z-Aussprache: Wenn auch in Rom die Gebildeten noch bis ins 3. Jahrhundert hinein den Diphthong gesprochen haben, so ist vor allem außerhalb Roms die volkstümlichere Aussprache als [*ä*] schon länger nachweisbar. In Deutschland ist es heute fast allgemein üblich, *ae* wie [*ä*] zu sprechen, während in England und Amerika z.T. die richtigere diphthongische Aussprache bevorzugt wird (sonst allerdings ist häufig die englische — und französische — Aussprache des Latein, gemessen an der klassischen, mehr als schlecht).

Auch *oe* sollte man nicht als Umlaut sondern als Diphthong sprechen, also etwa wie deutsch 'eu' in 'heute', nur weniger [*oi*], dafür mehr [*oe*]. Geschriebenes *eu* ist wirklich *e* + *u*; es wurde noch zu Anfang der Kaiserzeit zweisilbig gesprochen, also *neutrum*: *ne-u-trum* dreisilbig.

Was jetzt noch zur Aussprache zu sagen bleibt, kann kurz abgemacht werden:

h war kaum hörbar. Das ist wichtig besonders für die Lesung von Dichtungen, denn die Metrik berücksichtigt es nicht, da *h* nicht als Konsonant, sondern nur als schwacher Hauch gilt.

c (= *k*!) *p t* sollte man ohne Hauchlaut sprechen, obwohl die neuhochdeutsche Aussprache für k, p, t in Wirklichkeit [k+h], [p+h], [t+h] ist. Im Französischen und Spanischen z.B. wird wie im Lateinischen unaspiriert gesprochen: Wenn wir französisch père: [phär] sprechen, sind wir sofort als Ausländer erkannt.

Das neuhochdeutsche k p t, also in Wirklichkeit [*kh*], [*ph*], [*th*] ist dagegen die richtige Aussprache für *ch*, *ph*, *th*. In Deutschland spricht man zwar allgemein *th* richtig [t + h] aus (das englische th gibt es im Lateinischen nicht): *theatrum* genau wie im Deutschen 'Theater', jedoch nicht richtig gibt man *ph* und meist auch *ch* wieder: *ph* als f-Laut zu sprechen und *ch* wie deutsches 'ch' ist eigentlich falsch; auch gr. φ und χ sind [p + h] und [k + h] bis in späte Zeit hinein: φιλοσοφία lat. *philosophia* wird erst spät und neugriechisch so ausgesprochen, wie wir 'Philosophie' sprechen; gleiches gilt für χορός lat. *chorus* 'Chor' (wo übrigens auch im Deutschen die k-Lautierung nicht zu verkennen ist!). Keinesfalls sollte man aber *schola* mit deutschem 'sch' durchgehen lassen, obwohl es 'Schule' heißt, es ist vielmehr [*skhola*] zu sprechen. — Es handelt sich bei diesen Lauten [*th*], [*ph*], [*ch*] nicht um rein lateinische, sondern sie kommen zunächst nur in griechischen Fremdwörtern vor (eben als lautrichtige Wiedergabe von θ φ χ). Allmählich drang das *ch* aber auch in echt lateinische Wörter ein, so in *pulcher* 'schön', das im Altlateinischen *pulcer* geschrieben wird.

Sprechen Sie bequemer und richtiger *gn* z.B. in *magnus* 'groß' aus wie 'ng' (in dt. Engel; die Sprachwissenschaft setzt dafür das Zeichen [ŋ]) + 'n', also [*maŋnus*]! Und tun Sie noch ein Übriges und sprechen Sie, ebenfalls bequemer und richtiger, *n* vor *g*, *c* und *q* auch als [ŋ] aus: *angina* 'Angina, Halsentzündung', *uncus* 'Haken', *quinque* 'fünf'.

Das *s*, in vielen Sprachen ein Kummer der Lehrenden und der Lernenden, ist im Lateinischen stets stimmlos zu sprechen wie 'ß' in dt. reißen. Muß man überhaupt erwähnen, daß man *statio* 'Standort, Posten' [*s*+*t*] und *spectaculum* 'Schauspiel' [*s*+*p*] zu sprechen hat? Ein Römer hätte sich mit Grauen abgewandt, hätte er '*schtatio*' (oder gar [*schtazio*]) und [*schpektakulum*] gehört!

Können Sie ein Zungen-r? Sprechen Sie das lat. *r* dann so aus!

War's viel? Sicher haben Sie sich selbst schon gesagt, daß man sich gar nicht viel merken muß, um das Lateinische richtig auszusprechen und zu schreiben, und daß es — was beim Lernen von Fremdsprachen doch immer so ärgerlich ist, da der erste und beste Elan damit verpufft — ganz ohne lange und schwierige Lautübungen abgeht. Sprechen Sie das Lateinische so aus, wie es dasteht, möchte man als ersten Rat geben. Tatsächlich hatten wir viel darüber zu sagen, wie man das Lateinische n i c h t aussprechen soll, obwohl man es oft so hört: Denken Sie nur an das *c* und das *t*! Sie brauchen also nicht ängstlich nach der Aussprachebezeichnung suchen, wie Sie dies mit gutem Grund vielleicht schon bei einer anderen Fremdsprache, die Sie erlernten, tun mußten.

Wie aber, werden Sie fragen, sollen wir b e t o n e n? Da ist, meinen Sie, bestimmt etwas zu lernen, bevor wir überhaupt anfangen dürfen! Doch auch die Betonung ist einfach: Man betont nach dem sog. 'Dreisilbengesetz': Ist die v o r l e t z t e   S i l b e lang, liegt der Ton auf dieser, ist sie kurz, auf der drittletzten Silbe. (Zweisilbige Wörter haben also immer den Ton auf der ersten Silbe; Betonung auf der letzten Silbe gibt es nicht.) Das ist alles!

Das Dreisilbengesetz gilt auch für Deklination und

Konjugation: *ménsa* der Tisch (Nom. Sing.) — *mensárum* der Tische (Gen. Plur.), *laúdo* ich lobe — *laudámus* wir loben. Das Deutsche dagegen beläßt den Ton auf der Stammsilbe.

Kurz ist eine Silbe, die einen kurzen Vokal enthält, lang ist eine Silbe, die langen Vokal oder Diphthong enthält; lang ist eine Silbe aber auch, wenn auf deren (kurzen) Vokal zwei oder mehr Konsonanten folgen.

Eine Silbe, die deshalb lang gemessen wird, weil auf ihren kurzen Vokal zwei oder mehr Konsonanten folgen, nennt man *positione* lang. Hier dient eine falsche Übersetzung als Gedächtnisstütze: *positione* (Ablativ des zur 3. Deklination gehörenden Wortes *positio*) soll eigentlich heißen 'durch Satzung, Abmachung, Übereinkunft'. Die griechischen Metriker, deren Bezeichnung θέσει die Römer mit *positione* übersetzten, meinten, die alten Dichter hätten 'ausgemacht' und als Regel eingeführt, daß eine Silbe, auf deren Vokal zwei oder mehr Konsonanten folgen, als lang zu gelten habe. In Wirklichkeit dauert bei deutlicher Aussprache tatsächlich eine solche Silbe länger als eine einfache kurze Silbe. Man kann sie auch als 'geschlossene' Silbe (ein Begriff, der bei der Erlernung moderner Sprachen oft eine Rolle spielt) bezeichnen. Da *positio* auch 'Stellung' heißen kann, so ist durch die Übersetzung 'durch Stellung' lang, die Sache klar ('steht' der Vokal vor zwei oder mehr Konsonanten gilt die Silbe als lang). Vielleicht verstanden die Römer ebenfalls so?

x und *z* (gesprochen [*ks*] und [*ts*]) gelten als zwei Konsonanten, nicht aber *qu* (obwohl es [*kw*] gesprochen wird). *h* hat, da es nicht als Konsonant sondern nur als Hauch empfunden wird, auf die Quantität der Silben keinen Einfluß. *h* + Konsonant längen also nicht.

Vokallänge und Silbenlänge sind nicht dasselbe; unrichtig wäre die lange Aussprache eines kurzen Vokals in positionslanger Silbe, also etwa des *e* von *acervus*.

Wenn Sie einen guten Rat befolgen wollen: Betonen Sie nicht nur richtig, sondern beachten Sie auch die Quantitäten der Vokale, d.h. sprechen Sie lange Vokale lang, kurze kurz. Das sollen Sie nicht nur, weil falsche Aussprache für ein römisches Ohr abscheulich klänge (wie klingt es, wenn jemand im Deutschen 'Vater' mit kurzem a, 'Schiff' mit langem i spricht? Die Antike war noch viel empfindlicher!), sondern auch, weil die römische Dichtung 'quantitierend' ist. Nicht die Wortbetonung nämlich (wie im Deutschen und den modernen Sprachen) ist für den lateinischen Vers ausschlaggebend (versbildend), sondern die Quantität der Silben. Sie lesen die Dichter mühelos, wenn Sie die Quantitäten beachten und haben die größten Schwierigkeiten, wenn Sie es nicht tun! Jeder, der Latein lernte, wird Ihnen dies aus eigener (meist leidvoller!) Erfahrung bestätigen.

Auch im Lateinischen ist es nicht anders als im Deutschen: Man unterscheidet zwischen 'Rose' und 'Rosse', 'Höhle' und 'Hölle' — zwischen *mālum* 'Apfel' und *mălum* 'Übel', *pōpulus* 'Pappel' und *pŏpulus* 'Volk', *occīdit* 'er tötet' und *occĭdit* 'er geht unter, stirbt'.

Das Deutsche bezeichnet Länge und Kürze der Vokale meist durch die Schrift: Dehnungs-h, ie, Verdoppelung von Konsonanten. Dergleichen hat das Lateinische nicht; Doppelkonsonanten sind wirklich zwei gesprochene Konsonanten.

Die Wörterbücher geben die Länge eines Vokals an indem sie ¯ auf den Vokal setzen (*ā*). Das Kürzezeichen (*ă*) spart man meist. Also sind alle nicht gekennzeichneten Vokale kurz. So wollen wir es ebenfalls halten (anfangs aber auch die Kürzen mit angeben). Nun gibt es aber, wie bereits gesagt, auch Silben, die kurzen Vokal haben, aber *positione* lang sind: Dafür wird manchmal das Zeichen ˘̄ (*ă̄*) verwendet; wir wollen es anfangs ebenfalls gelegentlich anwenden.

Verse

Beim Bezeichnen der Silben in Versen ist es, wie wir noch sehen werden, praktischer und daher allgemein üblich, nur ¯ und ˘ zu verwenden, so daß also diese beiden Zeichen (die über die Vokale gesetzt werden) für die Silben gelten; z.B. ist in dem unten zitierten Ovid-Vers *volūcris* geschrieben, sonst müßte *volŭ̄cris* stehen, denn das *u* ist kurz, aber die Silbe *positione* lang (*volucris* ist Gen. zu *vŏlŭcĕr*).

Etwas Besonderes ist bei der 'Positionslänge' noch zu beachten, das wir vor allem für die Lektüre von Dichtern wissen müssen; das ist die Lautverbindung *muta* + *liquida*: Eine solche Verbindung bewirkt nämlich nicht immer Positionslänge. — Die sog. Mutae sind die K P und T-Laute, also *c* (*k*) *g*, *p b*, *t d*, die Liquidae, zu denen auch die Nasale gerechnet werden, *l*, *r*, *m*, *n*.

Eine Silbe, die lang oder kurz sein kann, nennt man (*syllaba*) *anceps*, d. h. 'doppelköpfig, schwankend'; als Zeichen dient ˘̄ oder ¯̆. Von Ovid wird in einem Hexameter (Metam. 13, 607) dasselbe Wort zuerst mit langer, dann mit kurzer Mittelsilbe verwendet: *ét prīmō sĭmĭlĭs vŏlŭcrī, mōx vērā vŏlŭcrĭs.*

et ist eigentlich kurz, durch Position aber lang, ebenso die letzte Silbe von *similis*; *mox* hat kurzen Vokal, aber da ein *x* (und hier sogar ein weiterer Konsonant) folgt, wird es lang gemessen. — Der Sinn des Verses soll uns zunächst noch nicht beschäftigen.

Gehören die Konsonanten *muta* + *liquida* aber verschiedenen Wörtern oder in Zusammensetzungen verschiedenen Wortbestandteilen an, so tritt immer Positionslänge ein: *ăb-rumpo* (ich reiße ab), *ŏb-rogo* (ich hebe [ein altes Gesetz durch ein neues] auf), *ŭt rupes.*

Man könnte die Regel über die Positionslänge auch so fassen: Offene Silben (d. h. mit Vokal schließende) sind — falls der Vokal kurz ist — kurz, geschlossene (d. h. mit Konsonant schließende) sind immer lang. — Dabei ist nur zu beachten, daß im Satzzusammenhang auch eine Silbe wie z. B. *et* 'und' 'offen' ist, wenn ein Vokal folgt: *et enim.*

Die Betonung des einzelnen Wortes richtet sich nur nach diesem, für die Metrik aber, also für die Lektüre von Dichtern, ist immer der ganze Vers maßgebend, d. h. wenn auf einen kurzen Vokal zwei oder mehr Konsonanten folgen, ist die Silbe lang, gleichgültig, ob die Konsonanten zum gleichen Wort oder ob sie ganz oder teilweise zum folgenden gehören. Z. B. beginnen Vergils Georgica mit den Worten: *Quĭd făcĭāt laētās sĕgĕtēs...*: eigentlich *quĭd* und *facĭăt.* Da jedoch jeweils noch ein Konsonant folgt: *quīd faciāt laetas.*

Aber die Verbindung *muta + liquida* am Wortanfang längt nie! Z.B. *sī mŏdŏ praēsentis...* (Prop. II 30, 12): Das *pr* von *praesentis* bewirkt nicht Positionslänge von *modo*. Auch *fr* am Wortanfang längt meist nicht: *ēxērcētquĕ frĕquēns...* (Verg. Georg. I 99): *que* bleibt kurz.

Bei Versen ist noch zu beachten, daß zwei aufeinanderfolgende Vokale am Wortende und Wortanfang (nicht innerhalb eines Wortes) miteinander verschmolzen werden oder, wie meist gelesen wird, daß der erste Vokal ausgestoßen ('elidiert') wird (*credo equidem* : *cred' equidem*; s. S. 115); ob der erste (ausgestoßene) Vokal lang oder kurz ist, spielt keine Rolle für den Vers, es gilt nur der zweite (daher *crēd' ĕquĭdem*, obwohl *crēdō*). Das gleiche gilt für Vokal mit *m* (nicht *n!*) und folgenden Vokal (*exegi monumentum aere perennius*: *monument' aere*; s. S. 246). Nur bei *est* wird das *e*, also der zweite Vokal, elidiert (*ut fama est* : *ut fama'st*; s. S. 182).

Wir haben hier, damit alles beisammen steht und Sie später gelegentlich nachsehen können, auch die Quantitätsgesetze in der lateinischen Dichtung behandelt. Fürs erste aber mag es genügen, wenn Sie das aufgenommen haben, was jenseits der Überschrift 'Verse' steht.

Das Deklinieren und Konjugieren

Wie das Deutsche ist das Lateinische eine flektierende Sprache. Das heißt, die Funktion der Wörter im Satz wird durch bestimmte Veränderungen an den Wörtern gekennzeichnet. 'Der Tisch, des Tisches, dem Tische, den Tisch, die Tische' usw. — 'ich lobe, du lobst, er lobt, wir loben, ihr lobt, sie loben; ich lobte' usw. Wenn wir nun das lateinische Wort *mēnsa*, das 'Tisch' heißt, deklinieren wollen, so stellen wir gleich fest, daß es im Lateinischen keinen Artikel gibt, weder einen bestimmten (der, die, das) noch einen unbestimmten (ein, eine, ein). Es muß sich also aus dem Satzzusammenhang ergeben, ob *mēnsa* mit 'der Tisch', 'ein Tisch' oder vielleicht auch nur mit 'Tisch' zu übersetzen ist. Im Plural hat das Deutsche bekanntlich auch nur den bestimmten Artikel, nicht aber den unbestimmten: 'der Tisch — ein Tisch', aber 'die Tische — Tische'. — *laudō* allein heißt schon 'ich lobe' und *laudās* 'du lobst' usw.; man erkennt also allein an der Endung, ob es sich um die 1., 2., 3. Person handelt. Es gibt zwar Wörter für 'ich, du, er', aber das Lateinische verwendet sie nur unter ganz bestimmten Umständen, die wir noch kennen lernen werden.

'Deklination, deklinieren' nennt man das 'Beugen' von Substantiven, Pronomina und Adjektiven, 'Konjugation, konjugieren' das von Verben.

Aber noch können wir nicht mit dem Deklinieren anfangen, denn im Deutschen gibt es nur vier Kasus ('Fälle' — der Plural von 'Kasus' heißt ebenfalls 'Kasus'), im Lateinischen sechs. Das ist keine sonderliche Erschwerung, wie wir gleich mit einiger Beruhigung feststellen werden.

Da ist zunächst der '5. Fall', der 'Vokativ'. Das ist der 'Anrufe- oder Anredefall'; *vocāre* heißt nämlich 'rufen, anrufen'. Er wird gebraucht, wenn man jemand 'anruft' oder 'anredet': 'o Mensch', 'Cäsar', 'Vater unser'. Im Deutschen tritt also manchmal 'o' oder auch 'o du' vor das Substantiv. Im Deutschen — und meist auch in unseren lateinischen Texten — steht vor und nach dem Vokativ ein Komma. *Ave, Caesar!* 'Sei gegrüßt, Cäsar!' Eine eigene Form hat der Vokativ nur in der o-Deklination, sonst ist er dem Nominativ gleich.

Der '6. Fall', der 'Ablativ'. Der Name (*auferre* — Partizip Perfekt Passiv: *ablātum* — 'wegnehmen') bezeichnet ihn als Kasus des 'Wegnehmens', besser: Kasus der Woher-Richtung. Das ist aber nur eine seiner Funktionen. Am häufigsten verwendet wird er jedoch als Kasus, der Mittel und Werkzeug bezeichnet (sog. *Instrumentalis*: *īnstrūmentum* 'Mittel, Werkzeug, Instrument'). Er steht also auf die Frage 'womit?, wodurch?', man kann einsetzen 'mit Hilfe von'. 'Ich schreibe mit einer Feder'. — 'Ich kämpfe mit dem Schwert und schütze mich mit dem Schild'.

Auch das Russische hat einen Instrumentalis.

Im Plural sind die Formen des Ablativs in allen Deklinationen gleich denen des Dativs. Sehr oft ist das auch im Singular der Fall. Im Griechischen ist dieser Prozeß der Angleichung vollendet, der Ablativ ist als eigener Kasus verloren gegangen, seine Funktion erfüllt der Dativ.

Auch das Deutsche hat bekanntlich keinen Ablativ, seine Funktionen werden durch Präpositionen wahrgenommen, wie ja überhaupt die Präpositionen die Kasus immer mehr verdrängen. Das Deutsche ist in unserer Zeit von einem ähnlichen Prozeß bedroht. Wir schreiben zwar 'das Haus meines Vaters'. Wo aber spricht man noch so, vor allem in lässigerer Sprechweise? Da heißt es 'das Haus von meinem Vater'. Im Englischen und im Französischen haben die Kasus ihre selbständigen Endungen ganz aufgegeben; im Englischen hat sich nur noch der sog. 'sächsische Genitiv' (mit der Endung 's) für die Bezeichnung der Zugehörigkeit zu einer Person gerettet. Im Akkusativ hat sich anders als bei diesen beiden modernen Sprachen im Deutschen eine besondere Wortform wenigstens für das Maskulinum des Artikels erhalten: 'den Vater', aber 'die Mutter', 'das Haus'; 'einen Vater', aber 'eine Mutter', 'ein Haus'.

Die eindeutige Bezeichnung der Kasus durch Endungen erlaubt es dem Lateinischen die Wortstellung innerhalb des Satzes frei zu gestalten, ohne Mißverständnissen Vorschub zu leisten. Feste Stellungsregeln gibt es kaum, nur pflegt das Adjektiv hinter seinem Substantiv zu stehen, außer wenn es besonders betont ist, und das Verbum steht meist am Ende des Satzes. Satzanfang und Satzende sind (wie Versanfang und -ende) betonte Stellen: Dies ist ein wesentlicher Grund für die Endstellung des Verbums (am Satzanfang pflegt das Subjekt oder sonst ein betontes Wort zu stehen).

Die a-Deklination (*mēnsa* der Tisch)

	Singular	Plural
Nominativ	*mēns-ă*	*mēns-ae*
Genitiv	*mēns-ae*	*mēns-ārum*
Dativ	*mēns-ae*	*mēns-īs*
Akkusativ	*mēns-ăm*	*mēns-ās*
Vokativ	*mēns-a*	*mēns-ae*
Ablativ	*mēns-ā*	*mēns-īs*

Mit der Betonung haben wir keine Schwierigkeit: Daß der Gen. Plur. *mensárum* betont wird, ergibt sich aus dem uns schon bekannten 'Dreisilbengesetz': die vorletzte Silbe ist lang, also Betonung auf dieser.

Die Endung *-a* im Nominativ und Vokativ Sing. ist kurz, im Ablativ Sing. lang. Dies zu wissen, wird uns auch bei der Lektüre von Dichtern noch manchmal nützlich werden.

sŭ́mma sŭ́mmārum

Summe der Summen

sagen wir noch heute für das Endergebnis.

sŭ́mma ist also die 'Gesamtzahl'. Vielleicht zuerst als 'oberste (*summa*) Zeile' (*linea, -ae*) gedacht, da man beim Addieren die einzelnen Zahlen zwar wie wir untereinander, die Summe aber darüber schrieb. *summa summarum* ist also das Ergebnis aller Additionen.

Sehen wir uns die einzelnen Kasus und Formen näher an. Daß einige Formen gleich lauten, darf uns nicht wundern: Das gibt es in allen Sprachen. Die Endungen haben wir getrennt vom Wortstamm geschrieben, grob gesagt, an den Stamm die Endung 'angehängt'.

Nominativ: 'Nennform'; so 'nennt' man das Wort (*nōmĭnārĕ* nennen), so steht es in den Wörterbüchern. Man fragt 'wer oder was?'.

Der Genitiv bezeichnet die Abstammung, die Zugehörigkeit oder den Besitzer (*gīgnĕrĕ* erzeugen). Man fragt 'wessen?'.

Der Dativ heißt eigentlich 'Gebe-Fall' (*dărĕ* geben). Er bezeichnet die Person oder den Gegenstand, dem die Handlung gilt. Man fragt 'wem?'.

Beim Akkusativ ist der Name irreführend. *accūsātīvus* ist nämlich die Übersetzung der griechischen Bezeichnung αἰτιατικὴ πτῶσις 'Ursache-Fall'; da aber αἰτιᾶσθαι sowohl 'verursachen' wie 'anklagen' heißen kann, haben schon die alten Grammatiker den eigentlichen Sinn mißverstanden und *accūsātīvus*, 'Anklage-Fall', übersetzt (*ăccūsārĕ* 'anklagen'). Er bezeichnet die unmittelbare Ergänzung des Verbums: ich lobe: wen? Man fragt 'wen oder was?'.

Über Vokativ und Ablativ sprachen wir eben schon.

Das Indogermanische hatte 8 Fälle: 1.—5. Fall wie im Lateinischen, im 6. Fall sind drei indog. Fälle vereinigt, der eigentliche Ablativ der Trennung, der Instrumentalis und zum Teil der Lokativ ('Orts-Kasus', *lŏcŭs* Ort, Platz, Stelle; er steht auf die Frage 'wo?').

Seien wir froh, daß wir uns nicht mit dem 'Dual', der die Zwei-Zahl ausdrückt, abzugeben brauchen: Auch das gab's im Indogermanischen (Reste sind sogar noch im Griechischen erhalten). Das Lateinische hat nur Singular und Plural.

In der Verbindung *pătĕr fămĭlĭās* der Hausvater, gelegentlich auch *mātĕr fămĭlĭās* die Hausmutter, Frau des Hauses, begegnet uns die alte Genitivendung *-ās*.

pater familias ist für den Römer ein wesentlicher juristischer Begriff, ja geradezu ein Begriff sakraler Heiligkeit. Unter *familia* verstand man alle Personen, die zum Haus gehörten, also Eltern, erwachsene und kleine Kinder, Sklaven und überhaupt alle, die im Verband der Familie lebten. Das älteste männliche Familienmitglied war der *pater familias*, der in alter Zeit geradezu unbeschränkte Verfügungsgewalt über Menschen und Sachen hatte. Auch in historischer Zeit ist sein ererbtes Recht kaum eingeschränkt, wenn auch die tatsächliche Anwendung viel lockerer gehandhabt wurde. In älterer Zeit war es nicht ungewöhnlich, daß sich selbst ein Konsul, der höchste Beamte des Staates, — als Vertreter des Staates nach außen und innen mit größter Machtvollkommenheit ausgestattet — privatrechtlich noch in der 'Gewalt' des Vaters befand. Selbst in späterer Zeit bedurfte es der ausdrücklichen, formellen Entlassung aus der väterlichen Gewalt, wenn der Sohn juristisch eigenen Rechtes werden sollte.

Wenn wir uns jetzt der Konjugation zuwenden, so können wir schon beginnen, einfache Sätze zu bilden.

laudō	ich lobe	*laudā́-mŭs*	wir loben
laudā-s	du lobst	*laudā́-tĭs*	ihr lobt
laudă-t	er lobt	*laúdă-nt*	sie loben

Infinitiv: *laudā-rĕ* (zu) loben
Imperativ: *laudā* lobe *laudā-tĕ* lob(e)t

Die 1. Person *laudō* ist kontrahiert aus *laudā-ō*. Die Betonung richtet sich wieder streng nach dem Dreisilbengesetz, daher *laúdat*, aber *laudā́mus*, *laudā́tis*. Wir bemerken, daß *laudăt* mit kurzem *a* geschrieben ist: 'Alle Vokale in Endsilben, die auf einen anderen Konsonanten als *-s* auslauten, werden gekürzt', lautet eine Regel. Die Endsilbe von *laudant* ist *positione* lang! Als Imperativ Sing. dient der reine Stamm.

Es liegt zwar auf der Hand, daß mit einer von fünf lateinischen Deklinationen und dem Präsens Indikativ, dem Infinitiv und Imperativ einer von vier Konjugationen nicht allzu viel anzufangen ist. Doch was waren das noch für harmlose Zeiten, als man Sätze wie *puella reginae rosam dat* 'das Mädchen gibt (schenkt) der Königin eine Rose' nicht komisch fand! Oder *agricola aviam salutat* 'der Bauer grüßt die Großmutter', oder *laudate nautam, puellae!* 'lobt den Seemann, (ihr) Mädchen!'.

Trotzdem ein Blick auf die eben zitierten Sätze: Zunächst stellen wir fest, daß Sachen (*rosa*; *mensa* kennen wir vom Deklinationsschema) und Personen (*puella*, *agricola*, *nauta*) in dieser Deklination zu finden sind. Wir merken uns: Die Wörter der a-Deklination sind Feminina, natürlich außer denen, die Männer bezeichnen. *agricola* 'Bauer, Landmann' (Fremdwort 'Agrikultur') und *nauta* 'Seemann' ('Nautik') sind also Maskulina. Wir werden das brauchen, sobald zu den Substantiva Adjektiva treten.

Gehen wir zur o-Deklination, dann haben wir nicht nur eine Reihe von Substantiven erschlossen, sondern können auch eine der beiden Hauptgruppen von Adjektiven in allen ihren Formen deklinieren.

hortus der Garten:

	Sing.	Plur.
Nom.	*hŏrt-ŭs*	*hŏrt-ī*
Gen.	*hŏrt-ī*	*hŏrt-ōrŭm*
Dat.	*hŏrt-ō*	*hŏrt-īs*
Akk.	*hŏrt-ŭm*	*hŏrt-ōs*
Vok.	*hŏrt-ĕ*	*hŏrt-ī*
Abl.	*hŏrt-ō*	*hŏrt-īs*

Das soll eine o-Deklination sein? Ja, denn es hieß früher *hortos*, nicht *hortus*; *hortoi*, nicht *horti*; *hortom*, nicht *hortum* usw. *-os* und *-om* haben sich bis zum Ende der Republik erhalten, falls *u* oder *v* vorhergeht. Daher *tuos servos* 'dein Sklave' (Plautus, s. S. 168); Akk. *servom*, *equom* usw.

Die Wörter der o-Deklination auf *-us* sind Maskulina. Es gibt in dieser Deklination auch Wörter auf *-um*: Diese sind Neutra.

templum der Tempel:

	Sing.	Plur.
Nom.	*tĕmpl-ŭm*	*templ-ă*
Gen.	*templ-ī*	*templ-ōrum*
Dat.	*templ-ō*	*templ-īs*
Akk.	*templ-ŭm*	*templ-ă*
Vok.	*templ-ŭm*	*templ-ă*
Abl.	*templ-ō*	*templ-īs*

Da fällt uns auf: Drei Kasus sind gleich, nämlich Nom., Akk. und Vokativ, und im Plural ist die Endung in diesen Kasus *-ă*. Das wollen wir uns für alle Neutra aller Deklinationen (in der a- und in der e-Dekl. jedoch gibt es keine Neutra) merken: Die Neutra haben drei gleiche Kasus (Nom., Akk., Vok.), und im Plural haben sie in diesen Kasus die Endung *-ă*.

Nun können wir auch bereits die Adjektiva auf *-us*, *-a*, *-um* deklinieren:

bŏn-us equ-us das gute Pferd (ein g. Pf.): Maskulinum
bon-ī equ-ī des guten Pferdes
usw.

bon-a puella das gute Mädchen (ein g. M.): Femininum
bon-ae puell-ae des guten Mädchens
usw.

bon-um aur-um gutes Gold: Neutrum
bon-ī aur-ī des guten Goldes
usw.

Auch für das Neutrum der Adjektiva gilt die Regel von den drei Kasus! — Das Adjektiv *bonus*, *-a*, *-um* 'gut' ist meist betont, steht also meist vor dem Substantiv. Sonst aber stehen die Adjektiva, wie wir bereits wissen (S. 26), nach dem Substantiv.

lupus in fābulā der Wolf in der Fabel

sagen wir, wenn plötzlich jemand erscheint, von dem wir soeben sprachen. Manchmal ist das geradezu ein Ausruf des Schreckens: So ruft auch bei Terenz, nach dem wir das Wort zitieren, der schlaue Sklave aus, als höchst unerwünscht der Vater des jungen Herrn erscheint.

Die Sklaven, in den römischen Komödien wie in deren griechischen Vorbildern meist schlau und verschmitzt, helfen den jungen Herrn beim Ausgeben des Geldes, das der geizige Alte zusammenhalten will. — Schlecht ging es den Sklaven in der römischen Familie nicht. Nur die Sklaven, die Landarbeit verrichten mußten, und besonders die auf den Gütern der Großgrundbesitzer, waren übel daran. Unbeschränkt ist das Recht des Herrn über den Sklaven; erst in der Kaiserzeit wurden allzu grausame Bestrafung und Tötung ohne triftigen Grund verboten. — Der Ursprung der sprichwörtlichen Redensart ist unklar.

Die Präposition *in* wurde also hier mit dem Ablativ gebraucht. Sie steht mit Ablativ auf die Frage 'wo?', mit Akkusativ auf die Frage 'wohin?': *in oppidō* in der (Land-)Stadt, *in oppidum* in die (Land-)Stadt; *oppidum* ist Neutrum der *o*-Deklination.

Maskulina auf *-us* und Neutra auf *-um* kennen wir also. Nun gibt es in der o-Deklination aber auch Maskulina auf *-er*. Das sind Wörter, deren Stamm auf *-r* endigt und die — genau besehen — die Endung *-us* nur verloren haben. Nur wenige Wörter mit Stamm auf *-r* haben die Endung *-us* behalten, so *mūrus*, *-ī* Mauer und *taurus*, *-ī* Stier.

Unterscheiden muß man aber zwischen den Wörtern, bei denen das *e* zum Stamm gehört und solchen, bei denen es nur aus klanglichen Rücksichten eingeschoben ist. Die ersteren behalten das *e* in allen Kasus, die anderen dagegen haben es nur im Nominativ und Vokativ; da alle anderen Kasusendungen mit Vokal beginnen, besteht kein Grund, weshalb ein *e* eingeschoben werden sollte. Der Vokativ hat sich dem Nominativ angeglichen.

Wörter mit echtem, zum Stamm gehörendem *e* sind nur: *puer* der Knabe, *vesper* der Abendstern, Abend (Fremdwörter vespern, die Vesper), *gener* der Schwiegersohn, *socer* der Schwiegervater und das nur im Plural vorkommende Wort *līberi* die Kinder.

Wortstamm mit *e* (*puer* der Knabe):

puer	*puer-ī*
puer-ī	*puer-ōrum*
puer-ō	*puer-īs*
puer-um	*puer-ōs*
puer	*puer-ī*
puer-ō	*puer-īs*

Wortstamm ohne *e* (*ager* der Acker)

ăger	*agr-ī*
agr-ī	*agr-ōrum*
agr-ō	*agr-īs*
agr-um	*agr-ōs*
ager	*agr-ī*
agr-ō	*agr-īs*

ager hat also kurzes *ă* (wir bezeichnen, wie schon betont, im allgemeinen nur noch die langen Vokale!); in den anderen Kasus steht das *a* vor zwei Konsonanten, die Silbe gilt also als lang.

Auch der ebenfalls auf *-r* endigende Stamm *vir* der Mann hat die Nominativendung verloren, wird also so dekliniert:

vĭr, *vir-ī*, *vir-ō* usw.

Wie Substantiva, so gibt es auch Adjektiva auf *-er*; auch sie bestehen aus den zwei Gruppen, solchen mit zum Stamm gehörendem *e* und solchen ohne *e* im Stamm. Zum Stamm gehört *e* nur bei *asper* rauh, *tener* zart, *miser* elend, unglücklich und *līber* frei, dazu bei allen, die auf *-fer* (von dem nach der 3. Konjugation gehenden Verbum *ferō* ich trage) oder *-ger* (von dem ebenfalls nach der 3. Konjugation gehenden *gerō* ich trage) endigen, wie *frūgifer* fruchttragend, fruchtbar, *armiger* waffentragend (als Subst. Waffenträger).

līberī kann also 'die Freien' oder 'die Kinder' bedeuten. Tatsächlich sind *līberī* eigentlich nur die 'freien' (ergänze: Kinder). Ein Wort für den Singular 'das Kind' gibt es im Lateinischen nicht, dem Römer genügte dafür *puer* und *puella* (*puella* aus *puer-la*: das *r* wurde durch Assimilation zu *l*; Assimilation 'Angleichung' von *assimilāre* ähnlich machen, angleichen); logischerweise muß ja in der Einzahl das Kind entweder ein Knabe oder ein Mädchen sein. Ein Wort, das nur im Plural vorkommt, nennt man *plurale tantum* (*tantum* nur); weitere Beispiele sind u. a. *arma* (neutr.) Waffen, *castra* (neutr.) das Lager, die Lager. Man verwendet *līberī* auch kaum zur Bezeichnung des bloßen Lebensalters, sondern meist in Verbindung wie 'kämpfen für Kinder und Vaterland': *prō līberīs et patriā pūgnāre* (*prō* für: diese Präposition steht nur mit Ablativ):

und da kommen natürlich nur die freigeborenen Kinder in Betracht. *līberī* sind im Gegensatz zu den *servī* die freien Kinder der Familie.

Die Deklination ist ganz entsprechend der der Substantiva. Die drei Genera (Geschlechter) lauten also (*līber* frei, *niger* schwarz):

līber	*līber-a*	*līber-um*	*niger*	*nigr-a*	*nigr-um*
līber-ī	*līber-ae*	*līber-ī*	*nigr-ī*	*nigr-ae*	*nigr-ī*
usw.			usw.		

dexter recht (Gegensatz *sinister* link) hat beide Formen: mit und ohne *e*; also: *dexter dexter-a dexter-um* oder *dexter dextr-a dextr-um* (*sinister* aber immer ohne *e*: *sinistr-a sinistr-um*!).

Nicht zu verwechseln: *līber lībera līberum* frei, *līberī* die Kinder und *liber*, Gen. *libr-ī* (dekl. wie *ager*, *agrī*) das Buch.

Das bekannte Wort

habent sua fáta libéllī

würde in schlichte Prosa übertragen lauten: *librī sua fāta habent* 'Bücher haben ihre Schicksale'. Das Wort stammt aus einem Gedicht (*carm. her.* 258) des spätlateinischen Schriftstellers Terentianus Maurus (um 200 n.Chr.); *libellus* ist die Verkleinerungsform zu *liber* 'Buch' und wird öfter anstatt *liber* gebraucht.— *habent* ist 3. Pers. Plur. Präs. 'sie haben' (wir werden das Wort noch konjugieren lernen). — *su-us su-a su-um*, ganz regelmäßig dekliniert wie ein Adjektiv, heißt 'sein, ihr, sein', ist also das Possessiv-Pronomen (besitzanzeigendes Fürwort); es richtet sich nach dem dazugehörenden Substantiv, hier nach *fāta* 'Schicksale', zu *fātum*, *-ī* 'das Schicksal' (also Neutr. der o-Dekl.). Die Stellung ist aus metrischen Gründen so gewählt, wie ja überhaupt in der lateinischen Dichtung die Wortstellung noch freier ist als in der Prosa.

fātum 'Schicksal, Geschick' ist das, was die Menschen — oder hier die Bücher — notwendig trifft. Nie ganz geklärt war im Altertum das Verhältnis zwischen göttlicher Weltregierung und dem *fātum*. Steht das *fātum* über den Göttern? Müder Fatalismus ist dem antiken Lebensgefühl aber durchaus fremd, die persönliche Verantwortung des Menschen ist selbstverständlich. Schon der alte Appius Claudius (um 300 vor Chr.) hatte gesagt, und dies wurde zum Sprichwort, daß jeder seines Glückes Schmied sei.

Eben haben wir gehört, daß *habent* sie haben heißt. Wenn Sie nun hören, daß dies ein Wort der e-Konjugation ist und daß die Endungen der e-Konjugation die gleichen sind, wie die der a-Konjugation, so können Sie sofort konjugieren. Die 1. Pers. Sing. wurde in der a-Konj. kontrahiert, in der e-Konj. jedoch nicht — das ist der ganze Unterschied.

hăbĕ-ō	*habḗ-mus*	Infinitiv: *habē-re*
habē-s	*habē-tis*	Imperativ: *habē habē-te*
habĕ-t	*habe-nt*	

Die Betonung ist regelmäßig nach dem Dreisilbengesetz, daher *habḗmus*, *habḗtis*, denn das *e* ist, wie das *a* der a-Konj., lang; kurz aber in *habĕt*, da, wie wir schon hörten (S. 29), alle Vokale in Endsilben, die auf einen anderen Konsonanten als *s* auslauten, gekürzt werden (daher *habēs* wie *laudās*), aber auch das *e* in *habĕo*, denn eine andere Regel lautet: Vokal vor Vokal wird kurz. Imperativ Sing. ist wieder der reine Stamm.

Wir wollen hier den Indikativ Präsens aller Konjugationen kennen lernen, da man ja ohne Verba keine Sätze bilden kann. Später werden wir dann die Verbalformen auch der anderen Tempora und Modi finden.

Die i-Konjugation (*audīre* hören):

aúdĭ-ō	*audī́-mus*	Infin.	*audī-re*	
audī-s	*audī́-tis*	Imper.	*audī*	*audī-te*
audĭ-t	*audi-u-nt*			

Das einzige, was uns auffällt, ist die Einschiebung des *u* in *audiunt* 'sie hören'.

Als letzte käme nun die Konsonantische Konjugation. Man nennt sie oft '3. Konjugation', wie die a-Konj. 'erste', die e-Konj. 'zweite' und die i-Konj. 'vierte'.

Diese Numerierung ist nichts anderes als die Reihenfolge, in der man früher die Konjugationen in der Schule zu lernen pflegte. Heutzutage allerdings behandelt man im allgemeinen zuerst die drei vokalischen Konjugationen, dann erst die konsonantische.

'Konsonantisch' heißt sie, weil der Stamm ihrer Verba auf einen Konsonanten endigt (daß und wieso auch einige scheinbar vokalische Stämme dazu gehören, darüber sprechen wir im Zusammenhang weiter unten). Um keine Konsonantenhäufungen zu erzielen (die lateinische Sprache meidet dies; nicht umsonst ist sie berühmt wegen ihres klangvollen Vokalreichtums, nicht anders als die ihr nahe stehenden Tochtersprachen), brauchen die Verba für alle mit Konsonant beginnenden Endungen einen Stützvokal: im Infinitiv Präs. ist er *ĕ* (kurz!), im Indikativ Präs. *ĭ* (kurz!), außer in der 3. Pers. Plur., wo sich das bereits aus der i-Konj. bekannte *u* findet. Das Konjugationsschema (*lĕgĕre* lesen):

lĕg-ō	*leg-i-mus*	Infin.	*leg-ĕ-re*	
leg-i-s	*leg-i-tis*	Imper.	*leg-e*	*leg-ĭ-te*
leg-i-t	*leg-u-nt*			

Imper. Sing. *lege*, aber Plural *legite*. Die Betonung, da der Stützvokal kurz ist, *légimus*, *légitis*, *légite*, *légere* (dagg. *audīmus* usw.!).

Es liegt auf der Hand, daß noch etwas Wichtiges fehlt: Die Formen des Hilfzeitworts 'sein'. Wie in allen Sprachen erhebt dieses, gerade weil es so oft gebraucht wird, Anspruch auf Sonderbehandlung und will sich nicht ohne weiteres dem Schema einfügen (vgl. im Deutschen ich bin, er ist, wir sind usw.). Doch geht es im Lateinischen einigermaßen gnädig ab. Schwierigkeiten gibt es in kürzester Zeit keine mehr — es kommt ja schließlich oft genug vor!

s-ŭ-m	*s-u-mus*	Infin.	*es-se*	
ĕ-s	*es-tis*	Imper.	*ĕs*	*es-te*
es-t	*s-u-nt*			

Der Stamm ist *ĕs*- oder *s*- (man könnte vielleicht auch sagen, *s*- ist die Schwundstufe des Stammes *es*-). *u* dient als Stützvokal. In der 1. Person Sing. werden wir noch öfter der Endung *-m* begegnen; in der 2. Person vermied man zwei *s* am Wortende (Doppelkonsonanten werden im Lateinischen gesprochen!); im Imperativ Sing. erscheint, wie bei der *a*-, *e*- und *i*- Konjugation der reine Stamm *ĕs*.

Nun werden Sie schon bei manchem lateinischen Spruch nicht mehr sagen müssen

Dāvos sum, nōn Oedipus
ich bin Davos, nicht Ödipus

Das sagt bei Terenz (*Andria* 194) ein Sklave und meint damit, er sei nicht so geschickt im Lösen von Rätseln wie Ödipus, der die Rätsel der Sphinx zu lösen wußte, er verstehe also nicht, was der andere meine.

Wenn Sie so weit gut mitgekommen sind, wird's auch weitergehen. Sollten Sie Sorgen haben, ob alles so gut geht, denken Sie an einen Vers des Horaz (*carm.* I 7,31)

nunc vīnō péllite cūrās
jetzt vertreibt mit Wein die Sorgen

vīnō ist Abl. instrumentalis zu *vīnum* der Wein. — *cūrās* Akk. Plur. zu *cūra* die Sorge. — *péllite* Imper. zu dem Verbum der konson. Konj. *pĕll-e-re* stoßen, vertreiben.

Dann bekommen Sie auch wieder Mut und sagen zu sich selbst, ebenfalls mit Horaz (*epist.* I 2,40)

sapere aude!

Kant übersetzte: 'Habe den Mut, dich deines eigenen Verstandes zu bedienen', und bezeichnete dies als Wahlspruch der Aufklärung; Schiller übersetzte: 'Erkühne dich, weise zu sein'. Ganz so hoch war das Wort von Horaz nicht gemeint, sondern eher im Sinne einer Popularphilosophie. Der ganze Vers und das erste Wort des nächsten lauten — und das kann Wahlspruch für unsere Beschäftigung mit dem Lateinischen wie für jede Arbeit sein:

dīmidiúm factī, quī coépit, habét: sapere aúde. íncipe.

Die Hälfte eines Werkes hat, wer begonnen hat: Wage es verständig zu sein. Fang an!

Der Vers ist ein Hexameter: Wir werden später diese Versart genauer behandeln. Auf Verse setzen wir hier und in Zukunft die Vers-(nicht Wort-)akzente. *Sapere aude* muß mit Elision gelesen werden, d. h. der erste Vokal zweier in verschiedenen Wörtern aufeinander folgender Vokale wird nicht gelesen, also: *saper' aude.* — *dīmĭdium, -ī* 'die Hälfte', ebenso wie *făctum, -ī* 'Tat, Handlung, Werk' Neutrum der o-Dekl. — *quī* Relativpronomen 'welcher, wer'. — *coepit* 'er hat begonnen': darüber werden wir uns später noch genauer unterhalten müssen, aber es ist ganz nützlich, wenn Sie sich die Form gleich merken. — *audēre* 'wagen', ein Verbum der 2. Konj.; beim Lernen achten wir darauf, daß wir das *e* der e-Konj. richtig lang sprechen, im Gegensatz zu dem kurzen *e* der konson. Konj.: *sắpĕre, incĭpĕre*; bei diesen beiden Verben haben wir gleich Beispiele dafür, daß es auch in der konson. Konj. Stämme auf *-i* gibt: Aber diese haben kurzes *ĭ*, während doch gerade das lange *-ī* das Zeichen für die i-Konj. war; die erste Person lautet *cắpĭō, sắpĭo* (weiter regelmäßig *cap-i-s, sap-i-s* usw.), 3. Pers. Pl. *capiunt, sapiunt.*

Und sollte Ihr Eifer einmal erlahmen, dann sagen Sie mit Ovid (*rem. am.* 91)

prīncipiīs obstā́
widerstehe den Anfängen

Genau so wie man überhaupt von Anfang an den Übeln und Fehlern entgegentreten soll, so nicht weniger dem Fehler der Nachlässigkeit bei Aneignung einer Sprache.

prīncipium, -ī Beginn, Anfang. — *obstā-re* entgegentreten, widerstehen.

nōn scholae, sed vītae discimus

nicht für die Schule, sondern für das Leben lernen wir

Dieser Satz gilt natürlich nicht für Sie, denn Ihnen ist das selbstverständlich, sonst würden Sie das gar nicht lesen.

Leider heißt aber die Originalstelle — sie steht bei Seneca (*epist.* 106,12), dem bekannten Philosophen der römischen Kaiserzeit, Lehrer des Nero —

nōn vītae, sed scholae discimus

Schmerzvolle Erkenntnis über zum Selbstzweck gewordene 'Bildung'!

nōn ist lateinische Negation. — *sed* sondern, aber. — *schŏla*, Gen. *-ae* Vortrag, Vorlesung; Schule. — *vīta*, *-ae* das Leben. — *disc-e-re* 'lernen' ist ein Verbum der konson. Konj., die 1. Pers. lautet also *disc-o*. — *scholae* und *vītae* sind Dative 'der Schule — dem Leben' = 'für die Schule — für das Leben'. Als wir die Aussprache des Lateinischen behandelten, prägten wir uns bereits ein, daß *schola* nicht mit dem deutschen sch wie in 'Schule' ausgesprochen werden darf, sondern daß das *s* und das *ch* [*k* + *h*] sauber als zwei Laute zu trennen sind.

Das Wort *vīta* hängt zusammen mit *vīvere* leben, einem Verbum der konson. Konj., also *vīv-ō* ich lebe. Sie werden dem gleichen Seneca zustimmen, der sagt (*epist.* 96,5)

vīvere mīlitāre est

leben ist (heißt) kämpfen

Wollte man alle anführen, die Ähnliches — mit oder ohne Anschluß an den viel gelesenen Seneca — sagten, so käme man nicht so schnell damit zu Ende. Nur einige: Goethe kann da natürlich nicht fehlen (aus dem West-östlichen Diwan): Nicht so vieles Federlesen! / Laßt mich immer nur herein: / Denn ich bin ein Mensch gewesen / Und das heißt ein Kämpfer sein. Ma vie est un combat, mein Leben ist ein Kampf, sagt Mahomet in der Tragödie Voltaires Le fanatisme ou Mahomet le prophète. Kampf ist unser Leben, meinte auch schon der griechische Tragödiendichter Euripides. Und das Buch Hiob: Des Menschen Leben ist ein Kampf.

Wir sprachen schon davon, daß es 5 Deklinationen gibt. Bisher hatten wir nur zwei, die a- und die o-Deklination. Nehmen wir nun zuerst die e-Deklination. Sie ist ganz einfach. Das Deklinationsschema (rēs die Sache, das Ding):

Nom.	*r-ēs*	*r-ēs*
Gen.	*r-ĕī*	*r-ērum*
Dat.	*r-ĕī*	*r-ēbus*
Akk.	*r-ĕm*	*r-ēs*
Vok.	*r-ēs*	*r-ēs*
Abl.	*r-ē*	*r-ēbus*

Das *e* des Stammes ist also lang. Im Gen. und Dat. Sing. muß es nach der uns schon bekannten Regel, daß ein Vokal vor Vokal gekürzt wird, kurz sein. Aber da muß ich Ihnen gleich eine Ausnahme, die die Regel bekanntlich bestätigt, gestehen: Es gibt in der e-Deklination Wörter, die vor dem Stamm-*e* ein *i* haben: und die kürzen das *e* nicht. So lautet der Gen. und Dat. des häufigen Wortes *diēs* 'der Tag' zwar der Buchstabenfolge nach ganz regelmäßig

di-ēī,

aber das *e* ist lang, während es bei *r-ĕī* kurz war.

cupidus rērum novārum
neuerungssüchtig

nennt Caesar den Keltenfürsten Dumnorix (*bell. Gall.* I 18,3 und V 6,1); wörtlich heißt der Ausdruck 'begierig neuer Dinge (= nach neuen Dingen, auf neue Dinge'). *cupidus* begierig, Adj. der a- und o-Dekl.

An dem Beispiel sehen wir, daß *rēs* Femininum ist, da das zum Substantiv gehörende Adjektiv *novārum*, also nach der a-Dekl., lautet. Alle Substantiva der e-Deklination sind Feminina, außer *diēs* der Tag (und die Zusammensetzung *meridiēs* 'Mittag' [Fremdwort: Meridian!]). Allerdings wird auch *dies* weiblich gebraucht, jedoch nur in der Bedeutung Frist, Termin (*diē certā* zum bestimmten, festgesetzten Termin).

carpe diem
pflücke den Tag

ernte ihn, nimm ihn, nütze ihn, sagt Horaz (*carm.* I 11,8), und zwar sympathischerweise nicht in dem Sinn: 'Nütze ihn nur ja gut aus, bring recht viel hinter dich, tu viel', sondern viel leichter: 'Du lebst nur einmal, wer weiß, wieviele Tage dir noch beschieden sind, genieße den Tag.' Sie sehen, die Römer, die, geht es nach manchen Schulbüchern, nur feierliche und nützliche Sentenzen von sich gegeben haben, waren gar nicht immer so schrecklich ernst! Es geht eben wie bei Goethe: Da kann man auch so viele herrliche Lebensregeln exzerpieren, wenn man will! — *carpe* (Imper. von *cărp-ĕ-re*) sagt Horaz: 'Pflücke den Tag wie eine Blume oder reife Frucht!'

Nun können wir bereits zur u-Deklination übergehen (*currus* der Wagen):

Nom.	*curr-ŭs*	*curr-ūs*
Gen.	*curr-ūs*	*curr-ŭŭm*
Dat.	*curr-uī*	*curr-ĭbus*
Akk.	*curr-ŭm*	*curr-ūs*
Vok.	*curr-ŭs*	*curr-ūs*
Abl.	*curr-ū*	*curr-ĭbus*

Beachten wir, daß das *-us* im Nominativ Singular und dem ihm gleichen Vokativ kurz, aber im Genitiv Singular und im Nominativ, Akkusativ und Vokativ Plural lang ist! Die Endung *-bus* lernten wir auch für den Dativ und Ablativ der e-Deklination kennen, wir werden ihr — in der Form *-ibus* wie hier — auch in der letzten noch zu besprechenden Deklination wieder begegnen. Auch dem *ī* des Dativ Singular begegneten wir schon bei der e-Deklination. Der Genitiv Plural hat die Endung *-uum*. Die einzigen Kasus, die kein *u* haben, sind also Dativ und Ablativ Plural; natürlich ist diese Endung aus *-ubus* entstanden. Und da haben wir sie auch schon: Bei einigen Wörtern hat sich diese alte Endung erhalten: *ărcus* der Bogen (*arcubus*), *ărtus* das Gelenk (*artubus*) und *tribus* der Bezirk (in Rom) (*tribubus*); gelegentlich finden wir diese altertümliche Endung auch bei anderen Wörtern der u-Deklination.

nātūra nōn facit saltum (Sprichwort)
die Natur macht keinen Sprung

nātūra, -ae die Natur. — *saltus, -ūs* der Sprung. — *facit* 3. Pers. Sing. Präs. von *fac-ĕ-re* machen, tun. — Wörtlich also: Die Natur macht nicht (einen) Sprung.

Wie wichtig es ist, den Genitiv mitzulernen, wenn wir uns Wörter aneignen, geht daraus hervor, daß man den Wörtern *currus, saltus* usw. nicht ansehen kann, ob sie zur o- oder zur u-Deklination gehören.

Jetzt wissen wir auch, warum der Plural von Kasus wieder Kasus heißt: *cāsus, -ūs* der Fall, Zufall (was nicht heißen soll, daß das Treffen des richtigen Falles Zufall sein darf).

Die Wörter der u-Deklination auf *-us* sind Maskulina; aber ein paar Ausnahmen sind Feminina: Am häufigsten kommen vor *manus, -us* die Hand und *domus, -us* das Haus (manchmal heißt *manus* auch die Schar, 'Handvoll'). Also

manus dext(e)ra die rechte Hand (mit oder ohne *e*: s. S. 34)
manus sinistra die linke Hand

Außerdem: *acus, -ūs* die Nadel, *porticus, -ūs* die Säulenhalle, *tribus, -ūs* der Bezirk (in Rom; wir lernten das Wort schon kennen: *tribubus*!), *Īdūs, -uum* (nur Plural!) die Iden.

Wir sprachen bereits einmal über die Einteilung des römischen Monats und davon, daß drei Tage besondere Bezeichnungen haben, *Kalendae, Nōnae* und *Īdūs* die Kalenden, die Nonen, die Iden; sämtliche pluralisch, obwohl sie natürlich singularische Bedeutung haben. *Īdūs Martiae* die Iden des März, wörtlich die märzischen Iden (*Martius* Adj.), das ist der Tag, an dem Caesar im Jahre 44 ermordet wurde, der 15. März.

pater, in manūs tuās commendō spīritum meum
Vater, in deine Hände empfehle ich meinen Geist

so lauten bei Lukas die letzten Worte Jesu nach der Vulgata, der lateinischen Bibelübersetzung.

pătĕr ist Nom. und Vok. eines Wortes der sog. 3. Deklination, mit der wir uns gleich beschäftigen werden. — *commendā-re* empfehlen, anempfehlen. — *spīritus, -ūs* Lufthauch, Geist. — Es heißt *spīritum meum*, aber *in manus tuas*, denn *spīritus* ist regelmäßig Maskulinum, *manus* jedoch als Ausnahme Femininum.

me-us, -a, -um mein *tu-us, -a, -um* dein
su-us, -a, -um sein, ihr

Diese Pronomina werden dekliniert wie die Adjektiva der a- und o-Deklination. *sua domus* sein Haus oder ihr (einer Frau) Haus: Der Sinnzusammenhang muß das entscheiden. Das Possessivpronomen ('besitzanzeigende Fürwort' *possidē-re* besitzen; *prō* für; *nōmen* Name, Hauptwort) richtet sich also wie ein Adjektiv ausschließlich nach dem dazugehörigen Substantiv.

Das Neue Testament (*tēstāmentum novum*) war griechisch geschrieben, wurde jedoch bereits seit dem 2. Jahrhundert für die lateinisch sprechenden Christen in Italien und Afrika übersetzt: Die Übersetzungen nennt man mit dem Sammelnamen *Itala*, d. h. italische (Bibel) (ἡ βίβλος griech. das Buch, also das Buch schlechthin). Ums Jahr 383 begann der Kirchenvater Hieronymus seine Übersetzung der Bibel, die von der Kirche als verbindliche lateinische Übersetzung anerkannt wurde und mit dem Namen *Vulgata* bezeichnet wird ('die allgemein verbreitete' von *vulgātus, -a, -um*).

Wie die o-Deklination so hat auch die u-Deklination Maskulina und Neutra, und zwar ebenfalls mit eigenen Formen. Natürlich mit den drei gleichen Kasus Nom., Akk., Vok., und im Plural in diesen mit der Endung *-a*. *cornū*, (langes *ū*!), *-ūs* das Horn, der Flügel (des Heeres)

Nom.	*corn-ū*	*corn-ua*
Gen.	*corn-ūs*	*corn-uum*
Dat.	*corn-ū*	*corn-ibus*
Akk.	*corn-ū*	*corn-ua*
Vok.	*corn-ū*	*corn-ua*
Abl.	*corn-ū*	*corn-ibus*

Im Singular alle Kasus auf *-ū*, nur der Gen. auf *-ūs*.

Auch bei den Maskulina auf *-us* dieser Deklination kann ein Dativ (analog dem Ablativ: Dativ und Ablativ sind oft gleich) auf *-ū* vorkommen.

Einige sog. Verbalsubstantiva (sie heißen so, da sie von Verben abgeleitet sind) gibt es, die nur im Ablativ vorkommen: *iussū* auf Befehl (z.B. *iussū dominī* auf Befehl des Herrn), *permissū* mit Erlaubnis, *rogātū* auf Bitten, *nātū* von Geburt. — *iubē-re* befehlen, *permittĕ-re* erlauben, *rogā-re* fragen, bitten, *nāscī* (das wir aber noch nicht konjugieren können, da es nur im Passiv vorkommt) geboren werden, davon *nātus, -a, -um* geboren. *ante Christum nātum* (abgekürzt *a. Chr. n.*) vor Christus, eigentlich 'vor dem geborenen Christus', *post Christum natum* (*p. Chr. n.*) nach Christus.

Bisher hatten wir vier Deklinationen. Wie man die vier Konjugationen auch mit Ziffern bezeichnet, so auch die fünf Deklinationen. Auch hier sind die Ziffern nichts anderes als Bezeichnungen für die Reihenfolge, in der man früher die Deklinationen lernte. Danach wäre die a-Dekl. die '1.', die o-Dekl. die '2.', die e-Dekl. die '5.', die u-Dekl. die '4.' und schließlich die, die wir nun behandeln werden, die '3. Deklination'. Diese Deklination ist die umfangreichste! Wie bei den Verben die 3. Konjugation.

Unter diesem an sich nichtssagenden Namen '3. Deklination' hat man Konsonantenstämme und *i*-Stämme zusammengefaßt. Diese beiden Stämme wurden schon immer sehr ähnlich dekliniert, durch Analogie haben sie sich bis auf wenige Ausnahmen fast vollends angeglichen.

Die Wirkung der Analogie ist überhaupt eine wichtige sprachliche Erscheinung, nicht nur im Lateinischen. So ist z.B. der Gen. Plur. der o-Deklination *-ōrum* eine Analogiebildung nach dem Gen. Plur. der a-Deklination *-ārum*, denn die ursprüngliche Endung war *-ŭm* (aus *-ōm* > *-ŏm*). Sie hat sich sogar noch in Ausdrücken für Münzen und Gewichte erhalten, wie *nŭmmum* neben *nummōrum* der Münzen, *sēstĕrtium* der Sesterzen, *dēnārium* der Denare (beides römische Münzen), *talentum* der Talente (griechisches Gewicht und Geldsumme); außerdem in formelhaften Wendungen der Kultus- und Kanzleisprache, wie *socium* neben *sociōrum* der Bundesgenossen, *deum* neben *deōrum* der Götter; auch bei *līberum* der Kinder, *īnferum* der Unterirdischen und anderen Wörtern mit *-r-* im Stamm kommt die Gen.-Plur.-Endung *-um* neben *-ōrum* vor, um die Häufung des Lautes *r* zu vermeiden.

Die 3. Deklination ist, wie gesagt, eine Mischdeklination aus konsonantischen und *ĭ*-Stämmen. Leider haben die Wörter dieser Deklination nicht gleiches Genus, so daß es Maskulina, Feminina und Neutra gibt.

Beginnen wir mit der Deklination der Konsonantenstämme:

lupus est homō hŏminī
ein Wolf ist der Mensch dem Menschen (= für d. M.)

hat schon der Komödiendichter Plautus um 200 v. Chr. erkannt (*Asinaria* 495).

quot hŏminēs, tot sĕntĕntiae
wie viele Menschen, so viele Meinungen

Wir sagen: So viele Menschen, so viele Meinungen; im Lateinischen stehen dafür die korrespondierenden Wörtchen *quot* — *tot*.

Diese Sentenz aus dem *Phormio* (454) des Komödiendichters Terenz (eine Generation jünger als Plautus) wird später immer wieder, auch in Varianten, zitiert.

silent enim lēgēs inter arma
es schweigen nämlich die Gesetze unter den Waffen (= im Kriege)

erfährt der Mensch immer wieder schmerzlich am eigenen Leibe; die bekannteste Form dieses Seufzers ist die hier gegebene, sie stammt von Cicero (*pro Mil.* 4, 10).

lēg-ēs, *homin-ēs* Nom. Plur. also mit der Endung *-ēs*; *homin-ī* Dat. Sing. Endung *-ī*. Aber wie steht es mit dem Nominativ? *homō* der Mensch, *lēx* das Gesetz — wie soll das zusammenpassen? Aber es ist gar nicht so schlimm! Nur eines müssen wir beachten: Aus dem Nominativ lassen sich der Stamm und damit die anderen Kasus nicht ohne weiteres erschließen. Es ist daher wichtig, daß wir, wenn wir uns Wörter einprägen, den Genitiv dazunehmen. Also nicht: *homo* der Mensch, sondern: *homō, hominis* der Mensch und *lēx, lēgis* das Gesetz. Dann wird alles recht einfach, und es machen uns auch andere Wörter wie *prīnceps, prīncipis* der Vornehme, Fürst, *dux, ducis* der Führer, Feldherr, *ōrātor, ōrātōris* der Redner, *cōnsul, cōnsulis* der Konsul keine Schwierigkeiten mehr.

Bleiben wir gleich bei *cōnsul*, ein Wort, das sich schon deswegen gut als Deklinationsschema eignet, weil der Nominativ ohne Endung ist:

Nom.	*cōnsul*	*cōnsul-ēs*
Gen.	*cōnsul-is*	*cōnsul-um*
Dat.	*cōnsul-ī*	*cōnsúl-ibus*
Akk.	*cōnsul-em*	*cōnsul-ēs*
Vok.	*cōnsul*	*cōnsul-ēs*
Abl.	*cōnsul-e*	*cōnsúl-ibus*

Da die zweite Silbe kurz ist, bleibt die Betonung auf der Silbe *cōn-*, außer bei *cōnsúlibus*, denn die Betonung kann nicht weiter zurück als auf die drittletzte Silbe.

prīncep-s, Gen. *prīncip-is* hängt im Nominativ die Endung *s* an den Stamm. Nicht anders ist es bei *lēx*, Gen. *lēg-is*, denn *lēx* ist natürlich nichts anderes als '*lēgs*'; und *dux*, Gen. *duc-is* entstand aus '*ducs*'; *rēx*, Gen. *rēg-is* der König ist ebenfalls ein -*g*-Stamm, dessen Nominativ aus '*regs*' entstand.

Noch eine Gruppe von Substantiven hat im Nominativ die Endung *s*: Das sind die *t*- und *d*-Stämme; jedoch ist das *t* bzw. *d* im Nominativ ganz verschwunden, da lautgesetzlich *t* und *d* vor *s* schwindet: *salūs*, Gen. *salūt-is* das Wohl, Heil (*prō salūte patriae pūgnāre* für das Wohl des Vaterlandes kämpfen); *palus, palūd-is* der Sumpf. Da ist also von *t* + *s* und *d* + *s* nur *s* übrig geblieben.

Bei den Stämmen auf Mutae (wir wissen schon, das sind die KPT-Laute) wird im Nominativ *s* als Endung angehängt.

Aber wir dürfen dies wieder vergessen, wenn wir uns nur merken, daß der Stamm sich erst im Genitiv zeigt. Daran denken wir auch bei allen folgenden Substantiven der 3. Deklination: *homō, hómin-is* der Mensch; *nātiō*, *nātiōn-is* die Nation (*ō*, aber *ĭ* bei *hominis*!); *ōrātŏr*, *ōrātōr-is* der Redner; *hŏnōs*, *honōr-is* die Ehre, das ehrenvolle Amt.

Im Lateinischen wurde bis zu einer bestimmten Zeit 'intervokalisches' *s*, d.h. *s* zwischen zwei Vokalen, zu *r*, daher *honōs* in allen Kasus außer dem Nominativ mit *r*, da die Endungen mit Vokal beginnen.

prīnceps war der Titel, den der Senat dem Augustus im Jahre 27 v. Chr. offiziell zuerkannte. Augustus mied den Titel *rēx*, gewarnt durch den Tod Caesars, dem man Streben nach der Krone nachsagte. Staatsrechtliche Kompetenzen gibt der Titel an sich nicht, aber — und das ist eines der großen Geheimnisse römischen Wesens — auf Grund seiner *auctōritās* (*auctōritās, auctōritātis* ein kaum übersetzbares Wort: Autorität, Würde, Gewicht der Persönlichkeit) geschieht alles nach seinem Willen. Natürlich festigte sich der Principat (*prīncipātus, -ūs*) allmählich. All dies geschah ohne das, was wir eine 'Verfassungsänderung' nennen. Eine Verfassung des römischen Staates gab es nicht! Jedenfalls nicht in unserem Sinne. Alles beruhte auf Brauch und Herkommen. Die republikanischen Beamten blieben bestehen — ihre Macht war durch den Princeps jedoch — faktisch, nicht juristisch! — erheblich eingeschränkt. Während des ganzen Bestehens des römischen Staates wurden noch zwei *cōnsulēs*, die höchsten Beamten, erwählt. Auch die andern *honōrēs* ('Ehrenämter') gab es nach wie vor.

laudātor temporis āctī
Lobredner vergangener Zeit

nennt Horaz (*ars poet.* 173) einen, der das Neue verschmäht und nur am Vergangenen hängt.

tĕmpus, *tempŏris* die Zeit: Bei diesem Wort scheint, wie sehr oft, der Nominativ anders auszusehen als der Stamm. Selbstverständlich, daß in den Wörterbüchern immer der Genitiv mit angegeben ist! Man wird also finden: *tempus, -oris*.

Der Satirendichter Juvenal, der etwa von 60 bis 140 n.Chr. lebte, rät (10, 356), man solle die Götter bitten

sit mēns sāna‿in corpore sānō
möge ein gesunder Geist in einem gesunden Körper sein

mēns, *mĕntis* der Verstand, Geist (*spīritus, -ūs*, das wir schon kennen, bezeichnet den Geist allgemein, *mēns* mehr im Sinne von Verstand). — *sānus, -a, -um* gesund. — *cŏrpus, -ŏris* der Körper, Leib. — *sit* er, sie, es möge sein. — *mēns* ist demnach Femininum, *corpus* wie *tempus* Neutrum.

Die Deklination macht keine Schwierigkeiten, wenn wir nur daran denken, daß die Neutra drei gleiche Kasus haben und im Plural in diesen die Endung -a:

Nom. Akk. Vok.	*corpus*	*corpor-a*
Gen.	*corpor-is*	*corpor-um*
Dat.	*corpor-ī*	*corpor-ibus*
Abl.	*corpor-e*	*corpor-ibus*

Der Stamm ist also *corpor*, daran treten die Kasusendungen. Nur der Nominativ fällt aus der Rolle.

nōmen atque ōmen
Name und Vorzeichen

steht bei Plautus (*Persa* 625); das soll heißen, die Person oder Sache ist genau so, wie der Name sagt. In der Plautus-Komödie '*Persa*' heißt nämlich eine Hetäre *Lucris* 'die Profitliche' (von *lucrum, -ī* der Gewinn). Wir zitieren oft *nōmen et ōmen* (*atque*, Kurzform *ac*, heißt ebenfalls 'und') oder *nōmen est ōmen.*

nōmen, -inis der Name. — *ōmen, -inis* Wahrzeichen, Vorzeichen. — Die Antike — und auch heute gibt es das bekanntlich noch — glaubte, aus bestimmten Zeichen wie Vogelflug, Träumen u. v. a. den Willen der Götter oder gar die Zukunft ablesen zu können. Natürlich meldeten sich Zweifler, aber die *ōmina* spielten doch im römischen Staatswesen eine große Rolle; die Fiktion wurde noch aufrecht erhalten, als der Glaube daran längst erschüttert war.

Die *ĭ*-Stämme der 3. Deklination unterscheiden sich von den Konsonantenstämmen nur dadurch, daß sie im Genitiv Plural nicht die Endung *-um*, sondern *-ium* anfügen. Zu den *i*-Stämmen gehören zwei Gruppen von Substantiven: 1. die gleichsilbigen auf *-is* und *-es* (Gen. *-is*), 2. die ungleichsilbigen, deren Wortstock auf zwei oder mehr Konsonanten endigt.

Gleichsilbig bedeutet, im Nominativ und Genitiv die gleiche Zahl von Silben habend, z. B. *nāvis*, Gen. *nāvis* das Schiff (Gen. Plur. *nāv-ium*); *nūbēs* Gen. *nūb-is* die Wolke (Gen. Plur. *nūb-ium*). Ungleichsilbig sind dann die Wörter, die im Nominativ und Genitiv verschiedene Silbenzahl haben, wie *ărs*, Gen. *ărt-is* die Kunst (Wortstock *art-*; Gen. Plur. *art-ium*); *ŭrbs*, Gen. *ŭrb-is* die Stadt (Wortstock *urb-*; Gen. Plur. *urb-ium*. (*urbs* allein ohne nähere Bezeichnung meint oft Rom, die Stadt.)

Von 'Wortstock' spricht man deshalb, weil der Stamm ja eigentlich *navi-*, *nubi-*, *arti-*, *urbi-* ist.

Ein paar einzelne Wörter, die nicht in die zwei Gruppen gehören, können Ihnen noch als *i*-Stämme begegnen. Merken kann man das natürlich nur am Gen. Plur.: *līs*, *līt-is*: *lītium* der (Rechts-)Streit; *nix*, *niv-is*: *nivium* der Schnee (Plur. Schneemassen); *optimātēs*, *optimāt-ium* die Optimaten (so nannten sich die 'gutgesinnten' — 'staatserhaltenden' — Bürger in Rom, allgemein für 'Nobilität' gebraucht; von *optimus* der beste); *penātēs*, *penāt-ium* die Penaten (Hausgötter). Das sind die wichtigsten.

penates waren die Schutzgötter des Geschlechtes. Daher nahm Aeneas die Penaten Trojas mit nach Italien; in Rom hatten sie im Vestatempel ihren Kult. Die Laren dagegen waren Schutzgötter eines bestimmten Ortes, z.B. des Hauses.

rāra avis
ein seltener Vogel

steht schon bei Horaz (*sat.* II 2,26) und Juvenal (6,165) in dem auch uns geläufigen Sinn eines seltenen oder seltsamen Wesens.

Dem Adjektiv *rāra* (*rārus*, *-a*, *-um* selten, spärlich) sehen wir an, daß *avis* Femininum ist. Die Genusregeln der 3. Deklination sind nicht ganz einfach, aber halten wir fest: Die Wörter, die im Nom. auf *-is* oder *-es* endigen, sind Feminina. So ist *nāvis lŏnga* das Kriegsschiff (eigentlich das lange Schiff: *lŏngus*) und *nāvis onerāria* das Lastschiff (*onerārius* lasttragend).

Deklinieren wir *navis* durch:

Nom.	*nāvis*	*nāvēs*
Gen.	*nāvis*	*nāvium*
Dat.	*nāvī*	*nāvibus*
Akk.	*nāvem*	*nāvēs* oder *nāvīs*
Vok.	*nāvis*	*nāvēs*
Abl.	*nāve*	*nāvibus*

Im Akk. Plur. finden wir *nāvēs* oder *nāvīs* (mit langem *ī*, dagegen Nom., Gen., Vok. Sing. kurz!): Bis um die Zeit Ciceros und Caesars, also bis gegen Ende der Republik, haben alle *i*-Stämme im Akk. Plur. neben der Endung *-ēs* auch die Endung *-īs*, ja diese ist bis dahin sogar häufiger. (Die Endung *-ēs* ist von den Konsonantenstämmen übernommen.)

Leider bestätigen Ausnahmen die Regel. Es scheinen die Sprachen zu sein, an denen das Sprichwort „Keine Regel ohne Ausnahme" gebildet wurde! a) Obwohl gleichsilbig auf *-is* oder b) Wortstock auf 2 Konsonanten endigend, sind keine i-Stämme, haben also nicht *-ium* (und im Akk. Plur. nicht *-īs*):

a) *iuvenis, -is:* *iuvenum* der Jüngling
canis, -is: *canum* der Hund
sēdēs, -is: *sēdum* der Sitz, Wohnsitz

b) *pater, patris:* *patrum* der Vater
māter, mātris: *mātrum* die Mutter
frāter, frātris: *frātrum* der Bruder

und häufig *parentēs*: *parentum* (neben *parentium*) die Eltern

Einige der gleichsilbigen Wörter auf -is haben die i-Deklination reiner erhalten, so daß sie nicht nur im Gen. Plur. die Endung *-ium* haben, sondern sogar im Akk. Sing. *-im* (statt *-em*) und im Abl. Sing. *-ī* (lang! statt *-ĕ*):

turris, turris: turrim, turrī, turrium der Turm
sitis, sitis: sitim, sitī der Durst

puppis, puppis: puppim, puppī, puppium das Hinterdeck, Achterdeck
febris, febris: febrim, febrī, febrium das Fieber
secūris, secūris: secūrim, secūrī, secūrium das Beil

Die Wörter sind hier — und sonst nach Möglichkeit — nicht alphabetisch geordnet, sondern nach ihrer praktischen Häufigkeit.

Schließlich gehört dazu noch das Wort *vīs* die Kraft, Gewalt, das im Singular überhaupt nur die Kasus Nom. *vīs*, Akk. *vim*, Abl. *vī* bildet; der Plural ist vollständig *vīres, vīrium* usw.

Gleichsilbige Fluß- und Ortsnamen auf *-is*, Gen. *-is* haben im Akk. *-im*, im Abl. *-ī*: *Tiberis Tiberim Tiberī* der Tiber (auch im Lateinischen Maskulinum wie alle Flußnamen: man dachte an die Flußgötter), *Neāpolis Neāpolim Neāpolī* Neapel (Femininum: regelmäßig).

Daß diese Wörter mit *-im, -ī* noch häufiger als die anderen i-Stämme im Akk. Plur. *-īs* statt *-ēs* haben, versteht sich fast von selbst.

Wir merken uns auch noch *ferrō īgnīque* mit Eisen und Feuer (*ferrum, -ī* das Eisen; *īgnis, -is* das Feuer: in dieser Verbindung Abl. auf *-ī*!), wir sagen 'mit Feuer und Schwert'; außerdem *aquā et īgnī interdīcere* (ebenfalls *-ī*!), eigentlich 'untersagen jemandem (Dat.!) von Wasser und Feuer' = jemanden (aus Italien) verbannen. Bei dieser alten Konstruktion hat der Ablativ separative Kraft: vgl. dazu S. 25.

Auch Neutra gibt es, die *i*-Stämme sind: Es sind die Substantiva auf *-e, -al* und *-ar*. Natürlich bilden sie den Gen. Plur. mit der Endung *-ium*, außerdem ist die Endung des Abl. Sing. *-ī* und die der drei gleichen Kasus des Plurals *-ia*.

caélum nṓn animúm mūtánt, quī tráns mare cúrrunt
den Himmel (die Gegend) wechseln, nicht den Sinn ändern, die übers Meer fahren

steht bei Horaz (*epist.* I 11,27). Gemeint ist es in dem

Sinn, daß niemand sich und seiner Seelenstimmung entrinnt, wenn er den Aufenthaltsort wechselt. Auch seinen Charakter ändert niemand.

caelum, -ī der Himmel, auch: Himmelsstrich, Klima. — *mūtā-re* (ver)ändern. — *cŭrrĕ-re* laufen, fahren. — *animus, -ī* Seele, Geist, Sinnesart (dagg. *anima, -ae* Lebenshauch, Leben: *animam efflā-re* sein Leben, seinen Geist aushauchen). — *trans* ist Präposition mit dem Akkusativ: über – hinüber. — *mare, -is* das Meer.

Das Deklinationsschema:

Nom. Akk. Vok.	*mar-e*	*mar-ia*
Gen.	*mar-is*	*mar-ium*
Dat.	*mar-ī*	*mar-ibus*
Abl.	*mar-ī*	*mar-ibus*

Ebenso: *animăl, animāl-is*: *animālī, animālia, animālium* das Lebewesen; *calcar, calcār-is*: *calcārī, calcāria, calcārium* der Sporn; *pār, păr-is* (Nom. mit langem *ā*, sonst kurz!): *parī, paria, parium* das Paar.

Gewisse Schwierigkeiten macht die Genusregel der 3. Deklination, denn so einfach wie bei den anderen Deklinationen ist sie leider nicht. Wenn wir uns Wörter einprägen, wird es gut sein, uns zugleich das Geschlecht zu merken. Es wird uns nicht erspart bleiben können, daß wir die Genusregel ausführlicher kennen lernen. Sie sollen beim Übersetzen lateinischer Texte nicht stolpern und etwa Zweifel haben, zu welchem Substantiv ein Adjektiv gehört. Für die Übersetzung aus dem Lateinischen ist es nicht notwendig, daß Sie alles schön auswendig herunterschnurren können, aber Sie sollen sich erinnern können, daß ja nach der Regel ... und daß nach einer Ausnahme ... — und schließlich sehen Sie dann vielleicht doch nach, und mit der Zeit geht alles von selbst, denn sicher lesen Sie, wenn Sie schon mal nachsehen, nicht nur das einzige Wort, das Sie gerade brauchen, sondern auch was so drum herum steht. In einem Wörterbuch fänden Sie natürlich nur das eine Wort und niemand

— das ist nicht Aufgabe eines Wörterbuches — würde Sie auf Ähnliches aufmerksam machen, ja nicht einmal sagen, ob das betreffende Wort nun regelmäßig z.B. Maskulinum ist oder ob es sich um eine Ausnahme handelt. Und bei einem ganz ähnlichen Wort müßten Sie wieder nachsehen und vor Nachschlagen kämen Sie nicht schnell genug vorwärts oder verlören gar die Lust.

1. Maskulina sind die Substantiva, die im Nominativ (bei der Genusregel geht es nicht nach dem Stamm!) auf *-or*, *-ōs* oder *-er* endigen sowie die ungleichsilbigen auf *-es* und *-is*.

Die Formen auf *-ŏr* wurden selbst bei Substantiven, die noch zur Zeit Ciceros auf *-ōs* endigten, später die gebräuchlicheren. So wird z.B. *honōs*, *-ōris* die Ehre, das (Ehren-)Amt später fast nur noch in der Form *honŏr*, *-ōris* gebraucht.

Ungleichsilbig sind Wörter wie *līmes*, *-itis* der Rain, der Grenzwall (nicht zu verwechseln mit *līmen*, *-inis* die Schwelle, einem Neutrum der Konsonantenstämme!).

Limes hieß die Grenzlinie zwischen Äckern, Weinbergen u. dgl., und diente auch zur Bezeichnung der Grenze des römischen Imperiums (*imperium*, *-ī* Befehl, Oberkommando, Reich; von *imperā-re* befehlen). Dort wurden Militärstraßen angelegt, die eine schnelle Verbindung der die Grenze schützenden Truppen ermöglichen sollten. Seit Hadrian (117—138) wurde die Grenzstraße durch Wälle (z.T. durch Pallisaden oder Steinmauern verstärkt) und Gräben befestigt. Nicht weit hinter der Grenzbefestigung lagen die Legionen; viele solcher Legionslager entwickelten sich zu Städten. Der Limes wurde in möglichst gerader Linie geführt; der germanische Limes führte vom Rhein südlich von Bonn über den Taunus an den Main, dann weiter südwärts durch Württemberg, dann ostwärts, bis er bei Regensburg die Donau erreichte. — Der Wall ist teilweise heute noch erhalten, er heißt im Volksmund 'Teufelsmauer', und manche Sagen knüpfen sich daran.

Einige Ausnahmen — es handelt sich um häufige Wörter:

a) Feminina sind *arbŏr*, *árbŏris* der Baum (*arbor pōmifera* der obsttragende Baum, der Obstbaum); *linter*, *lintris* der Kahn (*linter parva* der kleine Kahn); *mercēs*, *mercēdis* der Lohn, Preis (*mercēs māgna* der hohe Preis); *quiēs*, *quiētis* die Ruhe (*quiēs iūcunda* die angenehme Ruhe).

b) Neutra sind *marmor, -ŏris* der Marmor (*marmor Parium* parischer Marmor); *cŏr, cordis* das Herz (*cor sānum* das gesunde Herz); *aequŏr, -ŏris* die Ebene, Meeresfläche (*aequor* [*maris*] *vastum* die weite Meeresfläche; poetisch oft Plur. *aequora* Meer[e]); *ōs, ōris* das Antlitz, Gesicht, der Mund (*ōs venustum* ein liebliches, anmutiges Gesicht); *ŏs, ossis* der Knochen (*ossa hūmāna* Menschenknochen); *iter, itineris* der Weg, Marsch, die Reise (*iter māgnum* der Eilmarsch); *aes, aeris* das Erz (*aes aliēnum* eigentl. 'fremdes Erz' = Schulden: in alter Zeit gab es nur Erzgeld; die Einführung der Silberprägung erfolgte erst 269/68 v. Chr.); *vēr, vēris* der Frühling (*vēr sacrum* der heilige Frühling).

In Zeiten großer Not wurde ein *vēr sacrum* gelobt: Es wurde alles, was im nächsten Frühling an Tieren und Menschen geboren wurde, den Göttern geweiht, die Tiere wurden geopfert, die Menschen mußten — wenigstens in historischer Zeit — auswandern, sobald sie 21 Jahre alt waren.

2. Feminina sind die Substantiva auf *-ō* (Gen. *-ōnis* und *-ĭnis*), die gleichsilbigen auf *-ēs* und *-ĭs*, die Wörter auf *-ās*, sowie alle auf *s* mit vorhergehendem Konsonanten, einschließlich derer auf *x*, da *x* = *cs* oder *gs* ist, und derer auf *-ūs* Gen. *-ūtis* oder *-ūdis*, da diese ursprünglich auf *-uts* oder *-uds* endigten (über den Ausfall des *t* bzw. *d* vor Endungs *-s* s. S. 46). Dazu *laus, laudis* das Lob und *fraus, fraudis*, der Betrug.

Demnach sind Feminina z. B. *ōrātiō, -ōnis* die Rede; *origō, -ĭnis* der Ursprung; *clādēs, -is* die Niederlage; *nāvis, -is* das Schiff; *aestās, -ātis* der Sommer; *aetās, -ātis* das Lebensalter, Zeitalter (die beiden letzten Wörter nicht mit einander verwechseln!); *salūs, -ūtis* das Wohl, die Wohlfahrt, Rettung; *frōns, frontis* die Vorderseite, Front; *lēx, lēgis* das Gesetz; *virtūs, -ūtis* die Tugend, Tapferkeit, Mannhaftigkeit (*virtūs* ist fast unübersetzbar, sie bezeichnet alles was den Mann, den *vir*, ausmacht; am ehesten kommt ihr der mittelhochdeutsche Begriff Tugend, von taugen, nahe); *palūs, -ūdis* der Sumpf; *pecūs, -ūdis* das Stück Vieh, Schaf (vgl. S. 57).

Schnell die Jahreszeiten: *vēr* (Neutr.), *aestās* (Fem.), *autumnus*, (o-Dekl., Mask.), *hiēms* (Gen. *hiēmis*; Subst. der 3. Dekl. auf *s* mit vorhergehendem Konson., also Fem.).

Auch davon die wichtigsten Ausnahmen:

Maskulina sind: α) *sermō, -ōnis* die Sprache.

Daher heißt es *sermō patrius* die 'Muttersprache', eigentlich die väterliche Sprache, denn *patrius* ist das Adjektiv zu *pater* der Vater; es ist überaus bezeichnend, daß die Alten — die Griechen machten es genau so! — nicht 'Muttersprache' sondern 'Vatersprache' sagten: Die Welt war, das gilt auf allen Gebieten, eindeutig männlich bestimmt.

pūgiō, -ōnis der Dolch (*pūgiō argenteus* der silberne Dolch); alle Tiernamen auf *-ō, -ōnis*: dazu gehören *leō, leōnis* der Löwe und *septentriōnēs, -um* (fast nur Plur.) das Siebengestirn, der Norden.

septentriōnēs eigentlich 'die sieben Arbeitsochsen', das Siebengestirn. Damit sind die gleichen Gestirne gemeint, die auch großer und kleiner Bär, großer und kleiner Wagen heißen (*ursa maior* Große Bärin [*ursus* der Bär] = *septentriō maior, ursa minor* kleine Bärin = *septentriō minor*; *maior* größer, *minor* kleiner: darüber später; *plaustrum, -ī* der (Last-)Wagen pflegt im allgemeinen nur der große Bär zu heißen).

Die Gruppierung der Sterne zu Sternbildern ist uralt und geht auf den alten Orient zurück. Die römischen Bezeichnungen der Sterne stammen von den Griechen, die ihrerseits ihr Wissen in Astronomie und Astrologie — beide waren damals nicht getrennt — von den Babyloniern und Ägyptern hatten. Die Kenntnis der Gestirne war wichtig für den Jäger und Bauern, vor allem aber lebensnotwendig für den Seemann; der Kompaß, von den Chinesen erfunden, wurde erst im 8. Jahrhundert bei den Arabern, in Europa noch einige Jahrhunderte später bekannt.

Ein wichtiges Wort auf *-ō*, Gen. *-ĭnis* ist ebenfalls Maskulinum: *ōrdō, -inis* die Ordnung, der Stand.

ōrdō steht in erster Linie für die beiden 'Stände', *ōrdō senātōrius* und *ōrdō equester*, Senatorenstand und Ritterstand (*senātōrius* zum Senat gehörig; *equester*, [fem. *equestris*, neutr. *equestre* Adjektivum der 3. Dekl.: Wir werden davon noch sprechen] zum Reiter oder Ritter gehörig). Dem Senatorenstand gehörten alle an, die im Senat saßen, das sind die gewesenen hohen Beamten (früher mag der Senat ein Rat der Ältesten der Geschlechter gewesen sein; *senex, senis* der Greis — *senātus, -ūs* der Senat — *senātor, -ōris* der Senator); zum Ritterstand gehörten die vermögendsten Bürger, denn man mußte eine gewisse Höhe des Besitzes nachweisen können, bevor man 'Ritter' wurde. Der Ritterstand bildete bereits zur Zeit der Republik den Geldadel, denn er verlegte sich auf Handelsgeschäfte, Steuerpacht, Spekulationen u. dgl., Dinge, die den Senatoren verboten waren. Die Ritter dienten dann auch kaum mehr selbst im Heer, und wenn, dann als Offiziere. Die Heeresreiterei stellten die Verbündeten, denn die Römer waren selbst nie berühmt als Reiter.

β) Auch unter den Wörtern auf *-is* gibt es Maskulina. Die ungleichsilbigen scheiden von vornherein aus, denn sie sind nach der Genusregel sowieso Maskulina. Von den gleichsilbigen sind Maskulina: Die Wörter auf *-nis* wie *amnis*, *-is* der Strom (*amnis piscōsus* der fischreiche Strom; *fluvius*, *-ī* und *flūmen*, *-inis* [neutr.] dagegen bezeichnen jeden gewöhnlichen Fluß); *fīnis*, *-is* die Grenze (*fīnis Rōmānus* die römische Grenze; oft Plur., dann auch in der Bedeutung 'Gebiet'); außerdem *piscis*, *-is* der Fisch (*piscis parvus* der kleine Fisch); *collis*, *-is* der Hügel (*collis saxeus* der felsige Hügel, *saxum*, *-ī* der Felsen); *orbis*, *-is* der Kreis (*tōtus orbis terrārum* der ganze Erdkreis: darunter versteht man die ganze — bewohnte — Erde; eigentl. 'der ganze Kreis der Länder'); *fascis*, *-is* das Rutenbündel (*fascis laureātus* das lorbeerbekränzte Rutenbündel; *laurea*, *-ae* der Lorbeerbaum, Lorbeer) und *mēnsis*, *-is* der Monat (*mēnsis Iānuārius*).

Den höchsten römischen Beamten trugen Liktoren (*līctor*, *-ōris*) Rutenbündel, *fascēs*, voraus. Diese bestanden aus Ulmen- oder Birkenstäben, die mit Lederriemen umschnürt waren; in den *fascēs* steckte je ein Beil. Sie waren das Zeichen der Amtsgewalt der Beamten, mit Schlägen zu strafen und hinzurichten. Nur in der Stadt Rom fehlten die Beile, da die Gewalt über Leben und Tod dort dem Volke zustand. Nach einem Sieg wurden die *fascēs* mit Lorbeer bekränzt. Den Konsuln gingen 12, den Prätoren (*praetor*, *-ōris*) 6 Liktoren mit *fascēs* voraus. — Die *fascēs* (mit Beil!) wählten die italienischen Faschisten zum Symbol.

Die Namen der Monate sind alle Adjektiva, es ist also immer *mēnsis* dazu zu denken, auch wenn der Name des Monats allein steht. Daher sind alle Monatsnamen Maskulina. Die Namen der Monate: *Iānuārius* (dem Gott *Iānus* geweiht), *Februārius* (nach dem Reinigungsfest, *februa*, *-ōrum*, benannt; der Februar war ursprünglich am Ende des Jahres, denn das römische Jahr begann bis zur

Mitte des 2. Jahrhunderts v. Chr. mit dem März: So kommt es auch, daß *December* 'der 10. Monat', *November* 'der neunte Monat' usf. heißen), *Mārtius* (dem *Mārs* geweiht), *Aprīlis* (Herkunft unklar), *Maius* (der Göttin *Maia* geweiht, einer Naturgöttin, mit der Mutter des Hermes identifiziert; spielt im Kult kaum eine Rolle), *Iūnius* (der *Iūnō* geweiht), *Quīntīlis* (der 'fünfte'), der nach Iulius Caesars Tod in *Iūlius* umbenannt wurde, *Sextīlis*, der seit 8 v. Chr. *Augustus* heißt, *September*, *Octōber*, *November*, *December*.

Quīntīlis, *Sextīlis* usw. nur bei den Monatsnamen, sonst *quīntus*, *sextus*, *septimus*, *octāvus*, *nōnus*, *decimus*!

γ) Von den Wörtern auf *-ās* gibt es nur zwei Ausnahmen: Es sind die beiden einsilbigen Wörter *as*, *assis* der As Maskulinum (*as ūnus* ein einziger As; Gen. Plur. *assium*: Wortstock auf zwei Konsonanten!) und *vās*, *vāsis* das Gefäß (*vās aureum* das goldene Gefäß): dieses letztere Wort ist Neutrum. Wir können noch dazunehmen die beiden undeklinierbaren Wörter (*Indeclinabilia*) *fās* das (göttliche) Recht und *nefās* das Unrecht (sonst *iūs*, *iūris* das Recht, *iniūria*, *-ae* das Unrecht) Neutra.

as ist eine römische Kupfermünze, die älteste römische Münz- und Gewichtseinheit (als Gewicht = *lībra*, *-ae* Pfund). War ursprünglich Vieh Zahlungsmittel (*pecŭs*, *-ŭdis*, fem., das Stück Vieh, daneben *pecus*, *-oris*, neutr., das Vieh, die Herde; davon *pecūnia*, *-ae* das Geld), so trat später ungeprägtes Kupfer (*aes*, *aeris*, neutr.) dafür ein, das beim Zahlen gewogen wurde. Aber schon in der Königszeit sollen Kupferbarren von bestimmtem Gewicht gegossen worden sein. Der nächste Schritt war die Münzprägung: Sie wurde von den Griechen übernommen, wohl noch vor der Mitte des 4. Jahrhunderts v. Chr. Damit war Geld im eigentlichen Sinne geschaffen. Gewichtsminderung und dadurch Wertminderung trat schon früh und immer wieder ein. 269/8 v. Chr. wurde die Silberprägung eingeführt.

δ) Von den Wörtern auf *-s* mit vorhergehendem Konsonanten sind Maskulina: *dēns*, *dentis* der Zahn (*dēns acūtus* der scharfe Zahn); *fōns*, *fontis* die Quelle (*fōns sacer* die heilige Quelle; *sacer*, *sacra*, *sacrum* heilig, geweiht); *mōns*, *montis* der Berg (*mōns altus* der hohe Berg); *pōns*, *pontis* die Brücke (*pōns lĭgneus* die hölzerne Brücke, Holzbrücke); dazu *calix*, *-icis* der Becher, Kelch (*calix argenteus* der silberne Becher); *grex*, *gregis* die Herde (*grex caprīnus* die

Ziegenherde; *capra*, *-ae* die Ziege); alle Wörter auf *-ex*, *-icis*, wovon besonders wichtig ist *cōdex*, *-icis* der Stamm, auch: das Buch, 'der Codex' (ursprünglich hölzerne, mit Wachs überzogene Tafeln, der Name wurde später auf das Buch aus Papyrus- oder Pergamentblättern übertragen).

Die Ausnahmen zur Femininagruppe sind, wie wir sahen, außer *vās*, *fās* und *nefās* Maskulina, während bei den Ausnahmen von der Maskulinagruppe die Neutra in der Überzahl waren.

Und schließlich:

3. Neutra sind die Wörter auf *-e*, *-al* und *-ar*, *-ur*, *-us* (Gen. *-ris*) und *-men*, ferner *caput*, *-itis* der Kopf *lac*, *lactis* die Milch und *mel*, *mellis* der Honig.

Die Neutra auf *-e*, *-al* und *-ar* lernten wir schon kennen: Sie gehören zu den *i*-Stämmen!

Neutra sind also z. B. *rōbur*, *-oris* die Stärke, *corpus*, *-oris* der Körper, *nōmen*, *-inis* der Name.

Ausnahmen gibt es nur wenige: a) Maskulina sind: *sāl*, *sălis* das Salz (*sāl Atticus* das attische Salz; in übertragener Bedeutung 'attischer Witz', feiner, geistreicher Witz), *sōl*, *sōlis* die Sonne (*Sōl* der Sonnengott), und schließlich die Tiernamen auf *-ur* und *-us*, wie *vultur*, *-uris* der Geier (*vultur avidus* der gierige Geier), *lepus*, *-oris* der Hase (*lepus lepidus* der drollige, niedliche Hase — nicht zu verwechseln mit *lepōs*, *-ōris* regelm. Mask. die Anmut, Liebenswürdigkeit).

b) Femininum ist *tellūs*, *tellūris* die Erde (im Sinne von 'Erdboden'; dagegen *terra*, *-ae* die Erde als Weltkörper, Gegensatz *caelum* Himmel).

Nicht verwechseln wollen wir *aes*, *aeris* das Erz: Neutrum, und *āēr*, *āĕris* (*a* und *e* getrennt zu sprechen! man sieht es manchmal *aër*, mit Trema, geschrieben; das ist aber nicht notwendig) die Luft: Maskulinum; der Akkusativ lautet meist *āera* mit der griechischen Endung *-a*, denn es ist ein griechisches Fremdwort. Griechisch konnten alle Gebildeten Roms.

Warum aber nur der Akkusativ? Auch bei anderen Wörtern wird gelegentlich nur der Akkusativ mit griechischer Endung versehen. Die Erklärung ist einfach: Der Nom. lautet griech. und lat. gleich, die griech. Gen.-Endung -ος wird im Lateinischen nie anders als durch das entsprechende lateinische *-is* wiedergegeben, die Dativendung ist wieder im Griechischen und Lateinischen dieselbe.

aes aliēnum heißt: die Schulden; *aes*, da die Silberprägung erst eingeführt wurde, als der Ausdruck bereits formelhaft war. *in aëre aedificāre*, in der Luft bauen, steht bei Augustinus (*serm.* 8, *prooem.*); wir würden das mit 'Luftschlösser bauen' wiedergeben. Daß man auch den Akkusativ auf *-em* bildete — in der Literatur allerdings erst nachklassisch! — zeigen die aus der Fechtersprache übernommenen sprichwörtlich gewordenen Ausdrücke *pūgnis āerem verberāre* (so Hieronymus, *ad Rufinum* I 15) mit den Fäusten (Faustschlägen) die Luft schlagen (*pūgnus*, *-ī* Faust; dagg. *pūgna*, *-ae* die Schlacht, der Kampf) oder *adversus āerem certāre* (Augustinus, *de agone Christiano* 5,5) gegen Luft kämpfen.

Die Adjektiva der 3. Deklination

Auch die sogenannte 3. Deklination hat Adjektiva wie die a- und die o-Deklination (nicht aber die e- und u-Deklination). Während die Adjektiva, die wir bisher kennen lernten, im Maskulinum und Neutrum nach der o-, im Femininum nach der a-Deklination gingen (*vir praeclārus*, *fēmina praeclāra*, *oppidum praeclārum* ein berühmter Mann, eine berühmte Frau, eine berühmte Stadt; oder *līber*, *lībera*, *līberum*), hat die 3. Deklination Möglichkeiten für alle drei Genera.

Da sind zunächst die dreiendigen Adjektiva, also solche, die für jedes Genus eine eigene Form haben, wie *cĕlĕr*, *cĕlĕrĭs*, *cĕlĕrĕ* schnell oder *ācĕr*, *ācrĭs*, *ācrĕ* scharf (auch hier wie bei der o-Deklination (S. 33f.) gibt es Adjektiva auf *-er*, die das *e* verlieren und solche, bei denen es zum Stamm gehört).

Die zweiendigen haben im Maskulinum und Femininum die gleiche Form, das Neutrum aber hat seine eigene: *lĕvĭs, lĕvĕ* leicht, *grăvĭs, grăvĕ* schwer (von Gewicht); *făcĭlĭs, făcĭlĕ* leicht, *diffĭcĭlĭs, diffĭcĭlĕ* schwer (zu tun). Also *saxum grăve* ein schwerer Fels, aber *mūnus* (n., Gen. *-ĕris*) *difficile* eine schwere Aufgabe, ein schwieriges Amt.

Die einendigen haben nur eine Form für alle drei Genera; doch im Akkusativ Singular und im Nominativ, Akkusativ und Vokativ Plural haben sie trotzdem zwei Formen, da nämlich die Neutra bekanntlich drei gleiche Kasus und im Plural *-ă* haben: *fēlīx* (Gen. *fēlīcis*) glücklich (davon der Name Felix).

N.V.	*ācĕr*	*ācr-is*	*ācr-ĕ*	*lĕv-is*	*lĕv-e*	*fēlīx*	
G.	*ācr-ĭs*			*lev-is*		*fēlīc-is*	
D.	*ācr-ī*			*lev-ī*		*fēlīc-ī*	
Akk.	*ācr-ĕm*		*ācr-ĕ*	*lev-em*	*lev-e*	*fēlīc-em*	*fēlīx*
Abl.	*ācr-ī*			*lev-ī*		*fēlīc-ī*	
N.V.	*ācr-ēs*		*ācr-ĭă*	*lĕv-ēs*	*lev-ia*	*fēlīc-ēs*	*fēlīc-ia*
G.	*ācr-ĭŭm*			*lev-ium*		*fēlīc-ium*	
D.	*ācr-ĭbŭs*			*lev-ibus*		*fēlīc-ibus*	
Akk.	*ācr-ēs, -īs*		*ācr-ĭă*	*lev-ēs, -īs*	*lev-ia*	*fēlīc-ēs,-īs*	*felic-ia*
Abl.	*ācr-ĭbŭs*			*lev-ibus*		*fēlīc-ibus*	

Die Adjektiva gehen also nach der i-Deklination, sie haben im Gen. Plur. *-ium*, im Neutr. Plur. *-ia*, oft auch im Akk. Plur. *-īs* (s. S. 50) und dazu noch im Ablativ Sing. *-ī*, wie die Neutra der i-Deklination (die anderen i-Stämme haben im Abl. Sing. *-e*; Ausnahmen S. 50f.). Es gibt nur wenige Adjektiva, die als Ausnahmen nach der konsonantischen Deklination dekliniert werden (darüber S. 63f.).

mōbilium turba Quirītium
Schar der wankelmütigen Quiriten

nennt Horaz in einer seiner Oden (I 1,7) die Römer.

Quirītēs, Gen. *-ium* (Sing. *Quirīs*, doch kommt das Wort fast nur im Plural vor) wurden die römischen Bürger genannt, und zwar als Zivilisten, nicht als Soldaten. Irgendwie steht dieses Wort mit dem Namen des Gottes *Quirīnus* in Zusammenhang; wieso jedoch *Quirītēs* ausgerechnet die Bürger als Zivilisten kennzeichnet, während doch *Quirīnus* ein alter Kriegsgott ist — der später von *Mārs* fast ganz verdrängt wurde —, ist noch nicht geklärt.

Für Soldaten war die Anrede '*Quirites*' geradezu ein Schimpfname. Als die 10. Legion drauf und dran war zu meutern, trat Caesar vor sie hin und redete sie '*Quirites*' an. Die Soldaten entgegneten, sie seien 'Soldaten', *milites*, — und gehorchten. Ein Meisterstück Caesarischer Psychologie im Umgang mit seinen Soldaten!

Schiller stellte seinen 'Räubern' als Motto voran:

Quae medicāmenta nōn sānant, ferrum sānat,
quae ferrum nōn sānat, īgnis sānat.

Was Arzneien nicht heilen (keine Medizin heilt), heilt das Eisen,
was das Eisen nicht heilt, heilt das Feuer.

Das ist die lateinische Übersetzung eines Aphorismus, der dem Hippokrates zugeschrieben wird, jenem berühmten griechischen Arzt, der in der zweiten Hälfte des 5. Jahrhunderts v. Chr. wirkte. Der Aphorismus geht eigentlich noch weiter:

quae vērō īgnis nōn sānat, īnsānābilia reputārī oportet.

Mit *ferrum* ist also Operation, mit *īgnis* Ausbrennen gemeint. Arzneien, Schneiden und Brennen waren die drei Wege des Heilens.

quae ist Neutr. Plur. des Relativpronomens; im Lateinischen verwendet man lieber den Plural, wenn das Neutrum des Pronomens sich nicht auf etwas Bestimmtes bezieht, sondern verallgemeinert. — *medicāmentum*, *-ī* das Medikament, die Arznei. — *vērō* aber, in der Tat (für 'aber' häufiger: *sed* oder *autem*, jenes an erster Stelle des Satzes, dieses an zweiter). — *sānābilis*, *-e* heilbar, *īnsānābilis*, *-e* unheilbar. — *reputārī* ist der Infinitiv Präs. Passiv zu *reputāre* berechnen, erwägen. — *oportet* es ist nötig, notwendig.

Das Adjektiv *salūber salūbris salūbre* wird dekliniert wie *ācer*; es heißt heilbringend, gesund (*salūs*, *-ūtis* das Heil, Wohl, die Rettung). Auch *sānus*, *-a*, *-um* heißt gesund. Aber der Sinn der beiden Wörter ist verschieden: *sānus* ist, was gesund ist, *salūber*, was gesund macht. Wir kennen bereits die zum Sprichwort gewordene Bitte: *sit mēns sāna in corpore sāno* (S. 47). Geist und Körper können 'gesund' = 'nicht krank' sein, aber eine Medizin, eine Arznei (*medicīna, -ae*; *medicāmentum, -ī*; *remedium, -ī*) ist 'gesund' = gesund machend, heilend, heilsam, sie heilt (*sānat*; *sānāre* heilen).

Die Adjektiva auf *-ns* sind einendig, z. B. *cōnstāns*, Gen. *cōnstăntis* (nur im Nom. Sing. ist das *a* lang) standhaft. Akk. Sing. des Maskulinums also *cōnstantem*, des Neutrums aber *cōnstans*, Nom. Akk. und Vok. Plur. Mask. ganz regelmäßig *cōnstantēs*, Neutrum *cōnstantia.*

Genau wie die Adjektiva auf *-ns* werden die Partizipia des Präsens dekliniert (und damit lernen wir eine neue Verbalform kennen): *laudā-re* loben — *laudāns* lobend; *sānā-re* heilen — *sānāns* heilend; *monē-re* mahnen — *monēns* mahnend; *dēlē-re* zerstören — *dēlēns* zerstörend.

sapientī sat est
dem Weisen (Wissenden) ist es genug

Dieses Sprichwort gebraucht der Komödiendichter Terenz (*Phormio* 541); es bedeutet, 'das bedarf keiner weiteren Erklärung' oder etwa unser: 'Kommentar überflüssig!'

sat = *satis* genug, genügend, hinreichend (undeklinierbar).

Ein Wortspiel ist

āmēns amānsque
verrückt und verliebt,

das bekannter ist in der Form

amantes āmentes
Verliebte (sind) Verrückte

Ersteres steht bei Plautus (*Mercator* 82), letzteres ist Titel einer Komödie von Gabriel Rollenhagen (Anfang 17. Jhdt.). Im Deutschen ist das entsprechende Sprichwort ebenfalls ein Wortspiel: „Minne verkehrt die Sinne.“ — Die Erkenntnis scheint zeitlos zu sein!

āmēns 'ohne *mēns*, ohne Verstand'. — Das angehängte *-que* heißt und; wir sind das nicht gewöhnt, daß eine anreihende Partikel an das folgende Wort angehängt wird, doch gibt es das z.B. auch im Griechischen; man könnte also auch sagen *āmēns et amāns*.

Eine andere Erkenntnis ist ebenfalls zeitlos. Terenz (*Andria* 555) faßte sie in die Worte:

Amantium īrae amōris integrātiō est
Der Liebenden Zorn (Streit) ist der Liebe Erneuerung

īra, -ae der Zorn; der Römer ist genauer, er setzt, da es sich ja um mehrere oder gegenseitige Zornausbrüche handelt, den Plural, denn im Lateinischen kann man von solchen Abstrakta im Gegensatz zum Deutschen den Plural bilden (wir müßten sagen 'Zornausbrüche' oder dergleichen). — *integrātiō, -ōnis* die Erneuerung, ein nicht häufiges Wort, meist wird es verbal umschrieben: die Prosa würde besser sagen *amōrem renovat* erneuert die Liebe (*renovō* ich erneuere: *novus* neu).

Dūcunt volentem fāta, nōlentem trahunt
Den Willigen führt das Schicksal, den nicht Wollenden zieht es,

heißt es bei Seneca (*epist.* 107, 11). Wir zitieren oft *nōlēns volēns*: ein Wortspiel, kein wörtliches antikes Zitat 'wollend nichtwollend', also etwa sich fügend, halb freiwillig, halb gezwungen. Das sind Partizipien zu den unregelmäßigen Verben *velle* wollen und *nōlle* nicht wollen.

Eine wichtige Ausnahme bei den Partizipien: Im Ablativ Singular haben die Partizipien nicht wie die Adjektiva die Endung *-ī* sondern *-e*, also *laudante, sānante, monente* (Gen. Plur. dagegen *-ium*, Neutr. Plur. *-ia*).

Eigentlich sind die 'Adjektiva' auf *-ns* ursprünglich ebenfalls Partizipien, sie sind aber ganz zu Adjektiven geworden. Daher *ā cōnstantī virō* von einem standhaften Manne (Adjektiv!), *sapientī cōnsiliō* mit weisem Rat (Adjektiv!), aber *ā sapiente* von einem Weisen (als Part. Präs. zu *sapere* weise sein; substantiviertes Part.).

Es gibt auch 'wirkliche' Adjektiva, die nicht nach der i-Deklination gehen: Sie haben im Ablativ Sing. *-e*, im Genitiv Plur. *-um*. Ein paar recht wichtige sind darunter. Alle sind einendig:

	Abl. Sing.	Gen. Plur.	Neutr. Plur.
dīves, -itis reich:	*dīvite*	*dīvitum*	—
pauper, -eris arm:	*paupere*	*pauperum*	—
vetus, -eris alt:	*vetere*	*veterum*	*vetera*
prīnceps, -ipis der erste:	*prīncipe*	*prīncipum*	—

Das waren die wichtigsten.

Weitere Adjektiva der konsonantischen Deklination sind:

particeps, -ipis teilhaftig:	*participe*	*participum*	—
compos, -otis mächtig:	*compote*	*compotum*	—
sospes, -itis wohlbehalten:	*sospite*	*sospitum*	—
superstes, -itis überlebend:	*superstite*	*superstitum*	—

Die meisten kommen im Neutrum nicht vor, daher an Stelle der entsprechenden Formen der Strich.

vetera īnstitūta prīncipum Rōmānōrum heißt 'alte Einrichtungen (*īnstitūtum, -ī*) der römischen Principes'. Nur *prīnceps* wollte Augustus sein, und die nachfolgenden 'Kaiser' nannten sich ebenfalls so. ('Kaiser' kommt von Caesar: Augustus nahm Caesars Namen an, damit gehörte die ganze claudisch-julische Dynastie zur Familie der *Caesares*. Auch nach deren Aussterben wurde der Name als Kaisertitulatur geführt.) *prīnceps* ist also der erste an Rang (es gab auch einen *prīnceps senātūs* der erste, würdigste Mann des Senats), dagegen der erste rein zahlenmäßig, bei der Aufzählung, ist *prīmus*.

Eine ganze, große Gruppe von Adjektiven gehört ebenfalls der konsonantischen Deklination an: Sämtliche Komparativa.

Und damit sind wir gleich bei der Steigerung der Adjektiva (Komparation, von *comparāre* vergleichen — ein anderes, lautgleiches Wort *comparāre* heißt 'bereiten'). Man nennt die drei Grade (*gradus, -ūs*) Positiv (*pōnere* setzen, stellen, legen, Part. Perf. Pass. *pŏsitum*; also 'die festgelegte Stufe'), Komparativ ('Vergleichsstufe'), Superlativ (*superferre* emporheben, ein im klassischen Latein nicht gebräuchliches Wort, Part. Perf. Pass. *superlātum*; also 'die emporgehobene Stufe').

Hoch, höher, am höchsten: *altus, altior, altissimus.* Gebildet werden Komparativ und Superlativ, indem an den Wortstock die Komparativendung *-ior* bzw. die Superlativendung *-issimus* angehängt wird:

alt-us	hoch	*alt-ior*	*alt-issimus*
dulc-is	süß	*dulc-ior*	*dulc-issimus*
ūtil-is	nützlich	*ūtil-ior*	*ūtil-issimus*
prūdēns	klug	*prūdent-ior*	*prūdent-issimus*

(Gen. *prūdent-is*: Wortstock *prūdent-*!)

Der Superlativ wird als Adjektivum der a- und o-Deklination dekliniert: *-us, -a, -um. altissimus mūrus* die höchste Mauer, *altissima turris* der höchste Turm, *altissimum aedificium* das höchste Bauwerk, Gebäude.

Der Komparativ wird als zweiendiges Adjektiv der 3. Deklination dekliniert: *altior mūrus, turris,* aber *altius aedificium*; Akk. *altiorem mūrum, turrim,* aber *altius aedificium*; Abl. *altiōre mūrō, turrī, aedificiō*; Nom., Vok. Plur. *altiōres mūrī, turrēs*; *altiora aedificia*; Akk. Plur. *altiōrēs mūrōs, turrēs*; *altiōra aedificia.*

Das Schema der Deklination des Komparativs:

m. und f.	n.	m. und f.	n.
altior	*altius*	*altiōrēs*	*altiōra*
altiōris		*altiōrum*	
altiōrī		*altiōribus*	
altiōrem	*altius*	*altiōrēs*	*altiōra*
altiōre		*altiōribus*	

Besonderheiten des Superlativs:

1. Einige Adjektiva auf *-lis* bilden den Superlativ nicht mit *-issimus* (wie *ūtilis*!), sondern mit *-limus*:

facil-is	*facil-ior*	*facil-limus* leicht (zu tun)
difficil-is	*difficil-ior*	*difficil-limus* schwer (zu tun)
simil-is	*simil-ior*	*simil-limus* ähnlich
dissimil-is	*dissimil-ior*	*dissimil-limus* unähnlich

humil-is	*humil-ior*	*humil-limus*	niedrig
gracil-is	*gracil-ior*	*gracil-limus*	schlank ('grazil')

2. Alle Adjektiva auf *-er*, gleichgültig ob sie zur a- und o-Deklination oder zur 3. Deklination gehören, bilden den Superlativ mit *-rimus*, das an den Nom. Sing. Mask. angehängt wird (also immer *-errimus*, mit *e*!); der Komp. ist regelmäßig (also mit bzw. ohne *-e-*):

asper, aspera, asperum	*asper-ior*	*asper-rimus*	rauh
pulcher, pulchra, pulchrum	*pulchr-ior*	*pulcher-rimus*	schön
ācer, ācris, ācre	*ācr-ior*	*ācer-rimus*	scharf

Schließlich merken wir uns noch
vetus (einendig) *veter-rimus*

Komp. ungebräuchlich; ersetzt durch das gleichbedeutende *vetustior* von *vetustus*.

Wie in anderen geläufigeren Sprachen (z.B. Griechisch, Englisch, Französisch, Italienisch, Spanisch und nicht zuletzt Deutsch) bilden einige sehr gebräuchliche Adjektiva Komparativ und Superlativ von anderen Stämmen:

bonus	*melior*	*optimus*	gut
malus	*peior*	*pessimus*	schlecht
māgnus	*maior*	*māximus*	groß
parvus	*minor*	*minimus*	klein
multum	*plūs*	*plūrimum*	viel (mehr — am meisten)
multī	*plūrēs*	*plūrimī*	viele (mehr — die meisten, sehr viele)

Neutr. Plur. *plūra*, aber Gen. *plūrium* (Ausnahme!).

Angewendet wird der Komparativ wie im Deutschen: *lūna minor est quam terra* der Mond ist kleiner als die Erde. Nun hat aber das Lateinische noch eine, uns vielleicht merkwürdig erscheinende Konstruktion: Statt *quam terră* zu sagen, kann man auch den Ablativ verwenden: *lūna minor est terrā.* Diesen Ablativ nennt man *ablātīvus comparātiōnis*, Ablativ des Vergleichs.

So ganz merkwürdig und aus dem Rahmen fallend ist diese Konstruktion gar nicht: Das Griechische kennt den *Genitivus comparationis*, altgermanische Sprachen den Dativ.

Noch ein paar Beispiele: Cicero schrieb eine Schrift *Cato maior de senectūte*, in der er den berühmten Cato, der damals schon als das Urbild des alten, echten Römertums galt, als Hauptredner in einem Gespräch über das Alter, vor allem über dessen Vorzüge, auftreten läßt. Catos jüngerer Freund *Scīpiō Āfricānus minor* (der 'jüngere' — *minor*! — Scipio, der Eroberer Karthagos) sagt zu Cato, es habe ihn schon oft gewundert, daß Cato offenbar das Alter nicht als drückend (*senectūs gravis* schwer, drückend; nicht *difficilis*!) empfinde, während die meisten es als *onus Aetnā gravius* empfänden, schwerer als der Aetna (der bekannte vulkanische Berg auf Sizilien).

levior cortice (*cortex*, *-icis* die Rinde, der Kork), leichter als Kork, nennt die Geliebte ihren Horaz (*carm*. III 9, 22), wobei *levis* 'leichtsinnig, wankelmütig' bedeutet, denn diesen Sinn — neben 'leicht an Gewicht' — hat das Adjektiv auch. Übrigens liebt es der Lateiner zu sagen *levior cortice* 'leichter als Kork', während wir vorziehen 'leicht wie Kork'; ebenso sagen wir 'schön wie ein Stern', was lateinisch heißt *sīdere pulchrior* 'schöner als ein Stern': Das steht im gleichen Horaz-Gedicht einen Vers vorher (*sīdus*, *-eris* n. Gestirn, Stern). Wir sagen 'schneeweiß', der Römer *nive candidior* (*nix*, *nivis* f. der Schnee, *candidus* glänzend weiß; *candidātus*, *-ī* ist der 'Weißgekleidete', der Kandidat, da Amtsbewerber in Rom eine weiße Toga, das römische Obergewand, trugen). *lūce clārior* ist 'taghell', eigentlich 'heller als das Licht' (*lūx*, *lūcis* das [Tages-]Licht, *clārus* hell).

Der Komparativ bezeichnet nicht nur einen Vergleich, er kann auch den Sinn von 'zu, ziemlich' haben: *maior* kann also auch 'zu groß, ziemlich groß' bedeuten.

Auch der Superlativ wird wie im Deutschen verwendet, nur daß er neben dem höchsten auch einen sehr hohen Grad bezeichnet. So heißt *māximus* nicht nur ‘der größte’, sondern auch ‘ein sehr großer’.

Ein paar Adjektiva gibt es, die keinen Komparativ und Superlativ bilden und die deshalb mit *magis* und *māximē* gesteigert werden müssen. Dies sind die Adjektiva auf *-us* mit vorhergehendem Vokal:

idōneus	*magis idōneus*	*māximē idōneus*	geeignet
noxius	*magis noxius*	*māximē noxius*	schädlich
arduus	*magis arduus*	*māximē arduus*	steil

summum iūs summa iniūria
das höchste Recht (ist) das höchste Unrecht

summus ist Superlativ zu (*suprā* oberhalb) *superior* der obere; dazu gibt es aber zwei Superlative: *summus* der oberste, höchste und *suprēmus* der letzte (auch *ultimus* heißt der letzte). Besser übersetzt lautet das Zitat: ‘Das strengste (strikte, strikteste) Recht ist das höchste Unrecht’. Hier und so oft im Lateinischen fehlt *est*: ‘Strengstes Recht — höchstes Unrecht’ könnten wir auch im Deutschen sagen; manchmal fehlt allerdings *est* auch an Stellen, wo wir im Deutschen ‘ist’ einsetzen müssen.

Die Erkenntnis, daß allzu streng angewandtes Recht oft das Gegenteil erreicht von dem, was der Sinn des Rechtes sein sollte, war den Römern zur Zeit Ciceros schon ganz geläufig, denn Cicero nennt (in dem Werk *De officiis* ‘Über die Pflichten’ I 33) das Wort *summum iūs summa iniūria* ein *trītum sermōne prōverbium*, abgedroschenes Sprichwort.

trītus ist Part. Perf. Pass. zu dem unregelmäßigen Verbum *terere* reiben, abreiben, zerreiben. — *sermō, -ōnis* Rede, Gespräch u. ä. lernten wir als Maskulinum der 3. Deklination auf *-ō* bereits kennen. — *prōverbium, -ī* das Sprichwort. — Ein *trītum sermōne prōverbium* ist also eigentlich ‘ein durch Reden zerriebenes, ein zerredetes Sprichwort’.

Cicero interpretiert auch gleich, was er unter dem Sprichwort versteht: *nimis callida, sed malitiōsa iūris interpretātiō* eine allzu kluge (*callidus* schlau, geschickt, gewandt, klug: mit dem Beigeschmack der Schlauheit; dagegen *prūdēns* 'klug' allgemein), aber arglistige (*malitiōsus*, vgl. 'malitiös') Interpretation des Rechtes. Zur weiteren Steigerung dient beim Komparativ *multō* (*multō maior* viel größer), beim Superlativ *longē* (*longē māximus* bei weitem der größte).

Die Adverbia

Das Adverb gibt die Art und Weise an, wie etwas geschieht. — In dem Satz: 'Der Soldat kämpft tapfer' ist 'tapfer' Adverb, dagegen in 'der tapfere Soldat', 'der Soldat ist tapfer' Adjektiv: Das Adjektiv gibt den Zustand oder das Sein einer Person oder Sache an.

Die Adjektiva der a- und o-Deklination bilden das Adverb auf *-ē*:

stultus, -a, -um	*stult-ē*	töricht
vērus, -a, -um	*vēr-ē*	wahr
pulcher, pulchr-a, pulchr-um	*pulchr-ē*	schön
miser, miser-a, miser-um	*miser-ē*	elend

Das oben bei der Steigerung genannte Wort *māximē* 'am meisten' ist also ebenfalls ein Adverb, und zwar zu dem Superlativ *māximus* der größte (meiste).

Kürzung des *ē* ist eingetreten bei *mălĕ* schlecht (*mălus, -a, -um*), Kürzung des *ē* und Änderung des Stammvokals bei *bĕnĕ* gut (*bŏnus, -a, -um*).

Die Kürzung des *ē* beruht auf der sog. 'Jambenkürzung': Eine jambische Silbenfolge (◡ –) kann unter bestimmten Bedingungen zu einer Doppelkürze (◡ ◡) werden. Von dieser Möglichkeit machten die altlateinischen szenischen Dichter (Plautus, Terenz) in Nachahmung der gesprochenen Sprache ausgiebig Gebrauch, in der klassischen Zeit jedoch spielt sie praktisch keine Rolle mehr. Nur in einigen Fällen ging die Doppelkürze als fester Bestand auch in die Hochsprache über: Außer *bĕnĕ* und *mălĕ* noch z.B. bei den Pronomina *ĕgō̆* ich, *mĭhī̆* mir, *tĭbī̆* dir, *sĭbī̆* sich (Dat.), zuweilen *hŏmō̆* der Mensch; bei diesen jedoch kann die letzte Silbe lang oder kurz sein (aber *bĕnĕ, mălĕ* immer mit kurzer letzter Silbe!).

Die Umformung des *ŏ* zu *ĕ* bei *bĕnĕ* beruht auf der sog. Assimilation (*assimulāre* oder *assimilāre* ähnlich machen, angleichen: *similis* ähnlich).

Die Adjektiva der 3. Deklination bilden das Adverb mit *-ĭter*:

celer, celer-is, celer-e:	*celer-iter*	schnell
brev-is, brev-e:	*brev-iter*	kurz
simplex (Gen. *simplic-is*):	*simplic-iter*	einfach

Etwas anders, nämlich ohne *-i-*, bilden das Adverb die Adjektiva:

audāx (Gen. *audāc-is*):	*audāc-ter*	kühn
sollers (Gen. *sollert-is*):	*soller-ter*	geschickt

und alle Adjektiva auf *-ns* (Stamm *-nt-*, trotzdem nur e i n *-t-*):

sapiēns (Gen. *sapient-is*):	*sapient-er*	weise
cōnstāns (Gen. *cōnstant-is*):	*cōnstant-er*	standhaft

Nun muß man die Adverbia noch steigern. Das aber ist recht einfach: Im K o m p a r a t i v verwendet man das Neutrum Singular des Adjektivs, und im S u p e r l a t i v, da dieser nach der a- und o-Deklination dekliniert wird, wird das Adverb regelmäßig auf *-ē* gebildet:

celer-ius	*celerrim-ē*
brev-ius	*brevissim-ē*
audāc-ius	*audācissim-ē*
sapient-ius	*sapientissim-ē*

Ganz regelmäßig ist daher auch (s. die Steigerung der Adjektiva S. 66):

melius	*optimē*
peius	*pessimē*
maius	*māximē*

Wir merken uns dazu gleich noch

paulum / *nōn multum*	*minus*	*minimē*	wenig, weniger, am wenigsten
saepe	*saepius*	*saepissimē*	oft, öfter, am häufigsten
diū	*diūtius*	*diūtissimē*	lang, länger, am längsten

diū nur von der Zeitdauer: *diū labōrāre* lange arbeiten, aber *epistula longa* ein langer Brief.

Noch zwei Beispiele:

Amīcus Platō, sed magis amīca vēritās

Plato ist mir lieb, aber die Wahrheit ist mir (noch) lieber

lautet ein lateinisches Sprichwort, das letzten Endes auf Plato selbst zurückgeht, der den Sokrates (Phaidon 91 B) sagen läßt, man solle auf ihn keine Rücksicht nehmen, sondern nur die Wahrheit im Auge behalten (wenn sich nämlich herausstellen sollte, daß er Unrecht hat).

Es fehlt wieder das Wörtchen *est*; auch hier handelt es sich um eine Gegenüberstellung; die Sentenz aber in gutem Deutsch ohne 'ist' auszudrücken, fällt schwer.

Der Epigrammdichter Martial (lat. *Mārtiālis*; geb. um 40 n.Chr. in Bilbilis [3 km von Calatayud, südwestl. von Zaragoza] in Spanien, lebte in Rom) sagt mit Recht (XI 56, 15—16):

Rḗbus in ángustī́s facile‿ést contémnere vī́tam:
fórtiter ī́lle facī́t, quī́ miser ésse potést.

Im Unglück ist es leicht, das Leben zu verachten:
tapfer handelt jener, der unglücklich sein kann (ungl. zu sein versteht).

angustus, -a, -um eng, bedrängend, *rēs angustae* bedrängende Umstände, Unglück (= *rēs adversae* widrige Umstände = Unglück, *rēs secundae* günstige Umstände = Glück). — *contémne-re* verachten (3. Konjugation). — *fort-iter* ist das Adverb zu *fortis* tapfer. — *facit* 3. Pers. Sing. Präs. zu dem (unregelmäßigen) Verbum *facere* machen, tun, handeln. — *esse* Infinitiv 'sein'. — *pot-est* er, sie, es kann. — *ille* ist das Pronomen 'jener', *quī* das Relativpronomen 'welcher, welche, welches (der, die, das)'.

Und damit kommen wir zu den

Prōnōmina

Der Name Pro-Nomen sagt, daß es 'für' (*prō*) ein Nomen (Subst., Adj.) steht. Ist von einer bereits genannten Person oder Sache die Rede, so wiederholt man den

'Namen' nicht, sondern fährt mit 'er, sie, es — sie' usw. fort. *prōnōmen*, Gen. *-inis*, Plural also *prōnōmina*.

Fangen wir an bei den 'Persönlichen Fürwörtern', *prōnōmina persōnālia*. Wir wissen bereits, daß die 1. Person Nominativ (als Subjekt) 'ich, du, er, sie, es; wir, ihr, sie' beim Verbum nicht gesetzt wird: *laudō* heißt: ich lobe, *laudat* er lobt, *laudant* sie loben usw. So ist es in allen Zeiten, Gegenwart, Vergangenheit, Zukunft. Das Verbum hat also noch die ursprüngliche Kraft, ohne Zuhilfenahme von Pronomina die Person auszudrücken. Anders aber in den meisten modernen Sprachen: So bedarf das Deutsche, Englische, Französische der Pronomina, während das Italienische und das Spanische heute noch auf die Pronomina beim Verbum verzichten können.

Der Nominativ des Pronomens wird nur bei starker Betonung gesetzt, z.B. im Gegensatz: ich lobe ihn, du aber tadelst ihn: *egŏ eum laudō, tū autem (eum) vituperās*

	Singular		Plural	
	1. Person	2. Person	1. Person	2. Person
Nom.	*egŏ* ich	*tū* du	*nōs* wir	*vōs* ihr
Gen.	*meī* meiner	*tuī* deiner	*nostrī/nostrum*	*vestrī/vestrum*
Dat.	*mihĭ* mir	*tibĭ* dir	*nōbīs* uns	*vōbīs* euch
Akk.	*mē* mich	*tē* dich	*nōs* uns	*vōs* euch
Abl.	*ā mē* von mir	*ā tē* von dir	*ā nōbīs* von uns	*ā vōbīs* von euch

egŏ, mihĭ, tibĭ sind ursprünglich iambisch (◡–), aber durch 'Jambenkürzung' können sie auch Doppelkürzen sein (◡◡). Wir sprachen darüber schon (S. 69).

Der Ablativ des Personalpronomens kommt fast nur in Verbindung mit einer Präposition vor (*ā mē* von mir; die Präposition *cum* wird ausnahmsweise angehängt, also *mēcum* mit mir, *tēcum*, *nōbiscum*, *vōbiscum*) oder in der Konstruktion des sog. *Abl. absolutus* (S. 149f.), z. B. *mē cōnsule* unter meinem Konsulat. In Fällen, wo man den *abl. instrumentalis* erwarten könnte, wird in der Regel bei Personen und folglich auch beim Pers.-Pron. eine Präposition vorgezogen (meist *per* durch: *per lēgātōs* [vōs] *nuntiāre* durch Gesandte [euch] melden).

Der Genitiv Plural hat zwei Formen, *nostrī* und *nostrum*, *vestrī* und *vestrum*. Die Formen auf *-ī* sind die gewöhnlichen, die auf *-um* werden nur als sog. *genitīvus partītīvus* gebraucht, also als Genitiv, der einen Teil aus dem Ganzen heraushebt. Die häufigste Verwendung ist *quis nostrum* (*vestrum*) wer von uns (euch)? und entsprechend *nēmō nostrum* (*vestrum*) niemand von uns (euch).

Als Personalpronomen der 3. Person dient ersatzweise das Demonstrativum *is*, *ea*, *id* (s. u.).

Die Personalpronomina der 1. und 2. Person sind zugleich reflexiv (wie im Deutschen), dagegen gibt es (ebenfalls wie im Deutschen) für die 3. Person ein eigenes Reflexivpronomen, das im Singular und Plural und in den drei Genera die gleichen Formen hat:

Gen.	*suī* (Sing. seiner, ihrer, seiner; Plur. ihrer)
Dat.	*sibĭ̄* (sich)
Akk.	*sē* (sich)
Abl.	*sē* (*ā sē* von sich, *sēcum* mit sich)

Über die Verwendung der Reflexiva beim A.c.I.: s. u. S. 132f.

Ferte fortiter; hoc est, quō deum antecēdātis. ille extrā patientiam malōrum est, vōs suprā patientiam.

Ertragt tapfer; dies ist es, worin ihr (einen) Gott überragt. Jener ist (steht) außerhalb des Erleidens von Unglück, ihr über dem Erleiden.

Der Satz ist von Seneca, dem großen stoischen Philosophen (etwa 4 v.Chr.—65. n.Chr.). In vieler Hinsicht ist er bezeichnend für die stoische Philosophie und die von ihr geforderte Unerschütterlichkeit im Leiden (*dial.* I 6,6).

fer-te ist Imperativ zu *fer-re* tragen, ertragen. — *antecēd-ā-tis* Konjunktiv Präs. zu *antecēde-re* vorangehen, übertreffen (über den Konj. später). — *extrā* außerhalb, *suprā* oberhalb, über: beides Präpositionen mit dem Akkusativ. — *patientia* das Ertragen, Erdulden, Erleiden.— *malum, ī* (substantiviertes Adj.) Übel, Unheil, Unglück (im Deutschen oft, wie hier, mit Sing. zu übersetzen). — Zu ergänzen ist natürlich *estis* ihr seid: wir wissen bereits, daß oft *est* oder überhaupt eine Form von *esse* dazu zu denken ist, hier ergibt sich die Ergänzung schon aus dem Vorhergehenden; im Deutschen kann man die lateinische Ausdrucksweise in der Übersetzung nachahmen: 'ihr über dem Erleiden'.

In dem Satz finden wir eine ganze Reihe von Pronomina, die wir nun im einzelnen durchgehen wollen. Zunächst stellen wir fest, daß hier der Nominativ *vōs* steht: Es ist der Gegensatz zu *ille*, und bei Betonung, besonders im Gegensatz, steht ja der (Subjekts-)Nominativ.

hoc dies: Das ist das Neutrum Singular des Pronomens *hic, haec, hoc* dieser, diese, dieses.

ille, illa, illud: ebenfalls ein *prōnōmen dēmōnstrātīvum*, ein 'hinweisendes Fürwort' (= jener, jene, jenes).

quō: Ablativ des Neutrums Singular des Relativpronomens, *prōnōmen relātīvum, quī, quae, quod* welcher, welche, welches; der, die, das.

Die Deklination der Demonstrativa:

Nom.	*hic haec hoc*	*hī*	*hae*	*haec*
Gen.	*huius*	*hōrum*	*hārum*	*hōrum*
Dat.	*huic*		*hīs*	
Akk.	*hunc hanc hoc*	*hōs*	*hās*	*haec*
Abl.	*hōc hāc hōc*		*hīs*	

hae Fem. Plur. (vgl. die Endung der a-Deklination *-ae*!), *haec* Neutrum Plur.

Das *c* bei *hic, haec, hoc* usw. ist die verkürzte Demonstrativpartikel *-ce*, die manchmal auch unverkürzt erscheint (*huiusce* u. a.); auch in *ecce* 'siehe da' (*ecce homō*) haben wir sie. Da *hoc* aus *hod-ce* entstanden ist, kann die Silbe metrisch lang gemessen werden, da sie als positionslang gilt; analog dazu kann auch *hic* als Länge in der Dichtung gemessen werden.

Nom.	*ille*	*illa*	*illud*	*illī*	*illae*	*illa*
Gen.		*illī́us*		*illṓrum*	*illā́rum*	*illṓrum*
Dat.		*illī*			*illīs*	
Akk.	*illum*	*illam*	*illud*	*illōs*	*illās*	*illa*
Abl.	*illō*	*illā*	*illō*		*illīs*	

Es heißt zwar *haec*, aber *illa* im Neutr. Plur.!

Genau wie *ille* wird ein weiteres Demonstrativpronomen dekliniert: *iste, ista, istud* der (da), die (da), das (da): meist in herabsetzendem Sinn gebraucht, z.B. *iste homō* dieser Mensch da, der Kerl.

Die weiteren Demonstrativpronomina:

is, ea, id der, derjenige; er (sie, es). Das ist also zugleich die 3. Person zu *egō̆* ich, *tū* du. Selbstverständlich wird auch davon der Nominativ als Subjekt nur bei starker Betonung gesetzt. — Zu *is, quī* 'derjenige, welcher' s. u. bei *quī*!

Nom.	*is*	*ea*	*id*	*iī (eī)*	*eae*	*ea*
Gen.		*eius*		*eōrum*	*eārum*	*eōrum*
Dat.		*ei (eī)*			*iīs (eīs)*	
Akk.	*eum*	*eam*	*id*	*eōs*	*eās*	*ea*
Abl.	*eō*	*eā*	*eō*		*iīs (eīs)*	

Der Dativ Singular ist einsilbig, seit Ovid (um Christi Geb.) auch zweisilbig: *ĕī*. Die Pluralformen *iī, iīs* und *eī, eīs* sind immer zweisilbig (es gibt jedoch auch einsilbige Nebenformen: *ī* und *īs*).

īdem, eadem, idem (Mask. *ī*-, Neutr. *ĭ*-!) eben derselbe, der nämliche. Die Deklination ist die von *is, ea, id*; *-dem* ist unveränderlich.

Nom.	*īdem*	*éadem*	*idem*	*iī́dem (īdem)*	*eaédem*	*éadem*
Gen.		*eiúsdem*		*eōrúndem*	*eārúndem*	*eōrúndem*
Dat.		*eī́dem*			*iī́sdem (eī́sdem, īsdem)*	
Akk.	*eúndem*	*eándem*	*idem*	*eōsdem*	*eāsdem*	*éadem*
Abl.	*eṓdem*	*eā́dem*	*eṓdem*		*iī́sdem (eī́sdem, īsdem)*	

Die Betonung ist streng nach dem 'Dreisilbengesetz'; als Hilfe sind hier im Schema Akzente angebracht.

īdem lang, da aus *isdem* (für das ausgefallene *s* wurde das *i* gelängt); *m* vor *d* wird zu *n*, daher *eundem*, *eorundem*. — Die einzigen Abweichungen gegenüber der Deklination von *is*, *ea*, *id* sind also nur Nom. Sing. Mask. *īdem* und die Formen auf *-ndem* (Akk. Sing. und Gen. Plur.).

Und schließlich das letzte: *ipse*, *ipsa*, *ipsum* 'selbst'. Es wird dekliniert wie *ille* außer Nom. und Akk. Neutr. Sing: *ipsum*.

Nom.	*ipse*	*ipsa*	*ipsum*	*ipsī*	*ipsae*	*ipsa*
Gen.		*ipsīus*		*ipsōrum*	*ipsārum*	*ipsōrum*
Dat.		*ipsī*			*ipsīs*	
Akk.	*ipsum*	*ipsam*	*ipsum*	*ipsōs*	*ipsās*	*ipsa*
Abl.	*ipsō*	*ipsā*	*ipsō*		*ipsīs*	

Das Possessivpronomen (besitzanzeigende Fürwort) lernten wir bereits kennen (S. 43):

meus mein *tuus* dein *suus* sein
noster, *nostra*, *-um* unser *vester*, *vestra*, *-um* euer *suus* ihr

Die Possessivpronomina der 1. und 2. Person werden wie im Deutschen reflexiv und nicht-reflexiv gebraucht. Anders aber steht es mit der 3. Person: *suus* ist nur reflexiv! Das nicht-reflexive Pronomen wird durch die Genitive von *is*, *ea*, *id* ersetzt: z. B. er ermahnte seinen Bruder kann heißen: *monēbat frātrem suum* = seinen eigenen Bruder; dagegen *monēbat frātrem eius* = den Bruder desselben (etwa den seines Freundes). Oder: er betrachtet seine Bücher *librōs suōs īnspicit* = seine eigenen Bücher; dagegen *librōs eius īnspicit* die Bücher desselben (etwa des Freundes, bei dem er zu Besuch ist). — Plural: sie betrachten ihre Bücher: *librōs suōs īnspiciunt* = ihre eigenen; *librōs eōrum i.* die Bücher derselben (etwa der Freunde).

Der Vok. Sing. von *meus* lautet *mī*: *mī puer*, aber *mea puella*.

Über die Verwendung der Reflexiva beim A. c. I.: s. u. S. 132f.

Das *prōnōmen relātīvum*, 'bezügliche Fürwort' (*referre*, Part. Perf. Pass. *relātum* zurückführen, beziehen auf etwas):

Nom.	*quī*	*quae*	*quod*	*quī*	*quae*	*quae*
Gen.		*cuius*		*quōrum*	*quārum*	*quōrum*
Dat.		*cui*			*quibus*	
Akk.	*quem*	*quam*	*quod*	*quōs*	*quās*	*quae*
Abl.	*quō*	*quā*	*quō*		*quibus*	

Der Gen. Sing. heißt im älteren Latein (bis Sallust, Mitte des ersten vorchristlichen Jahrhunderts) *quoius*, der Dativ *quoi*.

Statt *cum quō*, *cum quā*, *cum quibus* sagt man meist *quōcum*, *quācum*, *quibuscum*.

Beachte: Neutr. Plur. *quae* (dgg. *hae-c*)! Akk. Sing. Mask. *quem*; Neutr. Sing. *quod*.

homō, *quī* . . . ein Mensch der . . . ; *is*, *quī* . . . der(jenige), welcher (der) . . . ; *īdem*, *quī* . . . der nämliche (selbe), welcher (der) . . . ; *īdem vir*, *quī* . . . der gleiche Mann, der . . . ; *eadem fēmina*, *quae* . . . die gleiche Frau, die . . . ; usw.

Allgemeine Bemerkungen zur Deklination der Pronomina: Die Demonstrativ- und Relativpronomina haben im Gen. Sing. in allen drei Genera die Endung *-ius* (langes *ī* bei *illīus* und *ipsīus*, poetisch auch *ĭ*), im Dativ Singular *-i* (langes *ī* bei *illī* und *ipsī*, sowie bei *eī*, falls es zweisilbig gesprochen wird, und bei *eīdem*).

Noch ein paar Beispiele:

Idem velle atque idem nōlle, ea dēmum fīrma amīcitia est

Das gleiche wollen und das gleiche nicht wollen, das erst ist feste Freundschaft

heißt es bei Sallust (in der Schrift *De coniuratione Catilinae*, Die Verschwörung des Catilina, 20,4).

Das Demonstrativpronomen bezieht sich im Lateinischen immer auf das Wort, zu dem es gehört, auch wenn dieses erst nachfolgt; daher *ea . . . amīcitia*. — *amīcitia* die Freundschaft, *amīcus* befreundet, der Freund. — *dēmum* erst, endlich, vollends.

Quód nātū́ra negát, réddere nḗmo potést

Was die Natur versagt, kann niemand hergeben (leisten)

sagt der spätlateinische (6. Jhdt.) Elegiendichter Maximianus (*el.* 5,54).

Der Vers ist ein Pentameter; die Versbetonung ist durch Akzente bezeichnet. — *nēmo* niemand hat sonst langes *ō*, kann seit der Kaiserzeit aber auch mit kurzem *o* stehen (s. S. 69).

Quís fuit, hórrendṓs prīmús quī prṓtulit ḗnsēs?
quám ferus ét vērḗ férreus ílle fuít!

Wer war es, der als erster die schrecklichen Schwerter hervorbrachte?
Wie wild und wirklich eisern ist jener gewesen!

So beginnt eine Elegie (I 10) des Dichters Tibull (2. Hälfte des 1. Jhdts. v. Chr.). (Tibull, der etwa gleichzeitig lebende Properz und Ovid, der von 43 v. bis 18 n. Chr. lebte, sind die bedeutendsten Elegiendichter der Römer. Die beiden ersten dichteten nur im elegischen, Ovid auch im epischen Versmaß: s. S. 267.)

Das elegische Versmaß — vgl. Goethes 'Römische Elegien' — besteht in der Abfolge von Hexameter und Pentameter, von denen ein Verspaar 'Distichon' genannt wird; die beiden zitierten Verse bilden also 'ein Distichon' (s. auch S. 248). Die Vorstellung, die wir mit dem Begriff 'elegisch' verbinden, müssen wir von der römischen Elegie fernhalten. Es handelt sich meist um Liebesgedichte, die jedoch alles mögliche zum Inhalt haben können — vgl. auch hier wieder Goethes Elegien.

ēnsis (masc.!) ein (meist poetisches) Wort für Schwert; sonst heißt Schwert *gladius*. — *ferreus* eisern, von *ferrum* das Eisen. — *fuit* ist die 3. Pers. Sing. Perfekt zu *esse*. — *prōtulit* ebenfalls 3. Pers. Sing. Perfekt zu dem unregelmäßigen Verbum *prō-ferre* hervorbringen: Wir werden uns mit den Perfektformen noch beschäftigen müssen.

quis 'wer' ist Fragepronomen. Und damit sind wir bereits bei den *prōnōmina interrogātīva*, den Fragepronomina. Wie im Deutschen gibt es von dem substantivischen Fragepronomen nur eine Form für Maskulinum und Femininum — da man bei der Frage in der Regel ja nicht weiß, ob die Person, nach der man fragt, männlich oder weiblich ist —, ebenfalls nur eine Form für Singular und Plural.

quis? wer? *quid?* was?

Nom.	*quis quid*	wer? was?
Gen.	*cuius*	wessen?
Dat.	*cui*	wem?
Akk.	*quem quid*	wen? was?
Abl.	*ā quō*	von wem?

Nun muß es natürlich auch ein adjektivisches Fragepronomen geben, d. h. ein Fragepronomen, das mit einem Substantiv verbunden wird, z. B. welcher Mensch, welche Sache? usw.

Glücklicherweise verwendet das Lateinische dazu die Formen des Relativpronomens, genau wie das Deutsche 'welcher, welche, welches'.

In quā urbe vīvimus? quam rem pūblicam habēmus?

In welcher Stadt leben wir? Welchen Staat haben wir?

ruft Cicero aus, als er seine Rede gegen Catilina hält, der durch einen Putsch die Macht an sich reißen wollte (I 9).

vīvere leben (3. Konj. — *vīta* das Leben). — *rēs pūblica* eigentlich 'die öffentliche Sache, Angelegenheit' = der Staat. — *est igitur rēs pūblica rēs populi*: es ist also der 'Staat' die Sache des Volkes, definiert Cicero in seiner Schrift über den Staat (I 39). Ein beachtlicher Ausdruck und eine beherzigenswerte Definition, geschaffen von dem Volk, das als das Staatsvolk gilt!

Noch heute begegnet man bei Untersuchung eines dunklen Falles der Frage

cui bonō? wem zum Nutzen?

Cicero betont in Verteidigungsreden (*pro Sex. Roscio Amerino* 84; *pro Milone* 32), daß schon früher den untersuchenden Richtern vor allem bei Kriminalfällen eingeschärft wurde, danach zu fragen, wem die Tat von Nutzen war, um so den Schuldigen zu finden.

Zu ergänzen ist natürlich wieder *est* 'ist' oder *fuit* 'ist es gewesen'. — *bonus* gut, das Neutrum *bonum* 'das Gute' oder auch, substantiviert, 'der Nutzen' (vgl. *malum* S. 74). — Der Dativ mit *est, fuit* u. dgl. im Sinne von 'es gereicht zu' ist nicht selten, also: 'Wem gereicht(e) es zum Nutzen?'

Noch ein fragendes Pronomen ist häufig:

Uter nostrum populāris est?

Wer von uns beiden ist Freund des Volkes?

populāris, Neutr. *-e* volkstümlich, populär, demokratisch; als Subst.: Demokrat, Freund des Volkes (Gegensatz *nōbilis, -e* bekannt, vornehm; als Partei: aristokratisch, Subst.: Aristokrat.). — Cicero, selbst ein '*homo novus*' neuer Mann, d. h. ein Mann, der erst durch sich selbst, durch eigene Kraft, nicht auf Grund seiner Abkunft zu den höchsten Ämtern gelangte, suchte den Parteigegensatz zu überwinden und durch den *cōnsēnsus bonōrum*, 'die Einigkeit der Guten, der Gutgesinnten', die zu Ende der Republik heillose Lage des Staates zum Besseren zu wenden.

uter, utra, utrum? heißt also 'wer von beiden'. Dekliniert wird es regelmäßig wie *pulcher, pulchra, pulchrum,* nur im Genitiv mit der Endung *-īus* und im Dativ mit der Endung *-ī* für alle drei Geschlechter, also *utrīus, utrī.* Bei den Pronomina (außer bei den Personalia *ego, tu* und bei den Possesiva *meus, mea, meum,* mein!) beobachteten wir schon bisher den Gen. auf *-ius* und den Dat. auf *-i*! (Das *i* nicht immer lang.)

Das gleiche Pronomen wird auch nicht fragend als *Prōnōmen indēfīnītum*, unbestimmtes Fürwort ('einer von beiden') und seltener auch als *Prōnōmen relātīvum* (‚welcher von beiden') gebraucht.

utér-que, utrá-que, utrúm-que, Gen. *utrīús-que,* Dat. *utrī-que* usw. heißt 'jeder von beiden' (also *uter* usw. mit angehängtem *que*); z. B. *uterque polus* jeder Pol (also Nord- und Südpol).

Utrumque enim vitium est, et omnibus credere et nūllī.

Beides ist nämlich ein Fehler, allen zu glauben und keinem.

(Seneca, *epist.* 3,4)

utrumque ist bezogen auf *vitium* Fehler, Laster. — *nūllī*, erg. *hominī* (auch im Deutschen sagen wir 'keinem', obwohl im Lateinischen *nēminī* und im Deutschen 'niemandem' möglich wäre). — *et . . . et* 'sowohl . . . als auch' oder, da dies im Deutschen als häßlich empfunden wird, unter Weglassung des ersten nur mit 'und' zu übersetzen.

Eben war von einem *Prōnōmen indēfīnītum* die Rede. Solche 'unbestimmte Fürwörter' bezeichnen keine bestimmte Person sondern 'irgend jemanden'.

Die Pronomina, die wir als Fragepronomina 'wer' und 'welcher' kennengelernt haben, heißen ohne fragenden Sinn 'irgend ein(er), irgend jemand, irgend wer — irgend etwas, irgend ein'.

quis quid substantivisch

quī quae (auch *qua*) *quod* adjektivisch

Jedoch wird nicht immer dieses Pronomen verwendet, genau genommen steht es nur nach *sī* (wenn), *nisi* (wenn nicht), *nē* (daß nicht), *num* (ob), *quō* und *quantō* (je).

Sī quid nōvistī rēctius istīs,
candidus impertī; sī nōn, hīs ūtere mēcum

Wenn du etwas besseres weißt als dies,
teile es mir aufrichtig mit; wenn nicht, benütze dies mit mir

steht bei Horaz (*epist.* I 6, 67). Ein Rat, wenigstens Gutes zu benützen, wenn einem schon nichts Besseres einfällt.

nōvistī ist 2. Person Ind. Perf. zu dem im Präsens kaum vorkommenden Verbum *nōscere* kennen lernen; das Perfekt hat präsentische Bedeutung, denn kennen gelernt haben = kennen, wissen (ähnliche Perfekta mit präs. Bed. S. 116). — Zu dem Komparativ *rēctius* (*rēctus, -a, -um* richtig, recht) gehört der *ablativus comparationis* (s. S. 66 f.) *istīs*. — *candidus, -a, -um* weiß; übertr. aufrichtig (näml. 'nichtverdunkelt'). — *impertīre* zuteilen, mitteilen. — *ūtere* ist Imperativ des sog. 'Deponens' *ūtī* benützen (S. 108 ff.).

Sonst wird *aliquis aliquid* und *aliquī aliqua aliquod* verwendet. Die Deklination ist unverändert (es steht also nur *ali-* voran).

In der Grammatik und in Wörterbüchern begegnet uns dieses Pronomen, wenn zu einem Verbum die 'Konstruktion' angegeben wird: Will man z. B. ausdrücken, daß *dare* geben mit dem Dativ der Person und Akkusativ der Sache verbunden wird, so schreibt man kurz: *dare alicui aliquid*, abgekürzt *dare alci alqd* (jd. etw. geben); oder wenn man ausdrücken will, das *egēre* entweder mit Genitiv oder Ablativ konstruiert wird, so schreibt man *egēre alicuius rei* oder *aliqua re*, abgekürzt *egēre alcis rei* oder *alqa re* (etwas entbehren, einer Sache bedürfen, an etwas Mangel haben). Auch wir werden diese Angaben von nun an verwenden können und müssen.

In verneinten Sätzen (auch bei *vix* 'kaum') aber steht wieder ein anderes *prōnōmen indēfīnītum*

quisquam quicquam (oder *quidquam*) substantivisch
und adjektivisch *ūllus ūlla ūllum*.

Die Deklination von *quisquam* ist wie die von *quis*, nur daß *-quam* angehängt ist, die von *ūllus* wie die eines Adjektivs der a- und o-Deklination, aber mit dem für die Pronomina so bezeichnenden Genitiv auf *-īus* und Dativ auf *-ī*, also *ūllīus*, *ūllī*.

Eine verhältnismäßig große Verbreitung hat im Lateinischen ein Pronomen, das man im Deutschen durch 'ein gewisser' wiedergeben könnte, das aber oft auch ganz wegbleiben kann. Es steht im Lat. in der Regel dann, wenn man eine bestimmte Person oder Sache nicht näher benennen will oder kann:

quīdam quaedam quiddam substantivisch (eigene Feminform!)
quīdam quaedam quoddam adjektivisch

Die Deklination ist wieder ganz einfach: Es wird nur *-dam* an das uns bekannte Pronomen angehängt. Wie bei *īdem* (s. S. 75 f.) wird *m* vor *d* in *n* verwandelt: *quendam*, *quandam*, *quōrundam*, *quārundam*.

Nun die beiden häufigsten Indefinita:

1. jeder: *quisque quidque* substantivisch
quisque quaeque quodque adjektivisch (masc. mit *-s-*!).

Auch dieses kommt nur unter bestimmten Umständen vor, nämlich nach einem anderen Pronomen oder nach Ordinalzahlen (der erste, zweite usw.) und Superlativen.

Schon in Rom war sprichwörtlich

suum cuique
jedem das Seine.

Es war sogar eine römische Rechtsregel: *suum cuique tribuere* 'jedem das Seine zuteilen' (Ulpian im *Corpus iuris civilis*, 6. Jhdt.). In der Neuzeit hatte es Friedrich I. zum Wahlspruch Preußens und zum Motto des Schwarzen Adlerordens gemacht.

Außer in diesen Fällen, also außer nach Pronomina, Ordinalzahlen und Superlativen, wird

ūnusquisque ūnumquidque substantivisch
und *ūnusquisque ūnaquaeque ūnumquodque* (masc. mit *-s-*!) adjektivisch

verwendet. Die Deklination ist denkbar einfach: *quisque* wird wie *quis* dekliniert, angehängt wird einfach *-que*, *ūnusquisque* genau so, doch mit vorgesetztem *ūnus: ūnus ūna ūnum* ist das Zahlwort 'eins'; dieses wird dekliniert wie ein Adjektiv der a- und o-Deklination, jedoch im Genitiv und Dativ mit der Endung *-īus* und *-ī*, also *ūnīuscuiusque*, *ūnīcuique*.

2. *nēmō̆* niemand *nihil* nichts: substantivisch
nūllus nūlla nūllum kein: adjektivisch

nēmō̆ bildet keinen eigenen Genitiv und Ablativ, sondern benützt die Formen von *nūllus*; *nūllus* wird als Adjektiv dekliniert, nur mit den charakteristischen Genitiv- und Dativendungen der Pronomina:

Nom.	*nēmō̆*	*nihil*	*nūllus*	*nūlla*	*nūllum*
Gen.	*nūllīus*	*nūllīus reī*		*nūllīus*	
Dat.	*nēminī*	*nūllī reī*		*nūllī*	
Akk.	*nēminem*	*nihil*	*nūllum*	*nūllam*	*nūllum*
Abl.	*ā nūllō*	*nūllā rē*	*nūllō*	*nūllā*	*nūllō*

nūllīus reī usw. heißt natürlich 'keiner Sache, keines Dings': Auch im Deutschen wird man den Genitiv von 'nichts' kaum anders ausdrücken! (*rēs* Substantiv der e-Deklination).

nēmō ist entstanden aus *nē hemō* (= *homō*), *nūllus* aus *nē ūllus*, *nihil* aus *nē hīlum* 'nicht eine Faser'. Das *o* von *nēmō̆* ist ursprünglich lang, seit Ovid kann es kurz gemessen werden. Für *nihil* gibt es die Zusammengezogene Form *nīl*.

Bei männlichen Personen wird (statt *nūllus*) *nēmō̆* vorgezogen: *nēmō mīles* kein Soldat, ebenso (statt *ūllus*) *quisquam*.

Die Genusbezeichnung 'Neutrum' heißt eigentlich 'keines von beiden', nämlich weder Maskulinum noch Femininum:

neuter neutra neutrum (subst. und adj.) 'keiner von beiden'. Es wird dekliniert wie ein Adjektiv, aber wieder mit dem charakteristischen *-īus* und *-ī*: *neutrīus*, *neutrī*.

Das *eu* in *neutrum* und ebenso jedes andere *eu* wurde auch noch in der Kaiserzeit *e* + *u* gesprochen, nicht wie das deutsche eu in 'neu'; also ist *neuter* dreisilbig *ne-uter* zu sprechen.

Quot hominēs, tot sententiae

Wie viele Menschen, so viele Meinungen

stammt von Terenz (*Phormio* 454) und ist schon in der Antike sprichwörtlich. Es wird manchmal auch in der Form

Quot capita, tot sēnsūs

Wie viele Köpfe, so viele Sinne

zitiert. Wir sagen lieber 's o viele Menschen, so viele Meinungen' und 's o viele Köpfe, so viele Sinne' (*sēnsus, -ūs*: u-Deklination).

Es handelt sich hier um sog. *Prōnōmina correlātīva*, 'in Wechselbeziehung stehende Fürwörter'. Davon gibt es natürlich mehrere, z. B. *quālis* — *tālis* wie beschaffen —

so beschaffen (dekliniert als Adjektiv auf *-is*, *-e*). Bekannt ist das sprichwörtliche:

quālis rēx, tālis grex
wie der Hirte, so die Herde

rēx von *regere* lenken, leiten; es steht hier für 'Hirte' (= statt *pāstor*, *-ōris*) wegen des Reimes *rēx* — *grex*.

und (Petron 58, 3)

quālis dominus, tālis servus
wie der Herr, so der Knecht

quantus — *tantus* wie groß — so groß (als Adj. der a- und o-Dekl. dekliniert); *quot* — *tot* wie viele — so viele (undeklinierbar).

Fragend heißt *quālis, -e?* wie beschaffen?, *quantus, -a, -um?* wie groß?, *quot?* wie viele?

Fügen wir noch die unbestimmten Pronomina an:

quīlibet quaelibet quidlibet } jeder beliebige (substantivisch)
oder *quīvīs quaevīs quidvīs* }

quīlibet quaelibet quodlibet } jeder beliebige (adjektivisch)
oder *quīvīs quaevīs quodvīs* }

Die Deklination ist genau entsprechend der der übrigen Pronomina mit dem Bestandteil *quī*, Genitiv und Dativ also mit *-ius* und *-ī*: s. S. 77; *-libet* und *-vīs* sind undeklinierbar.

libet (es) beliebt, also *quī libet* eigentlich 'wer beliebt'; *vīs* 'du willst', *quem vīs* 'wen du willst', danach die übrigen Formen gebildet.

Cuiusvīs hominis est errāre, nullīus nisi īnsipientis in errōre persevērāre
Jedes Menschen (Sache) ist es zu irren, keines außer des Toren, im Irrtum zu verharren (= jeder M. kann irren, nur der Tor verharrt im I.), sagt Cicero (*oratio Philippica* 12, 2).

Wir schließen uns meist an ein Wort des Kirchenvaters

Hieronymus an: *errasse humanum est* (*epist.* 57, 12), und zitieren *errare humanum est.*

īnsipiēns, -ntis ist das Gegenteil zu *sapiēns* weise. — *error, -ōris* ist von dem Verbum *errāre* gebildet. — *persevērāre* verharren, davon *persevērantia* die Beharrlichkeit, Beständigkeit. — *nisi* s. S. 136.

errasse ist die gekürzte Form des Inf. Perf. = *erravisse* 'geirrt zu haben'; dieser Inf. wird öfter gleichbedeutend mit dem Inf. Präs. gebraucht (vgl. S. 253 zu Tib. I 1, 29).

quīcumque quaecumque quodcumque 'wer auch immer, jeder der', Gen. *cuiuscumque*, Dat. *cuicumque*; *-cumque* ist also undeklinierbarer Bestandteil.

Von dem verallgemeinernden Pronomen

quisquis (subst.) wer nur immer, jeder der
quidquid (subst.) was nur immer, alles was

kommen nur diese beiden Formen vor, außerdem der Ablativ in der Formel *quōquō modō* auf welche Weise auch immer.

Quídquid id ést, timeṓ Danaṓs et dṓna feréntīs

Was das auch ist, ich fürchte die Danaer, auch wenn sie Geschenke bringen

lautet ein berühmter Vers aus der Aeneïs Vergils (II 49). So ruft warnend Laokoon aus, als er das hölzerne Pferd sieht, das die Griechen gebaut hatten und in dem bekanntlich eine ausgewählte Mannschaft verborgen war, die, zusammen mit dem Pferd in die Stadt gebracht, Troja den Untergang bereitete. — Daher der Ausdruck 'Danaergeschenk'.

'Danaer' werden schon bei Homer manchmal die Griechen genannt. — *ferentīs* Akk. Plur. des Part. Präs. *ferēns* bringend. — *et* in der Dichtung manchmal 'auch'. — 'Ich fürchte auch die Geschenke bringenden Danaer' = 'auch wenn sie ...'

Nun sollen, übersichtlich aufgereiht, die

Zahlwörter

folgen. Es gibt davon im Lateinischen vier Gruppen:

1. *cardinālia* Grundzahlen (eins, zwei, drei...)
2. *ōrdinālia* Ordnungszahlen (der erste, zweite, dritte...)

3. *distribūtīva* Einteilungszahlen (je ein, je zwei, je drei ...)
4. *adverbia numerālia* Zahladverbien (einmal, zweimal, dreimal...).

Von den Zahlwörtern werden dekliniert:

1. *ūnus*, *duo*, *trēs*
2. die Hunderter von *ducentī* bis *nōngentī*
3. *mīlia*
4. alle Ordinalia und Distributiva

Zu 1.

ūnus	*ūna*	*ūnum*	*duo*	*duae*	*duo*	*trēs*	*tria*
	ūnīus		*duōrum*	*duārum*	*duōrum*	*trium*	
	ūnī		*duōbus*	*duābus*	*duōbus*	*tribus*	
ūnum	*ūnam*	*ūnum*	*duo* (*-ōs*)	*duās*	*duo*	*trēs*	*tria*
ūnō	*ūnā*	*ūnō*	*duōbus*	*duābus*	*duōbus*	*tribus*	

ūnus wird also wie ein Adjektiv der o- und a-Deklination (außer Gen. und Dat.), *trēs* wie eines der 3. (i-)Deklination dekliniert (daher *trēs* masc. und fem.!).

duo ist die alte, sonst verlorene (s. S. 28) Dualform.

Wie *duo* wird auch *ambo* 'beide' dekliniert

Zu 3.

mīlia *mīlium* *mīlibus* *mīlia* (neutrum!)

Zwar heißt es: *mīlle mīlitēs*, aber *multa mīlia mīlitum* (viele Tausende von Soldaten, viele tausend S.)

ebenso: *tria mīlia mīlitum*
decem mīlia mīlitum usw.

Zusammengesetzte Zahlen:

1. Meist steht die größere Zahl voran,
z.B. 5555 *quīnque mīlia quīngentī quīnquāgintā quīnque* (das Zusammentreffen deklinierbarer und undeklinierbarer Zahlen stört also nicht).

2. Bei den Zahlen von 21—99 kann auch die kleinere Zahl, jedoch mit *et*, voranstehen,
z.B. 55 *quīnquāgintā quīnque*
oder *quīnque et quīnquāgintā*.

	cardinālia	ōrdinālia	distribūtīva	adv. numerālia
I	*ūnus, a, um*	*prīmus*	*singulī, ae, a*	*semel*
II	*duo, ae, o*	*secundus*	*bīnī*	*bis*
III	*trēs, ia*	*tertius*	*ternī, trīnī*	*ter*
IV	*quattuor*	*quārtus*	*quaternī*	*quater*
V	*quīnque*	*quīntus*	*quīnī*	*quīnquiēs*
VI	*sex*	*sextus*	*sēnī*	*sexiēs*
VII	*septem*	*septimus*	*septēnī*	*septiēs*
VIII	*octō*	*octāvus*	*octōnī*	*octiēs*
IX	*novem*	*nōnus*	*novēnī*	*noviēs*
X	*decem*	*decimus*	*dēnī*	*deciēs*
XI	*undecim*	*undecimus*	*undēnī*	*undeciēs*
XII	*duodecim*	*duodecimus*	*duodēnī*	*duodeciēs*
XIII	*trēdecim*	*tertius decimus*	*ternī dēnī*	*ter deciēs*
XIV	*quattuordecim*	*quārtus decimus*	*quaternī dēnī*	*quater deciēs*
XV	*quīndecim*	*quīntus decimus*	*quīnī dēnī*	*quīnquiēs deciēs*
XVI	*sēdecim*	*sextus decimus*	*sēnī dēnī*	*sexiēs deciēs*
XVII	*septendecim*	*septimus decimus*	*septēnī dēnī*	*septiēs deciēs*
XVIII	*duodēvīgintī*	*duodēvīcēsimus*	*duodēvīcēnī*	*duodēvīciēs*
XIX	*undēvīgintī*	*undēvīcēsimus*	*undēvīcēnī*	*undēvīciēs*
XX	*vīgintī*	*vīcēsimus*	*vīcēnī*	*vīciēs*

XXI	*vīgintī ūnus* / *ūnus et vīgintī*	*vīcēsimus prīmus* / *ūnus et vīcēsimus*	*vīcēnī singulī* / *singulī et vīcēnī*	*vīciēs semel* / *semel et vīciēs*
XXVIII	*duodētrīgintā*	*duodētrīcēsimus*	*duodētrīcēnī*	*duodētrīciēs*
XXIX	*undētrīgintā*	*undētrīcēsimus*	*undētrīcēni*	*undētrīciēs*
XXX	*trīgintā*	*trīcēsimus*	*trīcēnī*	*trīciēs*
XL	*quadrāgintā*	*quadrāgēsimus*	*quadrāgēnī*	*quadrāgiēs*
L	*quīnquāgintā*	*quīnquāgēsimus*	*quīnquāgēnī*	*quīnquāgiēs*
LX	*sexāgintā*	*sexāgēsimus*	*sexāgēnī*	*sexāgiēs*
LXX	*septuāgintā*	*septuāgēsimus*	*septuāgēnī*	*septuāgiēs*
LXXX	*octōgintā*	*octōgēsimus*	*octōgēnī*	*octōgiēs*
XC	*nōnāgintā*	*nōnāgēsimus*	*nōnāgēnī*	*nōnāgiēs*
C	*centum*	*centēsimus*	*centēnī*	*centiēs*
CC	*ducentī, ae, a*	*ducentēsimus*	*ducēnī*	*ducentiēs*
CCC	*trecentī*	*trecentēsimus*	*trecēnī*	*trecentiēs*
CCCC	*quadringentī*	*quadringentēsimus*	*quadringēnī*	*quadringentiēs*
D	*quīngentī*	*quīngentēsimus*	*quīngēnī*	*quīngentiēs*
DC	*sescentī*	*sescentēsimus*	*sescēnī*	*sescentiēs*
DCC	*septingentī*	*septingentēsimus*	*septingēnī*	*septingentiēs*
DCCC	*octingentī*	*octingentēsimus*	*octingēnī*	*octingentiēs*
DCCCC	*nōngentī*	*nōngentēsimus*	*nōngēnī*	*nōngentiēs*
M	*mīlle*	*mīllēsimus*	*singula mīlia*	*mīliēs*
MM = ⊓	*duo mīlia*	*bis mīllēsimus*	*bīna mīlia*	*bis mīliēs*
$\lvert\overline{X}\rvert$	*deciēs centēna mīlia* (= 1 000 000)	*deciēs centiēs mīllēsimus*	*deciēs centēna mīlia*	*deciēs centiēs mīliēs*

3. Bei den Zahlen von 11—17 stehen die Einer voran und sind zumeist mit den Zehnern zu einem Wort zusammengerückt (vgl. S. 88).

4. Zusammensetzungen von 8 und 9 mit einem Zehner werden gewöhnlich durch Subtraktion mit *dē* gebildet,
z.B. 48 *duodēquīnquāgintā*,
49 *undēquīnquāgintā*.
Bei den Jahreszahlen werden die Ordinalia (im Deutschen die Cardinalia) verwendet,
z.B. im Jahre 55 *annō quīnquāgēsimō quīntō*.

Das Verbum

Nun wird es Zeit, daß wir uns mit dem Verbum näher befassen, denn allein mit den Präsensformen ist nicht allzuviel anzufangen. Es muß ja auch möglich sein, etwas als vergangen oder zukünftig darzustellen. Es gibt im Lateinischen außer dem Präsens das Futur, das Imperfekt, das Perfekt, das Plusquamperfekt und schließlich das sog. Futur exakt.

Das Futur drückt aus, daß etwas in der Zukunft sein oder geschehen wird:

Quod hodiē nōn est, crās erit

Was heute nicht ist, wird morgen sein

heißt es einmal bei Petron (45), jenem *arbiter ēlegantiae* (Schiedsrichter des feinen Geschmacks am Hofe des Kaisers Nero), der ein recht realistisches Zeit- und Sittengemälde in Romanform geschrieben hat. (Am bekanntesten daraus die *Cēna Trimalchionis*, 'Das Gastmahl des Trimalchio', eines reichen Emporkömmlings.)

Imperfekt, Perfekt und Plusquamperfekt sind die sog. *tempora praeterita* 'vergangene Zeiten' oder besser: Zeiten, die die Vergangenheit ausdrücken. Das Imperfekt (*tempus imperfectum* unvollendete Zeit) kennzeichnet eine vergangene Handlung als noch im Verlauf befindlich, als unvollendet. Daher steht es entweder zur Schilderung von Sitten und Gewohnheiten (z.B. *Rōmānī quotannīs cōnsulēs creābant*: Die Römer wählten alljährlich Konsuln) oder um eine Handlung, die sich noch im Verlauf befand, oder einen Zustand, der bereits vorhanden war, als die Haupthandlung eintrat, darzustellen: So heißt es in Caesars 'Gallischem Krieg' (VI 12, 1): *Cum Caesar in Galliam vēnit* (Perfekt!), *alterīus factiōnis prīncipēs erant* (Imperfekt!) *Haeduī, alterīus Sēquanī*: Als Caesar nach Gallien kam, waren die Führer der einen Partei die Haeduer, (die) der anderen die Sequaner.

Bei diesem Satz fällt außerdem auf, daß das Perfekt *vēnit* (über die Formen selbst wird gleich zu sprechen sein) mit 'kam', also einem deutschen Imperfekt übersetzt wurde. Da merken wir uns gleich als besonders wichtig: Im Lateinischen wird im Perfekt (*tempus perfectum* vollendete Zeit) erzählt, im Deutschen dagegen im Imperfekt. (Woraus übrigens hervorgeht, daß das deutsche Imperfekt eigentlich gar kein 'Imperfekt' ist.)

Das Plusquamperfekt ('Vorvergangenheit'; *tempus plūs quam perfectum* 'mehr als vergangene Zeit') drückt wie im Deutschen eine Handlung aus, die im Vergleich zu einer anderen vergangenen Handlung bereits vergangen war. Ebenfalls aus Caesar (*bell. Gall.* I 9, 3,): *Dumnorīx grātiā et largītiōne apud Sēquanōs plūrimum poterat, et Helvētiīs erat amīcus, quod ex eā cīvitāte Orgetorīgis fīliam in mātrimōnium dūxerat*: Dumnorix vermochte durch Beliebtheit und Freigebigkeit sehr viel (hatte großen Einfluß) bei den Sequanern, und er war befreundet mit den Helvetiern, weil er aus diesem Stamm (eigentl. Bürgerschaft) des Orgetorix (dies war der vornehmste und reichste Mann der Helvetier) Tochter geheiratet hatte.

grātia, -ae Liebenswürdigkeit, Gunst, Dank. — *poterat* 3. Pers. Sing. Impf. zu *posse*. — *multum, plūs, plūrimum posse* viel, mehr, am meisten (oder: sehr viel) können, vermögen, Einfluß haben. — *amīcus* als Adjektiv mit Dativ 'den H. Freund sein', als Subst. mit Gen.: *amīcus Hēlvetiōrum*. — *cīvitas, -ātis* (von *cīvis* Bürger) Bürgerschaft, auch Volksstamm. — *mātrimōnium, -iī* Ehe, also *in mātrimōnium dūcere* eigentl. 'in die Ehe führen': das sagt man aber nur beim Mann, bei der Frau heißt 'heiraten' *nūbere*, eigentl. 'verhüllen', vgl. *nūbēs, -is* Wolke.

Das *futūrum exāctum* (beendetes, ausgeführtes Futur) drückt eine in der Zukunft vollendete Handlung aus (z.B. ich werde getan haben).

Da literarische Werke meist erzählenden Charakter haben, ergibt sich von selbst, daß das Perfekt als Tempus der Erzählung die am häufigsten vorkommende Zeit ist.

Nun die Formen. Wir erinnern uns zunächst daran, daß das Lateinische 4 Konjugationen kennt, a-, e-, i- und konsonantische ('dritte') Konjugation. Es wird gut sein, wenn hier die Formen möglichst dicht beieinander stehen. Es könnte ja immerhin möglich sein, daß Sie einmal etwas nachsehen wollen ... Und da ist es dann nützlich, wenn Sie alles schön beisammen haben. Deshalb seien die Formen zunächst einfach im Schema und ohne viele Zwischenbemerkungen hingeschrieben; außerdem soll das Präsens, obwohl wir es ja schon kennen und können, wiederholt werden.

Präsens			
laudō	*mone-ō*	*audi-ō*	*leg-ō*
laudā-s	*monē-s*	*audī-s*	*leg-i-s*
lauda-t	*mone-t*	*audi-t*	*leg-i-t*
laudā-mus	*monē-mus*	*audī-mus*	*leg-i-mus*
laudā-tis	*monē-tis*	*audī-tis*	*leg-i-tis*
lauda-nt	*mone-nt*	*audi-u-nt*	*leg-u-nt*

Imperfekt			
laudā-ba-m	*monē-ba-m*	*audi-ē-ba-m*	*leg-ē-ba-m*
laudā-bā-s	*monē-bā-s*	*audi-ē-bā-s*	*leg-ē-bā-s*
laudā-ba-t	*monē-ba-t*	*audi-ē-bat*	*leg-ē-ba-t*
laudā-bā-mus	*monē-bā-mus*	*audi-ē-bā-mus*	*leg-ē-bā-mus*
laudā-bā-tis	*monē-bā-tis*	*audi-ē-bā-tis*	*leg-ē-bā-tis*
laudā-ba-nt	*monē-ba-nt*	*audi-ē-ba-nt*	*leg-ē-ba-nt*

Futur			
laudā-bō	*monē-bō*	*audi-a-m*	*leg-a-m*
laudā-bi-s	*monē-bi-s*	*audi-ē-s*	*leg-ē-s*
laudā-bi-t	*monē-bi-t*	*audi-e-t*	*leg-e-t*
laudā-bi-mus	*monē-bi-mus*	*audi-ē-mus*	*leg-ē-mus*
laudā-bi-tis	*monē-bi-tis*	*audi-ē-tis*	*leg-ē-tis*
laudā-bu-nt	*monē-bu-nt*	*audi-e-nt*	*leg-e-nt*
Infinitiv			
laudā-re	*monē-re*	*audī-re*	*lég-ĕ-re*
Imperativ			
laudā	*monē*	*audī*	*leg-e*
laudā-te	*monē-te*	*audī-te*	*lég-i-te*
sog. Imperativ Futur			
laudā-tō	*monē-tō*	*audī-tō*	*leg-i-tō*
laudā-tō	*monē-tō*	*audī-tō*	*leg-i-tō*
laudā-tō-te	*monē-tō-te*	*audī-tō-te*	*leg-i-tōte*
lauda-ntō	*mone-ntō*	*audi-u-ntō*	*leg-u-ntō*

Beachte beim Infinitiv: *moné-re*, aber *lég-ĕ-re*!

Die Stammvokale *a*, *e* und *i* der vokalischen Konjugationen sind also lang, doch werden Vokal vor Vokal und Vokale in Endsilben, die auf einen anderen Konsonanten als *-s* auslauten, gekürzt: diese Regeln haben wir bereits kennen gelernt (S. 35).

laudō ist kontrahiert (zusammengezogen) aus *lauda-ō*; nicht kontrahiert aber sind *mone-ō* und *audi-ō*. Die i-Konjugation schiebt in der 3. Pers. Plur. ein *-u-* ein: *audiunt*.

Die Kennsilbe des Imperfekts ist *-bā-*. Die i-Konjugation weist vor dieser Silbe noch ein *-ē-* auf: *audiēbam*.

Im Futur haben die Kennsilbe *-bi-* nur die a- und die e-Konjugation, nicht aber die beiden anderen! Bei diesen letzteren ist nur ein Kennvokal eingeschoben, nämlich *-a-* in der 1. Pers. Sing., *-e-* in allen übrigen Formen.

Die konsonantische Konjugation schiebt vor Konsonanten einen Vokal ein, *-u-* vor *-nt*: *leg-u-nt*, *i-* in den anderen Präs.-Formen: *legis*, *-e-* vor *-ba-*: *leg-ē-bam*. Das *-i-* des Präs. ist kurz!

Die Betonung richtet sich selbstverständlich streng nach dem sog. 'Dreisilbengesetz'. Daher wird z.B. betont: *laúdo*, aber *laudā́mus*; *laudā́bam*, *laudābā́mus*; *laudā́bimus* (*-i-* ist kurz!); *móneo* (*e* kurz!), aber *monḗmus*; *monḗbimus*; *aúdio* (*i* kurz!), *audī́mus*, *audī́tis* (*i* lang!); *aúdiam*, aber *audiḗmus*; *legḗbam*, *legēbā́mus*.

Die 2. Pers. Sing. des Imperativs ('lobe' usw.) weist den reinen Stamm auf, nur bei der konson. Konj. wird ein Vokal angefügt; auch bei der 2. Pers. Plur. des Imper. schiebt die konson. Konj. einen Vokal ein: *-ĭ-* (Betonung: *légite*! 'lest!').

Der sog. Imperativ Futur ist eigentlich nicht mehr futurisch als der sog. Imperativ Präsens (jeder Befehl zielt auf etwas, was in der Zukunft — bald oder später — eintreten soll). Doch drückt der Imp. Fut. meist einen nicht unmittelbar auszuführenden Befehl aus und steht daher hauptsächlich in allgemeinen Vorschriften (Gesetze!) sowie, wenn ein Befehl an eine Vorbedingung geknüpft ist (*sī ille id fēcerit, eum laudātō* wenn jener das getan hat [haben wird: Futur exakt, s. u.], sollst du ihn loben).

Zur konsonantischen Konjugation zählt man auch einige Verba auf *-iō*, die in den Formen, bei denen in der i-Konj. ein Vokal auf den Stamm folgt, mit dieser übereinstimmen, in allen übrigen jedoch mit der konsonantischen Konj. — Das *-i-* dieser Verba ist kurz! Sie werden also folgendermaßen konjugiert (*capiō* ich fasse):

Präsens	Imperfekt	Futur
capi-ō	*capi-ē-ba-m*	*capi-a-m*
capi-s	*capi-ē-ba-s*	*capi-ē-s*
capi-t	usw.	usw.
capi-mus		
capi-tis		
capi-u-nt		

Infinitiv *cáp-e-re* Imperativ *cap-e cap-i-te*

Imperfekt und Futur gleichen also der i-Konj.

Neben den Indikativen kennt das Lateinische noch Konjunktive. Diese gibt es zu allen Tempora, außer zu den beiden Futura (wo sie unnötig sind).

Einen Optativ (von *optāre* wünschen), der im Indogermanischen vorhanden war und im Griechischen erhalten ist, gibt es dagegen im Lateinischen nicht: Er ist mit dem Konjunktiv verschmolzen.

Der Konjunktiv spielt im Lateinischen eine weit größere Rolle als im Deutschen, wo er doch mehr oder weniger Hilfskonstruktion ist. Wenn wir *laude-m* mit 'ich möge loben', *laudā-re-m* mit 'ich würde loben' übersetzen, so ist das zwar für einen Teil der vorkommenden Fälle richtig, aber häufiger wird der lateinische Konjunktiv durch einen deutschen Indikativ wiedergegeben. So stehen im Konjunktiv z.B. alle Sätze, die durch *ut* 'daß' eingeleitet werden und alle Sätze in der Erzählung, die mit *cum* 'als' beginnen.

Auf S. 91 hatten wir den Satz *Cum Caesar in Galliam vēnit* . . .; *vēnit* ist Indikativ: *cum* steht nämlich dann mit Indikativ, wenn es bedeutet 'zu der Zeit als' oder, anders ausgedrückt, wenn mit dem Nebensatz eine reine Zeitangabe gemacht wird, die in keinem Kausalzusammenhang mit dem übergeordneten Verbum steht.

Präsens			
laude-m	*mone-a-m*	*audi-a-m*	*leg-a-m*
laudē-s	*mone-ā-s*	*audi-ā-s*	*leg-ā-s*
laude-t	*mone-a-t*	*audi-a-t*	*leg-a-t*
laudē-mus	*mone-ā-mus*	*audi-ā-mus*	*leg-ā-mus*
laudē-tis	*mone-ā-tis*	*audi-ā-tis*	*leg-ā-tis*
laude-nt	*mone-a-nt*	*audi-a-nt*	*leg-a-nt*
Imperfekt			
laudā-re-m	*monē-re-m*	*audī-re-m*	*lég-e-re-m*
laudā-rē-s	*monē-rē-s*	*audī-rē-s*	*leg-e-rē-s*
laudā-re-t	*monē-re-t*	*audī-re-t*	*leg-e-re-t*
laudā-rḗ-mus	*monē-rḗ-mus*	*audī-rḗ-mus*	*leg-e-rḗ-mus*
laudā-rḗ-tis	*monē-rḗ-tis*	*audī-rḗ-tis*	*leg-e-rḗ-tis*
laudā-re-nt	*monē-re-nt*	*audī-re-nt*	*leg-e-re-nt*

Der Konjunktiv des Präsens ist durch das eingeschobene *-a-* zu erkennen (die 1. Pers. Sing. ist in der i- und in der konson. Konjugation dem Futur gleich!). In der a-Konjugation jedoch wurde, zum Unterschied vom Indikativ, *-e-* eingeschoben, das dann mit dem *a* des Stammes zu *e* verschmolz.

Kennsilbe des Konjunktiv Imperfekt ist *-re-*.

Die Betonung erfolgt streng nach dem Dreisilbengesetz: *laúdem, laudḗmus; légam, legā́mus; laudā́rem, laudārḗmus; légĕrem, legĕrḗmus, légĕrent.*

Zu den Verben der kons. Konj. auf *-iō* lauten die Konjunktive des Präsens und Imperfekt:

Präsens	*capi-a-m*	Imperfekt	*cápe-re-m*
	capi-ā-s		*cape-rē-s*
	usw.		usw.

Der Konjunktiv Imperfekt hat mehr aus formalen Gründen diesen Namen: 'ich würde loben' drückt ja eigentlich keine Vergangenheit, eher im Gegenteil eine zukünftige oder in der Zukunft mögliche Handlung aus. Wir werden später noch darauf zurückkommen müssen. — Am einfachsten bildet man den Konjunktiv Imperfekt, indem man an den Infinitiv die Endungen anhängt: *laudāre-m, monēre-m, audīre-m, legere-m.* Davon gibt es keine Ausnahme!

Passiv

Außer dem Aktiv 'ich lobe' gibt es natürlich auch das Passiv 'ich werde gelobt'. (Das indogerm. 'Medium' — im Griechischen erhalten — ist im Lateinischen wie in den modernen Sprachen verlorengegangen.) Das Passiv wird gebildet, indem an Stelle der Aktiv-Endungen die des Passivs treten:

Aktiv	(*-m*)	Passiv	*-r*
	-s		*-ris*
	-t		*-tur*
	-mus		*-mur*
	-tis		*-minī*
	-nt		*-ntur*

Die Endung *-m* ist die regelmäßige Endung der 1. Pers. Sing. Akt. Nur im Präsens aller vier Konjugationen und im Futur der 1. und 2. Konjugation tritt dafür *-o* ein: *laudo, moneo, audio, lego; lauda-bo, mone-bo.* Im Passiv tritt die Endung *-r* an dieses *-o* an: *laudo-r, moneo-r, audio-r, lego-r; lauda-bo-r, mone-bo-r.* In allen anderen Fällen ersetzt, wie sonst auch, die Passiv-Endung die aktive (z.B. *lauda-ba-m: lauda-ba-r; lauda-re-m: lauda-re-r*).

Ist es überhaupt noch nötig, die Formen hier anzugeben? Immerhin: Zum späteren Nachsehen mag das recht bequem sein.

Indikativ

Präsens

laudo-r	*mone-o-r*	*audi-o-r*	*leg-o-r*
laudā-ris	*monē-ris*	*audī-ris*	*lég-ĕ-ris*
laudā-tur	*monē-tur*	*audī-tur*	*leg-i-tur*
laudā-mur	*monē-mur*	*audī-mur*	*leg-i-mur*
laudā-minī	*monē-minī*	*audī-minī*	*leg-i-minī*
lauda-ntur	*mone-ntur*	*audi-u-ntur*	*leg-u-ntur*

Imperfekt

laudā-ba-r	*monē-ba-r*	*audi-ē-ba-r*	*leg-ē-ba-r*
laudā-bā-ris	*monē-bā-ris*	*audi-ē-bā-ris*	*leg-ē-bā-ris*
oder *-re*	oder *-re*	oder *-re*	oder *-re*
laudā-bā-tur	*monē-bā-tur*	*audi-ē-bā-tur*	*leg-ē-bā-tur*
laudā-bā-mur	*monē-bā-mur*	*audi-ē-bā-mur*	*leg-ē-bā-mur*
laudā-bā-minī	*monē-bā-minī*	*audi-ē-bā-minī*	*leg-ē-bā-minī*
laudā-ba-ntur	*monē-ba-ntur*	*audi-ē-ba-ntur*	*leg-ē-ba-ntur*

Futur

laudā-bo-r	*monē-bo-r*	*audi-a-r*	*leg-a-r*
laudā-bĕ-ris	*monē-bĕ-ris*	*audi-ē-ris*	*leg-ē-ris*
oder *-re*	oder *-re*	oder *-re*	oder *-re*
laudā-bi-tur	*monē-bi-tur*	*audi-ē-tur*	*leg-ē-tur*
laudā-bi-mur	*monē-bi-mur*	*audi-ē-mur*	*leg-ē-mur*
laudā-bí-minī	*monē-bí-minī*	*audi-ē-minī*	*leg-ē-minī*
laudā-bu-ntur	*monē-bu-ntur*	*audi-e-ntur*	*leg-e-ntur*

Infinitiv

laudā-rī	*monē-rī*	*audī-rī*	*leg-ī*

Imperativ ungebräuchlich

Zu beachten sind die Formen der 2. Pers. Sing. Präs. und Futur: *légeris* (Aktiv *legis*), *laudáberis* (Aktiv *laudábis*), *monéberis* (Aktiv *monébis*).

Obwohl das *a* in *laudantur* gekürzt wird, muß trotzdem *laudántur* (regelmäßig!) betont werden: Positionslänge der Silbe (s. S. 21). Ebenso sind zu betonen *monéntur*, *audiúntur*, *legúntur*; im Imperfekt *laudabántur*, *monebántur*, *audiebántur*, *legebántur*; im Futur *laudabúntur*, *monebúntur*, *audiéntur*, *legéntur*. (Der Vokal ist trotzdem kurz zu sprechen, auch dies haben wir bereits festgestellt: S. 21).

Im Futur haben *audiēris*, *audiētur*, usw. *und legēris*, *legētur* usw. langes *ē*: Betonung daher auf diesem Vokal.

Konjunktiv

Präsens

laude-r	*mone-a-r*	*audi-a-r*	*leg-a-r*
laudē-ris	*mone-ā-ris*	*audi-ā-ris*	*leg-ā-ris*
oder *-re*	oder *-re*	oder *-re*	oder *-re*
laudē-tur	*mone-ā-tur*	*audi-ā-tur*	*leg-ā-tur*
laudē-mur	*mone-ā-mur*	*audi-ā-mur*	*leg-ā-mur*
laudē-minī	*mone-ā-minī*	*audi-ā-minī*	*leg-ā-minī*
laude-ntur	*mone-a-ntur*	*audi-a-ntur*	*leg-a-ntur*

Imperfekt

laudā-re-r	*monē-re-r*	*audī-re-r*	*leg-e-re-r*
laudā-rē-ris	*monē-rē-ris*	*audī-rē-ris*	*leg-e-rē-ris*
oder *-re*	oder *-re*	oder *-re*	oder *-re*
laudā-rē-tur	*monē-rē-tur*	*audī-rē-tur*	*leg-e-rē-tur*
laudā-rē-mur	*monē-rē-mur*	*audī-rē-mur*	*leg-e-rē-mur*
laudā-rē-minī	*monē-rē-minī*	*audī-rē-minī*	*leg-e-rē-minī*
laudā-re-ntur	*monē-re-ntur*	*audī-re-ntur*	*leg-e-re-ntur*

Die 2. Person Singular endigt im Passiv statt auf *-ris* oft auf *-re*. Ausgenommen ist nur der Indikativ Präsens.

Das Perfekt

Das waren also die Formen des Präsensstammes. Jetzt fehlen noch die Formen des so wichtigen Perfekts (Aktiv: ich habe gelobt, Passiv: ich bin gelobt worden), das, wie bereits erwähnt, die Form ist, in der erzählt wird (also zu übersetzen meist mit: ich lobte — ich wurde gelobt), weiterhin die Formen des Plusquamperfekts (Akt.: ich hatte gelobt, Pass.: ich war gelobt worden) und des Futur exakt (Akt.: ich werde gelobt haben, Pass.: ich werde gelobt worden sein).

In den Perfektformen ist der Unterschied der Konjugationen nicht in den Endungen zu suchen: In dieser Hinsicht sind die vier Konjugationen erfreulich gleich. Es ist vielmehr die Bildung des Perfektstammes selbst, die gewisse Schwierigkeiten macht. Allerdings nicht oder doch kaum in der a-, e- und i-Konjugation. Die a-Konjugation bildet den Perfektstamm durch Anhängen eines *v* an den Präsensstamm: *laudāv-* (*laudāv-ī* ich habe gelobt). Von der e-Konjugation bilden nur *delēre* zerstören, *flēre* weinen und *plēre* füllen, sowie die Zusammensetzungen mit diesen Verben (von *plēre* kommen nur sogenannte 'Komposita' vor: *com-plēre*, *im-plēre* anfüllen) den Perfektstamm auf *-v-*: *delēv-* (*delēv-ī*), die meisten Verba dagegen auf *-u-*, wobei das *e* des Stammes wegfällt: *monu-* (*monu-ī*). In der i-Konjugation aber haben wie in der a-Konjugation fast alle Verba das *-v*-Perfekt: *audīv-* (*audīv-ī*). In der konsonantischen Konjugation dagegen finden sich verschiedene Perfektstämme, die Sie zu den einzelnen Verben — es hilft nichts — mitlernen müssen; so lautet z.B. das Perfekt von *legere: lēg-ī*, zu *capere: cēp-ī*, zu *dūcere: dūx-ī*.

Verba, die in der a- und e-Konjugation das Perfekt nicht auf *-v-* bilden (es sind ganz wenige), sowie geradezu alle Verba der konsonantischen Konjugation werden oft 'unregelmäßige Verba' genannt. Doch diese Bezeichnung ist nicht ganz richtig: Sie bilden nur auf verschiedene Weise ihren Perfektstamm. Das übrige, also die Endungen, ist dafür in allen Konjugationen ganz gleich! Diese Endungen sind:

Aktiv

Perfekt		Plusquamperf.		Futur exakt
Indikativ	Konjunktiv	Indikativ	Konjunktiv	Indikativ
-ī	*-eri-m*	*-era-m*	*-isse-m*	*-er-ō*
-istī	*-erī̆-s*	*-erā-s*	*-issē-s*	*-eri-s*
-it	*-eri-t*	*-era-t*	*-isse-t*	*-eri-t*
-imus	*-erī̆-mus*	*-erā́-mus*	*-issḗ-mus*	*-eri-mus*
-istis	*-erī̆-tis*	*-erā́-tis*	*-issḗ-tis*	*-eri-tis*
-ērunt oder *-ēre*	*-eri-nt*	*-era-nt*	*-isse-nt*	*-eri-nt*

Neu sind also zum Teil die Endungen des Indikativs Perfekt. Nicht zu verwechseln sind die 2. Pers. Sing. und die 2. Pers. Plur. *-istī* und *-istis*. Die 3. Pers. Plur. hat neben der regelmäßigen Endung *-ērunt* auch *-ēre*: Dies darf nicht übersehen werden, damit nicht gelegentlich eine Verwechslung mit dem Infinitiv Präsens eintritt! (Z.B. *dū́cere* : *dūxḗre*; *cápere* : *cēpḗre* oder die äußerlich gleichen *lĕ́gere* : *lēgḗre*!).

Die übrigen Endungen sind längst vom Präsensstamm her bekannt, so daß wir nur die Kennsilben zu merken haben. Ein Unterschied in den Endungen des Konj. Perf. und des Fut. ex. besteht nur in der 1. Pers. Sing.: *-erim*, *-erō*.

Ein Beispiel soll wenigstens durchkonjugiert werden:

Perfekt	Indikativ	Konjunktiv
	laudāv-ī	*laudāv-eri-m*
	laudāv-ístī	*laudāv-erī̆-s*
	laudāv-it	*laudāv-eri-t*
	laudāv-imus	*laudāv-erī̆-mus*
	laudāv-ístis	*laudāv-erī̆-tis*
	laudāv-ḗrunt	*laudā́v-eri-nt*
	oder *laudāv-ḗre*	

Plusquamperfekt

Indikativ	Konjunktiv
laudā́v-era-m	*laudāv-ísse-m*
laudāv-erā-s	*laudāv-issē-s*
laudāv-era-t	*laudāv-isse-t*
laudāv-erā́-mus	*laudāv-issḗ-mus*
laudāv-erā́-tis	*laudāv-issḗ-tis*
laudāv-era-nt	*laudāv-isse-nt*

Futur exakt

(nur Indikativ)
laudāv-er-ō
laudāv-eri-s
laudāv-eri-t
laudāv-éri-mus
laudāv-éri-tis
laudāv-eri-nt

Infinitiv Perf.

laudāv-isse gelobt zu haben

Passiv des Perfekts

Das Perfekt Passiv wird wie im Deutschen gebildet: Partizip Perf. Pass. (s. S. 112f.) und die entsprechende Form des Hilfszeitworts 'sein': ich bin gelobt worden, *laudā-tus sum*. Ebenso Plusquamperfekt Passiv und Futur exakt Passiv: ich war gelobt worden *laudā-tus eram*; ich werde gelobt worden sein *laudā-tus erō*. Die Konjunktive: ich sei gelobt worden (ich möge gelobt worden sein) *laudā-tus sim*; ich wäre gelobt worden *laudā-tus essem*; Infinitiv Perf. gelobt worden zu sein *laudā-tum, -am, -um esse*.

Dekliniert wird das Partizip Perf. Pass. wie ein Adjektiv der a- bzw. o-Deklination. Spricht also eine Frau, muß sie natürlich sagen *laudā-ta sum*; der Plural heißt im masc. *laudā-tī sumus*, im fem. *laudā-tae sumus*, usw. Das ist ganz klar, denn *laudā-ta sum* heißt eben auch (und vor allem!) 'ich bin eine gelobte' usw. Das macht keine Schwierigkeit.

Nun brauchen wir 1. für die Bildung des Perf. Pass. und 2. vor allem auch um seiner selbst willen die Konjugation des Hilfszeitwortes *esse* 'sein'. Auch davon kennen wir bereits das Präsens, dennoch soll es wiederholt werden, damit alle Formen im Zusammenhang stehen. — Wie im Deutschen werden auch im Lateinischen (und in den meisten Sprachen) die Formen von verschiedenen Stämmen gebildet.

Präsens

Indikativ	Konjunktiv
s-u-m	*s-i-m*
es	*s-ī-s*
es-t	*s-i-t*
s-u-mus	*s-ī-mus*
es-tis	*s-ī-tis*
s-u-nt	*s-i-nt*

Imperfekt

er-a-m	*es-se-m* (auch: *fore-m*)
er-ā-s	*es-sē-s* (*forē-s*)
er-a-t	*es-se-t* (*fore-t*)
er-ā́-mus	*es-sḗ-mus*
er-ā́-tis	*es-sḗ-tis*
er-a-nt	*es-se-nt* (*fore-nt*)

Futur *er-ō*
er-i-s
er-i-t
ér-i-mus
ér-i-tis
er-u-nt

Infinitiv	sog. Imperativ Futur
es-se	*es-tō* du sollst sein
Imperativ	*es-tō* er soll sein
es	*es-tō-te* ihr sollt sein
es-te	*s-u-ntō* sie sollen sein

Die Ähnlichkeiten zu der Konjugation der anderen Verba, besonders in den Endungen, sind augenfällig. — Der Konj. Imperf. ist (wie immer! s. o.) Infinitiv plus Endung.

Nur diese Formen werden zur Bildung des Perf., Plusqu. und Fut. exakt Pass. gebraucht! Die folgenden kommen in der Regel für sich allein vor:

	Indikativ	Konjunktiv
Perfekt	*fú-ī*	*fu-erim*
	fu-ístī	*fu-erĭs*
	fú-it	*fu-erit*
	fú-imus	*fu-erĭmus*
	fu-ístis	*fu-erĭtis*
	fu-ḗrunt oder *fuēre*	*fu-erint*
Plusquamperfekt		
	fú-eram	*fu-issem*
	fu-erās	*fu-issēs*
	fu-erat	*fu-isset*
	fu-erā́mus	*fu-issḗmus*
	fu-erā́tis	*fu-issḗtis*
	fú-erant	*fu-issent*

Futur exakt

fú-erō
fu-eris
fu-erit

(Futur exakt)

fu-érimus
fu-éritis
fú-erint

Infinitiv Perf.

fu-ísse gewesen zu sein

Aus dem 2./3. nachchristlichen Jahrhundert, vielleicht auch aus noch späterer Zeit, stammt ein Gedicht von 93 Versen, das *Pervigilium Veneris*, 'Die Nachtfeier der Venus', genannt wird: Es ist ein reizvolles Frühlingsgedicht. (*pervigilium* ist eine nächtliche Feier.) Der Verfasser des Gedichtes ist unbekannt. Der erste Vers und der sich wiederholende Schaltvers lautet:

Crā́s amét, quī númquam‿amā́vit, quī́que‿amā́vit crā́s amét.
Morgen liebe, wer niemals geliebt hat, und wer geliebt hat, liebe morgen.

Oder in der Nachdichtung von Gottfried August Bürger:

Morgen liebe, was bis heute
Nie der Liebe sich gefreut!
Was sich stets der Liebe freute,
Liebe morgen, wie bis heut'!

amet ist Konj. Präs.: er möge lieben, er liebe; *amāvit* Indik. Perf. — *numquam* (oder *nunquam*) nie, niemals. — *quīque*: Rel.-Prom. und das angehängte *-que* 'und'.

Abgefaßt ist das Gedicht in sog. katalektischen trochäischen (–⏑) Tetrametern. Dieser Vers besteht aus vier trochäischen Metren (–⏑–⏓: ein Metrum sind zwei Versfüße!), wobei aber jeweils der zweite Trochäus eines Metrums ein Spondeus (——) sein darf. Das letzte Metrum hat eine Silbe weniger, ist 'katalektisch' (s. S. 168). Cäsur (Einschnitt) pflegt nach dem 4. Trochäus zu sein (hier also nach dem ersten *amavit*). Wie immer in der römischen Dichtung werden zwei am Wortende und Wortanfang stehende Vokale zusammengezogen, d. h. so gelesen, daß der erste Vokal praktisch unhörbar ist (*quiquamavit*); gleiches gilt für Vokal mit *m* am Wortende und Vokal am Wortanfang (*numquamavit*). — Gelegentlich können statt einer Länge oder einer Kürze zwei Kürzen stehen (im zitierten Vers findet sich keine solche Auflösung).

Eine Aufforderung zur Lebensfreude ist auch Catull (er lebte 87 oder 84 bis etwa 54 vor Chr.) 5, 1:

Vīvāmús, mea Lésbia, átque amḗmus!

Leben, meine Lesbia, wollen wir und lieben!

vīvāmus (konson. Konj., zu *vīvere* leben) und *amēmus* Konj. Präs.: mir mögen l., laßt uns l., leben wollen wir (das deutsche 'wollen' ist hier nur phraseologisch und steht für die Aufforderung).

Der Vers ist der bei Catull so häufige Hendekasyllabus (griech.: 'Elfsilbler'). Charakteristisch die beiden Kürzen der 4. und 5. Silbe. Zum Vers vgl. S. 189.

Oben (S. 80) wurde das Wort des Philosophen Seneca zitiert:

Utrumque enim vitium est, et omnibus credere et nūllī.

Seneca fährt fort:

sed alterum honestius dīxerim vitium, alterum tūtius. sīc utrōsque reprehendās, et eōs, quī semper inquiētī sunt, et eōs, quī semper quiēscunt.

Doch den einen (Fehler) möchte ich den ehrenvolleren, den anderen den sichereren nennen. So dürfte man beide tadeln, die, die immer unruhig sind und die, die immer ruhig sind.

alter — alter der eine (von beiden) — der andere (von beiden) (dagegen *alius — alius* der eine — der andere: von mehreren). — *honestus* ehrenvoll, *tūtus* sicher (entweder = gefahrlos, z.B. *via* Weg, oder = vorsichtig, behutsam). — *honestius* und *tūtius* sind Komparativa des Neutrums. — *dīxerim* von *dīcere* sagen, nennen: ich möge genannt haben: der Lateiner liebt die perfektische Ausdrucksweise, die der Deutsche verschmäht (im Deutschen Zusammensetzung mit dem Hilfsverbum, im Lateinischen eine Verbalform!); mit dem Perfekt ist ausgedrückt 'ich möge oder würde ein für alle mal so genannt haben'. — *reprehendās* von *reprehendere* tadeln: du mögest tadeln; du dürftest, könntest, würdest (wohl) tadeln: wir beobachten hier die Verwendung des Konjunktivs als sog. *Potentiālis*, d. h. als Modus, der eine (wahrscheinliche) Möglichkeit ausdrückt; für das deutsche Wörtchen 'man' gibt es im Lateinischen keine Entsprechung, dafür wird die 2. Pers. Sing. 'du' oder die 3. Pers. Plur. 'sie' verwendet, zuweilen steht auch der ganze Satz im Passiv. — *quiēscere* ruhen, ruhig sein, *quiētus* ruhig, *inquiētus* unruhig, vgl. *quiēs, -ētis* Ruhe.

Häufig zitiert, manchmal lateinisch, manchmal deutsch, oft auch verkürzt, wird das Wort Ovids (*trist.* I 9, 5 f.), das offenbar eine allgemeine Erfahrung ausdrückt:

Dṓnec erís fēlī́x, multṓs numerā́bis amī́cōs;
Témpora sī́ fuerínt nū́bila, sṓlus erís.

Solange du (man) glücklich sein wirst (dt. besser: bist), wirst du viele Freunde zählen (dt.: zählst du), wenn die Zeiten trübe gewesen sein werden (dt.: 'waren' auch: 'sind'), wirst du allein sein (dt.: bist).

Hier sehen wir gut, wie sorgfältig der Lateiner im Gebrauch der Zeiten ist: *eris, numerābis* sind Futura (deutsch ungern verwendet, weil zusammengesetzte Formen, daher lieber Präsens); das Eintreten der *tempora nūbila* geschieht vor dem Alleinsein, daher zum Ausdruck der Vorzeitigkeit einem Futur (*eris*) gegenüber Futur exakt: *fuerint.*

numerāre zählen, vgl. *numerus, -ī* Zahl ('Nummer'). — *sī* wenn; nachgestellt des Verses wegen. — *nūbilus* wolkig (vgl. *nūbēs, -is* Wolke), finster, trübe, unglücklich.

Das Versmaß ist das Distichon, bestehend aus (daktylischem — ◡◡) Hexameter (griech. 'Sechs-metrisch' = mit 6 Metren) und Pentameter ('Fünf-metrisch', was nur stimmt, wenn man rein formalistisch die zwei letzten Silben jeder Hälfte, *-rint* und *-ris*, je als halbes Metrum zählt). Das Distichon hat bekanntlich Eingang in die deutsche Dichtung, besonders der Klassik gefunden (s. auch S. 78).

Bélla geránt aliī́! tū, fḗlīx Aústria, nū́be!
Nám quae Mā́rs aliī́s dát tibi rḗgna Venús.

Kriege mögen andere führen! Du, glückliches Österreich, heirate!
Denn Reiche, die anderen Mars gibt, gibt dir Venus.

Ein recht bekanntes Distichon — manchmal wird auch nur *fēlīx Austria* zitiert, ohne daß an die Heiratspolitik des Hauses Habsburg gedacht wird; und wirklich soll das Wort '*felix Austria*' älter sein als das Distichon, als dessen Verfasser der ungarische König Matthias Corvinus (1458—1490) gilt.

bellum (Plur. *bella*) *gerĕre* Krieg (Kriege) führen. — *nūbere* kennen wir bereits (S. 92). Im zweiten Vers ist zu ordnen: *quae rēgna* 'welche Reiche, die Reiche, die'; *rēgnum, -ī* Königtum, Königsthron, Herrschaft, Reich. — *Mārs*, Gott des Krieges, *Venus*, Göttin der Liebe — wenn auch nicht gerade der Ehe ...!

Da wir gerade bei Österreich sind: Der gutmütige und zaghafte Friedrich III. (1440—1493) lebte im Glauben, daß seiner Familie, den Habsburgern, die Weltherrschaft zustehe; daher deutete er die fünf Vokale des Alphabets so aus:

Austriae est imperāre orbī ūniversō,

oder deutsch: Alles Erdreich ist Oesterreich untertan.

Als ihm nach einer Reihe verlorener Kämpfe Matthias Corvinus sogar Wien entriß (1485), deutete man in Anspielung auf Friedrichs Lieblingsspruch die Vokale so: Aller erst ist Oesterreich verloren (V und U gleich geschrieben). Schließlich aber heiratete sein Sohn Maximilian (als Kaiser: Maximilian I.) Maria, die Erbin von Burgund, Tochter Karls des Kühnen, wodurch zu Habsburg die Freigrafschaft Burgund und die Niederlande kamen ... *Tu, felix Austria, nube!* ...

Austriae est 'es ist Österreichs Sache, kommt Ö. zu', wobei *Austriae* Genitiv ist: *esse* mit Gen. bedeutet 'es ist Sache, Gewohnheit, Pflicht von jd., es kommt jd. zu, es ist das Zeichen von'. — *orbis* (*terrārum*) Erdkreis.

Spottlustig war man auch in Rom. Selbst Caesars Soldaten riefen im Triumphzug (bei dem es Sitte war, den Feldherrn zu verspotten):

Rṓmānī, servā́te‿uxṓres, moéchum cálvum trā́himús!

Römer, hütet euere Frauen, wir führen einen kahlen Ehebrecher!

calvus kahl, glatzköpfig: Sein spärlicher werdender Haarwuchs war Caesars Kummer, und man sagte in Rom, er trage nur deshalb immer den Kranz (so auch auf den Statuen abgebildet!), um seine Glatze zu verdecken. — *trăhere* ziehen, führen.

Das Versmaß ist der trochäische Septenar (s. S. 168 ff.).

Überhaupt sind die Römer bis in die Neuzeit für ihren beißenden Witz bekannt, auch wenn sie wenig zum Lachen haben. So spottete man z. B. in Rom, als Papst

Urban VIII. (1623—1644), aus dem Geschlechte der Barberini, das eherne Dach des Pantheon einschmelzen ließ:

Quod nōn fēcērunt barbarī, fēcērunt Barberīnī.

Was die Barbaren nicht taten, taten die Barberini.

Die sog. Deponentia

Wer sich schon einmal mit dem Griechischen befaßt hat, weiß, daß es in dieser Sprache das sog. 'Medium' gibt, eine Handlungsart, die weder Aktiv noch Passiv ist. Sehr oft kann diese mediale Form ins Deutsche reflexiv übersetzt werden: ich lobe — ich werde gelobt — Medium: ich lobe mich. (Das Medium drückt eine nähere Beziehung des Verbalinhaltes zum Subjekt aus.) Auch im Lateinischen ist eine Reihe von Passiven ins Deutsche reflexiv übersetzbar: *mūtārī* sich ändern, *ōrnārī* sich schmücken, *dēlectārī* sich freuen, *movērī* sich bewegen, *fallī* (zu *fallere — fallō — fefellī*) und *dēcipī* (zu *dēcipere — dēcipiō — dēcēpī — dēceptum*) sich täuschen. Es gibt aber eine ganze Reihe von Verben, die zwar passive Form aber aktive Bedeutung haben, z.B. *hortārī* ermahnen (also *hortor* ich ermahne, *hortābar* ich ermahnte, *hortābor* ich werde ermahnen, *hortātus sum* ich habe ermahnt, *hortātus eram* ich hatte ermahnt usw.). Die Formen sind die Passivformen, die wir bereits kennen! Wir müssen nur noch die beiden Imperativformen kennen lernen, die im Passiv nicht vorkommen, bei den Deponentia, da diese aktive Bedeutung haben, jedoch gebraucht werden:

Imperativ *hortā-re ermahne!* (nicht mit einem Infinitiv Aktiv zu verwechseln!)
hortā-minī ermahnt! (also gleich der 2. Pers. Plur. Indik. Präs.)

Ebenso zu *verē-rī* verehren; (sich) fürchten, (sich) scheuen:
verē-re verē-minī;

zu *largī-rī* schenken: *largī-re largī-minī*;
zu *loqu-ī* reden: *lóque-re loqui-minī*.

Die Deponentia sind in der Verbübersicht jeweils am Ende der entsprechenden Konjugation aufgeführt (S. 308ff.).

Die Passivformen haben sich in den einzelnen Sprachen erst aus dem indogermanischen Medium herausentwickelt. Der Name Deponens, Plural Deponentia, kommt daher, daß die alten Grammatiker (historisch unrichtig) meinten, diese Verba hätten ihre aktive Form bzw. ihre passive Bedeutung 'abgelegt' (*dēpōnere* ablegen).

Es gibt sogar ein paar (ganz wenige!) Semideponentia (halbe D.) die entweder den Präsens- oder den Perfektstamm passivisch bilden. Sie sind in der Verbübersicht nach den Deponentia angegeben. — Hierfür nur ein Beispiel: *sapere audē* wage es, einsichtig zu sein (s. S. 315): also *audēre audeō* Präsens, aber *ausus sum* ich habe gewagt.

piscārī in āere
fischen in der Luft

heißt Plautus (Asinaria 99) ein sinn- und zweckloses Tun.

piscā-rī fischen, Fische fangen (*piscis*, *-is* [masc.: Ausnahme, s. S. 56] Fisch). — *āēr*, *āēris* (griech. Fremdwort) Luft.

Oft genug haben Sie vielleicht schon, resigniert oder abgestoßen, das Wort gehört: *Semper aliquid haeret*, zu deutsch, wie von Goethe, Dichtung und Wahrheit, übersetzt: 'Immer bleibt etwas hängen'. Das Wort hat schon eine zweitausendjährige Geschichte: In einer Schrift des Griechen Plutarch (etwa 46 bis nach 120 n.Chr.) erteilt ein Schmeichler im Gefolge Alexanders des Großen den scheußlichen Rat: Man solle kühn mit Verleumdungen packen und beißen, damit, wenn auch des Gebissenen Wunde heilt, doch die Narbe der Verleumdung bleibe. Lateinisch hat dies die Gestalt bekommen, die schon von

Francis Bacon und Joh. Olorinus Variscus als sprichwörtlich zitiert wird:

Calumniāre audācter, semper aliquid haeret.

Verleumde kühn, immer bleibt etwas hängen.

calumnia-rī falsch anklagen, verleumden. — *audācter* Adverb zu *audāx*, Gen. *audāc-is* kühn, frech. — *haerēre, haereō, haesī, haesum* hängen, haftenbleiben.

... *moriēmur inultae,*
sed moriāmur!

ungerächt (zwar) sterbe ich,
doch sterben will ich!

ruft Dido bei Vergil, *Aeneis* (IV 659/60) aus, als sie sich von Aeneas verlassen sieht, der dem Schicksalsspruch und dem Willen der Götter folgt.

moriēmur: 1. Pers. Plur. Fut. von *mor-ī* sterben (*mori-or* ich sterbe, also zu den Verben auf *-io* der konson. Konj. gehörend, wie *capi-ō*: s. S. 94, *mortu-us sum* ich bin tot); im Lat. Futur, im Deutschen ist das Futur unbeliebt und wird oft durch Präsens übersetzt. — *moriāmur* 1. Pers. Plur. Konj. Präs. — *inultus, -a, -um* ungerächt.

Die 1. Pers. Plur. wurde mit der 1. Pers. Singular übersetzt: Oft, und besonders in der Dichtung, gebraucht das Lateinische in der 1. und in der 2. Person den Plural statt des Singulars, ohne daß ein Bedeutungsunterschied zu bemerken wäre. Die Verse beziehen sich auf Dido allein; da wir den Plural im Deutschen nicht nachahmen können, ohne Mißverständnis zu erzeugen, müssen wir den Singular setzen.

Die geschilderte Erscheinung hat nichts mit einem *pluralis maiestatis* zu tun. Dieser, der heute von regierenden Herrschern verwendet wird ('Wir, von Gottes Gnaden König von ...'), verdankt seinen Ursprung einem Mißverständnis: In der späten römischen Kaiserzeit wurden die Erlasse immer im Namen der beiden Herrscher (seit der Regierungsreform Diocletians gab es zwei Augusti ['Oberkaiser'], dazu zwei Caesares ['Unterkaiser']) veröffentlicht, der Plural hatte also seine Berechtigung. Später aber wurde der Plural in diesen Dokumenten so gedeutet, als hätten die Kaiser auf Grund ihrer 'Majestät' im Plural von sich gesprochen. Auch der gegenteilige Ausdruck *pluralis modestiae*, Pl. der Bescheidenheit, ist nicht zutreffend: Von Bescheidenheit kann in den wenigsten Fällen die Rede sein. Auch einer Deutung in der Richtung, als beziehe die sprechende Person der Lebendigkeit halber gewissermaßen die Hörer mit ein, dürften oft, wie im vorliegenden Fall, erhebliche Schwierigkeiten im Wege stehen.

Kurz zuvor schleudert Dido dem auf seinem Schiffe enteilenden Aeneas Fluchworte nach, darunter das berühmte (Vs. 625):

Éxoriáre aliquís nostrīs ex óssibus últor!

Entstehen möge ein Rächer aus meinem Gebein!

aliquis: s. S. 81 f. — *ultor, -ōris* Rächer. — *ex nostrīs ossibus* (Wortstellung ist bekanntlich frei): *os, ossis* (Neutr. Plur. also *ossa*) Knochen, Plur. Gebeine (nicht zu verwechseln mit *ōs, ōris* neutr., Mund, *ōra, -ae* Küste). — *nostrīs* 'meinem'; Plural mit Sing. übersetzt, s. oben. — Und nun zu *exoriā-re*: Die Endung *-re* steht häufig für *-ris*, s. S. 98. *exoriā-re* ist also soviel wie *exoriā-ris*, d. i. Konj. Präs. zu *ex-orior* ich komme hervor, erhebe mich, entstehe. Das Simplex zu diesem Kompositum heißt *orior*, Perf. *ortus sum*, Infin. *orīrī* und hat etwa gleiche Bedeutung wie *ex-orior*. Aber *orior* wird nach der konson. Konj. konjugiert, außer Infin. Präs. *orī-rī*, und manchmal auch Konj. Imperf. *orī-re-r*, dagegen geht *ex-orior* meist ganz nach der i-Konj. Das gleiche gilt für ein anderes Kompositum zu *orior*: *ad-orīor* ich greife an, das ebenfalls der i-Konj. folgt (häufiger ist jedoch für 'angreifen' *aggredior*, Perf. *aggressus sum*: konson. Konj.). Nicht zu verwechseln mit *(ex)ōrdior*, *(ex)ōrsus sum* ich fange an.

Der Rächer wird gewissermaßen — eine Art Beschwörung — angesprochen. Im Deutschen ist dies nicht recht nachahmbar, daher übersetzen wir diesen Vers in der 3. Pers. Derartige Anreden sind gerade in der lateinischen Dichtung nicht selten.

Diesen Vergil-Vers rief der Große Kurfürst aus, als er am 29. Juni 1679 den Frieden von St. Germain unterzeichnen mußte. Und der königstreue spanische General Diego de León rief ihn 1841 vor seiner Exekution den Soldaten Esparteros zu.

Partizipia
Gerundium und Gerundivum
Supinum

Schließlich — damit haben wir dann alle Verbalformen kennengelernt — einige Formen, für die das Deutsche entweder überhaupt nichts Entsprechendes besitzt (Gerundium, Gerundivum, Supin), oder die wir im guten Deutsch möglichst meiden (Partizip). Im Lateinischen dagegen erfreuen sich diese Formen, insbesondere die Partizipien, einer großen Beliebtheit, sie klingen nicht gekünstelt, geben vielmehr der Sprache die ihr eigene Elastizität und sind wesentlich für die vielgerühmte Knappheit und Präzision der lateinischen Sprache.

Die Partizipia sind im Lateinischen jedoch — im Gegensatz zum Griechischen — nicht mehr zu allen Tempora erhalten. Vorhanden sind:

Zu den verba activa:

Part. Präs. Aktiv:

laudā-ns lobend | *monē-ns* mahnend | *audi-ē-ns* hörend | *leg-ē-ns* lesend | (*capi-ē-ns* fassend)

In der i- und in der konson. Konjugation ist also ein *ē* eingeschoben. Da Vokal vor Vokal kurz gemessen wird, wie wir bereits wissen, ist das *i* von *audiēns* ebenso gekürzt wie das in *audiō*. Die Verba der konson. Konj. auf *-io* bilden die Form wie die Verba der i-Konj. (vgl. die Regel S. 94).

Die Deklination dieser Partizipia folgt der konsonantischen Deklination (S. 62f.):

magister laudāns	der lobende Lehrer
magistrī laudan-tis	des lobenden Lehrers
magistrō laudantī	
magistrum laudantem	
magister laudāns	
magistrō laudante	
Ebenso *māter laudāns*	die lobende Mutter usw.

Part. Perfekt Passiv:

laudā-tus gelobt | *moni-tus* gemahnt | *audī-tus* gehört | *lēc-tus* gelesen

'gelobt' ist 'einer, der gelobt worden ist'; *discipulus laudātus* der gelobte Schüler, der Schüler, der gelobt worden ist; *puella laudāta* das gelobte Mädchen usw.

Wir stutzen vielleicht bei den Formen *monitus* und *lēctus*: Das Part. Perf. Pass. ist eine der Stammformen (vgl. u. S. 120 f.), die für alle Verben der 3. und einige der anderen Konjugationen eingeprägt werden müssen.

Die Deklination des Part. Perf. Pass. ist die der Adjektiva der o- und a-Deklination.

Part. Futur Aktiv:

Dieses Partizip ist weit seltener als die beiden bereits vorgeführten. Gebildet wird es vom 'Partizipialstamm' oder, wie man auch sagt, 'Supinstamm', d.h. von dem gleichen Stamm, von dem das Part. Perf. Pass. gebildet wird:

laudā-tūrus *moni-tūrus* *audī-tūrus* *lēc-tūrus*

Übersetzen kann man diese Formen kaum wörtlich: Man müßte sagen 'loben werdend', 'mahnen werdend', oder etwas besser 'einer, der loben (mahnen) wird (od. will)', 'einer, der im Begriffe ist zu loben (mahnen)'.

Das Part. Futur Aktiv wird gebraucht, wenn man unmittelbar vor Beginn der vom Verb ausgedrückten Handlung steht (gerade 'im Begriffe' ist, etwas zu tun). So riefen, wie der Schriftsteller Sueton (etwa 75—150) berichtet, die Gladiatoren vor Beginn eines blutigen Schaukampfes dem Kaiser Claudius (41—54) zu (*Claud.* 21,6):

Avē, Imperātor, moritūri tē salūtant!

Sei gegrüßt, Imperator, die Todgeweihten grüßen dich!

avē, Plr. *avēte* (oder *havē*, *havēte*) Grußformel beim Kommen wie beim Abschied. Klassisch kommen nur die beiden Imperative dieses Verbums vor. — *moritūrus* heißt das Part. Futur, obwohl das Part. Perf. Pass. *mortuus* (gestorben, tot) lautet: einige wenige Part. Fut. werden anders als das Part. Perf. Pass. gebildet, außer *moritūrus* ist eigentlich nur noch *paritūrus* von Bedeutung: das Part. Perf. Pass. dazu ist *partum*, zu *pariō*, Inf. *parere* gebären (dgg. *parāre* bereiten).

Nun entsteht die Frage, wie sich die Deponentia verhalten, welche Bedeutung sie ihren Partizipien beilegen. Da tritt nun der scheinbar merkwürdige Fall ein, daß alle Partizipia der Deponentia aktive Bedeutung haben. Das ist jedoch gar nicht so verwunderlich, denn die Deponentia haben passive Formen aber aktive Bedeutung, folglich muß das Part. Perf. aktive Bedeutung haben, also: *hortā-tus* ermahnt habend; einer, der ermahnt hat (zu *hortārī*); *locū-tus* gesprochen habend (zu *loquī*). Es heißt ja auch, wie wir wissen, *hortātus sum* ich habe ermahnt; *locūtus sum* ich habe gesprochen (*monuī* ist gleichbedeutend mit *hortātus sum*; ebenso *dīxī* = *locūtus sum*). Eher wäre erstaunlich, daß die Deponentia die aktiven Präsens- und Futurpartizipia überhaupt bilden; da sie dies aber tun, so müssen diese auch ihre aktive Bedeutung behalten.

Wir können folgende Tabelle aufstellen:

	verba activa	verba deponentia
Part. Präs. Aktiv	*laudāns*	*hortāns*
Part. Perf. Aktiv	—	*hortātus*
Part. Perf. Passiv	*laudātus*	—
Part. Futur Aktiv	*laudātūrus*	*hortātūrus*

Andere Partizipia gibt es nicht. Wir können also kein Part. Perf. Aktiv von aktiven Verben ('gelobt habend') und kein Part. Perf. Passiv von Deponentia ('ermahnt [worden] seiend') bilden, sondern hier müssen auch im Lateinischen, wie man das im Deutschen überhaupt zu tun pflegt, Nebensätze eintreten.

Aus der Aeneis Vergils stammt die Mahnung (VI 620):

Díscite iústitiám monitī‿ét nōn témnere dīvōs!

Lernet, ihr, die ihr gemahnt seid, die Gerechtigkeit und die Götter nicht zu verachten!

disc-e-re, konson. Konj., lernen. — *temn-e-re*, in der Prosa nur *con-temn-e-re*, verachten. — *dīvus* göttlich, dies wird in der Poesie häufig für *deus* verwendet.

Ebenfalls aus der Aeneis stammen die berühmten Verse, die in der Unterwelt dem Aeneas prophezeit werden (VI 847—853), eine Vorhersage von Roms weltgeschichtlicher Aufgabe, der Beherrschung und Befriedung des Erdkreises, zugleich Gegenüberstellung zu der kulturgestaltenden Aufgabe Griechenlands:

Éxcūdént aliī spīrántia móllius aéra —
Crḗdō͜ equidém —, vīvṓs dūcént dē mármore vóltūs;
Ṓrābúnt causā́s meliús caelīque meā́tūs
Dḗscrībént radiō͜ ét surgéntia sīdera dīcent:
Tū́ regere͜ ímperiṓ populṓs, Rōmā́ne, meméntō —
Haéc tibi͜ erúnt artḗs — pā́cīque͜ inpṓnere mṓrem,
Párcere súbiectī́s et dḗbellāre supérbōs.

Bilden werden andere geschmeidiger lebensvolle ('atmende') Erzstatuen —
Sei's drum ('ich glaub es freilich') —, aus Marmor lebendige Gesichtszüge gestalten;
Besser werden sie Gerichtsreden halten und mit dem Stab die Bewegungen des Himmels
Bestimmen und den Aufgang der Gestirne anzeigen:
Du, Römer, gedenke durch deine Herrschaft die Völker zu regieren —
Das werden deine Künste sein — und dem Frieden Gesittung aufzuerlegen,
Die Unterworfenen zu schonen und die Übermütigen niederzukämpfen.

Mit *aliī*, andere, sind vor allem die Griechen gemeint. — *excūdent* 3. Pers. Ind. Fut. Akt. zu *ex-cūd-e-re* herausschlagen. — *spīrantia* Neutrum Plur. des Part. Präs. von *spīrā-re* hauchen, atmen. — *aes, aeris* (n.) Erz, Erzgefäß, Erzstatue. — *mollis, -e* weich, geschmeidig. — *crēd-e-re* glauben. — *equidem* freilich, meinetwegen: eine Bekräftigung oder Einräumung. — *voltus* = *vultus, -ūs* Miene, Gesichtsausdruck. — *marmor, -oris* (n.) Marmor. — *dūc-e-re* ziehen, gestalten, führen (*dux* Führer, Feldherr), berechnen. — *ōrā-re* reden, bitten, beten; *causa* Grund, Ursache, Angelegenheit, Prozeß; *causās ōrāre* (als *ōrātor*, Redner) Prozeßreden halten. — *meātus*, *-ūs* Gang, Bewegung. — *dēscrīb-e-re* ab-zeichnen, beschreiben; *radius* Stab, bes. des Mathematikers, womit er Figuren auf den Zeichentisch (*abacus*) in grünen Glasstaub zeichnete; weitere Bedeutungen von *radius* sind: Halbmesser, 'Radius' und Strahl. — *surgentia sīdera* 'aufgehende Gestirne' (*surg-e-re* sich erheben, aufgehen, von Gestirnen, *sīdus*, *-eris*) eigentl. 'die aufgehenden Gestirne': die Partizipialverbindung ist beliebt für eine Ausdrucksweise, die wir im Deutschen oft durch Substantive wiedergeben, vgl. z. B. *post Christum nātum* nach Christi Geburt, eigentl. 'nach dem geborenen Christus', *sōl oriēns* (*occidēns*) der Aufgang (Untergang) der Sonne (*orī-rī* aufgehen, entstehen, *occid-e-re* niederfallen, untergehen, sterben — 'Orient', 'Okzident'). — *dīc-e-re* begegnet uns meist in der Bedeutung 'sagen', es heißt aber oft auch 'ansagen, zeigen'. — *reg-e-re* lenken, regieren, beherrschen. — *mementō* Plur. *mementōte*, ist Imperativ (der Form nach sog. Imp. Futur: den Imp. Präs. gibt es von diesem Verbum nicht) zu einem Verbum, das nur im Perfektstamm, jedoch mit präsentischer Bedeutung, vorkommt: *meminī* ich erinnere mich, ich gedenke (Inf. *meminisse*, Plusqu. *memineram* ich erinnerte mich); noch ein Verbum dieses Typs gibt es: *ōdī* (Infin. *ōdisse*) ich hasse. Dazu ist noch ein Verbum zu erwähnen, das ebenfalls nur im Perfekt vorkommt, jedoch auch perfektische Bedeutung hat: *coepī* (*coepisse*) ich habe angefangen, für das Präsens tritt das Verbum *in-cip-e-re* (1. Pers. *in-cipi-ō*) ein. — *ars*, *artis* (f.) (jede Art von) Kunst, Handwerk u. ä. — *pāx*, *pācis* (f.) Friede; personifiziert als Friedensgöttin (und dann groß zu schreiben), heutzutage etwas reichlich von politischen Zeichnern in den Tageszeitungen strapaziert, wie vor Jahren Victoria 'Sieg'; beide wie Engel mit wallenden Gewändern und Flügeln, einen Palmwedel in der Hand und meist etwas an Anämie leidend. Das ist zwar recht sinnig und mag naiven Gemütern die Sinnfälligkeit des Geschehens und die Bildung des Zeichners vor Augen rücken, aber antik ist es nicht. — *mōs*, *mōris* Sitte, Brauch, Gesittung ('jemanden *mōrēs* lehren'). — *parc-e-re* schonen: mit Dativ! ('jemandem Schonung gewähren'). — *sub-iectus* Part. Perf. Pass. zu *sub-ic-e-re* (*sub-ici-ō*) unter-werfen (*sub* unter, *iac-e-re* werfen).

nōlēns volēns 'nicht wollend wollend' tut man manches, was man nicht vermeiden kann und daher klugerweise freiwillig tut.

Wenn man weiß, daß jemand eigentlich Überflüssiges tut oder leeres Stroh drischt, möchte man ausrufen: *āctum nē agās* (Terenz, *Phormio* 419) 'tu nicht Getanes'.

nē agās 'du mögest nicht tun': der verneinte Imp. wird umschrieben durch *nē* mit Konj. Präs., häufiger Perfekt (*nē ēgeris*: *ēgī* Perf. zu *agō*); die Verneinung beim Imper. ist *nē*, niemals *nōn*!

volō 'ich will', *nōlō* 'ich will nicht', gehen ganz unregelmäßig; hier die Konjugation:

Präsens Ind.	*volō*	*nōlō*	Konj.	*velim*	*nōlim*
	vīs	*nōn vīs*		*velīs*	*nōlīs*
	vult	*nōn vult*		*velit*	usw.
	volumus	*nōlumus*		*velīmus*	
	vultis	*nōn vultis*		*velītis*	
	volunt	*nōlunt*		*velint*	
Imperf. Ind.	*volēbam*	*nōlēbam*	Konj.	*vellem*	*nōllem*
	usw.	usw.		usw.	usw.
Infinitiv	*velle*	*nōlle*			
Imperativ	—	*nōlī*, *nōlīte*			

Auch für 'lieber wollen' gibt es ein eigenes Verbum:

Präs. Ind.	*mālō*	Konj.	*mālim*
	māvīs		usw.
	māvult		
	mālumus		
	māvultis		
	mālunt		
Imperf. Ind.	*mālēbam*	Konj.	*māllem*
	usw.		usw.
Infin.	*mālle*		

Zu allen drei Verben das seltene Futur:

volam	*nōlam*	*mālam*
volēs	*nōlēs*	*mālēs*
usw.	usw.	usw.
Perfekt		
voluī	*nōluī*	*māluī*

mālō emere quam rogāre

ich will lieber kaufen als bitten

ist ein beherzigenswerter Grundsatz, bekannt aus einer Cicero-Rede (*in Verrem* II 4,12).

Wir wollen uns nicht in eine Diskussion über die Richtigkeit des sprichwörtlich gewordenen

amantēs, āmentēs

Verliebte, Verrückte

einlassen (Titel eines Schauspiels von G. Rollenhagen, um 1600).

āmēns (Adj., dekl. wie *sapiens* u. ä.) ist jemand, der nicht recht bei Verstand (*mēns, mentis,* f.) ist, nicht der vollständig Verrückte.

Ein *amāns* würde es doch nicht glauben, denn was die Menschen nicht glauben wollen, glauben sie nicht — und umgekehrt, was Caesar so ausdrückt (*bell. Gall.* III 18,6):

Ferē libenter hominēs id, quod volunt, crēdunt

Was sie wollen, glauben die Menschen meist gern

ferē begegnet uns häufiger in der Bedeutung 'fast', es erscheint bei Zahlangaben: *ferē centum* fast hundert, *omnēs ferē* fast alle; manchmal aber ist es auch so viel wie *semper ferē* fast immer, im allgemeinen, meist.

Die Verwendung von Gerundium und Gerundivum lernen wir beim Betrachten solcher Sätze kennen:

Nihil agendō hominēs male agere discunt

(Cato bei Columella *de re rustica* XI 1,26)

Durch nichts-tun lernen die Menschen schlecht zu tun

Út dēsínt vīrḗs, tamen ést laudánda volúntas

(Ovid, *epistulae ex Ponto* III 4,79)

Wenn auch die Kräfte fehlen, so ist doch der Wille zu loben

ut mit Konjunktiv lernten wir bisher in der Bedeutung 'daß, damit' kennen; hier nun eine andere: 'wenn auch, obgleich' (also etwa gleichbedeutend mit *quamquam*, dieses aber klass. mit Indik.).

Das Gerundium ist gewissermaßen der 'deklinierte Infinitiv', d.h. während wir im Deutschen den Infinitiv durch den Artikel deklinieren können, hat das Lateinische dafür eine eigene Form entwickelt. Gebildet wird das Gerundium durch Anfügen von *-nd-* an den Verbalstamm, wobei — wie bei anderen Formen auch — in der konsonantischen Konjugation der Aussprache wegen ein *e* eingeschoben wird. Also ist *agendō* der Ablativ zu *agere*. Das Gerundium ist demnach ein aktivisches Verbalsubstantiv. Wir können deklinieren:

Nom.	(*agere*)
Gen.	*agendī*
Dat.	*agendō*
Akk.	*agendum* (*ad agendum* zum Handeln)
Abl.	*agendō*

Einen Plural kann es natürlich nicht geben.

Das Gerundivum aber steht bei einem Substantiv, als passivisches Verbaladjektiv auf *-ndus*, *-a*, *-um*; es bezeichnet die Notwendigkeit einer Handlung: *voluntās laudanda* der zu lobende Wille, der Wille, der gelobt werden muß; *voluntās laudanda est* der Wille ist 'ein zu lobender', der Wille muß gelobt werden, der Wille ist zu loben. Das Neutrum alleinstehend bedeutet 'man muß', z. B. *laudandum est* man muß loben, *ōrandum est* man muß bitten, beten:

Ṓrandúm est, ut sīt mēns sā́na in córpore sānō

Man muß bitten, daß ein gesunder Geist in einem gesunden Körper sei

heißt es in der 10. Satire Juvenals (etwa 60—140 n. Chr.), Vs. 356, von dem meist nur zitiert wird: *sit mēns sāna in corpore sānō*.

Steht dabei, wer bitten usw. muß, so steht dies im Dativ: *nōbīs ōrandum est* 'uns ist zu bitten', wir müssen bitten (s. auch S. 154).

Das Supinum auf *-um* steht nur bei Verben der Bewegung; es drückt den Zweck einer Handlung aus; das Supinum auf *-ū* steht nach einigen Adjektiven, vor allem nach *facilis* leicht, *difficilis* schwer, *incrēdibilis* unglaublich, *mirābilis* erstaunlich, wunderbar, *ūtilis* nützlich, *optimus* beste, sowie nach *fās est* es ist Recht und *nefās est* es ist Unrecht.

Als Gedächtnisstütze kann man sich merken, daß einem deutschen 'zum' das Supin auf *-um*, einem deutschen 'zu' das auf *-ū* entspricht: *lēgātōs mīsērunt ōrāculum cōnsultum* sie schickten Gesandte, um das Orakel zu befragen. *facile intellēctū* leicht einzusehen. *difficile crēditū* schwer zu glauben.

Das Supin auf *-um* ist nicht gerade häufig; lieber wird ein Finalsatz (s. S. 134) gebildet; man kann z.B. für den oben angeführten Satz auch sagen: *lēgātōs mīsērunt, ut ōrāculum cōnsulerent* oder *l. m., quī ōrāculum cōnsulerent* (finaler Relativsatz) sie schickten Gesandte, daß sie das Orakel befragen sollten, ... die das O. b. sollten = ... um zu ...

Spéctātúm veniúnt; veniúnt specténtur ut ípsae

Sie kommen, um zu sehen; sie kommen, um selbst gesehen zu werden

Ovid, der Kenner der Frauen, weiß, warum sie die Spiele besuchen! Der Vers stammt aus seiner *ars amandi*, 'Liebeskunst' (I 99).

In dem Vers ist einmal der finale Sinn durch das Supin *spectātum*, das andere Mal durch *ut* mit dem Konjunktiv ausgedrückt.

Der Titel *ars amandi* ist ein Beispiel für das Gerundium: 'Kunst des Liebens'!

Das Supin auf *-um* ist gleich dem Neutrum Singular des Partizip Perfekt Passiv, bei dem Supin auf *-ū* entfällt nur das *m* dieser Form. Wenn man bei den sog. Stammformen der Verba vom 'Supinstamm' spricht, so könnte man genau so gut (nur umständlicher) sagen 'der Stamm des Partizips Perfekt Passiv'.

Über die sog. 'Stammformen' der Verba

Bei den Beispielsätzen hat sich herausgestellt, daß Verba oft ein anderes Perfekt oder Supin (bzw. Part. Perf. Pass.) bilden als wir zunächst erwarten konnten, daß also Verba, die sich im Präsens gleichen, sich in der Perfekt- oder Supinform sehr unterscheiden, z.B. *monēre*, *dēlēre*, aber *monuī*, *delēvī*; *mónitum*, *dēlētum*; oder *facere*, *crēdere*, aber *fēcī*, *crēdidī*; *factum*, *crēditum*.

Was bleibt uns also weiter übrig, als daß wir uns die 'Stammformen' der wichtigsten Verba merken? Immerhin haben wir im Lateinischen im Gegensatz zu vielen anderen Sprachen (z.B. zum Griechischen) den Trost, daß von jedem Verbum nur vier (oder drei: s. u.) als Stammformen in Frage kommen, mit deren Hilfe wir alle weiteren vorkommenden Formen erkennen bzw. bilden können.

Folgende Formen bezeichnet man als 'Stammformen': Inf. Präs. — 1. Pers. Indik. Präs. — 1. Pers. Indik. Perf. — Supin

Demnach lauten die Stammformen von *laudāre*:

laudāre *laudō* *laudāvī* *laudātum*

Die beiden Präsensformen, Infinitiv und 1. Pers. Indik. Präs. Sing., bräuchten nicht beide angegeben zu werden, wenn nicht in der sog. 3. Konjugation Verba auf *-iō* vorhanden wären:

legere *legō* aber *capere* *capiō*.

Auf S. 308 ff. ist eine Liste der wichtigeren Verba aufgeführt: Sie soll auch dazu beitragen, daß bei der Lektüre etwa vergessene Stammformen nachgesehen und immer wieder von neuem eingeprägt werden können.

Verba anōmala

'*Verba anōmala*' ('unregelmäßige Verben': griech. Fremdwort) nennt man Verba, die eine so unregelmäßige Konjugation aufweisen, daß uns nicht einmal die Stammformen über alle Formen Auskunft geben. Kennen gelernt haben wir davon schon:

1. *esse* sein: S. 102 ff.
2. *velle* wollen, *nōlle* nicht wollen, *mālle* lieber wollen: S. 117 f.

Und das ist bereits fast die Hälfte der *verba anōmala.*

Des Überblicks wegen seien einige Komposita (*compōnere* zusammensetzen) von *esse* genannt:

ab-esse	*ab-sum*	*ā-fuī*	(Perf. *ā*, nicht *ab*!) abwesend sein (*absens* abwesend)
ad-esse	*ad-sum*	*ad-fuī*	(od. *af-fuī*) anwesend sein
de-esse	*dē-sum*	*dē-fuī*	nicht vorhanden sein, fehlen
inter-esse	*inter-sum*	*inter-fuī*	dabei sein, teilnehmen

(vgl. unser Fremdwort 'Interesse', das wegen seiner Zusammensetzung 'Inter-esse' getrennt wird)

ob-esse	*ob-sum*	*ob-fuī*	(od. *of-fuī*) entgegen sein, schaden
prae-esse	*prae-sum*	*prae-fuī*	an der Spitze stehen, befehligen (Dativ! *exercitui* dem Heere) *praesens* anwesend
super-esse	*super-sum*	*super-fuī*	übrig sein
in-esse	*īn-sum*	—	darin sein
prōd-esse	*prō-sum*	*prō-fuī*	nützen

Bei dem letzten ist zu erwähnen, daß vor Vokal das *d* erhalten, vor Konsonant aber geschwunden ist, daher *prōdesse*, aber *prōsum*, ebenso *prōsumus*, aber *prōderāmus* usw.

inesse ohne Perfekt; *īnsum* mit *ī*: Vokal vor *ns* und *nf* wird gelängt. — Part. Perf. Pass. bzw. Supina gibt es bei den Komposita von *esse* nicht.

Schließlich noch das häufige

posse *possum* *potuī* können

Dies ist zusammengesetzt aus *pot-sum* (*pote* oder *potis* 'imstande' und *sum*). Vor *s* wird das *t* in *s* verwandelt, daher *pos-sum*, *pos-sim*, aber *pot-eram*; dagegen Konj. Impf. in Angleichung an den Konj. Präs. (*pos-sim*): *possem;* Perfekt *potui.*

3. *fer-re* *fer-ō* *tul-ī* *lāt-um* tragen, bringen

Auffallend ist, daß im Perfekt und Supin andere Stämme

erscheinen! Aber diese beiden Stämme werden dann regelmäßig konjugiert, wie wir ja überhaupt bei den Verba anomala feststellen, daß fast nur die Konjugation des Präsens Unregelmäßigkeiten aufweist.

Im Indikativ Präsens tritt ein 'Themavokal' auf, wenn die Endung nicht mit *-r*, *-s* oder *-t* beginnt:

Aktiv:

Präs. Ind.	*fer-ō*	Konj.	*fer-a-m*
	fer-s		*fer-ā-s*
	fer-t		usw.
	fer-i-mus		
	fer-tis		
	fer-u-nt		
Imperativ:	*fer* (bloßer Stamm.)		*fer-te*
Part.	*fer-ēns*		
Imperf. Ind.	*fer-ē-bam*	Konj.	*fer-rem*
	usw.		usw.
Futur Ind.	*fer-a-m*		
	fer-ē-s		
	usw.		

Imper. Futur: *fer-tō fer-tō fer-tō-te fer-u-ntō* du, er soll tragen, ihr sollt tr., sie sollen tr.

Passiv:

Präs. Ind.	*fer-o-r*	Konj.	*fer-a-r*
	fer-ris		*fer-ā-ris*
	fer-tur		usw.
	fer-i-mur		
	fer-i-minī		
	fer-u-ntur		
Imperativ	—		
Infinitiv	*fer-rī*		
Gerundivum	*fer-e-ndus, -a, -um*		
Imperf. Ind.	*fer-ē-ba-r*	Konj.	*fer-re-r*
	fer-ē-bā-ris		*fer-rē-ris*
	usw.		usw.

Futur	*fer-a-r*			
	fer-ē-ris			
	usw.			

Ebenso die Komposita:

af-férre	*áf-fĕrō*	*át-tuli*	*al-lắtum*	herbeitragen (aus *ad-ferre*)
au-ferre	*au-ferō*	*abs-tulī*	*ab-lātum*	wegtragen
cōn-ferre	*cōn-ferō*	*con-tulī*	*col-lātum*	zusammentragen, vergleichen
dif-ferre	*dif-ferō*	*dis-tulī*	*dī-lātum*	verschieben
dif-ferre	*dif-ferō*	—	—	sich unterscheiden
ef-ferre	*ef-ferō*	*ex-tulī*	*ē-lātum*	hinaustragen
īn-ferre	*īn-ferō*	*in-tulī*	*il-lātum*	hineintragen
of-ferre	*of-ferō*	*ob-tulī*	*ob-lātum*	anbieten
per-ferre	*per-ferō*	*per-tulī*	*per-lātum*	ertragen ('durch-, hinüberbringen')
re-ferre	*re-ferō*	*ret-tulī*	*re-lātum*	zurückbringen, melden

Dazu:

tollere	*tollō*	*sustulī*	*sublātum*	aufheben, wegschaffen

4. *fierī fīō factus sum* (gemacht) werden, geschehen

fierī wird als Passiv zu *facere* (tun, machen) verwendet. Konjugiert wird *fierī* wie die Verba der i-Konjugation, außer daß das *-i-* immer (auch vor Vokal) lang ist; nur der Infin. (*fierī*) und der Konj. Imperf. (*fierem*, *fierēs* usw.) sind anders.

Präs. Ind.	*fī-o*	Konj.	*fī-a-m*
	fī-s		*fī-ā-s*
	fi-t		usw.
	fī-mus		
	fī-tis		
	fī-unt		

Imperativ:	*fī fīte*		
Infin.	*fi-e-rī*		
Imperf. Ind.	*fī-ē-bam* *fī-ē-bās* usw.	Konj.	*fi-e-rem* *fi-e-rēs* usw.
Futur	*fī-am* *fī-ēs* usw.		

Das Perfekt wird von *facere* entlehnt: *factus sum*. Das Part. Fut. wird durch *futūrus, -a, -um* ersetzt; der Infin. Futur lautet *futūrum, -am, -um esse* oder *fore* (undeklinierbar). — Das Gerundivum wird ebenfalls von *facere* genommen: *faciendus, -a, -um* (das Gerundivum ist passivisch: s. o.).

5. *īre* *eō* *iī* *itum* gehen

Die Wortwurzel ist *ei*, diese wird zu *e* vor Vokalen, zu *ī* vor Konsonanten (nur *it*, *iēns* und *itum* mit kurzem *ĭ*).

Präs. Ind.	*eō* *ī-s* *i-t* *ī-mus* *ī-tis* *e-u-nt*	Konj.	*e-a-m* *e-ā-s* *e-a-t* *e-ā-mus* *e-ā-tis* *e-a-nt*
Imperativ	*ī ī-te*		
Infin.	*ī-re*	Gerundium	*e-undī*
Partizip	*i-ēns*, Gen. *e-untis*, Dat. *e-untī* usw.		
Imperf. Ind.	*ī-bam* *ī-bās* usw.	Konj.	*ī-rem* *ī-rēs* usw.
Futur	*ī-bō* *ī-bis* usw.	Imper. Fut.	*ī-tō* du sollst (er soll) g. *ī-tō-te* *euntō*
		Infin. Fut.	*itūrum, -am, -um esse*
		Part. Fut.	*itūrus, -a, -um*

Das Perfekt wird ohne *v* gebildet, vor *s* wird *ii-* zu *ī*:

Perf. Ind.	*i-ī*	Konj.	*i-erim*
	ī-stī		*i-erīs*
	i-it		usw.
	i-imus		
	ī-stis		
	i-ērunt		
Infin. Perf.	*īsse*		
Plusqu. Ind.	*i-eram*	Konj.	*īssem*
	i-erās		*īssēs*
	usw.		usw.
Fut. ex.	*i-erō*		
	i-eris		
	usw.		

Im Passiv gibt es nur folgende Formen: *ī-tur* man geht, *e-ātur* man möge gehen, *ī-bātur* man ging, *ī-rētur* man würde gehen, *itum est* man ist gegangen, *e-undum est* man muß gehen.

Auch von *īre* gibt es eine ganze Reihe von Komposita, wie

ab-īre	weggehen
ad-īre	herangehen, jd. oder etw. angehen
ex-īre	herausgehen
in-īre	hineingehen
inter-īre	untergehen
per-īre	zugrunde gehen
praeter-īre	vorübergehen, übergehen
red-īre	zurückkehren
sub-īre	(daruntergehen), auf sich nehmen
trāns-īre	überschreiten
vēn-īre	(aus *vēnum īre* 'zum Verkauf gehen') verkauft werden

vēnīre (nicht zu verwechseln mit *vĕnire veniō vēnī* kommen) ersetzt das nicht vorhandene Passiv von *vendere* (*vendō vendidī venditum*) verkaufen, *perīre* ist Passiv zu *perdere* (*perdō perdidī perditum*) zugrunde richten.

Einige dieser Komposita können transitiv gebraucht werden und bilden dann ein vollständiges Passiv (an Stelle der Aktiv-Endungen treten die passiven), z.B. *ad-eor*, *praeter-eor*.

6. In weiterem Sinn kann man zu den 'unregelmäßigen' Verben auch solche rechnen, die nur einen Teil der Formen bilden (*verba dēfectīva*). Über *meminisse* sich erinnern, gedenken, *ōdisse* hassen und auch über *coepisse* angefangen haben sprachen wir schon: S. 116.

Daher sind nur noch zu nennen:

Das seltene *quīre* können und *nequīre* nicht können, von denen nur einige wenige Formen erscheinen (konjugiert wie *īre*).

aiō (sprich *aijō*) ich sage, bejahe (nur Ind. Präs. *aiō*, *ais*, *ait*, *aiunt* und Ind. Imperf. *aiēbam* usw.; *ait* wird manchmal als Perf. gebraucht).

Vor allem aber das häufige *inquam* sage oder sagte ich, *inquit* sagt oder sagte er (außer diesen beiden Formen nur noch *inquīs* sagst du, *inquiunt* sagen sie und *inquiēs* du wirst sagen, *inquiet* er w. s.). Dieses Verbum wird immer in die direkte Rede eingeschoben!

Fīat lūx et lūx facta est

es werde Licht und es ward Licht

heißt in lateinischer Übersetzung der bekannte Satz aus der Genesis.

Fīat iūstitia, et pereat mundus

es geschehe Gerechtigkeit, und mag die Welt zugrunde gehen

soll der Wahlspruch Kaiser Ferdinands I. (1556—1564) gewesen sein.

Potest ex casā vir māgnus exīre, potest ex dēfōrmī humilīque corpusculō fōrmōsus animus ac māgnus.

Es kann aus einer Hütte ein großer Mann hervorgehen,

es kann aus einem häßlichen und geringen Körper(chen) ein wohlgestalteter und großer Geist (hervorgehen).

So der Philosoph Seneca (*epistulae* 66, 3) — eine Meinung, die zumindest in alter Zeit nicht so recht selbstverständlich war.

Gelegentlich wird im Trotz zitiert:

Fléctere sī́ nequeṓ superṓs, Acherónta movḗbō!

Kann ich die Götter nicht umstimmen, so werde ich den Acheron in Bewegung setzen!

Bei Vergil (*Aeneis* VII 312) ruft das die dem Aeneas feindliche Iuno aus. Sie kann zwar nicht gegen das Schicksal an, das Aeneas und seinen Nachkommen Italien als Wohnsitz bestimmte, doch mit Hilfe der Unterirdischen (Acheron ist einer der Flüsse der Unterwelt, hier für 'Unterwelt') bringt sie Kampf und Verzögerung.

flectere flectō flexī flexum biegen, beugen; übertr. umstimmen. — *superī* die Oberen, d. h. die überirdische Welt, die Götter.

Besser freilich wäre, wir würden in Gefahren und Schwierigkeiten uns eines anderen Verses Vergils erinnern (*Aeneis* VI 95):

Tū́ nē cḗde malī́s, sed cóntrā audentior ī́tō!

Weiche du nicht dem Unheil, sondern mutiger geh' ihm entgegen!

cēdere cēdō cessī cessum weichen, sich zurückziehen. — *nē* Verneinung beim Imperativ; im allgemeinen jedoch steht für den verneinten Imperativ *nē* mit Konjunktiv Perfekt (*nē cesseris*) (s. S. 116f.), der Dichter jedoch kann sich die Freiheit erlauben, *nē* mit Imperativ Präsens zu verbinden, zumal an einer so hochpathetischen Stelle. — *malum, -ī,* Neutrum des Adj. *malus, -a, -um* schlecht übel; der Plural als Vielzahl von Einzelheiten: Unheil. — *audēns, -ntis* Part. Präs. zu *audēre audeō ausus sum* (sog. Semideponens! s. S. 109) wagen, sich erkühnen; das häufigere Adjektiv vom gleichen Stamm kennen wir bereits (S. 110) *audāx, audācis.* — *contrā* als Adverb: entgegen; häufiger finden wir das Wort als Präposition: gegen (nur feindlich: *contrā hostēs* gegen die Feinde; *ergā* in freundlichem Sinn: *bonitās ergā hominēs* Güte gegen die Menschen; *adversus* ohne bes. Nebenbedeutung).

Ein recht menschlicher Wunsch (Verg. *Aeneis* VIII 560) — wer hatte ihn noch nicht ? — :

Ṓ mihi praéteritṓs referát sī Iúppiter ánnōs !

O wenn mir Juppiter die vergangenen Jahre zurückgäbe!

re-ferre referō rettulī relātum zurückbringen, zurücktragen, wiederbringen; Konj., da Wunsch ('Optativ').

Als Wahlspruch, leider oft von Philistern mißbraucht, Apolls Worte an den jungen Iulus (Sohn des Aeneas, auch Ascanius genannt) nach seinem ersten Sieg (Verg. *Aeneis* IX 641):

sīc ītur ad astra !

so geht man zu den Sternen!

Aus der Satzlehre

Die Satzlehre, oder, wie sie mit griechischem Namen genannt wird, Syntax (σύνταξις 'Zusammenordnung') beschäftigt sich mit dem Aufbau eines Satzes (das lateinische Wort dafür ist *cōnstrūctiō*). Das bedeutet, daß sie Auskunft gibt über die Verwendung der Wortformen (Kasus der Substantiva, Tempora und Modi der Verba u. dgl.) und über die Verbindung der Wörter und Wortformen zu einem Satz. Wollte man eine Sprache ganz systematisch behandeln, so müßte man Formen- und Satzlehre vollständig trennen, man dürfte über den Gebrauch der Wortformen erst in der Syntax etwas aussagen. Das kann man höchstens in wissenschaftlichen Grammatiken, die die Kenntnis der Sprache bereits voraussetzen. Sonst wird wohl niemand auf den Gedanken kommen, Formen- und Satzlehre ganz getrennt zu behandeln. Wir haben uns daher bisher schon bemüht, die Verwendung der Wortformen kennen zu lernen und Sätze zu übersetzen und zu verstehen. Was daher aus der Satzlehre hier noch gebracht wird, soll auf wichtige Besonderheiten der lateinischen Sprache aufmerksam machen, die nicht in den Formen an sich schon begründet sind. So wollen wir z.B. gleich mit den

Infinitiv-Konstruktionen und Daß-Sätzen beginnen.

Dabei brauchen wir keine besondere Beachtung solchen Erscheinungen zu schenken, die mit den entsprechenden deutschen genau übereinstimmen. Etwa, daß bei Ausdrücken des Könnens, Wollens, Müssens u. ä. der Infinitiv steht: Wir haben ja auch bereits eine Reihe solcher Sätze übersetzt, wie '*potest ex casa vir magnus exire...*' (S. 127) oder *malo emere quam rogare* (S. 117).

Anders steht es mit einer Konstruktion, die von den modernen Sprachen her zunächst einige Schwierigkeiten bereitet, bald aber wegen der Häufigkeit ihres Auftretens und der sich daraus ergebenden Übung mit Leichtigkeit gemeistert wird:

Der Akkusativ mit Infinitiv, kurz A. c. I. (*accūsātīvus cum īnfīnītīvō*) genannt.

Ausgehen müssen wir von Sätzen wie: *audiō frātrem venīre* 'ich höre den Bruder kommen', was richtig auch übersetzt werden kann 'ich höre, daß der Bruder kommt'. Nun werden aber im Lateinischen eine ganze Reihe von Verben mit dem A.c.I. verbunden, wo im Deutschen keine 'wörtliche' Übersetzung mehr möglich ist, nämlich

1. die Verba des Sagens, Denkens und Wahrnehmens (*verba dīcendī et sentiendī*): dies ist die weitaus größte Gruppe;
2. folgende Verba des Begehrens:
   a) *velle* wollen, *nōlle* nicht wollen, *mālle* lieber wollen und *cupere* begehren, wenn das Subjekt des Infinitivs von dem des regierenden Verbums verschieden ist,
   b) *iubēre* befehlen, *vetāre* verbieten, *sinere* erlauben, zulassen, *patī* (Deponens!) zulassen;

3. die meisten unpersönlichen Ausdrücke;
4. schließlich noch die Verba der Gemütsbewegung, bei denen jedoch ebenso ein Satz mit *quod* ('daß') stehen kann (*quod* meist mit Indikativ).

Bei fast allen A.c.I.-Konstruktionen ist die wörtliche Wiedergabe im Deutschen nicht möglich, es muß vielmehr ein Nebensatz eintreten, und zwar in der Regel ein daß-Satz; so wurde eben der Satz *audio fratrem venire* auch so übersetzt: 'ich höre, daß der Bruder kommt'. Überhaupt nicht Wort für Wort wiederzugeben sind Sätze wie folgender, mit dem bei Petron (38,12) über einen gespottet wird, der nichts als Schulden hat:

Nōn putō illum capillōs līberōs habēre

Ich glaube nicht, daß jener (noch) freie Haare hat

Hier muß also eine Umschreibung durch einen daß-Satz eintreten. Nun steht das Subjekt des daß-Satzes, das im Deutschen natürlich Nominativ ist, im Akkusativ, das Verbum erscheint im Infinitiv: Daher der Name 'Akkusativ mit Infinitiv'!

Cēterum cēnseō Carthāginem esse dēlendam

Im übrigen bin ich der Ansicht (stimme ich dafür), daß Karthago zerstört werden muß

soll der alte Cato nach dem zweiten Punischen Krieg jede seiner Reden und Anträge im Senat geschlossen haben.

cēterum übrigens, im übrigen; Plur. *cēterī*, *-ae*, *-a* die übrigen. — *cēnsēre* der Ansicht sein, seine Stimme (im Senat) abgeben. — Der Satz *Carthāgō dēlenda est* 'K. ist (ein) zu zerstören(des), muß zerstört werden' lautet im von *cēnseō* abhängigen A.c.I.: *Carthāginem esse dēlendam*. — Cato ist für einen Präventivkrieg gegen Roms Nebenbuhlerin eingetreten, nachdem sich diese nach den Niederlagen im ersten und zweiten Punischen Krieg (Karthago ist punische, phönizische Stadt) wider Erwarten rasch erholt hatte, trotz Reparationen und sonstiger römischer Schikanen. Cato erlebte den Triumph seiner freundlichen Empfehlung allerdings nicht mehr, die Stadt überlebte ihn, wenn auch nicht lange. Der berühmte Satz ist allerdings in dieser Form nicht antik. Er ist eine Übersetzung aus Plutarchs Lebensbeschreibung *Cato maior* 27.

So geht es bei den meisten A. c. I.-Sätzen: Am einfachsten gibt man sie zunächst durch einen deutschen daß-Satz wieder, dann erst mag gelegentlich eine andere Übersetzung für besser befunden werden. So z. B. bei der alten Weisheit, die Curtius (VII 4, 13) in dieser Form wiedergibt:

Adicit ... canem timidum vehementius lātrāre quam mordēre
Er fügt hinzu ..., daß ein furchtsamer Hund heftiger belle als beiße
oder: ... ein f. Hund belle heftiger als er beiße

ad-icere adiciō adiēcī adiectum hin (zu)werfen, -stellen, hinzufügen.—*mordēre mordeō momordī morsum* beißen.

Und nun noch zu den oben aufgezählten Verb-Gruppen:

Zu 1. *Verba dīcendī et sentiendī* sind z. B. die in den eben zitierten A. c. I.-Sätzen aufgetretenen: *putāre*, *cēnsēre*, *adicere* und alle ähnlichen, wie *dīcere* sagen, *negāre* leugnen, sagen, daß nicht, *nārrāre* erzählen, *trādere* überliefern, *scrībere* schreiben, *nūntiare* melden, *crēdere* glauben u. a.

Zu 2a. Meist steht zwar bei 'wollen' der bloße Infinitiv, jedoch ist manchmal das Subjekt des Infinitivs ein anderes als das des regierenden Verbums, so etwa bei einem Satz wie: ich will, daß du schweigst *volō tē tacēre.*

Zu 2b. Bei *iubēre* ist zu beachten, daß es immer mit Akkusativ bzw. A. c. I. konstruiert wird, nie mit Dativ; also würde der Satz 'Caesar befahl den Soldaten anzugreifen' lateinisch lauten: *Caesar iussit mīlitēs aggredī.*

Zu 3. Unpersönliche Ausdrücke sind z. B. *cōnstat* es steht fest, *appāret* es ist offenbar, *vērīsimile est* es ist wahrscheinlich.

Zu 4. Verba der Gemütsbewegung (*verba affectūs* 'V. des Affekts') sind z. B. *gaudēre* sich freuen, *dolēre* bedauern, *admīrārī* bewundern u. a.

Zu beachten ist, daß Pronomina, die sich auf das Subjekt des Satzes beziehen, in den reflexiven Formen stehen, da der A. c. I. kein selbständiger Satz sondern nur ein Satz teil ist! (Deshalb auch kein Komma.) *Haeduī dīxērunt sē omnī tempore dē populō Rōmānō meritōs esse* (Caes. *bell. Gall.* I 11, 3) die Haeduer (ein gallisches Volk) sagten, sie hätten sich zu jeder Zeit um das römische Volk verdient gemacht (*omnī tempore* bloßer Abl. auf die Frage 'wann?'. — *sē merērī dē* sich um etw. oder jd. verdient machen). *negat sē posse iter per prōvinciam dare* (Caes. *bell. Gall.* I 8, 3) er sagt, er könne den (Durch-)Marsch durch die Provinz nicht (zu-)geben (beachte: *negat* er sagt, daß nicht!).

Natürlich könnte es bei einem A. c. I. vorkommen, daß Unklarheit besteht, wer nun Subjekt, wer Objekt ist, wie bei jenem berühmten Orakel, das der König Pyrrhus erhalten haben soll und das in der lateinischen Übersetzung des Dichters Ennius (ann. *frg.* 179) folgendermaßen lautet (da es im Griechischen ebenfalls den A.c.I. gibt, gilt für die Originalfassung das gleiche):

Aíō te͜, Aéacidā́, Rōmā́nōs vincere pósse

Ich sage, daß du, Aeakide, die Römer besiegen kannst oder: ich sage, daß dich, Aeakide, die Römer besiegen können

Pyrrhus, der hier als Nachkomme des Aiakos mit 'Aeakide' (lat. *Aeacida, -ae*; Vokativ mit langem *a*: griech. Eigenname) angesprochen wird, faßte den Spruch so auf, als könne er siegen, in Wirklichkeit aber wurde er vernichtend geschlagen.

Dem A. c. I. verwandt und aus ihm zu verstehen ist der Nominativ mit Infinitiv (N. c. I.). Dieser erscheint, fast notwendigerweise, im Passiv einiger Verba, die im Aktiv mit A. c. I. konstruiert werden. Der Satz: *Graecī exīstimābant Homērum caecum fuisse* (die Griechen glaubten, daß Homer blind gewesen sei) lautet passivisch so: *Homērus caecus fuisse exīstimābatur* (Homer wurde für blind gehalten).

Der N.c.I. erscheint:

1. wie im Deutschen bei *arguī* (beschuldigt werden), *cōgī* (gezwungen w.), *prohibērī* (gehindert w.), *assuēfierī* (gewöhnt w.). Z. B. *parentēs prohibentur adīre ad fīliōs* (die Eltern werden daran gehindert, zu den Kindern zu gehen).

2. bei *iubērī* (befohlen werden), *vetārī* (verboten w.) und *sinī* (erlaubt w.). Z.B. *fabrī pontem facere iussī sunt* (den Pionieren wurde befohlen, eine Brücke zu bauen; eigentl. 'die P. wurden befohlen...').

3. bei *vidērī* (scheinen), wo im Deutschen persönliche (= N.c.I.) wie unpersönliche Konstruktion möglich ist: *rēs pūblica perīre vidētur* (der Staat scheint unterzugehen oder — unpers. — es scheint, daß der St. untergeht).

4. bei folgenden *verba dicendi* und *sentiendi*:

a) im Präsensstamm von *dīcī* (gesagt werden), *negārī* (verneint w., gesagt w., daß nicht), *audīrī* (gehört w.), *putārī*, *exīstimārī* (geglaubt, gehalten w.), *iūdicārī* (geurteilt w.) u. ä. Beispiel s. u. S. 208: Anfang des Caesarstückes: *qui... existimantur*,

b) bei den Formen *trāditur*, *trāduntur*; *fertur*, *feruntur* (es wird überliefert). Z.B. *Homērus caecus fuisse trāditur* (Homer war nach der Überlieferung blind, H. war, wie überl. wird, blind; eigentl. 'Homer wird überliefert blind gewesen zu sein').

Die Verba dieser 4. Gruppe werden jedoch mit *Accusativus cum Inf.* verbunden in den mit *esse* zusammengesetzten Zeiten, z.B. *Homērum caecum fuisse trāditum est* (es ist überliefert, daß ...).

Andere daß-Sätze haben wir längst kennen gelernt; so wissen wir, daß im Absichts- (Wunsch-, Final-) satz 'daß, damit' *ut*, 'daß (damit) nicht' *nē* heißt.

ut nōn 'daß nicht' kommt nur im Folge-Satz vor (wobei im allgemeinen im Hauptsatz 'so' steht, also: 'so ..., daß nicht'). Und nun merken wir uns noch dazu, obwohl das nicht recht häufig ist, daß nach verneinten

Ausdrücken in Konsekutivsätzen 'daß nicht, ohne daß' *quīn* heißen kann im Sinne von *qui, quae, quod* (Nom. Sing.!) *nōn*.

Als wir den A.c.I. behandelten, sahen wir, daß 'bei den meisten unpersönlichen Ausdrücken' der A.c.I. steht (S. 131). Ein Konsekutivsatz mit *ut* dagegen folgt nach solchen unpersönlichen Ausdrücken, die ein Geschehen ausdrücken. Die wichtigsten sind: *accidit, ēvenit* es ereignet sich; *fit* es geschieht; *fierī potest* es ist möglich; *contingit* es gelingt; *restat, reliquum est* es bleibt (noch) übrig; *mōs, cōnsuētūdō est* es ist Sitte, Gewohnheit. (Ein *quod*-Satz — mit Indikativ! — steht nach diesen Ausdrücken nur, wenn ein beurteilender Zusatz erfolgt, wie *bene* gut, *opportūnē* günstig, *commodē* angenehm; also *opportūnē accidit, quod.*)

nē kann jedoch auch 'daß' heißen: Nämlich nach den Verben des Fürchtens (*timēre* fürchten, *metuere* fürchten, *verērī* fürchten), 'daß nicht' heißt bei diesen Verben *nē nōn.*

nē heißt 'daß' auch nach Verben, die 'abhalten' oder 'hindern' bedeuten (*prohibēre* abhalten, *dēterrēre* abschrecken, *impedīre* hindern, *obsistere, resistere* sich widersetzen, *recūsāre* sich weigern, *interdīcere* untersagen, *cavēre* sich hüten, *vītāre* (ver-)meiden u. ä.). — Bei allen diesen, außer bei *cavēre* und *vītāre*, kann gleichbedeutend für *nē* auch *quōminus* stehen.

quīn heißt 'daß' nach den verneinten Verben des Zweifelns und Zurückhaltens (*nōn dubitō* ich zweifle nicht, *dubium nōn est* es besteht kein Zweifel, *quis dubitat?* wer zweifelt? — *nōn multum abest* es fehlt wenig, *nōn recūsāre* sich nicht weigern, *nihil praetermittere* keine Gelegenheit versäumen u. ä.).

nē veniat, timeō ist ursprünglich verstanden als 'er möge nicht kommen — ich fürchte es', daraus dann 'ich fürchte, daß er kommt'. *quōminus* ist soviel wie *ut eō minus* (auch sonst *quō* = *ut eō*) 'damit desto weniger'. — *quīn* ist eigentlich ein Fragewort 'wie nicht, warum nicht'; *quīn veniat? nōn dubitō* 'warum sollte er nicht kommen? ich zweifle nicht', daraus dann: 'ich zweifle nicht, daß er kommt'.

Alle diese daß-Sätze mit *ut*, *nē*, *quōminus*, *quīn* weisen den Konjunktiv auf!

Bei den Verben der Gemütsbewegung (S. 131) war davon die Rede, daß bei diesen 'daß' entweder durch den A. c. I. oder durch *quod* ausgedrückt wird. Sonst heißt *quod* 'daß' nur dann, wenn es bedeutet 'die Tatsache, daß' und steht mit Indikativ.

dō, ut dēs

ich gebe, damit du gibst

wird als Grundsatz des römischen Götterkultes genannt. Der realistische Römer knüpfte oft eine Bedingung an ein Versprechen: Wenn du hilfst und uns die Schlacht gewinnen läßt, dann werden wir dir einen Tempel bauen.

Bellum ita suscipiātur, ut nihil aliud nisi pāx quaesīta videātur

Ein Krieg soll so unternommen werden, daß nichts anderes außer der Friede erstrebt scheint (nur der F....)

Ein recht lobenswerter Grundsatz (Cicero, *de officiis* I 23,80)!

ita, ut 'so, daß' ist Beispiel für *ut* im Folge-(Konsekutiv-)Satz; daher *ut nihil*, während im Wunschsatz 'damit nichts' *nē quid* ('damit nicht etwas') heißen müßte, ebenso *nē umquam* 'damit nicht jemals' = 'damit niemals'. — *bellum suscipere* einen Krieg 'aufnehmen', einen Krieg unternehmen, (anfangen); Konjunktiv, da Wunschsatz 'möge, soll'. — *nisi* wenn nicht, *nihil nisi* nichts, wenn nicht = außer. Das wollen wir uns gleich merken:

Nach einer Verneinung (*nōn*, *nē*, *nihil*, dazu *nēmō* niemand, *numquam* niemals u. a.) heißt *nisi* 'außer' (*nihil nisi* nichts außer = nur).

Némō adeṓ ferus ést, ut nṓn mītḗscere póssit

Niemand ist so sehr wild, daß er nicht erweicht werden könnte (Horaz, *epistulae* I 1,39).

adeō ut nōn: Folgesatz. — *mītis, -e* mild, weich, sanft, zahm, davon *mītēscere* mild werden, sanft werden.

(Orgetorīx affīrmāvit) nōn esse dubium, quīn totīus Galliae plūrimum Helvētiī possent.

(Orgetorix versicherte) es sei kein Zweifel, daß von ganz Gallien die Helvetier am meisten vermöchten.

Hier (Caes. *bell. Gall.* I 3,7) haben wir A.c.I. und *quin*-Satz gleich beisammen: nach einem Verbum des Sagens: A.c.I., nach *non esse dubium*: *quin*.

dubius, -a, -um zweifelhaft; *dubium nōn est* es ist nicht zweifelhaft, es ist (besteht) kein Zweifel. — *multum, plūs, plūrimum posse* (oder *valēre*) viel, mehr, am meisten vermögen. — Orgetorix ist ein vornehmer Helvetier.

Wenn der Staat in allerhöchster Gefahr war, wurde vom Senat den Konsuln unumschränkte Gewalt übertragen mit dem Spruch:

Videant cōnsulēs, nē quid dētrīmentī capiat rēs pūblica!

Die Konsuln mögen zusehen, daß der Staat nicht Schaden nehme!

dētrīmentum, -ī Schaden; *nē quid dētrīmentī* daß nicht etwas an Schaden (Gen.).

Da es sich um einen Wunschsatz handelt, *nē*! Dagegen, *videō frātrem venīre* (A.c.I.) ich sehe, daß der Bruder kommt: Tatsache! Es kommt also mehr auf den Sinn, als auf die Äußerlichkeit an, von welchem Verbum der betr. daß-Satz abhängig ist. Wenn man sagt, die und die Verba 'forderten' A.c.I. oder *ut*, so ist das mehr eine erste Hilfe, da die genannten Verba eben in den allermeisten Fällen mit A.c.I. bzw. *ut* verbunden werden.

Dabei können wir uns gleich merken, daß nach den Verben des Sagens, Denkens und Wahrnehmens auch ein

indirekter Fragesatz

stehen kann, aber nur in solchen Fällen, wo auch im Deutschen ein indirekter Fragesatz steht. Die indirekten Fragesätze stehen im Lateinischen im Konjunktiv (wie auch oft im Deutschen).

Catull ruft in einem Gedicht (93,2) Caesar zu, es interessiere ihn nicht einmal

scīre, utrum sīs albus an āter homō

zu wissen, ob du schwarz oder weiß (ein schw. o. weißer Mensch) bist.

Unser Sprichwort, man soll den Tag nicht vor dem Abend loben, lautet lateinisch — und das ist der Titel einer verlorenen Satire des Varro (wie Gellius XIII 11,1 berichtet):

Nescīs, quid vesper sērus vehat

Du weißt nicht, was der späte Abend bringt.

An nescīs, mī fīlī, quantillā prūdentiā mundus regātur?

Weißt du etwa nicht, mein Sohn, mit wie geringer Klugheit die Welt regiert wird?

So sagte Axel Oxenstierna — als einer der Großen dieser Welt mußte er es ja wissen! — zu seinem Sohn. Seit dem 16. Jahrhundert hat sich also nichts geändert.

Die Fragepartikel *an* kommt nur selten in der einfachen Frage vor, häufiger in der Doppelfrage wie oben: *utrum - an.* — *meus* und *fīlius* lauten im Vokativ *mī* und *fīlī.* — *quantilla* wird uns im klassischen Latein nicht begegnen; es ist eine mittelalterliche Weiterbildung von *quantus* wie groß bzw. *quantulus* wie klein, gering, wenig.

Ist Ihnen schon aufgefallen, daß man sich über das Tempus der konjunktivischen Nebensätze Gedanken machen müßte? Es ist ja nicht so, daß einfach irgend ein Tempus verwendet werden könnte, es muß vielmehr beachtet werden, ob der Nebensatz dem Hauptsatz gegenüber vor-, gleich- oder nachzeitig ist. Auf diese Weise wird das Zeitverhältnis der beiden Sätze untereinander festgehalten. Es ist ja immerhin ein Unterschied, ob man etwa sagen will 'es besteht kein Zweifel, daß sie erobert haben' oder 'erobern' oder 'erobern werden'. Festgelegt ist dies in der sog.

cōnsecūtiō temporum

Zeitenfolge (erg.: in konjunktivischen Nebensätzen)

Man kann dafür folgende Regel, die sich am einfachsten in einer kleinen Tabelle zusammenfassen läßt, aufstellen:

übergeordneter Satz	vorzeitg.	gleichzeitg.	nachzeitg.
Gegenw., Fut.	Perf.	Präs.	*-ūrus sim*
Vergangenheit	Plusquperf.	Imperf.	*-ūrus essem*

D. h. also: Steht im übergeordneten Satz Gegenwart oder Futur, so steht im abhängigen Nebensatz Konjunktiv Perfekt bei Vorzeitigkeit, Präsens bei Gleichzeitigkeit; steht im übergeordneten Satz ein Tempus der Vergangenheit (Imperf., Perf., Plusquamperfekt), so steht im abhängigen Nebensatz Konjunktiv Plusquamperfekt bei Vorzeitigkeit, Imperfekt bei Gleichzeitigkeit.

Die Nachzeitigkeit wird nur (allerdings auch da nicht immer) ausgedrückt in den indirekten Fragesätzen und in den *quīn*-Sätzen, sonst steht dafür Gleichzeitigkeit. Für die Nachzeitigkeit wird das Partizip Futur Aktiv *-ūrus, -a, -um* verwendet, verbunden mit Konj. Präs. von esse nach Gegenwart und Fut., mit Konj. Imperf. nach Vergangenheit (*laudātūrus sim* bzw. *essem*).

Ist der Nebensatz von einem Infinitiv, Partizip, Gerund oder Supin abhängig, so richtet sich die Zeitenfolge nach dem Hauptverbum des übergeordneten Satzes außer beim Infinitiv (und meist auch beim Partizip) Perfekt.

Absoluter Tempusgebrauch, ohne Rücksicht auf die Regeln der *cons. temp.*, findet sich jedoch bei den Folgesätzen (beim konsekutiven, nicht aber finalen *ut*!).

Das ist nun alles gar nicht so schlimm, vor allem werden uns bei der Übersetzung vom Lateinischen ins Deutsche keine Schwierigkeiten erwachsen.

Wenn wir den Satz auf S. 137 betrachten: *Orgetorix affirmavit non esse dubium, quin totius Galliae plurimum Helvetii possent*, so stellen wir zuerst fest, daß sich der konjunktivische Nebensatz nicht nach dem Infinitiv Präsens *esse*, sondern nach dem Hauptverbum *affirmavit* richtet, und zweitens, daß — Imperf. nach Perf. — es sich um Gleichzeitigkeit handelt, also:'... daß die Helvetier (jetzt, zur Zeit) am meisten vermöchten'.

Der Satz *videant consules, ne... capiat* hat im Nebensatz Konj. Präs., obwohl es sich, genau besehen, um Nachzeitigkeit handelt (die Konsuln sollen — jetzt, ab jetzt — zusehen, daß nicht ... erleiden — werde —), aber ausgedrückt ist die Nachzeitigkeit wie Gleichzeitigkeit, da es sich weder um einen indir. Fragesatz noch um einen *quin*-Satz handelt. Dieser Satz zeigt aber auch deutlich, daß die Unterscheidung Gleich- oder Nachzeitigkeit gar nicht immer so klar ist: die K. sollen — jetzt und in Zukunft — sehen, daß der Staat — in Zukunft, aber natürlich auch im Augenblick ... nicht Schaden erleide.

Auch in dem Satz *do, ut des* wird die Nachzeitigkeit (ich gebe, damit du — dann — gibst) nicht ausgedrückt: Finalsatz.

Dagegen stutzen wir vielleicht bei dem Satz *nescis, quid vesper serus vehat*: du weißt (jetzt) nicht, was der späte Abend bringt (bringen wird): Aber die Nachzeitigkeit wird eben nur meist ausgedrückt, nicht immer, und gerade dann fast nie, wenn der Sinn sowieso klar ist — wie hier. Bei manchen Verben kann man auch die Form auf *-ūrus* nicht bilden (bei allen jenen Verben, die keine Supinform haben); auch dann muß die Nachzeitigkeit durch die Gleichzeitigkeit ersetzt werden.

Da wir gerade, ohne es recht zu merken, mitten drin sind, eine harmlose Sache, die trotzdem, weil selten klar dargestellt, oft der Schrecken der Latein-Lernenden ist:

Ōrātiō oblīqua (indirekte Rede)

Dies ist nichts anderes, als Abhängigkeit von einem

Verbum des Sagens. Alle Hauptsätze stehen daher im A.c.I.

Alle Nebensätze stehen im Konjunktiv, da Nebensätze, die von einem Infinitiv abhängen, immer in den Konjunktiv treten (sie sind 'innerlich abhängig': s. S. 145).

Meist ist zwischen einem A.c.I. und einer kürzeren indir. Rede überhaupt nicht zu unterscheiden. Siehe z.B. den oben zitierten Satz *Orgetorix affirmavit* ... Das Tempus, in dem der konjunktivische Nebensatz steht, richtet sich nach der *cons. temp.*, d.h.: steht das Verbum des Sagens (wie meist) in der Vergangenheit, so kann nur Konj. Imperf. oder Plusqu. folgen. Das ist alles!

Es versteht sich, daß — ebenfalls wie beim A.c.I.! — die Pronomina, die sich auf die sprechende Person beziehen, in der reflexiven Form erscheinen (z.B. *Orgetorix dixit: se esse* ... O. sagte: Er sei ...).

Wunsch-(Befehls-)Sätze stehen natürlich (mit oder ohne *ut*) im Konjunktiv: Caesar befahl, die Soldaten sollten eine Brücke bauen: *Caesar imperāvit (ut) militēs pontem facerent.* (Nur *iubēre* befehlen steht merkwürdigerweise mit A.c.I., nicht mit *ut*).

Als Beispiel einer längeren *Oratio obliqua* s. das Stück aus Livius S. 278.

Andere mit Konjunktionen eingeleitete Nebensätze

Das Lateinische ist weit mehr als das Deutsche bestrebt, das Verhältnis der Sätze, vor allem natürlich der Nebensätze, durch Konjunktionen (von *coniungere* verbinden) zu kennzeichnen. Das hängt nicht zuletzt damit zusammen, daß die Schrift, wie wir bereits wissen, keine Satzzeichen und kaum Worttrennung kannte.

Man könnte die Nebensätze natürlich nun systematisch aufzeichnen: Subjekts-, Objekts-, Adverbial-, Temporal-, Konzessiv-Sätze usw. Das würde zwar zur Beruhigung des Gewissens des Verfassers beitragen, dem

Benutzer des Buches aber, sofern ihm daran gelegen ist, sich das zu merken, was er zum Übersetzen lateinischer Sätze braucht, einen Bleistift in die Hand nötigen und ihn veranlassen, sich die Konjunktionen herauszuschreiben. Daher sollen hier lieber von vornherein die Konjunktionen beisammen stehen und die Nebensätze nach den sie einleitenden Konjunktionen behandelt werden. Wie es niemandem einfallen wird, beim Lernen einer Sprache Formen- und Satzlehre ganz zu trennen, so ist auch innerhalb der Satzlehre starre Systematisierung mindestens unpraktisch.

Eine der häufigsten Konjunktionen, vielleicht überhaupt die häufigste, ist

cum.

Sie leitet einen Nebensatz ein, meist mit Konjunktiv, manchmal mit Indikativ. (Beim Konjunktiv, wie in allen konj. Nebensätzen, werden die Regeln der cons. temp. beachtet!)

cum mit Konjunktiv:

1. Das sog. 'erzählende' *cum*, *cum nārrātīvum* (oder *historicum*); zu übersetzen ist es mit 'als' oder 'nachdem'. Da die uns überlieferten Texte zum großen Teil historisch, erzählend, sind, liegt es auf der Hand, daß das *cum nārrātīvum* besonders in Verbindung mit dem Konjunktiv Plusquamperfekt ständig in Erscheinung tritt: 'als, nachdem jenes geschehen war, trat dies ein.'

Caesarī cum id nūntiātum esset, ... mātūrat ab urbe proficīscī.

Als Caesar dies gemeldet worden war, ... beeilte er sich, von der Stadt aufzubrechen (Caesar *bell. Gall.* I 7, 1).

Das Präsens *mātūrat* vertritt eine Zeit der Vergangenheit; besonders in lebhaften Erzählungen kann (ebenso im Deutschen, jedoch seltener) das Präsens stehen; in Bezug auf die *cons. temp.* wird es als Vergangenheit behandelt. — *mātūrāre* oder *properāre* sich beeilen. — *proficīscī* (Deponens) aufbrechen. Besser deutsch: Bricht er schleunigst (Adverb.) von d. St. auf. — Übrigens ist mit *urbs*, wie meist, die Stadt an sich, Rom, gemeint.

Der Konjunktiv Imperfekt (vgl. aber auch unter Ziff. 4) erscheint z. B. in Sätzen wie diesem (Caes. *bell. Gall.* I 4, 3):

Cum cīvitās ... armīs iūs suum exsequī cōnārētur ..., Orgetorīx mortuus est.

Als der Stamm sein Recht mit Waffen(gewalt) durchzusetzen versuchte, starb Orgetorix.

cīvitās, *-ātis* Bürgerschaft (*cīvis* Bürger), Staat, Stamm, insofern er staatsähnlich organisiert ist. — *armīs*, Abl. zu *arma*, *-ōrum* Waffen, Waffengewalt. — *exsequī* durchsetzen, zu Ende führen (*sequī* folgen, verfolgen, also *exsequī* 'zu Ende verfolgen'). — *cōnārī* versuchen.

2. *cum causāle* (*causa* Grund, Ursache) 'da, weil' (gleichbedeutend sind *quod* und *quia*, diese jedoch mit Indikativ). — Verstärkt: *praesertim cum* zumal da; *quippe cum* da ja (dagegen *quoniam* da ja, weil ja, mit Indik.).

3. *cum concessīvum* bzw. *adversātīvum* 'obwohl, obgleich, während dagegen'. ('obwohl' kann, wie wir wissen, auch durch *quamquam* mit Ind. oder *quamvis* mit Konj. übersetzt werden; zu vergleichen ist auch *ut* mit Konj. 'wenn auch': *ut desint vires* ... S. 118).

cum mit Indikativ:

4. *cum temporāle* (od. *relātīvum*) 'wann, (dann) wenn, (gerade) zu der Zeit, als'. Im Hauptsatz steht oft *tum* dann, damals, *eō tempore* zu der Zeit, *nunc* jetzt, oder etwas ähnliches. Dieses *cum temporāle* wird verwendet, wenn nur der genaue Zeitpunkt ausgedrückt werden soll.

Nám tua rḗs agitúr, pariḗs cum próximus ārdet

Denn es geht um deine Sache, wenn die nächste Wand brennt (Denn dich geht's an, brennt des Nachbars Haus)

ist ein bekanntes Wort aus den *epistulae* des Horaz (I 18, 84), das meist, ohne Zusammenhang, *Tum tua res agitur* zitiert wird: In diesem *tum* kommt sehr gut das rein temporale Verhältnis zur Geltung. — Ist dagegen nicht so sehr das zeitliche Verhältnis wichtig, sondern mehr die Tatsache als solche, dann steht das *cum nārrātīvum* (s. oben

Ziff. 1). Es liegt auf der Hand, daß die Grenzen manchmal verschwimmen: Da kommt es dann nur auf die Intention des Schriftstellers an, was ihm als wichtiger erscheint; bei der Interpretation lateinischer Texte ist das wert, beachtet zu werden. Bei dem Satz: 'Als Caesar nach Gallien kam, waren die Führer der einen Partei die Haeduer, die der anderen die Sequaner', könnte man im Zweifel sein, ob der Indikativ oder der Konjunktiv zu verwenden ist; Caesar (*bell. Gall.* VI 12, 1) gebraucht den Indikativ, es kommt ihm also auf das rein temporale Verhältnis ('gerade zu dieser Zeit') an: *Cum Caesar in Galliam vēnit, alterīus factiōnis prīncipes erant Haeduī, alterīus Sēquanī* (s. S. 91).

5. *cum iterātīvum* (*iterāre* wiederholen, *iterum* abermals) 'sooft; jedesmal, wenn'.

6. *cum explicātīvum* oder *coincidēns* (*explicāre* entwickeln, erklären; *co-incidēns* — kein klass. Wort! — zusammen fallend, von *in-cidere* hineinfallen; so genannt, weil die Handlung von Haupt- und Nebensatz zusammenfällt, identisch ist).

Cum tacent, clāmant

Indem sie schweigen, schreien sie

ruft Cicero in seiner ersten Rede gegen Catilina dem Angegriffenen zu (I 8, 21) und deutet dabei auf die Senatoren, die schweigend dasitzen und somit, so meint er, seine Worte billigen. Sinngemäß zitieren wir heute oft

Cum tacent, cōnsentiunt

Indem sie schweigen (dadurch daß sie sch.) stimmen sie zu.

7. *cum inversum* (*in-vertere* umwenden, umkehren) 'als, da': es heißt so, weil das Verhältnis von Haupt- und Nebensatz gewissermaßen umgekehrt ist: Der Nebensatz berichtet die Hauptsache: wir waren gerade dabei die Stadt zu verlassen, als ein Hagelwetter losbrach.

8. Häufige Zusammensetzungen: *cum interea* 'während

unterdessen', *cum tamen* 'während doch' (gelegentl. mit Konj.).

Nun noch etwas Wichtiges, was für alle indikativischen Nebensätze gilt: Bei sog. 'innerer Abhängigkeit' können alle sonst indikativischen Sätze in den Konjunktiv treten. 'Innerlich abhängig' ist ein Satz, der nicht als objektive Tatsache sondern als Meinung eines andern hingestellt wird. Musterbeispiel ist der Satz: *Sōcratēs accūsātus est, quod adulēscentēs corrumpēbat* Sokrates wurde angeklagt, weil er die Jugend verführte (Tatsache!) — aber: *Sōcratēs accūsātus est, quod adulēscentēs corrumperet* ... weil er die Jugend verführe (angeblich, nach Meinung der Ankläger!).

adulēscēns, -ntis Jüngling, Plur. auch: Jugend. — *corrumpere* verderben ('Korruption').

Da die Nebensätze der indirekten Rede alle 'innerlich abhängig' sind — sie geben die Rede eines andern wieder — stehen sie alle im Konjunktiv: wir haben das bereits kennen gelernt (S. 141).

Zusammenfassung der Konjunktionen, die Nebensätze einleiten

Wir haben bereits feststellen müssen, daß *cum* verschiedene Bedeutungen haben kann, je nach dem Sinn des Satzes, der oft erst aus dem Zusammenhang zu erschließen ist. Dabei steht der Nebensatz teils im Indikativ, teils im Konjunktiv. Doch auch andere Konjunktionen können Verschiedenes bedeuten; das ist schließlich in allen Sprachen ähnlich. Hier sollen nun einige wichtigere Konjunktionen mit ihren verschiedenen Bedeutungen zusammengestellt werden.

Von *ut* wissen wir schon, daß es 'daß, damit, so daß', und auch 'gesetzt den Fall, falls, wenn auch' heißen kann: Und zwar mit Konjunktiv. Dagegen mit Indikativ heißt es 'wie' (*quis ut deus* wer ist wie Gott) oder 'sobald als' (meist: *ut prīmum*; auch *cum prīmum* oder *simul, simulatque*).

nē nur mit Konjunktiv: 'daß nicht, damit nicht'; bei Verben des Fürchtens und Hinderns heißt *nē* jedoch 'daß' (S. 134f.). Zu quominus s. S. 135f.

quod mit Indikativ: 'weil' (= *quia* oder *cum* mit Konj.), 'die Tatsache, daß'.

dum, *dōnec*, *quoad* mit Indikativ: 'solange als oder bis'; mit Konjunktiv bei 'finalem Nebensinn', d.h. in der Bedeutung 'damit inzwischen'.

dum mit Indikativ Präsens (auch bei vergangenen Tatsachen!) 'während' (selten mit Ind. oder Konj. Imperf.).

dum, *modo*, *dummodo*, mit Konjunktiv: 'wenn nur, wofern nur'. *Ōderint, dum metuant* Sie mögen mich (meinetwegen) hassen, wenn sie mich nur fürchten, man mag mich hassen, wenn man ..., soll Lieblingswort des Kaisers Caligula gewesen sein (nach Sueton, *Cal.* 30; das Wort soll aus einer verlorenen Tragödie des Dichters Accius aus dem 2. Jahrhundert v.Chr. stammen).

quīn, mit Konjunktiv: Bei verneinten Ausdrücken des Zweifelns und Zurückhaltens 'daß' (S. 135). Nach verneinten Ausdrücken in Konsekutivsätzen 'daß nicht, ohne daß' (S. 134f.).

In Relativsätzen kann *quīn* für *qui non*, *quae non*, *quod non* (aber nur für diese, nicht etwa z.B. für einen Genitiv!) stehen.

Als Fragewort bedeutet *quīn* 'wie nicht, warum nicht' (vgl. *quī* 'wie, warum?').

postquam (od. *posteāquam*) 'nachdem'; *ubi* (verstärkt *ubi prīmum*), *ut* (*ut prīmum*), *cum* (*cum prīmum*), *simul* (*simulatque*) 'sobald' werden in der Vergangenheit mit Indikativ Perfekt konstruiert (deutsch dagegen mit Indikativ Plusquamperfekt).

priusquam, *antequam* 'bevor' mit Indikativ (Konj. nur bei finalem Nebensinn: 'bevor' = 'damit nicht erst').

quasī, *tamquam*, *tamquam sī*, *velut sī*, mit Konjunktiv: 'als ob, wie wenn'.

Kondizionalsätze (Bedingungssätze)

Sie werden eingeleitet mit:

sī 'wenn, falls'
nisi 'wenn nicht': den ganzen Satz verneinend
sī nōn 'wenn nicht': einen einzelnen Begriff verneinend (oft folgt *at certē* 'so doch wenigstens')
sīn 'wenn aber'

Außerdem: *nisi forte* oder *nisi vērō* 'wenn nicht etwa' (oft ironisch); *sī modo* 'wenn nur' (einschränkend); *sī quidem* 'wenn wirklich'; *etsī*, *etiamsī*, *tametsī* 'wenn auch, auch wenn', *sīve* 'oder wenn' (meist wiederholt: *sīve* ... *sīve* 'sei es daß ... oder daß', auch dreimal und öfter).

Es ergeben sich drei Möglichkeiten für die Kondizionalsätze, das Verhältnis zur Wirklichkeit auszudrücken:

1. Der 'indefinite Fall' (unbestimmte Fall), der oft nicht ganz richtig 'Realis' genannt wird: Das Verhältnis zur Wirklichkeit wird offen gelassen: 'Falls das eine der Fall ist, dann auch das andere', solche Sätze haben wir bisher schon häufig übersetzt, z.B. S. 81, 106, 128. Sie stehen im Indikativ.

2. Der 'irreale Fall' (Irrealis): Die Bedingung wird als nichtwirklich hingestellt; es folgt (wie im Deutschen) der Konjunktiv. Ein Sprichwort, gebildet nach einem Wort des Staatsmannes und Philosophen Boëthius († 524):

Sī tacuisses, philosophus mānsisses.

Wenn du geschwiegen hättest (erg.: du hast aber nicht!), wärest du ein Philosoph geblieben.

Für den Irrealis der Vergangenheit steht also der Konj. Plusquamperfekt; für den Irrealis der Gegenwart steht der Konj. Imperfekt.

3. Der 'potentiale Fall' (Potentialis): Die Bedingung wird als möglich (potentiell) hingestellt. Für den (fast allein vorkommenden) Pot. der Gegenwart steht der Konj. Präsens oder Perfekt. Im Deutschen wird das

potentielle Verhältnis meist durch 'wohl, etwa' oder durch die Form des Irrealis oder durch Umschreibung mit 'könnte, sollte, dürfte (wohl)' ausgedrückt. *sī hoc crēdās (crēdideris), errēs* wenn du dies glauben solltest, dürftest du irren.

Zuweilen steht im Wenn-Satz der Konjunktiv Präsens als Potentialis, im Hauptsatz der Indikativ Futur ('wenn dies geschehen sollte, wird...'). So bei dem Wahlspruch der Unerschrockenheit aus Horaz (*carm.* III 3,7 f.):

Sī frā́ctus inlābā́tur órbis,
Ímpavidúm ferient ruī́nae.

Wenn geborsten die Erde einstürzt,
Einen Unerschrockenen werden die Trümmer erschlagen

frāctus von *frangere frangō frēgī frāctum* brechen, zerbrechen. — *inlābī inlābor inlāpsus sum* (Dep.) hineingleiten (*lābī* gleiten), einstürzen. — *orbis, -is* Kreis; *orbis* (*terrārūm*) Erdkreis, Erde. — *impavidus* unerschrocken, furchtlos. — *ferīre* (nur Präs. und Fut.) schlagen, erschlagen. — *ruīna, -ae* Fall ('Ruin'), meist Plur. Trümmer ('Ruinen').

Zu 2. Sollte eine irreale Periode in einer Konstruktion stehen, die selbst schon den Konjunktiv fordert, so bleibt der wenn-Satz unverändert, im Hauptsatz (Folgerungssatz) jedoch steht statt des Konj. Plusqu. Akt. die Form auf *-ūrus fuerim* (*nōn dubitō, quīn errātūrus fuerit, sī hoc dīxisset*). Der Irrealis der Gegenwart dagegen (also der Konj. Imperf.) wird nicht verändert.

Hängt die irreale Periode von einem Verbum ab, das den A.c.I. fordert, so bleibt der wenn-Satz ebenfalls unverändert, im Hauptsatz (Folgerungssatz) erscheint für die Gegenwart und für die Vergangenheit die Form auf *-ūrum fuisse* (*putō, sī hoc dīceret* (*dīxisset*), *eum errātūrum fuisse*).

Das Partizip an Stelle eines Nebensatzes

Daß das Partizip auch durch einen Nebensatz übersetzt werden kann und daß es meist sogar besser ist, im Deutschen einen Nebensatz zu bilden, weil das Deutsche Partizipia nicht besonders liebt, stellten wir schon fest, als wir das lateinische Partizip zum ersten mal kennen lernten. *magister laudāns* der lobende Lehrer, besser: der Lehrer, der lobt; auch durch 'obwohl, weil, da' usw., also praktisch durch jede Art eines Nebensatzes kann ein lateinisches Partizip wiedergegeben werden. Das wäre ja alles recht einfach und man könnte sagen, wozu viele Worte, wenn es nicht eine Eigenart gäbe, die wir in den modernen Sprachen nicht kennen (die aber z.B. das Griechische ebenso hat), nämlich das

participium absolūtum

oder, da dieses hierbei im Ablativ steht, den *ablātīvus absolūtus*. Der Ablativ scheint — im Gegensatz zum *participium coniūnctum* s. S. 112ff. — vom Satzgefüge gelöst (*absolvere absolvō absolvī absolūtum*) zu sein.

Der *ablātīvus absolūtus* besteht aus einem Nomen (Subst., Adj. oder Pronomen) und einem Partizip. Das Partizip Präsens dient zur Bezeichnung der Gleichzeitigkeit, das Partizip Perfekt der Vorzeitigkeit. Dabei ist natürlich, wie bei den Partizipia überhaupt, zu beachten, daß das Part. Präs. von allen Verben aktivisch, das des Perfekts von den verba activa passivisch, jedoch von den Deponentia aktivisch ist.

Den Gebrauch zeigen am besten wohl folgende Beispiele:

Rēgibus rēgnantibus templum Capitōlīnum conditum est.
Als die Könige regierten (unter der Regierung der K.), wurde der Kapitolinische Tempel erbaut.

Rēgibus expulsīs duo cōnsules creātī sunt.
Nachdem die Könige vertrieben waren (nach Vertreibung der K.), wurden zwei Konsuln gewählt.

Rōmānīs Carthagine potītīs pāx restitūta vidēbātur.
Nachdem die Römer sich Karthagos bemächtigt hatten, schien der Friede wiederhergestellt zu sein.

potīrī potior potītus sum sich bemächtigen, Deponens (der i-Konjugation); folglich heißt *potītus* sich bemächtigt habend. — Die Sache, deren man sich bemächtigt, steht im Ablativ, außer *rērum potīrī* sich der Herrschaft ('der Dinge') bemächtigen.

Vielleicht ist Ihnen aufgefallen, daß der *abl. abs.* sich in den Beispielen nie auf ein Nomen des übergeordneten

Satzes bezieht. Sonst müßte nämlich ein *participium coniūnctum* stehen, z.B. *Rēgēs rēgnantes templum condidērunt* die regierenden Könige erbauten den Tempel = Als die K. regierten, erbauten sie den T.

Der *abl. abs.* muß also im Deutschen durch einen Nebensatz oder einen substantivischen Ausdruck ('als regierten' = 'unter der Regierung') wiedergegeben werden: Im deutschen Nebensatz wird dann das Partizip zum Prädikat, das Nomen zum Subjekt. Für die Übersetzung kommen dieselben Möglichkeiten in Betracht, wie bei der Übersetzung des *participium coniūnctum* (temporal, kausal, konzessiv usw.). Praktisch wird man zunächst einmal die temporale Übersetzung versuchen (während, als), dann erst die genauere Bestimmung feststellen. So könnte man das obige Beispiel auch wiedergeben durch: 'Weil, da die Römer sich K. bemächtigt hatten ...'

Statt eines Partizips kann in einigen wenigen Fällen auch ein Substantiv bezw. Adjektiv stehen:

(*Cicerōne*) *cōnsule* unter dem Konsulat (Ciceros).

Messālā et Pīsōne cōnsulibus unter dem Konsulat des Messala und des Piso (mit *et*, da von beiden Männern nur je ein Name genannt wird!).

M(*ārcō*) *Messālā M*(*ārcō*) *Pīsōne cōnsulibus* unter dem Konsulat des M. Messala und des M. Piso (ohne *et*, da nicht nur ein Name, sondern die Vornamen — auch wenn abgekürzt — dabei stehen; die amtliche Jahresbestimmung erfolgt nach den beiden Konsuln, und zwar mit vollem Namen, ohne *et*).

Als C. Iulius Caesar in seinem Amtsjahr seinen Kollegen so an die Wand drückte, daß der nichts zu melden hatte, spotteten die Römer:

Iuliō et Caesare cōnsulibus

'unter dem Konsulat des Iulius und des Caesar'

(*Caesare*) *auctōre* auf Veranlassung (Caesars). (*Hannibale*) *duce* unter der Führung (Hannibals). (*Tarquiniō*) *rēge*

(= *rēgnante*) unter der (Königs-)Herrschaft (des Tarquinius). (*Augustō*) *vīvō* zu Lebzeiten (des Augustus). *marī tranquillō* bei ruhiger See. *caelō serēnō* bei heiterem Himmel. *mē* (Abl.) *invītō* gegen meinen Willen.

Sehr gut ist bei *invītus* bzw. *invītō* der Unterschied zwischen *part. coni.* und *abl. abs.* zu erkennen: *invītus retentus sum* gegen meinen Willen wurde ich zurückgehalten (als Unwilliger wurde ich z.); *mē invītō eum retinuērunt* gegen meinen Willen hielten sie ihn zurück.

Mūtātō nōmine dē tē fābula nārrātur (Horaz, *sat.* I 1,69f.) Obwohl der Name geändert ist, wird die Geschichte von dir (über dich) erzählt (= meint die G. dich)

Hier kommt nur das konzessive Verhältnis, 'obwohl', in Frage: Wie beim *part. coni.* muß auch beim *abl. abs.* der Zusammenhang die richtige Übersetzung ergeben.

Orgetorīx M. Messālā M. Pīsōne cōnsulibus rēgnī cupiditāte inductus coniūrātiōnem nōbilitātis fēcit et cīvitātī persuāsit, ut dē fīnibus suīs cum omnibus cōpiīs exīrent. (Caes. *bell. Gall.* I 2,1) Orgetorix zettelte unter dem Konsulat des Marcus Messala und des Marcus Piso aus Herrschsucht eine Verschwörung des Adels an und überredete die Bürgerschaft (die Bürger), daß sie mit aller Habe aus ihrem Gebiet auswanderte (überredete..., auszuwandern)

indūcere hineinführen, veranlassen; 'veranlaßt durch die Begierde nach (der: Gen.!) Herrschaft'. — *coniūrātiōnem facere* eine Verschwörung machen, anzetteln. — *nōbilitās, -tātis* der Adel, die Vornehmen (*nōbilis, -e* adelig, vornehm). — *exīre ex* oder *dē* herausgehen, auswandern. — *fīnes* eigentl. die Grenzen (*fīnis*!), dann auch das von den Grenzen umschlossene Land = das Gebiet. — *cōpiae, -ārum* meist in der Bedeutung: Truppen, Heer (*plurale tantum!*); jedoch als Plural zu *cōpia* Vorrat, Menge: Habe, Überfluß u. ä. — *persuādēre* (mit Dat.!) überreden, daß etwas geschehen solle (Wunsch): *ut*; dagegen in der Bedeutung, überzeugen, daß etwas ist (Tatsache) mit A.c.I.

Fragesätze

Die sog. Wortfragen werden im Lateinischen wie im Deutschen durch ein Fragepronomen eingeleitet (z.B. wer? s. S. 78 ff.).

Die Satzfragen dagegen erkennt man im Deutschen nur an der Wortstellung, am Ton (und am Fragezeichen), im Lateinischen jedoch tritt eine Partikel an den Satzanfang:

-ne ist die allgemeine Partikel; sie wird an das betonte, an den Anfang gesetzte Wort des Satzes angehängt. Steht in dem Satz ein *nōn*, tritt die Partikel immer an dieses (*nonne*):

idne īrāsciminī? ärgert euch das? zürnt ihr darüber?

num wird gesetzt, wenn eine verneinende Antwort erwartet wird (im Deutschen meist durch 'etwa' übersetzt):

num id crēdis? glaubst du das etwa?

Die Doppelfrage wird durch *utrum* — *an* 'ob – oder' eingeleitet (s. S. 138); manchmal findet sich für *utrum* das allgemeine *-ne* oder es fehlt ganz (*an* aber steht immer).

Aus der Kasuslehre

Bei dem S. 151 zitierten Satz aus Caesar mußte angegeben werden, daß *persuadēre* mit Dativ verbunden wird; weiter oben wurde gesagt, *potīrī* werde mit Ablativ, aber bei *rērum potīrī* mit Genitiv verbunden. Offenbar liegen im Lateinischen bei einigen Verben andere Auffassungen bzw. andere Ursprungsbedeutungen zugrunde. Wir können uns eine ausführliche Behandlung der Kasuslehre sparen, wenn wir bei allen Verben, die nicht mit den gleichen Kasus verbunden werden wie die entsprechenden deutschen Verben, gleich die lateinische Verbindung dazu lernen. In der Praxis kann man das Lernen der Verba und das Lernen der Kasuslehre kaum trennen: Man müßte sonst nachträglich nochmal alle Verba herausnehmen, die im Lateinischen anders konstruiert werden. Hier wurde daher vorgezogen, bei der Liste der Verba (S. 308ff.) gleich die entsprechende Konstruktion mit anzuführen: Für das Nachsehen sind dann erst recht zwei Fliegen mit einer Klappe geschlagen!

An dieser Stelle soll daher nur kurz behandelt werden, was nicht zusammen mit den Verben angegeben werden kann.

Akkusativ

Doppelter Akkusativ steht abweichend vom Deutschen bei den Verben des Bittens vor allem, wenn das Sach-Objekt Neutrum eines Pronomens ist: *hoc tē rogō* ich bitte dich darum.

Doppelter Akkusativ steht auch bei allen Verben, die bedeuten, jemanden etwas (od. jemanden) nennen, für etwas halten, zu etwas machen, zu etwas wählen (*Cicerōnem cōnsulem creāre* Cicero zum Konsul wählen). Passivisch tritt dafür natürlich doppelter Nominativ ein (*Cicerō cōnsul creātur*).

Zwar steht zur Bezeichnung eines Zieles im allgemeinen eine Präposition (*in urbem* in die Stadt, *ad rīpam* zum Ufer), doch bei den Namen von Ortschaften und kleinen Inseln (im allgemeinen solche, bei denen der Name der Insel gleich dem der Hauptstadt ist) steht auf die Frage 'wohin' der bloße Akkusativ: *Rōmam proficīscī* nach Rom reisen (aufbrechen) (aber: *in urbem!*). Außerdem steht der bloße Akkusativ bei *domum* nach Hause und *rūs* aufs Land.

S. auch unten beim Ablativ (S. 158) und den 'Ortsbestimmungen' (S. 160)!

Der Akkusativ hatte ursprünglich überhaupt die Kraft, bei jedem Wort auf die Frage 'wohin' Auskunft zu geben, in der Prosa wurde dies dann auf die angegebenen Fälle beschränkt; Dichter dagegen machen von der Freiheit Gebrauch, gelegentlich auch andere Substantiva ohne Präposition zu setzen.

Wie im Deutschen steht auf die Fragen 'wie lang? wie hoch? wie tief? wie breit?' der Akkusativ; ebenso auf die Frage 'wie lang? = wie lange Zeit?': bei diesem 'Akkusativ der Zeiterstreckung' entfällt im Lateinischen das im Deutschen oft gesetzte 'lang', z.B. *Trōia decem annōs oppūgnāta est* Troja wurde zehn Jahre lang belagert.

Dativ

Intransitive Verba (d.h. solche, die nicht mit einem Akkusativ-Objekt verbunden werden können) bilden wie im Deutschen kein persönliches Passiv ('ich gebe dir das Buch', aber nicht: 'du wirst gegeben das Buch', sondern unpersönlich: 'dir wird das Buch gegeben' oder 'es wird dir das B. g.'). Dies ist zu beachten, wenn Verba im Lateinischen intransitiv, im Deutschen aber transitiv sind: *persuādeō* ich überrede, aber nur *mihi persuādētur* ich werde überredet, 'mir wird die Überredung eingeflößt', *parcō* ich schone, aber *nēminī parcēbātur* keiner wurde geschont, 'keinem wurde Schonung gewährt'.

Der Dativ bezeichnet auf die Frage 'wofür, für wen?' die interessierte Person oder Sache: *non vītae sed scholae discimus* nicht für das Leben sondern für die Schule lernen wir, kritisiert der Philosoph Seneca.

Daß beim Gerundivum die handelnde Person im Dativ steht, haben wir bereits (S. 119) besprochen: *nōbis ōrandum est* wir müssen bitten; *mīlitibus pōns aedificandus est* die Soldaten müssen eine Brücke bauen ('den Soldaten ist eine Brücke zu bauen, eine zu bauende').

Bei *esse* bezeichnet der Dativ den Besitzer: *mihi est liber* 'mir ist ein Buch (zu eigen)' = 'ich habe ein Buch' (s. auch S. 155: Genitiv zur Angabe des Besitzers).

Der Dativ auf die Frage 'wozu?' steht bei den Verben *esse* gereichen, dienen, *dare* als etw. geben, *mittere* schicken, *venīre* kommen, *relinquere* zurücklassen; häufig sind die folgenden Verbindungen:

exemplō esse als Beispiel dienen (zum B. gereichen)
impedīmentō esse ein Hindernis bilden, hinderlich sein
honōrī esse Ehre eintragen
laudī esse Lob, Ruhm bringen
ūsuī esse zum Nutzen, nützlich sein

laudī dare zum Lob anrechnen
crīminī dare zum Vorwurf machen
donō dare zum Geschenk geben
praesidiō relinquere zum Schutz zurücklassen
auxiliō mittere (*venīre*) zu Hilfe schicken (kommen)

Genitiv

Bei den unpersönlichen Verben, die eine Empfindung ausdrücken, steht die Veranlassung im Genitiv, der Empfindende im Akkusativ ('mich reut des ...', 'mich ergreift Scham des ..., über ...'): *piget* (verdrießt), *pudet* (es ergreift Scham), *paenitet* (reut), *taedet* (ekelt), *miseret* (es ergreift Mitleid): *aliquem alicuius reī* (*misereat vōs pauperum* mögt ihr Mitleid mit den Armen haben).

Bei den Verben des gerichtlichen Verfahrens, *verba iūdiciālia*, wie *accūsāre*, *arguere*, *īnsimulāre* anklagen, *convincere*, *coarguere* überführen, *absolvere* freisprechen, *damnāre*, *condemnāre* verurteilen, *multāre* bestrafen, stehen Schuld oder Vergehen im Genitiv, die Strafe im Ablativ (z.B. *fūrtī accūsātus et pecūniā damnātus est* er ist wegen Diebstahls angeklagt und zu einer Geldstrafe verurteilt worden).

Jedoch heißt es: *capitis accūsāre* auf Leben und Tod anklagen; *capitis damnāre* zum Tode verurteilen (vgl. 'Kapitalverbrechen!').

Wie *domus patris est* heißt: 'das Haus gehört dem Vater (ist des V.)', so kann *patris est* (allein stehend) auch heißen: 'es ist Sache, Eigentümlichkeit, Pflicht des V.'; *cīvium est patriam tuērī* es ist Pflicht der Bürger, die Heimat zu schützen. (Ausnahme: *meum*, *tuum est* es ist meine, deine Pflicht!)

Der Genitiv des Wertes steht bei den Verben *esse* (wert sein), *habērī* (gehalten werden), *aestimāre*, *facere*, *putāre* (einschätzen, achten) bei den allgemeinen Wertangaben:

māgnī	*plūris*	*plūrimī*	viel mehr am meisten
parvī	*minōris*	*minimī*	wenig weniger am wenigsten
tantī	*quantī*		so viel wie viel
nihilī			nichts

(Genitiv und Ablativ bei den Verben des Kaufens s. S. 158.)

Nōn plūris sumus quam bullae (Petron 42)
Wir sind nicht mehr wert als Wasserblasen

bulla, -ae Wasserblase; Kapsel ('Bulle', wie 'Die Goldene Bulle', da derartige Schriftstücke in einer 'Kapsel' zu stecken pflegten).

interest es ist von Wichtigkeit, es kommt darauf an, es ist daran gelegen (eigentl. 'es macht einen Unterschied', vgl. 'Interesse') wird folgendermaßen konstruiert:

a) entweder mit Adverb (*māgnopere* sehr, *magis* mehr, *māximē* am meisten) oder Neutrum (*multum, plūs, plūrimum*)

b) oder mit einem Genitiv (des Wertes) (*māgnī, parvī*)

wem etwas daran gelegen ist, wird durch den Genitiv ausgedrückt (Ausnahme: *meā, tuā, nostrā, vestrā*).

woran etwas gelegen ist, wird entweder durch die Pronomina *id, hoc, illud, quid?* oder durch Infinitiv bzw. (bei verschiedenem Subjekt) A.c.I. ausgedrückt (*multum* oder *māgnī Hannibalis intererat Rōmānōs brevī dēvincere* Hannibal lag viel daran, die Römer in kurzer Zeit völlig zu besiegen).

Wenn ein Genitivattribut von einem Substantiv abhängt, das einen verbalen Vorgang ausdrückt, kann es entweder (wie im Deutschen) sog. *genitīvus subiectīvus* sein (*amor patris* die Liebe des Vaters) oder *gen. obiectīvus*: *amor patris* die Liebe zum Vater; *odium hominum* Menschenhaß; *spēs salūtis* Hoffnung auf Rettung; *metus mortis* Furcht vor dem Tode, Todesangst.

Der Genitiv der Eigenschaft (*g. quālitātis*) gibt — in Verbindung mit einem Adjektiv — die Beschaffenheit an: *vir māgnī ingeniī* ein Mann von großer Begabung. — Dafür kann jedoch auch der *ablatīvus quālitātis* stehen: *vir māgnō ingeniō.*

Ablativ

Zum *ablatīvus quālitātis* und zum Ablativ bei den *verba iūdiciālia* siehe eben beim Genitiv.

Wir haben bereits ganz zu Anfang festgestellt (S. 25), daß der Ablativ auch Kasus des 'Wegnehmens' und der 'Woher-Richtung' ist. Er kann daher bei den Verben und Adjektiven, die ein Trennen oder Getrenntsein, Berauben und Befreien bezeichnen, auch ohne Präposition erscheinen; bei der Trennung von Personen jedoch steht gewöhlich der Ablativ mit der Präposition *a(b)* (*līberāre perīculō* von der Gefahr befreien, aber *līberāre ā tyrannō* vom Tyrannen befreien; *carēre cibō* Nahrung entbehren, nicht haben).

Über den *ablatīvus comparātiōnis* sprachen wir bereits beim Komparativ (S. 66f.).

dīves adamante dūrior

der Reiche (ist) härter als Stahl (=hart wie Stahl)

adamās, -ntis Stahl. — *adamante dūrior* ist sicher ein alter Vergleich; doch dieses Sprichwort begegnet uns zuerst im 5. Jhdt. n. Chr. bei Petrus Chrysologus (*Sermo* 121).

Eine Unterabteilung des instrumentalen Ablativs ist der Ablativ bei den Ausdrücken des Anfüllens, Vollseins, und Versehens: *complēre aquā* mit Wasser füllen; *abundāre frūmentō* Überfluß an Getreide haben; *afficere beneficiō* mit einer Wohltat versehen, eine W. erweisen; *onustus praedā* mit Beute beladen. Außerdem *dīgnus* würdig und *indīgnus* unwürdig (z.B. *laude* des Lobes).

Der *ablatīvus īnstrūmentālis* steht im Lateinischen auf Grund anderer Auffassung: *equō vehī* auf einem Pferd reiten (*vehī* fahren, reiten); *viā Appiā proficīscī* auf der Via

Appia marschieren; *proeliō vincere* im Kampf siegen; *memoriā tenēre* im Gedächtnis behalten.

Die Verben (alle sind Deponentia!) *ūtī* gebrauchen, *abūtī* mißbrauchen, *fruī* genießen, *fungī* verwalten (*mūnere* ein Amt), *vēscī* sich nähren, essen, *potīrī* sich bemächtigen (außer *rērum* s. oben!), sowie der Ausdruck *opus est* es ist nötig, man braucht, werden mit dem Ablativ verbunden (bei *opus est* ist außerdem zu merken: wer etwas braucht steht im Dativ; also: *mihi opus est aquā* ich brauche Wasser, 'mir ist mit W. geholfen').

Bei den Verben des Kaufens und Verkaufens (*emere* kaufen, *vendere* verkaufen, *vēnīre* verkauft werden, *stāre, cōnstāre* kosten, *aestimāre* einschätzen, *condūcere* mieten, *locāre* vermieten) wird der Preis mit dem Ablativ bezeichnet (*māgnō stāre* teuer sein; *centum sēstertiīs emere* um hundert Sesterzen kaufen), nur die folgenden allgemeinen Wertbezeichnungen *tantī, tantīdem, quantī, plūris* und *minōris* stehen im Genitiv (Genitiv bei *esse* wert sein usw. s. S. 155f.).

Auf die Frage 'wann?' steht der bloße Ablativ, *ablatīvus temporis*, bei eigentlichen Zeitbegriffen (*vēre* im Frühling, *mēnse Iūliō* im Monat Juli, *annō post Chr. nātum nōnō* im Jahre 9 [im Lat. Ordnungszahl!] nach Chr.; *Trōia decimō annō expūgnāta est* Troja wurde im zehnten Jahre erobert; auch bei 'innerhalb': *septem diēbus* innerhalb von 7 Tagen). Bei uneigentlichen, d.h. allgemeinen Zeitbegriffen steht der bloße Ablativ nur, wenn sie ein Attribut bei sich haben (*in bellō* in Kriegszeiten, aber *bellō Helvēticō* im Helvetischen Krieg, *bellō Gallōrum* im gallischen Krieg).

Auf die Frage 'woher?': Der Ablativ als Kasus der Woher-Richtung hat, genau wie der Akkusativ als Kasus der Wohin-Richtung, seine ursprüngliche Kraft zum großen Teil eingebüßt. Ebenso wie dieser (S. 153) steht er ohne Präposition nur bei den Namen von Ortschaften und kleinen Inseln: *Rōmā proficīscī* von Rom aufbrechen (aber *ex urbe!*); dazu *domō* von Hause, *rūre* vom Lande.

Auch beim Ablativ haben die Dichter die Freiheit, zuweilen bei anderen Wörtern auf die Frage 'woher?' und sogar auf die Frage ‚wo?' den Ablativ ohne Präposition zu verwenden (vgl. S. 153).

Übrigens erscheint auch bei Angabe der Abstammung der bloße Ablativ, nämlich bei *nātus* und *ortus* 'abstammend, geboren, herkommend': *nōbilī genere nātus* aus vornehmem Geschlecht, adeligem Hause stammend; *humilī locō nātus* von niedriger Abkunft. Bei Angabe der Eltern jedoch darf *ex* stehen: (*ex*) *Iove nātus* von Juppiter abstammend, ein Sohn Juppiters.

Lokativ

Der Lokativ auf die Frage 'wo?' ist bekanntlich im Lateinischen verschwunden (s. S. 28). Wiederum, wie beim Akkusativ und Ablativ, ist der ursprüngliche Gebrauch nur noch bei Ortsnamen und kleinen Inseln zu erkennen; ebenso: *domī* zu Hause, *rūrī* auf dem Lande, dazu *humī* auf dem Boden (vgl. S. 160). In den Lokativ teilen sich der Form nach zwei Kasus, der Ablativ und der Genitiv: Auf die Frage 'wo?' stehen von den Namen der Ortschaften und kleinen Inseln

im Ablativ diejenigen, die nach der 3. Deklination gehen und die Pluralia der a- und o-Deklination (*Salamis*: *Salamīne* in Salamis, *Athēnae*: *Athēnīs* in Athen, *Delphī*: *Delphīs* in Delphi)

im Genitiv die Singularia der a- und o-Deklination (*Rōma: Rōmae* in Rom, *Corinthus*: *Corinthī* in Korinth, *Tarentum*: *Tarentī* in Tarent).

Weiterhin stehen im bloßen Ablativ die Verbindungen mit *tōtus* und meist auch die mit *locus* (*tōtā urbe* in der ganzen Stadt; *omnibus locīs* an allen Stellen).

Die alte Verbindung *terrā marīque* zu Wasser und zu Lande (auf dem Lande und zur See) hat ebenfalls den alten, mit dem Ablativ zusammengefallenen Lokativ.

Zusammenfassung der Ortsbestimmungen

a) bei den Namen der Ortschaften und kleinen Inseln:

Auf die Frage 'wohin?':	Akkusativ	
Auf die Frage 'woher?':	Ablativ	
Auf die Frage 'wo?':	Ablativ,	sofern sie nach der 3. Dekl. gehen oder Pluralia der a- oder o-Deklination sind,
	Genitiv,	sofern sie Singularia der a- oder o-Deklination sind.

Jedoch mit Apposition *urbs*, *oppidum* u. ä.: *in urbe Rōmā*, *ex īnsula Lesbō* von der Insel Lesbus.

b) bei *domus* und *rūs*:

domum	nach Hause	*domō*	von Hause (von daheim)	*domī*	zu Hause (daheim)
rūs	aufs Land	*rūre*	vom Lande	*rūrī*	auf dem Lande

c) Bei allen übrigen geographischen Bezeichnungen, einschließlich der Namen von Ländern und großen Inseln, werden die entsprechenden Präpositionen verwendet:

in Graeciam	nach Griechenland	*in Siciliam*	nach Sizilien
ex Graeciā	aus Griechenland	*ex Siciliā*	aus Sizilien
in Graeciā	in Griechenland	*in Siciliā*	in Sizilien

Aus der römischen Literatur

Die Geburt der römischen Literatur, sofern man darunter bewußte, künstlerische Gestaltung verstehen will, erfolgte zwischen dem 1. und 2. Punischen Krieg, um die Mitte des 3. Jahrhunderts; sie läßt sich fast aufs Jahr genau datieren: Im Jahre 240 wurden unter staatlicher Schirmherrschaft an den *ludi Romani* (römischen Nationalfesttagen) als Bestandteil der Kultfeier eine Tragödie und eine Komödie aufgeführt, beides bearbeitete Übersetzungen griechischer Werke durch den aus Tarent stammenden Griechen L. Livius Andronícus. Vorher gab es nur Aufführungen wandernder Schauspieltruppen, mehr possenhafter Art.

Livius Andronicus war in jungen Jahren als Kriegsgefangener nach Rom gekommen. Wie üblich, lebte er hier als Sklave, durfte aber die Kinder seines Herrn unterrichten. Wegen seiner Begabung und zum Dank für seine Verdienste wurde er freigelassen und erhielt dadurch nach römischer Sitte zu seinem Namen Ἀνδρόνικος den Gentilnamen seines Herrn Livius. (Sklaven wurden oft auch nach ihrer Herkunft genannt, wie z.B. *Afer*, d. i. Afrikaner; daher heißt der bekannte Komödiendichter nach seiner Freilassung P. Terentius Afer. Auch Sklavinnen erhielten oft nach ihrer Heimat einen römischen Namen: *Lydia* Lyderin, *Delia* Mädchen aus Delos). Um dem Mangel an lateinischen Schulbüchern abzuhelfen — nur griechische gab es genug —, hatte er sich bereits daran gemacht, die Odyssee Homers ins Lateinische zu übertragen. Als Versmaß wählte er nicht etwa den Hexameter; der bekam erst durch Ennius Heimatrecht in Rom. Vielmehr benützte er den sog. 'Saturnier', einen altitalischen Vers, an dem man noch das Gewicht und die Schwerfälligkeit bodenständigen

Bauerntums zu fühlen meint. Dabei ist es gar nicht so wichtig, ob der Vers auf italischem Boden entstand oder letzten Endes doch Lehngut aus dem Griechischen ist: Aneignend übernommen wird nur das dem eigenen Wesen Gemäße, und der Vers in dieser besonderen Formgebung existiert eben doch nur im italischen, nicht im griechischen Bereich.

Virúm mihí, Caména, insecé versútum.

Den Mann nenne mir, Camene, den vielgewandten.

Das ist die Übersetzung des Anfangs des ersten Verses der griechischen Odyssee. Ἄνδρα μοι ἔννεπε, Μοῦσα, πολύτροπον. — *īnsece* Imperativ zu dem nur im ältesten Latein vorkommenden Verbum *īnsecere* sagen, nennen. — *versūtus, -a, -um* gewandt, listig (von *vertere* wenden). — *Camēna*: ursprünglich Name von Quellnymphen mit der Gabe der Weissagung und des Gesangs; mit den griechischen Musen identifiziert.

So beginnt die römische Literatur mit dem verstärkten Eindringen der älteren und damals viel höher stehenden Kultur Griechenlands. Vorher scheint es nicht viel anderes gegeben zu haben als Kultlieder, Sprüche, Totenklage- und Ahnenlieder sowie amtliche Aufzeichnungen für Kalender und Chronik. Zu den amtlichen Prosatexten gehören auch veröffentlichte Staatsverträge und Verordnungen und besonders das erste große Gesetzeswerk der Römer, die sog. ‘Zwölf Tafeln’ (*XII Tabulae*) aus der Mitte des 5. Jahrhunderts (nach der Tradition wurden sie in den Jahren 451/50 verfaßt). Aufgestellt waren die Erztafeln auf dem Forum, die Originale gingen jedoch bei der Eroberung durch die Gallier 387/6 zugrunde. Diese Gesetze blieben bis zu den großen *Codices* der Kaiserzeit in Gültigkeit, wurden aber ergänzt und präzisiert durch die Edikte der für die Jurisdiktion zuständigen Prätoren. Cicero berichtet, daß man in der Schule die XII Tafeln auswendig lernte. Größere Stücke des Textes sind uns aus Zitaten der Schriftsteller bekannt.

Die in Livius Andronicus Gestalt gewordene Begegnung mit der griechischen Kultur war keineswegs die erste, aber sie kam zu einer Zeit, als Rom besonders aufnahmefähig war. Zwar waren die Handelsbeziehungen Roms zur Mittelmeerwelt längst nicht mehr unbedeutend, aber erst durch den Krieg mit König Pyrrhos, einem Neffen Alexanders des Großen, der den bedrängten Tarentinern zu Hilfe gekommen war, setzten sich die Römer in Besitz ganz Unteritaliens mit seinen griechischen Kolonien (*Magna Graecia* s. S. 8). Im Verlaufe des über 20 Jahre dauernden Ersten Punischen Krieges (264—241), der zum Teil zur See (dabei hatten die Römer, typische Landsoldaten, Enterbrücken verwendet), zum Teil in Sizilien ausgefochten wurde, waren immer mehr Römer mit der griechischen Kultur in Berührung gekommen, und schließlich wurde Sizilien die erste römische Provinz.

Im Vergleich zu der nun zur vollen Wirkung kommenden Beziehung zur griechischen Kultur wirkte alles Vorhergehende wie eine Vorbereitung. (Die Übernahme des griechischen Alphabets, die man als entscheidendes Eindringen von Griechischem werten könnte und durch die alles andere überhaupt erst möglich wurde, war durch etruskische Vermittlung erfolgt; s. S. 14.) Auch die beiden Werke des Appius Claudius Caecus, die mindestens noch zur Zeit Ciceros, der sie erwähnt, erhalten waren: Die berühmte Rede, die er im Jahre 280 im Senat gegen das Friedensangebot des Königs Pyrrhos hielt, und eine Spruchsammlung im saturnischen Versmaß. Einer der Sinnsprüche ist zitiert in einer der beiden *Epistulae ad Caesarem*, die unter Sallusts Namen überliefert sind (I 1, 2):

In carminibus Appius ait fabrum esse suae quemque fortunae.

In den 'carmina' sagt Appius, jeder sei seines Glückes Schmied.

carmen, -inis (n.) Spruch, (Gebets-, Zauber-)Formel, Lied, Gesang, Gedicht. — *faber, -brī* Handwerker, Schmied. — *fortūna, -ae* Schicksal, Glück. — *quemque* s. S. 83. — *quemque f. esse* A.c.I.

Berühmter war Appius Claudius durch die Anlage der großen Straße, der *Via Appia*, von Rom nach *Capua*, die später über *Beneventum* nach *Brundisium* (jetzt Brindisi) verlängert wurde, und durch die Errichtung der ersten Wasserleitung, der *Aqua Appia*.

Livius Andronicus hatte in seiner Odyssee-Übersetzung den alten Saturnier für das Epos eingeführt, und so dauerte es nicht lange, bis der Saturnier auch für ein national römisches Epos verwendet wurde: Cn. Naevius, in Kampanien geboren, dichtete ein Epos über den Ersten Punischen Krieg, in dem er selbst mitgekämpft hatte. Von diesem Epos und den Dramen des Naevius sind nur einzelne Verse erhalten. Aber daß er in seinen Komödien die Aristokraten angriff und daß er — nachdem er eingekerkert worden war — es vorzog, im Jahre 204 die Stadt zu verlassen, wissen wir. Naevius hatte den Versuch gemacht, auch die dramatische Dichtung mit römischem Stoff zu erfüllen. Doch dazu waren die Römer offenbar weder aufnahmefähig noch bereit; die Erfahrungen des Naevius waren bitter genug!

Als sich Aulus Gellius um das Jahr 175 nach Christus Exzerpte machte und in seine Sammlung nach Art der 'Gebildeten' aller Zeiten alles mögliche hineinstopfte, hat er auch die Grabschrift des Naevius notiert (I 24, 2), die dieser selbst verfaßt haben soll (was von nicht geringem Selbstbewußtsein Zeugnis gäbe):

Immórtalís mortális sí forét fas flére,
flerént divaé Caménae Naévium poétam.
ítaque póstquam est Órci tráditús thesaúro,
oblíti súnt Romái loquiér linguá Latína.

Eine wohl unbeabsichtigte Hintergründigkeit waltet in diesen Versen: Die Camenen bedienen sich in Rom zwar weiterhin der lateinischen Sprache, aber Inhalt und Form werden gräzisiert: Die Komödien des Plautus und Terenz sind Nachdichtungen griechischer Originale, Ennius führt den Hexameter ein, griechische Form und griechischer Geist ziehen mehr denn je in die Literatur ein.

Daß eines Tages der römische Geist sich gerade auf der griechischen Grundlage zu unerhörten Höhen aufschwingen werde, das war damals noch nicht einmal zu ahnen.

Beachtenswert die Allitterationen, durch die sich gerade die alte Dichtung auszeichnet. Diese erscheinen nicht in fester Folge wie in der altgermanischen Dichtung, sind also nicht versbildend, sondern sie sind ausschließlich Schmuck, doch ein Schmuck, der dem Vers eine bekräftigende Feierlichkeit verleiht.

Die Verse sind, wie zu erwarten, Saturnier.

Camēnae: s. bei Livius Andronicus. — *immortalis* und *mortalis* sind Akkusative, da ja die i-Stämme noch die Endung *-is* haben: s. S. 60, also: *si fas foret* (oft, wie hier, etwa so viel wie *esset*), *immortalis mortalis flere* ‘daß Unsterbliche Sterbliche beweinen’. — *Orcus* ist die römische Bezeichnung für die Unterwelt. — *thesaurus* (griech. Fremdwort) Schatz, Schatzkammer. Der Dichter könnte an die — ob richtige, ist fraglich — Etymologie *Orcus-arcere* (verschließen) gedacht haben: Der *Orcus* ist verschlossen wie ein *thesaurus*. — *Romai* die alte Lokativform; wir kennen sie bereits in der späteren Form *Romae* (S. 159): Tatsächlich steht sogar *Romae* in den Handschriften, aber aus historischen Gründen nimmt man die Form *Romai* an. — *loqu-ier* altertümlich, = *loqu-i*. — *lingua Latina* ist natürlich Ablativ; *loquier l. L.* ‘lateinisch reden’.

Das rein römische Theater ist nie so recht aufgeblüht, dagegen konnte die Komödie griechischen Stils und Inhalts schon bald ihre großen Triumphe feiern, in T. Maccius Plautus und P. Terentius Afer.

Auch Plautus ist, wie die meisten lateinischen Dichter, kein Stadtrömer, wurde aber aus seiner Heimatstadt *Sarsina* (in Umbrien, heute eine Kleinstadt etwa 40 km west-südwestlich von Rimini, an der Staatsstraße 71) durch Rom angezogen, P. Terentius Afer dagegen kam nicht freiwillig nach Rom. Er stammte aus Karthago. Punier allerdings war er kaum, sondern gehörte wohl zu einem libyschen Stamm. Als Sklave war er im Besitz des Senators Terentius Lucanus, der ihn jedoch später freiließ.

In Plautus und Terenz haben wir die beiden vorzüglichsten Vertreter der altlateinischen Komödie, ja des lateinischen Dramas überhaupt vor uns: Das Bühnenspiel hat sich in Rom nie mehr zu solcher Höhe entwickelt. Doch gibt es charakteristische Unterschiede zwischen beiden. Plautus ist der derbere, natürlichere, Terenz dagegen vermeidet eine Komik, die nur auf Derbsinnlichem beruht, er ist feiner, eleganter; auch fand er Zugang zu den vornehmsten Familien und war befreundet mit dem hochgebildeten P. Cornelius Scipio Africanus minor, dem Sieger über Karthago und Numantia, und mit dem Feldherrn, Redner und Philosophen C. Laelius.

Eine Vorstellung von der altrömischen Komödie zu vermitteln, ist nicht leicht. Ein Drama lebt zu sehr von Inhalt, Aufbau und Szenenführung, als daß ein Stück daraus einen Begriff geben könnte. Dazu kommen beim altrömischen Drama die Schwierigkeiten der altertümlichen Sprache und des Verses. Hier sollen wenigstens einige Verse aus der plautinischen Komödie *Amphitruo* stehen, deren Inhalt in großen Zügen zumindest aus Molière, Kleist und Giraudoux bekannt sein dürfte.

Merkur in der Gestalt des Sklaven Sosia hat diesen so verwirrt, daß der richtige Sosia nicht mehr weiß, ob er oder der andere Sosia ist, oder gar beide. Da trifft er auf seinen Herrn Amphitruo (Vers 603—615):

Sosia. *Prius múlto ante aedis stábam, quam illo advéneram.*
Amphitruo. *Quás, malum, nugás? satin tu sánus es?* So. *Sic sum út vidés.*
Am. *Huíc homini nescíoquid est malí malā obiectúm manu,*
póstquam a me abiit. — So. *Fáteor, nam sum obtúsus pugnis péssume.*
Am.: *Quís te verberávit?* — So. *Egomet mémet, qui nunc súm domi.*
Am. *Cáve quicquam, nisi quód rogabo té, mihi respónderis!*
omnium primum íste qui sit Sósia, hoc dicí volo.

So. *Túos est servos.* — Am. *Míhi quidem uno té plus etiam est quám volo,*
néque, postquam sum nátus, habui nísi te servom Sósiam.
So. *At ego nunc, Amphítruo, dico: Sósiam servóm tuom*
praéter me alterum, inquam, adveniens fáciam ut offendás domi,
Dávo prognatúm patre eodem, quo égo sum, formā, aetáte item
quā égo sum. quid opus est vérbis? geminus Sósia hic factús est tibi.

603 *multō prius . . . quam* viel früher, als. — *aedēs, -is* Sing.: Tempel, Plur.: das Haus; da *aedēs* zu den sog. 'gleichsilbigen auf *-is* und *-es*' gehört, ist es i-Stamm (S. 48), die i-Stämme haben aber bis gegen Ende der Republik im Akk. Plur. häufiger die Endung *-īs*, nicht *-ēs* (S. 50); *ante* (Präp. mit Akk.) *aedis* heißt also 'vor dem Hause'. — *illō* (adv.) dorthin (auch *illūc, istūc, eō* dorthin; *illīc, istīc, ibĭ* dort; *illinc, istinc, inde* von dort her). — **604** *nūgae, -ārum* Possen, dummes Zeug; *quas nugas* (erg.: sagst du mir) was für dummes Zeug. — *malum* substantiviertes Neutrum zu *malus, -a, -um* Übel; als Ausruf ist *malum* umgangssprachliche Verwünschung; übersetzt wird es meist mit 'zum Henker' oder 'zum Teufel' (da es in der antiken Religion aber keinen Teufel gab, ist diese Übersetzung irreführend; der griech.-lat. Name für Teufel ist διάβολος *diabolus*, was eigentlich 'Verleumder' heißt); am nächsten käme man dem *malum* mit der Umschreibung 'die Pest an den Hals wünschen', genau übersetzbar aber ist das Wort nicht. — *satin* (oder *satine*) zusammengezogen aus *satis* 'genug, genügend, recht' und der Fragepartikel (S. 152) *-ne*; also *satin tu sanus es* 'bist du recht bei Trost?' — *sānus, -a, -um* häufig von geistiger Gesundheit. — *sic . . . ut* so . . . wie (mit Indik.!). — **605** *nesciōquid* aus *nesciō* ich weiß nicht und *quid* was 'ich weiß nicht was', umgangssprachlich stärker als 'irgendein': ähnlich wie im Deutschen. *nesciōquid malī* (Gen., wie *nihil novī*, nichts Neues u. dgl.) 'ich weiß nicht was für Schlimmes' = 'irgend etwas Schlimmes'. — *malā manū* mit schlechter, übler, übelwollender Hand. — *ob-iciō -iēcī -iectum* entgegenwerfen, antun. — **606** *ob-tundō -tŭdī -tūsum* (durch Schlagen) stumpf machen, abstumpfen, belästigen (*tundō tutudī tūsum* od. *tūnsum* schlagen). — *pūgnus, -ī* Faust (*pūgna, -ae* Kampf). — *pessumē* Adv. Superl. zu *malus*; das Suffix *-umus* (bzw. *-issumus*) ist älter als *-imus* (*-issimus*) und wird von Plautus noch durchwegs verwendet. — **607** *verberā-re* schlagen (*verbera, -um* Schläge). — Die Silbe *met* wird an Pronomina zur Verstärkung angehängt: *ego-met* ich selber, ebenso an das *mē*: *me-met*; 'ich selber mich selber'. — Sosia ist so durcheinander, daß er glaubt, der andere Sosia (in Wirklichkeit ja Merkur) ist auch er selbst; also hat er sich selber verprügelt, aber der von den beiden 'ich selber' war's der, der jetzt zu Hause ist: *qui nunc sum domi* (während der andere 'ich selber' mit Amphitruo spricht). — **608** *cave (ne) quicquam responderis* hüte dich, etwas zu antworten, antworte ja nichts; Konj. Perf.; doch wäre auch Konj. Präs. möglich. — *nisi quod rogabo* 'wenn nicht (etwas), was ich frage(n werde)' = außer, was ich frage (*nisi* nach Verneinung 'außer' s. S. 136). — **609** *primum omnium volo hoc dici, qui iste Sosia sit* zu allererst will ich, daß (A.c.I.) dies gesagt wird (= du sagst), wer der Sosia da (*iste*) ist (Konj., da von Infin. abhängig: s. S. 141); Amphitruo will also wissen, wen Sosia mit dem anderen Sosia meint, von dem er immer redet und der ihn verprügelt hat. — **610** *tuos servos* ist Nominativ: die alte Endung *-os* hat sich nach *u* und *v* lange gegen *-us* gehalten; s. S. 30. — *quidem* bekräftigend, wie hier ('gewiß, ganz bestimmt') oder auch einräumend ('wenigstens'); 'mir jedenfalls ist an dir einzigem noch mehr als ich will' = du allein bist mir schon zuviel. — *mihi est* 'mir ist' = ich habe s. S. 154). — **611** 'und nicht habe ich, seitdem (eigentl. nachdem) ich geboren bin, einen Sklaven Sosia außer dir (eigentl. wenn nicht dich: *nisi* nach Verneinung *neque!*). — *servom* Akk.: *-om* nach *v* s. S. 30). — **612/613** *alterum Sosiam servom tuom praeter me* einen anderen Sosia, deinen Sklaven, außer mir. — *faciam, ut offendas* ich werde machen, daß du antriffst. — **614** *eodem patre Davo prognatum* (= *natum*), *quo ego sum* von dem gleichen Vater Davus (Abl. s. S. 159) abstammend, von dem ich bin (= wie ich). — *item* (*eādem*) *formā, aetate, quā ego sum* ebenso von gleicher Gestalt (und gleichem) Alter, wie ich (eigentl. von der ich bin; da im Lateinischen sowohl *forma* wie *aetas* Feminina sind, kann sich *quā* auf beides beziehen). — **615** *opus est* s. S. 158. — *hic Sosia tibi geminus* (doppelt, Zwillings-) *factus est*; im alten Drama kann das Schluß-*s* wie das *m* behandelt werden, daher mit Elision zu lesen.

Die Metrik soll uns hier nicht sonderlich kümmern.

Es handelt sich um 'Trochäische Septenare'. Ein trochäischer Versfuß sieht so aus: —◡, also lange und kurze Silbe; *septēnārius* (*septem* sieben) 'aus sieben bestehend'. Somit ist ein 'trochäischer Septenar' ein Vers, in dem der Trochäus siebenmal wiederkehrt. Doch leider stimmt der Name nicht ganz: Der Vers hat nämlich am Ende eine Silbe mehr. Genau genommen wäre es also, wie die Metriker sagen, ein 'katalektischer trochäischer Achtfüßler'; mit dem griechischen Wort katalektisch bezeichnet man einen Vers, bei dem am Ende eine Silbe fehlt. Man bleibt bei dem alten Namen Septenar — warum sollte man ihn auch ändern? — Sie kennen übrigens längst einen 'katalektischen' Vers: den Hexameter!

Pfingsten, das liebliche Fest war gekommen, es grünten und blühten

Das ist doch der Anfang von Goethes 'Reineke Fuchs'! Der Hexameter besteht aus sechs Daktylen —◡◡, nur beim letzten fehlt eine Silbe. Bekanntlich setzen wir bei der Herübernahme antiker Metren in eine moderne europäische Sprache statt 'lang': betont, und statt 'kurz': unbetont. Die Sache hat nur einen Haken: Was macht man, da im Hexameter an Stelle von zwei kurzen Silben eine lange stehen darf (—⏕)? Zweimal betont, das geht nicht. Man tut so, als dürften statt zwei unbetonten auch eine einzige stehen, bemüht sich nur, keine gar zu gewichtlose Silbe dafür einzusetzen — nur waren unsere Klassiker keineswegs engherzig dabei. Die nächsten Verse von 'Reineke Fuchs':

Feld und Wald; auf Hügeln und Höhn, in Büschen und Hecken
Übten ein fröhliches Lied die neuermunterten Vögel;
Jede Wiese sproßte von Blumen in duftenden Gründen,
Festlich heiter glänzte der Himmel und farbig die Erde.

Zwar ist 'neuermunterten' — — | — ◡◡ statt — ◡◡ | — ◡◡ (bzw. x́ x | x́ x x statt x́ x x | x́ x x) gewichtig genug, aber bei dem 'und' von Feld und Wald darf man in Zweifel sein, und erst recht bei dem Vers 'Jede Wiese', wo zweimal das schwache Auslaut-e für die Länge steht; anders bei 'sproßte' und im nächsten Vers: 'glänzte der' x́ x x.

Bevor wir wieder zum 'trochäischen Septenar' zurückkehren, noch etwas Allgemeines: *In jedem antiken Vers darf die letzte Silbe lang oder kurz sein.*

Der trochäische Septenar ist nur insofern unangenehm, weil an Stelle jeder einzelnen Länge zwei Kürzen stehen dürfen und für jede Kürze im Septenar (und Senar, nicht aber im Hexameter!) eine Länge stehen darf, die wiederum in zwei Kürzen aufgelöst werden kann. Ganz so schlimm allerdings, wie es zunächst aussieht, ist es nicht, die Abweichungen von der Norm —◡ dürfen nur in beschränkter Zahl auftreten, und je mehr die Dichtung 'gebildete Dichtung' wird, desto geringer sind die Auflösungen. Plautus hat mehr Freiheiten zugelassen als Terenz, dafür stehen seine Verse der lebendigen Rede näher! Für das antike rhythmische Empfinden macht zweimal kurz = lang keine Schwierigkeiten. Aber wie will man das bei betont-unbetont ausdrücken? Der Septenar ist daher (ähnlich wie der iambische Senar) rhythmisch kaum nachzugestalten. Und ist es schon eine fromme Täuschung, wenn wir meinen, wir hätten den Klang eines antiken Hexameters im Ohr, so ist das bei 'metrisch getreuen' Übersetzungen antiker Dramen erst recht der Fall. Immerhin, die Römer hatten selbst — anders als die Griechen — den exspiratorischen Akzent (Betonungsakzent) noch mit im Spiel, auch wenn sie ihre Verse nach griechischer Weise bauten; und außer beim Saturnier, bei dem es ungewiß ist, stammen die Verse ja aus dem Griechischen. Sicher ist, daß Voraussetzung für die Aneignung der griechischen Metra das Vorhandensein einer griechischen Bildung war — wie bei uns der Hexameter und andere Metren nur heimisch werden konnten, als es noch eine breite klassische Bildung gab, während heute niemand mehr, trotz Goethe und Schiller, in Hexametern neue Werke schafft.

Der trochäische Septenar sieht also so aus (zur Hilfe, falls Sie die ausgeschriebenen Verse metrisch lesen wollen, sind auch dort auf vielen betonten Silben Akzente angebracht):

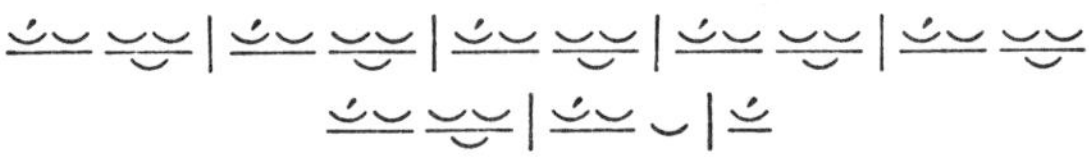

Die römische Komödie hatte neben den gesprochenen auch lyrische Partien, sog. 'Cantica' (*canticum* von *canere* singen); auch diese waren von zweierlei Art: teils unter Musikbegleitung gesprochen (melodramatisch), teils zur Musik gesungen (als Rezitativ). Man hat daher von einem 'operettenhaften' oder besser 'singspielhaften' Charakter der römischen Komödie gesprochen. Bei Plautus sind die Cantica von viel reicherer metrischer Gestalt, bunter in ihren abwechslungsreichen Versformen als bei Terenz.

Mit Terenz hat sich die Komödie verfeinert (hat dadurch allerdings an Kraft eingebüßt und ist weniger volkstümlich geworden). Er hält nicht nur niedere Wörter und Redensarten von seinen Stücken fern, sein Ziel ist die *pura oratio*, die 'reine Sprache'. So sehr, daß man das Gerücht verbreitete, Scipio und Laelius hätte ihm geholfen! Und nicht nur dies, viele lassen den Beginn der lateinischen Hochsprache vom Kreis des Scipio — mit Terenz als seinem hervorragendem Dichter — ausgehen.

Terenz hat nicht mehr als die erhaltenen 6 Kömodien geschrieben. Von Plautus sind 21 auf uns gekommen; im Altertum liefen zusammen mit den unechten 'Plautus'-Komödien 130 Stücke unter seinem Namen. Doch schon die römischen Philologen haben da Ordnung geschaffen, und es scheint, daß die erhaltenen Dramen die gleichen sind, die als unbestritten echt galten. Es ist fast selbstverständlich, daß eine Reihe anderer Dichter ebenfalls Komödien verfaßte. Auch Tragödien gab es in nicht geringer Zahl. Doch von all diesen Stücken kennen wir nur noch einige Namen.

Eine aus dem Griechischen übernommene Komödie nennt man *fabula palliata*, nach dem griechischen Gewand der Schauspieler, dem 'himation', das lateinisch *pallium* hieß; dazu gehören also auch die Komödien des Plautus und Terenz. Dagegen ist eine *fabula togata* eine Komödie, die in römischem Milieu spielt. Bezeichnenderweise sind es da nicht die Sklaven, die ihre Herren schlau überlisten — das ertrug man zwar, wenn dergleichen Griechen passierte, durfte jedoch nicht in Rom geschehen —, sondern hier treten nun die Frauen als Lenkerinnen und witzige Handlungsträgerinnen an deren Stelle! (Wie ja in Rom die Stellung der Frau freier und höher war als in Griechenland.) *Fabula praetexta* jedoch hieß eine Tragödie mit römischem Stoff, nach der Amtstracht der römischen hohen Beamten, der mit Purpur verbrämten (*praetextus*, *-a*, *-um*) Toga (*tŏga*: mit kurzem *o*!). — *fābula*, *-ae* ist jede Erzählung (von *fārī*, Perfekt *fātus sum* sagen), nicht nur die, die wir als 'Fabel' bezeichnen; weiterhin die einer dramatischen Dichtung zugrunde liegende Geschichte (auch bei uns ist dafür der Ausdruck 'Fabel' geläufig), und schließlich die dramatische Dichtung selbst.

Wie froh wären wir, hätten wir wenigstens einige der Tragödien mit römischem Inhalt! Z.B. den 'Raub der Sabinerinnen' des Q. Ennius. Doch bei Ennius müssen wir noch einen weiteren, besonders schmerzlichen Verlust hinnehmen: In einem großen Epos, das er *Annales* (Jahrbücher) nannte, besang der Dichter die Taten des römischen Volkes von der Einwanderung des Aeneas bis auf seine Zeit. Dabei verwendete er — anders als Naevius, der den alten Saturnier benützt hatte (S. 164) — den griechischen epischen Vers, den Hexameter, der damit auch im ganzen lateinischen Kulturkreis bis in die Neuzeit der epische Vers schlechthin wurde. Aber von diesem Werk ist ebenfalls fast alles verloren. Dem Geschmack einer späteren Zeit schien seine Sprache unausgebildet und rustikal. *O poetam egregium*, *quamquam ab his cantoribus Euphorionis contemnitur*, klagte bereits Cicero, *Tusc.* III 19,45, der allerdings überhaupt wenig für Lyrik übrig hatte (nach dem Zeugnis Senecas soll er gesagt haben, auch wenn sein Leben verdoppelt würde, hätte er keine Zeit *lyricos* zu lesen); ihm entsprechen natürlich eher die *Annales* des Ennius als etwa die subjektive Lyrik eines Catull.

o mit Akk. beim Ausruf. — *cantores Euphorionis* sind die 'Sänger Euphorions', d. h. nach Art des Euphorion, eines Dichters des 3. Jahrhunderts v. Chr., der, aus Chalkis auf Euboia stammend, am Hofe Antiochos des Großen von Syrien (eines der 'Seleukiden', der Nachfolgerkönige Alexanders in Syrien) als Bibliothekar wirkte und Epyllia, Elegien und Epigramme verfaßte. Nur wenige Verse seiner Dichtungen, die sich durch Gelehrsamkeit, aber auch durch große Sorgfalt und strenges Feilen an den Versen ausgezeichnet haben müssen, sind erhalten.

Hat des Ennius Sprache auch noch nicht die Glätte und Harmonie der Verse eines Vergil oder Ovid, so kommt ihm doch das Verdienst zu, als erster dem Latein die Geschmeidigkeit gegeben zu haben, die nötig war, um sich dem strengen Rhythmus des daktylischen Hexameters anpassen zu können. Ja noch mehr, Ennius, der zeitlich kurz vor Terenz einzuordnen ist, hat den Anstoß gegeben, daß das Latein der Umgangssprache eine feste Form erhielt und dadurch zur lateinischen Schrift- und Hochsprache wurde.

Ennius' Geburtsort war *Rudiae* (später Rugge, heute verlassen; westlich von Lecce) im messapischen Dialektgebiet. Er war also wie viele Dichter und Schriftsteller kein Stadtrömer. Während man aber zur Zeit Caesars und Augustus' in ganz Italien die *lingua Latina* sprach, ist des Ennius Muttersprache noch das Messapische; dazu lernte er das in Süditalien noch lebendige Oskische (s. S. 8). Griechische Sprache und Bildung hat er sich ebenfalls angeeignet. Nach Rom nahm ihn im Jahre 204 der alte Cato aus Sardinien mit, wo er wahrscheinlich Kriegsdienst getan hatte. Hier gab er zunächst Unterricht, war aber im Gegensatz zu Livius Andronicus ein freier Mann. Seine Dichtungen, außer Dramen und den *Annales* eine ganze Reihe anderer, von denen wir wenig mehr als die Titel kennen, verhalfen ihm zur Gunst vornehmer Römer, wie des Scipio maior (Scipio minor war der Gönner des Terenz) und des M. Fulvius Nobilior, der ihn auf seinem Feldzug nach Aetolien mitnahm, damit er in Ennius einen Verherrlicher seiner Taten habe. Später bekam er das römische Bürgerrecht. Im Jahre 169 ist er gestorben, *articulārī morbō*, wie es heißt (an Gicht; *artus*, *-ūs* Gelenk).

Dahingestellt bleibe, ob Horaz recht hat mit der Behauptung (*epist.* I 19,7f.):

Énnius ípse patér numquám nisi pótus ad árma
prósiluít dicénda.

pater Ennius: Er ist gewissermaßen der Vater der lateinischen Dichtung. — *potus* trunken. — *ad arma dicenda* 'zu den zu singenden Waffen (-kämpfen)', d. h. zur Heldendichtung. — *prō-silīre* vorspringen, vor-, hinstürmen. — Das Versmaß ist der daktylische Hexameter.

Von des Ennius Selbsteinschätzung zeugen die Einleitungsverse der *Annales*, in denen er davon spricht, daß die Seele Homers in ihn eingegangen sei (wobei er offenbar die Kenntnis der pythagoreischen Seelenwanderungslehre voraussetzt). War er sich schon so sehr dessen bewußt, daß er dabei war, ein Stück der griechischen Kultur in Rom heimisch zu machen, oder hat er gar daran gedacht, daß das junge Volk der Römer berufen war, die Literatur zu neuer Höhe zu führen?

Es konnte nicht ausbleiben, daß eine Opposition gegen die Gräzisierung des römischen Lebens auftrat. Wie eine Ironie der Geschichte wirkt es, daß Haupt und Mittelpunkt dieser Opposition Marcus Porcius Cato (234 bis 149) wurde, der Mann, der Ennius nach Rom gebracht hatte. Das zeigt aber andererseits auch, daß Catos Kampf gegen das Griechische nicht den Leistungen dieses Volkes galt, sondern die Preisgabe des eigenen Wesens verhindern wollte. So ist es nicht überraschend, daß er selbst noch in höheren Jahren Griechisch gelernt haben soll und daß in seinen Werken ein gutes Teil griechischer Bildung enthalten ist. Cato hat nämlich nicht nur ein Werk über den Ackerbau — ein Gebiet, das dem alten bodenständigen Wesen der Römer sehr naheliegen mußte —, sondern auch ein Geschichtswerk, die *Origines* verfaßt. Mit diesem schloß er an griechische literarische Tradition an. Jedoch eine Großtat für Rom war die Tatsache, daß er seine Geschichte lateinisch verfaßte, während seine römischen Vorgänger alle sich der griechischen Sprache bedient hatten. Hätten wir nur mehr von Catos Werk! Aber auch da mußte das Frühere, Ungeschliffenere dem Späteren und Ausgereiften weichen.

Aus den 'Unterweisungen an den Sohn', die praktische Lehren aus verschiedenen Gebieten enthielten (nur wenig ist davon noch vorhanden), und dem *Carmen de moribus*, einer Spruchsammlung (in Prosa, wenn — wie wahrscheinlich — Gellius, von dem allein einige Bruchstücke mitgeteilt werden, wörtlich zitiert), läßt sich die strenge Knappheit des alten Latein, das schmucklose Aneinanderreihung der später von Cicero so geliebten Periodisierung vorzieht, ebenso ablesen wie die etwas hausbackene, altväterliche Art des 'alten' Cato.

Die berühmtesten seiner 'Unterweisungen' sind diese:

Rem tene, verba sequentur.

rēs der Gegenstand, der Inhalt der Rede. — *tenēre* festhalten, im Auge behalten.

Orator est, Marce fili, vir bonus, dicendi peritus.

Marcus war der Vorname seines Sohnes. — *fīlī* ist Vok. zu *fīlius* (andere Vokative der o-Dekl. auf *-ī* sind *mī* zu *meus* 'mein' und die der Eigennamen auf *-ius*, z.B. *Tullī*). — *perītus* mit Gerundium 'des Redens, der Rede kundig'.

Emas non quod opus est, sed quod necesse est; quod non opus est, asse carum est.

emās Konj. zu *emere* 'kaufen': Aufforderung. — *opus est* 'es ist zweckmäßig' sonst mit Ablativ, nur beim Neutrum eines Pronomens mit Akk.; *necesse est* es ist (unumgänglich) notwendig. Auch *opus est* kann die Bedeutung 'es ist nötig' haben, *necesse est* aber drückt die ganz unausweichliche Notwendigkeit aus. — *asse cārus, -a, -um* 'um ein As (zu)teuer'; zum Abl. s. S. 158. As ist die kleinste römische Münzeinheit.

Agricola vir bonus, Marce fili, colendi peritus, cuius ferramenta splendent.

ferrāmentum, -ī eisernes Werkzeug.

Und aus dem *Carmen de moribus* (*carmen, -inis* bezeichnet jede Art feierlicher Rede, sei sie gebunden oder prosaisch; außerdem auch das Gedicht oder Lied):
Nam vita humana prope uti ferrum est. si exerceas, conteritur, si non exerceas, tamen rubigo interficit. item homines exercendo videmus conteri; si nihil exerceas, inertia atque torpedo plus detrimenti facit quam exercitio.

prope in der Nähe, fast; Präpos. mit Akk.: nahe bei. — *uti* = *ut*. —, *exerceās* Konj., da potentialer Fall (s. S. 147f.). — *con-térere* zerreiben vernichten. — *rūbīgō, -inis* Rost (*ruber, -bra, -rum* rot). — *videmus*, danach A.c.I.: *homines conteri*; *exercendo* Abl. (instrum.) des Gerundiums. — *nihil* etwa = *non*. — *inertia* Trägheit. — *torpēdō, -inis* Stumpfheit, Stumpfsinn. — *plus detrimenti* 'mehr Schaden': der sog. partitive Genitiv steht bei den Neutra der Zahladjektiva und der Pronomina, wie *multum, plus, plurimum*; *paulum, minus, minimum*; *id, hoc, illud* u. a. — *exercitiō* Übung, starke Benützung (unklassisch; klass. *exercitātiō* oder *ūsus*).

Und nun die Einleitung zu Catos Schrift *De agri cultura* (über den Landbau: *ager, agrī* Acker, Feld; *cultūra* Bestellung, Bebauung, geistig: Ausbildung, Pflege):

Est interdum praestare mercaturis rem quaerere, nisi tam
periculosum sit, et item fenerari, si tam honestum sit. maiores
nostri sic habuerunt et ita in legibus posiverunt furem dupli con-
demnari, feneratorem quadrupli. quanto peiorem civem existi-
2 *marint feneratorem quam furem, hinc licet existimare. et virum*
bonum quom laudabant, ita laudabant, bonum agricolam bonum-
3 *que colonum. amplissime laudari existimabatur, qui ita lauda-*
batur. mercatorem autem strenuum studiosumque rei quaerendae
4 *existimo, verum, ut supra dixi, periculosum et calamitosum.*

at ex agricolis et viri fortissimi et milites strenuissimi gignuntur, maximeque pius quaestus stabilissimusque consequitur minimeque invidiosus, minimeque male cogitantes sunt, qui in eo studio occupati sunt.

1 *est interdum praestare* klassisch ungebräuchliche Konstruktion: 'es besteht die Möglichkeit, daß es zuweilen besser ist' (klass.: *praestat* es ist besser). — *mercātūra* Handel. — *rēs* (=*rēs familiāris*) Vermögen. — *quaerere* suchen, erwerben. — *perīculōsus* gefahrvoll, gefährdet. — *fēnerārī* gegen Zins ausleihen, wuchern (*fēnus, -oris* Zins); *fēnerātor* Wucherer — *māiōres, -um* Vorfahren, Ahnen. — *sic habuerunt* sie hielten es so. — *posīvērunt* = *posuērunt*. Danach A.c.I. — *dupli* und *quadrupli* sind die Genitive zu *duplum* doppelter Betrag, *quadruplum* vierfacher Betrag; bei den *verba iudicialia* (Verben der Gerichtshandlung; s. S. 155) stehen Schuld und Verbrechen im Genitiv, die Strafe im Ablativ; nur die allgemeinen Wertangaben pflegen im Genitiv zu stehen wie bei unserer Stelle *dupli* u. ä. — *hinc* hieraus. — 2 *quom* = *cum*. — *colōnus* Landwirt. — 3 *amplus* umfangreich; Kompar. und Superl. in höherem, in höchstem Grade. — *existimabatur* es wurde geglaubt, man glaubte. 'Man glaubte, am höchsten werde gelobt, wer . . .' — *existimo* ich halte für; 'ich halte den Kaufmann für einen Mann, der . . .'. — *rei quaerendae* Gerundivum. — *verum* adv. aber. — *calamitōsus* unheilvoll, Unfällen ausgesetzt. — 4 *quaestus, -ūs* Erwerb. — *maxime pius* am meisten 'fromm', d. h. mit der göttlichen Ordnung in Einklang stehend. — *stabilis* unerschütterlich, feststehend. — *cōnsequī* sich ergeben (*sequī* folgen). — *invidiōsus* dem Neid ausgesetzt. — *studium* Streben, Beschäftigung. — *occupātus* (*occupāre*) besetzt, beschäftigt.

Die schmucklose, 'rustikale' alte Sprache, die nur die Sache selbst im Auge hat (*rem tene*), ist deutlich spürbar. Die Sätze stehen beigeordnet, d.h. nur mit den nötigsten kopulativen Verknüpfungen nebeneinander, fast niemals untergeordnet. Immerhin wird der logische Zusammenhang der Sätze deutlich ausgedrückt (*hinc, et, at*; untergeordnet *nisi, qui*).

Kunstvoller ist eine Rede Catos, die er für die Bewohner von Rhodos hielt. Man hätte es ihm, der die Zerstörung Karthagos unablässig forderte, kaum zugetraut: Es ist eine Rede zur Milde. Aus dieser *Oratio pro Rhodiensibus* (gehalten im Jahre 167 im Senat; nur teilweise überliefert bei Gellius VI 3), die Cato in seine *Origines* aufgenommen hatte, die erhaltenen Stücke (mit kleiner Kürzung in Stück 5):

1. *Scio solere plerisque hominibus rebus secundis atque prolixis atque prosperis animum excellere atque superbiam atque ferociam augescere atque crescere; quo mihi nunc magnae curae est, quod haec res tam secunde processit, ne quid in consulendo advorsi eveniat, quod nostras secundas res confutet, neve haec laetitia nimis luxuriose eveniat. advorsae res edomant et docent, quid opus siet facto, secundae res laetitia transvorsum trudere solent a recte consulendo atque intellegendo. quo maiore opere dico suadeoque, uti haec res aliquot dies proferatur, dum ex tanto gaudio in potestatem nostram redeamus.*

2. *Atque ego quidem arbitror Rhodienses noluisse nos ita depugnare, uti depugnatum est, neque regem Persen vinci. sed non Rhodienses modo id noluere, sed multos populos atque multas nationes idem noluisse arbitror. atque haut scio an partim eorum fuerint, qui non nostrae contumeliae causa id noluerint evenire; sed enim id metuere, si nemo esset homo, quem vereremur, quidquid luberet, faceremus, ne sub solo imperio nostro in servitute nostra essent. libertatis suae causa in ea sententia fuisse arbitror. atque Rhodienses tamen Persen publice numquam adiuvere. cogitate, quanto nos inter nos privatim cautius facimus. nam unusquisque nostrum, siquis advorsus rem suam quid fieri arbitratur, summa vi contra nititur, ne advorsus eam fiat: quod illi tamen perpessi.*

3. *Ea nunc derepente tanta beneficia ultro citroque, tantam amicitiam relinquemus? quod illos dicimus voluisse facere, id nos priores facere occupabimus?*

4. *Qui acerrime advorsus eos dicit, ita dicit, hostes voluisse fieri. ecquis est tandem, qui vestrorum, quod ad sese attineat, aequum censeat, poenas dare ob eam rem, quod arguatur male facere voluisse? nemo opinor. nam ego, quod ad me attinet, nolim.*

5. .... *atque nos omnia plura habere volumus, et id nobis impune est.*

6. *Sed si honorem non aequum est haberi ob eam rem, quod bene facere voluisse quis dicit, neque fecit tamen, Rhodiensibus id oberit, quod non male fecerunt, sed quia voluisse dicuntur facere?*

7. *Rhodiensis superbos esse aiunt, id obiectantes, quod mihi et liberis meis minime dici velim. sint sane superbi. quid id ad nos attinet? idne irascimini, siquis superbior est quam nos?*

1 Von *sciō* abhängig ein A.c.I.: *solēre* ('gewöhnlich') *animum excellere.* — *plerisque hominibus* Dativ (*plerique* die meisten). — *rebus secundis atque prolixis atque prosperis* Ablativ der Zeit (s. S. 158). — *rēs secundae* günstige Umstände, Glück (Gegensatz: *res adversae*). — *prōlixus* günstig, glücklich. — *prōsperus* günstig, glücklich. — *animus excellit* der Mut schwillt (jemandem), er wird übermütig. — *ferōcia* (zu *ferōx*) Wildheit, Trotz. — *augēscere* (nur Präs.) und *crēscere* wachsen, zunehmen. — *quō* (relat. Anknüpfung) wodurch, und deshalb. — *mihi magnae curae* (Dat.) *est* mir gereicht zu großer Sorge, ich bin sehr besorgt. — Mit *haec rēs* istder günstig verlaufene Krieg mit Perses dem letzten König von Makedonien, gemeint, der mit dessen Niederlage bei Pydna zu Ende ging. — *prō-cēdere* vorwärtsschreiten, *secunde p.* günstig v., günstigen Verlauf nehmen. — *in cōnsulendō* bei der Beratung (näml. der jetzt im Senat stattfindenden über die Bestrafung der Rhodier). — *advorsī* (klass. *adversī*) von *quid* abhängiger Gen.: etwas Ungünstiges, Unglückliches (zu *quid* nach *nē* S. 81). — *cōnfūtāre* dämpfen, widerlegen. — *neve* (od. *neu*) oder nicht (vgl. *neque* od. *nec* und nicht). — *nimis* allzu sehr. — *lūxuriōsē ēvenīre* in Zügellosigkeit ausarten. — *ēdomāre* (gänzlich) zähmen, zahm machen, zur Vernunft bringen. — *siet* alte Form für *sit*; *quid opus siet factō* was zu tun not sei (altlateinische Ausdrucksweise). — *laetitiā* Ablativ (instrumental-kausal). — *trānsvorsum* (klass. *-versum*) *trūdere* seitwärts wegstoßen, abbringen; *a(b)* von etw. — *quō maiōre opere* mit desto größerem Nachdruck (*quō* — *eō* je — desto; *opus, -eris* Arbeit, Mühe). — *uti* = *ut*; *dicō suādeōque* hier mit *ut* (nicht A.c.I.), da Wunsch. — *haec rēs*: näml. die Entscheidung über die Rhodier. — *prōferre* vorbringen, verschieben. — *dum* mit Konj. 'bis etw. geschieht, damit etwas geschehen möge' (mit Indik. Präs. 'während'). — *in potestātem nostram redīre* in unsere Gewalt zurückkommen, uns wieder in der Gewalt haben.

2 *ego quidem* ich wenigstens. — Von *arbitror* (ich meine, halte dafür) ist der A.c.I. *Rhodienses noluisse*, davon wieder der A.c.I. *nos ita dēpūgnāre* (entscheidend kämpfen) abhängig. — *neque*: zu ergänzen ist *voluisse*; die Verneinung, die in *noluisse* liegt, wird durch *neque* wie der aufgenommen. — *non modo* (oder *solum*) ... *sed* (*etiam*) nicht nur ... sondern (auch). — *nōluēre* Perf. (S. 100). — *haut* = *haud*

= *nōn. haud scio an* 'ich weiß nicht ob nicht' = vielleicht (*haud scio an nōn* schwerlich; in dieser Verbindung heißt *an* also 'ob nicht', während es sonst nur 'ob' bedeutet); danach folgt der Konj. — *partim* Adv., aber hier mit partitivem Genitiv verbunden: ein Teil von ihnen. — *noluerint* Konj. in Angleichung an *fuerint*. — *contumēlia* Schmach. — *causā* (nachgestellt) mit Gen. 'wegen'. — *nēmō homō* kein Mensch (klass. nur *nēmō*). — *lubet* altlat., klass. *libet* es beliebt. — *nē sub sōlō imperiō . . . essent* erg. 'daher wollten sie nicht, daß . . .': man sieht an diesem Satz noch deutlich die altlateinische, etwas schwerfällige Satzfügung. — *in eā sententiā esse* in dieser Meinung sein, diese Meinung (oder Gesinnung) hegen. — *Persen* griech. Akk. für *-em*. — *pūblicē* (Gegensatz *prīvātim*) öffentlich, von Staats wegen. — *quantō* um wieviel. — *cautē facere* vorsichtig handeln. — *rēs* auch: Angelegenheit, Interesse. — *contrā nītī* sich dagegen stemmen. — *eam* d. i. die genannte *rēs*. — *quod* relat. Anschluß (und) das. — *illī* näml. die Rhodier. — *per-petī* (zu *patī*) aushalten, ertragen; *perpessī* Part. Perf. Pass.; erg. *sunt*.

3 *dē-repente* ganz plötzlich (zu *relinquēmus* gehörig). — Mit *beneficia* sind die Freundschaftsdienste aus der Zeit der früheren Bundesgenossenschaft gemeint. — *ultrō citrōque* hinüber und herüber, gegenseitig. — *quod* (Relat.) *dicimus*: davon der A. c. I. *illōs vol. fac.* — *occupāre* angreifen, besetzen, zuvorkommen; also hier etwa: das als erste (*priōrēs*: der Römer ist genauer, es sind nur zwei Parteien) zu tun, werden wir uns beeilen.

4 *ecquis* etwa jemand? *tandem*: verstärkt das Fragewort. — *vestrorum*: klass. *vestrum*. — *quī aequum cēnseat, poenās dare ob eam rem* ('wegen dieser Sache' = deshalb), *quod* (weil) *arguātur* (er beschuldigt wird; *arguere* darlegen, anklagen) *male facere voluisse* (schlecht zu tun gewollt zu haben = Schlechtes habe tun wollen; in diesem vierten Stück liegt der Ton ganz auf dem Wollen). — *quod ad sēsē* (verstärktes *sē*) *attineat* was ihn selbst betrifft (*attinēre* angehen, betreffen).

5 *omnia plura* alles mehr = von allem mehr.

6 *sī nōn aequum est honōrem habērī*; *hon. habērī* eine Auszeichnung erhalten. — *quod quis dīcit* (*sē*) *voluisse bene facere* (gute Tat vollbringen), *neque fēcit tamen* (sie aber dennoch nicht vollbrachte). — *dicuntur* sie werden gesagt = sie sollen.

7 *obiectāre* vorwerfen. — 'was ich will, daß . . .'. — *sānē* immerhin, meinetwegen.

Trotz aller gelegentlich spürbaren Härte und der im Vergleich zum späteren Latein eines Cicero manchmal wenig eleganten Ausdrucksweise — so etwa, wenn der Gedanke nicht in einem Satzbau mit logischer Unterordnung eines oder mehrerer Satzglieder ausgesprochen wird, sondern die Satzteile nebeneinander stehen, wobei jeweils der erste Teil durch ein Demonstrativpronomen wieder aufgenommen wird (Abschnitt 3 *id* 'das' oder 5 *et id* 'und das'), oder wenn durch die Häufung der Pronomina die Eleganz und das Verständnis beim Lesen (anders beim Hören mit Tonfall und Gestik!) gemindert werden (*id metuere, ne, si nemo ..., quidquid*) — wird man dennoch nicht eine Beredsamkeit und Überzeugungskraft verkennen.

'Rhetorischer' Schmuck ist nicht selten, z. B. die steigende Adjektivgruppe *secundis atque prolixis atque prosperis* oder die beiden Verba *augescere atque crescere*, die im Grund etwa das Gleiche bezeichnen aber gerade dadurch die Eindringlichkeit steigern, oder auch der ebenfalls durch zwei Verba ausgedrückte Gedanke *dico suadeoque*; weiterhin vom dritten Abschnitt an die rhetorischen Fragen mit der Anapher (Wiederholung des gleichen Wortes jeweils am Satzanfang) *tanta — tantam*. Diese rhetorischen Fragen ziehen den Hörer mehr hinein in das Gefüge des Gedankens, lassen ihn gewissermaßen die Antwort selbst geben und verpflichten ihn damit auf das vom Redner erstrebte Ziel.

Wir wollen zunächst, bevor wir uns wieder der Prosa zuwenden, zwei Dichter zu Wort kommen lassen, die — jeder auf andere Weise — bedeutsam für die europäische Geistesgeschichte wurden: Lukrez und Catull.

T. Lucretius Carus (etwa 98—55, wahrscheinlich keltischer Abstammung) schrieb ein philosophisches Lehrgedicht in Hexametern mit dem Titel *De rerum natura* ('Über die Natur der Dinge', im Deutschen mit 'Über das Sein' wiederzugeben). Darin will er der materialistischen Naturlehre Epikurs (gest. 270), die ihrerseits auf Demokrits (um 450) Atomistik beruht, in Rom zur Geltung verhelfen: Die Welt ist rein mechanisch durch Verknüpfung von 'Atomen' (das griech. Wort ἄτομος bedeutet etwas, was nicht geteilt werden kann, also Urbaustein ist) entstanden; Vergehen geschieht durch Lösen der Atome. Einwirken übernatürlicher Mächte gibt es nicht ('Wenn es Götter gibt, so kümmern sie sich doch nicht um uns.'), erst recht kein Fortleben nach dem Tode. Das Hauptanliegen des Dichters ist, die Menschen vor Götterfurcht und Todesgrauen zu befreien (während Epikurs Anliegen ein ethisches war). Seine Sprache ist noch altertümlich und feierlich, aber von echter Begeisterung und großer poetischer Kraft getragen. Als er starb, war das Werk unvollendet; Cicero gab es aus dem Nachlaß heraus. — Die Wirkung seiner Gedanken und seines Werkes hat nie aufgehört. Die Antike hat es wegen seines dichterischen Gehaltes und seiner Gedanken gelesen, die Christen haben es zum Teil benützt, um die heidnische Götterlehre von einem Heiden widerlegen zu lassen, zum Teil aber heftig wegen seines atheistischen Inhalts bekämpft. Wenn man bedenkt, daß von den griechischen 'Atomisten' und von Epikur fast nichts erhalten blieb, so ist der Wert von Lucrez' Werk für die Kenntnis der antiken Philosophie gar nicht hoch genug einzuschätzen.

In Goethes berühmtem Vers aus dem Zweiten Elegienbuch (an Schiller, Ankündigung von 'Hermann und Dorothea'): 'Das also wäre Verbrechen, daß einst Properz mich begeistert', hieß es zunächst 'Lucrez'; erst später setzte Goethe 'Properz' (als hervorragendsten Vertreter der Elegiendichtung wie im nächsten Vers 'Martial' der epigrammatischen) dafür ein.

Lukrez und die griechischen 'Atomisten' werden heute vielfach als diejenigen gepriesen, die 'schon damals' erkannt hätten, daß es Atome gebe — obwohl ihre Vorstellung, ganz auf Spekulation, nicht auf Experimenten fußend, mit der heutigen Atomvorstellung eigentlich nur das gemein hat, daß alle Materie auf 'unteilbare' Grundbausteine zurückgeführt wird. (Inzwischen ist allerdings auch die Teilung der Atome gelungen). Vielleicht aber dürfte des Lukrez Seelenlehre, die im dritten der insgesamt sechs Bücher ausgeführt ist, auf viel erstaunlichere Weise 'modern' sein! Lukrez führt in diesem Buch einundzwanzig Beweise für die Sterblichkeit der Seele an, immer von einer neuen Seite an das Problem herangehend. Unendlich wichtig ist es ihm, die Menschen davon zu überzeugen, denn nur dadurch kann er sie von Todes-, Götter- und Dämonenfurcht befreien: und dies ist ja sein Hauptanliegen. Die Existenz der Seele selbst wird nicht in Frage gestellt, ihre Substanz aber ist Materie, sie endet mit dem körperlichen Leben. Der Tod geht uns nichts an, so hatte Epikur geschlossen. Alle Furcht vor dem Jenseits ist nichts anderes als Projizierung innerseelischer Vorgänge auf ein gedachtes jenseitiges Sein. Die Höllenstrafen sind Symbole innerweltlicher Verstrickungen der Seele. III 978—1023:

Um die Verse metrisch richtig zu lesen, ist zu beachten, daß Vokal am Wortausgang (nicht Wortinneren) mit folgendem Vokal zu einer Silbe zusammengezogen wird (der erste Vokal wird im allgemeinen unterdrückt); gleiches gilt auch für Vokal mit *m* und folgendem Vokal: v. 978 *atque ea* > *atqu' ea*; v. 986 *perpetuam aetatem* > *perpetu' aetatem*. Über metrisch lange Silben s. S. 21.

Das Schema des Hexameters ist:

–́ ⏖ –́ | ⏖ –́ | ⏖ –́ | ⏖ | –́ ⏖ –́ ⏓

Er besteht also aus Daktylen —◡◡, wobei für jede Doppelkürze eine Länge stehen darf. An einer der vier bezeichneten Stellen, oft auch an zweien, ist 'Zäsur' (Einschnitt, ganz kurze Lesepause bei Wortschluß); sie ergibt sich durch an den entsprechenden Stellen auftretende Atempause.

Atque ea nimirum quaecumque Acherunte profundo
prodita sunt esse, in vita sunt omnia nobis.
nec miser inpendens magnum timet aëre saxum
Tantalus, ut fama est, cassa formidine torpens;
sed magis in vita divom metus urget inanis
mortalis casumque timent quem cuique ferat fors.
nec Tityon volucres ineunt Acherunte iacentem
nec quod sub magno scrutentur pectore quicquam
perpetuam aetatem possunt reperire profecto.

quamlibet immani proiectu corporis exstet,
qui non sola novem dispessis iugera membris
optineat, sed qui terrai totius orbem,
non tamen aeternum poterit perferre dolorem
nec praebere cibum proprio de corpore semper.
sed Tityos nobis hic est, in amore iacentem
quem volucres lacerant atque exest anxius angor
aut alia quavis scindunt cuppedine curae.
Sisyphus in vita quoque nobis ante oculos est,
qui petere a populo fasces saevasque secures
imbibit et semper victus tristisque recedit.
nam petere imperium, quod inane est nec datur umquam,
atque in eo semper durum sufferre laborem,
hoc est adverso nixantem trudere monte
saxum, quod tamen e summo iam vertice rursum
volvitur et plani raptim petit aequora campi.
deinde animi ingratam naturam pascere semper
atque explere bonis rebus satiareque numquam,
quod faciunt nobis annorum tempora, circum
cum redeunt fetusque ferunt variosque lepores,
nec tamen explemur vitai fructibus umquam,
hoc, ut opinor, id est, aevo florente puellas
quod memorant laticem pertusum congerere in vas,
quod tamen expleri nulla ratione potestur.
Cerberus et Furiae iam vero et lucis egestas,
Tartarus horriferos eructans faucibus aestus!
qui neque sunt usquam nec possunt esse profecto:
sed metus in vita poenarum pro male factis
est insignibus insignis scelerisque luela,
carcer et horribilis de saxo iactus deorsum,
verbera carnifices robur pix lammina taedae;
quae tamen etsi absunt, at mens sibi conscia factis
praemetuens adhibet stimulos torretque flagellis,
nec videt interea qui terminus esse malorum
possit nec quae sit poenarum denique finis,
atque eadem metuit magis haec ne in morte gravescant.
hic Acherusia fit stultorum denique vita.

978—983: *Tantalus.* Er ist nach einer Sagenversion zu der Strafe verurteilt, in der Unterwelt unter einem Felsen, der abzustürzen droht, zu leben (Symbol für den Angstvollen). — 978 *nīmīrum* ohne Zweifel, natürlich. — *Acherūns*, *-ntis* alte Form für *Acheron*, *-ontis*; *Acherunte profundō* ist abl. loci (an Stelle eines Lokativs: s. S. 159) 'im tiefen Acheron' (eigentl. Fluß in der Unterwelt, dann auch die Unterwelt selbst). — 979 *prodita sunt* (klass. häufiger *tradita* 'überliefert'), davon A.c.I. — 980 *āëre inpendens* in der Luft hängend; zu *saxum* gehörend. — *miser* und *Tantalus* gehören zusammen. — 981 *cassus* leer, eitel. — *formīdō*, *-inis* Grausen, Schrecken, Furcht. — *torpēre* starr sein. — 982 *inanis metus divom* leere Furcht vor den Göttern; *-om* alte Endung für *-orum*. — 983 *mortalīs* (langes *ī*!) Akk. (s. S. 60). — *cāsus*, *-ūs* Fall, Zufall.

984—994: 984 *Tityos* (griech. Akk. *-on*) wurde zur Strafe, daß er sich an Leto vergriff, in der Unterwelt ausgestreckt, und Geier fressen ewig an seiner Leber, die immer nachwächst (Symbol für den Lüstling). — *volucrēs* Vögel (eigentl. 'Fliegende', *volāre* fliegen). Für die Übersetzung zu ordnen: *nec Tityon Acherunte* (im A., s. o.) *iacentem volucres ineunt* (gehen hinein, mit Akk., näml. in T.). — 985—6 *nec quicquam, quod sub magno pectore perpetuam aetātem* (Akk. der Zeit: 'die ganze Ewigkeit hindurch') *scrutentur* (*scrūtārī* durchsuchen, durchwühlen, suchen, mit Akk.) *possunt profectō* (in der Tat) *reperīre.* — 987 *quamlibet* = *quamvīs* wenn auch noch so sehr, so sehr auch (mit Konj.). — *exstāre* vorhanden sein, sich zeigen. — *immanī proiectū corporis* mit gewaltiger Ausstreckung des Körpers (*proiectus*, *-ūs* das Ausstrecken, nur bei Lucr.). — 988—9 *dispessīs*, von *dispendere* ausrecken, ausbreiten. — *terrāī* = *-ae* (alte Gen.-Endung). — *non sola novem iugera, sed orbem totius terrai optinet.* — *tōtīus* statt *tōtius.* — 991 *cibum praebere*: näml. den Geiern. — 992—3 'sondern T. ist für uns hier (d. h. auf dieser Erde) der, den ...'; *quem in a. iacentem v. lacerant.* — *atque* hier 'und zwar'. — *ex-est* = *exedit* (erg. *quem*) 'und den auffrißt'. — *anxius angor* 'ängstliche Angst'. — 994 *cura* Sorge, spez. Liebeskummer. — *quāvīs aliā cuppedine* (= *cŭpidine*).

995—1002: 995 *Sisyphus* muß in der Unterwelt ständig einen Felsblock einen Berg hinaufschaffen, aber der Stein rollt dann immer wieder hinab. Ursache für seine Strafe ist seine listenreiche Schlechtigkeit (Symbol für den ehrgeizigen Politiker). — 996—7 *fascēs* und *secūrēs* als Sinnbilder der Macht (s. S. 56). — *im-bibit* 'er trinkt hinein'; *imbibit petere*: (*petere* zu erreichen suchen) er lechzt nach. — *ā populō:* da die Ämter durch Volkswahl vergeben wurden. — *re-cēdere* zurückgehen, weggehen (Fremdw. 'Rezession'). — 999 *in eō* dabei; gemeint, in dem Bestreben, ein Amt zu erreichen. — 1000 *trūdere* stoßen; *adverso monte* (*abl. absol.*) zu übers.: gegen den Berg. — *nīxārī* sich mühen, *nixantem* Akk. des Subjektsinfinitivs; 'das ist, (wie) wenn einer sich müht ...' (unklass.). — **1001—2** *rursum* (= *-us*) *volvitur* wieder herunterrollt. — 'und schnell (*raptim*) zu erreichen sucht die Fläche des ebenen Feldes'.

1003—1010: Die Danaïden schöpfen in ein Faß mit löchrigem Boden (Symbol der Unersättlichkeit). — **1003** *nātūram ingrātam animī.* — **1005** *quod faciunt nobis annorum tempora* (*ann. t.* Jahreszeiten) 'wie (*quod* nimmt das Vorhergehende auf) es uns die Jahreszeiten machen'. — **1006** *cum circum redeunt* 'wenn sie im Kreislauf wiederkehren'. — *fētus, -ūs* Frucht. — *lepōs, lepōris* Feinheit, Anmut; *lepōrēs* anmutige Dinge. — **1007** *vītāī* wie oben *terrāī.* — **1008—9** *hoc, id est, quod memorant* 'dies, das ist's, wenn man erzählt' (sie = man). — Von *mem.* ist der A.c.I. *puellas congerere* abhängig. — *congerere* zusammentragen; hier: schöpfen. — *aevo florente* (*abl. absol*): in blühendem Alter. — *latex, -icis* Flüssigkeit, Wasser. — *vās pertūsum* (*per-tundere* durchstoßen, durchlöchern) löchriges Gefäß. — **1010** *nullā ratiōne* auf keine Weise. — *potestur* klass. ganz unmögliches Passiv von *posse* (so daß also mit *expleri potestur* doppeltes Passiv steht!).

1011—1022: **1011** *Cerberus* (der Höllenhund), *Furiae* (Rachegeister), *Tartarus* (Strafort im Totenreich). — *iam verō* nun also. — *lūcis egestās* Armut an, Fehlen von Licht. — **1012** *ēructāre* ausspeien. — *faucibus* aus seinem Schlund (Abl. der Woher-Richtung: s. S. 158f.); *fauces, -ium* Schlund, (Pluralwort ohne Sing.). — *horrifer, -era, -erum* schaurig, schrecklich. — *aestus, -ūs* Hitze, Glut. — **1013** *quī*: masc., da Cerberus und Tartarus masc. (gemeint natürlich alle drei, C., T. und Furien). — *usquam* irgendwo. — *profectō* wirklich. — **1014—5** *metus insignis pro male factis insignibus.* — *luēla* (zu *luō* abwaschen, büßen) Buße, Sühne; mit Gen.: für etw. — **1016** *horribilis iactus de saxo deorsum* (= *de-versum* herab): näml. der Sturz vom Tarpeischen Felsen, einer altröm. Richtstätte; in *iactus* wird das Schluß-*s* nicht gelesen (wie manchmal im alten Latein), daher ist die Silbe kurz: *iactŭ(s) dĕōrsum.* — **1017** *carni-fex* (*carō, carnis* [f.] Fleisch) Henker. — *verber, -eris* (n.) Schlag; vor der Hinrichtung waren Geißelhiebe üblich. — *rōbur, -oris* Kernholz; also wohl Stockhiebe (oder ist das auch *robur* genannte *Tullianum* gemeint, eine unterirdische Richtstätte, die noch heute am Forum zu sehen ist?). — *pix, picis* Pech. — *lammina* Metallplatte, die, glühend gemacht, als Folterinstrument diente. — *taeda* Fackel; auch sie zur Folterung. — **1018** *quae tamen etsi absunt* 'wenn diese auch nicht da sind' d. h. wenn der (schuldige) Mensch auch dergleichen nicht erleidet. — **1018—9** *at mens conscia sibi factis* (aber der Geist sich seiner Taten bewußt; *cōnscius* hier mit Dat.) *praemetuens* (*prae-metuere* voraus-fürchten) *adhibet* (wendet an) *stimulos* (Stachel; *stimulāre* anstacheln) *torretque flagellis* (erg. *sē*; brennt sich mit Schlägen; *torrēre* dörren, brennen). — **1020** *intereā* inzwischen, indessen. — *nec videt, qui terminus malorum esse possit.* — **1021** *denique* schließlich. — **1022** *atque metuit, ne* (daß S. 135) *haec eadem* (Plur.: gerade, eben dies) *in morte magis gravescant* (*gravescere*, nur Präs., 'schwer werden').

1023: Abschluß. *hīc* (adv.) hier, auf dieser Erde. — *vita stultorum fit Acherusia* 'das Leben der Toren wird ein Acherusisches', d.h. das Leben wird „zur Hölle“. — Wie der Abschnitt mit *Acheruns* begann, so endet er mit *Acherusia*: Der Gedanke kehrt zum Ausgangspunkt zurück, die Partie wird damit als zusammengehörig und in sich geschlossen vom übrigen abgesetzt.

Sicher ist Lucrez nicht 'leicht' zu übersetzen. Das liegt zum guten Teil daran, daß seine Sprache und seine Verse noch nicht die Glätte der augusteischen Dichtung aufweisen. Er hat immerhin als erster versucht, einen philosophischen Gehalt in die Form eines Lehrgedichts zu bringen; dazu einen nicht ganz leichten Stoff. Die Eindringlichkeit der Überredungskraft scheint manchmal der Glätte des Verses im Weg zu stehen. Vieles hat er neu schaffen müssen, er hat die Sprache bereichert, den Hexameter — bei aller selbstverständlichen formalen Abhängigkeit von Ennius — weiter geschliffen. Er, der noch klagen muß über die *egestas linguae*, die Armut der Sprache, für die es noch schwer sei, die *novitas rerum*, die Neuheit des Stoffes, auszudrücken, hat selbst sehr viel dazu beigetragen, die Sprache der Römer zu formen und fähig zu machen, philosophische Gedanken zu vermitteln. Bestimmt war er kein origineller Philosoph, er verkündet als Dichter die Lehre oder vielmehr nur einen Teil der Lehre Epikurs. Dies hat er aber mit einer Eindringlichkeit getan, die in echter Begeisterung seinen Stil mitreißt und ihm dynamischen Schwung gibt. Die Kraft des archaischen Latein mit seinen zum Teil schwerfälligen Formulierungen und Satzkonstruktionen, feierlichen Wendungen und Formen (selbst das *-āī* der Genitivendung darf als solche angesehen werden), dazu die nicht übermäßig auftretenden, aber deshalb als Schmuck umso wirksameren Allitterationen (*ferat fors*; *perpetuam ... possunt reperire profecto*; usw.), vor allem aber die ganz am Gegenstand haftende Ausdrucksweise, zielstrebig, fortschreitend in der Erzählung, feierlich bei der Schilderung erhabener Gegenstände, ja sogar lyrisch bei der Darstellung stimmungsvoller Bilder, haben einen ganz persönlichen Stil geschaffen, den nachzuahmen nicht möglich, vielleicht nicht einmal wünschenswert war.

Mag Lucrez' Werk auch aus der Not der Seele und der Freude über die Befreiung durch Epikur entsprungen sein, so ist es doch ein Lehrgedicht, dazu bestimmt, anderen die gleiche philosophische Ruhe anzuempfehlen. Anders aber sind die Gedichte des um etwa 10 Jahre jüngeren C. Valerius **Catullus** (geb. 87 oder 84 in Verona, gest. etwa 54). Diese sind ganz subjektiv, auf eine bestimmte Situation bezogen, spiegeln Freude und Leid, Liebe und Haß unmittelbar wider.

Am berühmtesten sind Catulls Liebesgedichte. Durch sie hat er seinen bedeutenden Platz in der Weltliteratur bekommen, hat Bewunderer und Nachahmer gefunden.

Sein Gedicht an das Vöglein der Geliebten (Ged. 2):

Passer, deliciae meae puellae,
quicum ludere, quem in sinu tenere,
cui primum digitum dare adpetenti
et acris solet incitare morsus,
cum desiderio meo nitenti
carum nescio quid libet iocari
et solaciolum sui doloris —
credo, ut tum gravis acquiescat ardor.
tecum ludere sicut ipsa possem
et tristis animi levare curas!

1 *passer* Sperling; der Sperling ist der Venus heilig (ob seine *puella* wirklich einen 'Sperling' oder einen anderen Vogel besaß — man hat an den sog. '*passer solitarius*', Blaumerle, gedacht — ist unwichtig: Catull nennt das Vögelchen jedenfalls *passer*). — *dēliciae, -ārum* Vergnügen, Liebling. — 2 *quīcum* alte Form für *quō-cum*. — 2—4 *solet* ist Hauptverbum zu *lūdere, tenēre, dare, incitāre*. — 3 *prīmus digitus* Fingerspitze (wie z.B. *summus mōns* Berggipfel heißt). — *adpetentī* zu *cui*; *adpetere* (od. *app-*) nach etw. greifen; von Vögeln: (zu-)picken; (*cui adpetenti* 'dem, wenn er pickt'). — 4 *acrīs morsūs* Akk. ('heftige Bisse, heftiges Picken'). — 5—6 *cum* mit Ind.: temporal, iterativ: 'immer, wenn'. — *dēsīderium* Sehnsucht, Gegenstand

der Sehnsucht (= Geliebte). — 'wenn es ihr beliebt, irgend wie (*nescio quid* 'ich weiß nicht was') zu scherzen'. — **8** *gravis ārdor* starke (Liebes-) Glut.

Dazu das Gedicht auf den Tod des Vögleins (Ged. 3):

Lugete, o Veneres Cupidinesque
et quantum est hominum venustiorum!
passer mortuus est meae puellae,
passer, deliciae meae puellae,
quem plus illa oculis suis amabat.
nam mellitus erat suamque norat
ipsam tam bene quam puella matrem,
nec sese a gremio illius movebat,
sed circumsiliens modo huc, modo illuc
ad solam dominam usque pipiabat.
qui nunc it per iter tenebricosum
illuc, unde negant redire quemquam.
at vobis male sit, malae tenebrae
Orci, quae omnia bella devoratis.
tam bellum mihi passerem abstulistis.
o factum male! o miselle passer!
tua nunc opera meae puellae
flendo turgiduli rubent ocelli.

Derartige Trauergedichte auf Tiere gab es schon in der hellenistischen Poesie. — Ein leicht parodistischer Zug ist unverkennbar.

1 Die *Cupidines* (Plural zu *Cupido* = *Amor*) gibt es zwar seit der hellenistischen Zeit, während früher nur ein Gott der Liebe denkbar war, aber *Veneres* ist eine auch später nicht mehr auftretende Vorstellung. Wahrscheinlich ist gemeint 'alle Götter und Göttinnen von Liebe und Schönheit'. — **2** *quantum est hominum venustiorum* 'wieviel es an anmutigen, liebenswerten (*venustus* lieblich, anmutig, liebenswert; beabsichtigter Anklang an *Veneres*) Menschen gibt'. — **6** *mellītus* (*mel, mellis* Honig) honigsüß. — *nōrat* = *nōverat*: *nōscō* ich lerne kennen, *nōvī* ich kenne *nōtum* bekannt. — **8** *gremium* Schoß. — *illīus*: s. S. 77. — **9** *circum-silīre* herumhüpfen. — *hūc* hierhin; *illūc* dorthin. — **10** *usque* immerfort (vgl. *usque ad*, mit Akk., bis zu). — *pīpiāre* piepen. — **11** *iter tenebricōsum* dunkler Weg (näml. zur Unterwelt). — **12** *unde* woher. —

negant man (3. Pers. Plur. — oder 2. Pers. Sing. — für das deutsche unbestimmte 'man') verneint; danach A. c. I.: *quemquam redire*; 'man verneint, daß jemand zurückkommt' = 'man sagt, daß niemand z.'; für 'sagen, daß nicht' wird lieber 'verneinen, daß' verwendet. — 13 *vobis male sit*: Verwünschung. — 14 *Orcus* = griech. Hades. — *bellus* schön (in der gehobenen Sprache ungebräuchlich, aber volkssprachlich und daher in den romanischen Sprachen geläufig). — 16 *male! o*: nicht elidieren! Der sog. 'Hiat' ist durch die Pause — im Deutschen Ausrufezeichen — entschuldigt. — *misellus* Deminutiv zu *miser*. — 17 *tuā operā* eigentl. 'durch deine Tätigkeit, dein Bemühen', aber in der lebendigen Sprache nur noch soviel wie 'durch dich'. — 18 *turgidulus* (*turgēre* geschwollen sein) angeschwollen.

In den zwei letzten Versen kommt Catull auf sein eigentliches Anliegen zu sprechen: Die Augen seines Mädchens sind rotgeweint, da sie so traurig ist über den Verlust.

Das Versmaß in diesen beiden Gedichten ist, wie in den meisten kleinen Gedichten Catulls, der sog. Hendekasyllabus 'Elfsilber' (so hat ihn Catull selbst genannt) oder Phalaecéus:

⏓ ⏓ — ◡ ◡ — ◡ — ◡ — ⏓

Der Eingang ist meist spondeisch (— —), nur selten trochäisch (— ◡) oder jambisch (◡ —).

Catulls Gedichte wurden nicht selten nachgeahmt, so das Gedicht über den Tod des Sperlings von Ovid (auf den toten Sittich der Corinna) und Gleim (Auf eine tote Nachtigall), die folgenden Kußgedichte z. B. von Lessing (Die Küsse), ja die Weiterwirkung ist, bewußt oder unbewußt, in allen europäischen Literaturen zu verfolgen.

Aufforderung zu Lebens- und Liebesfreude (Ged. 5):

Vivamus, mea Lesbia, atque amemus
rumoresque senum severiorum
omnes unius aestimemus assis!
soles occidere et redire possunt:
nobis, cum semel occidit brevis lux,
nox est perpetua una dormienda.
da mihi basia mille, deinde centum,
dein mille altera, dein secunda centum,
deinde usque altera mille, deinde centum,

dein, cum milia multa fecerimus,
conturbabimus illa, ne sciamus
aut ne quis malus invidere possit,
cum tantum sciat esse basiorum.

2 *rūmor, -ōris* dumpfes Geräusch, Gerede. — *ūnīus*: vgl. illīus S. 188. — **3** *unius assis aestimare* nur ein As wert schätzen. — **4—5** *soles* und im nächsten Vers *lux* ist absichtlich doppelsinnig: Sonnen, übertragen 'Tage', *lux* Licht, übertragen 'Lebenslicht'; beide Begriffe stehen hier auf der Grenzscheide zwischen ursprünglicher und übertragener Bedeutung ('jede Sprache ist in Rücksicht geistiger Bezeichnungen ein Wörterbuch erblasseter Metaphern', Jean Paul, Vorschule der Ästhetik, § 50). — **5—6** *nobis una nox perpetua dormienda est.* — **7** *bāsium, -ī* ein ursprünglich nicht lateinisches Wort, von Catull in die Literatur eingeführt. — **10** *fēcerīmus* ausnahmsweise mit langem *ī*. — **12** *invidēre* scheel ansehen, beneiden: das mit 'bösem Blick' Angesehene wird geschädigt. — Nicht nur, wer den Namen weiß ('Ach wie gut, daß niemand weiß, daß ich Rumpelstilzchen heiß'), auch wer die Zahl kennt, hat Macht über Person oder Sache.

Das andere der beiden Kußgedichte (Ged. 7):

Quaeris, quot mihi basiationes
tuae, Lesbia, sint satis superque?
quam magnus numerus Libyssae arenae
lasarpiciferis iacet Cyrenis,
oraclum Iovis inter aestuosi
et Batti veteris sacrum sepulcrum
aut quam sidera multa, cum tacet nox,
furtivos hominum vident amores:
tam te basia multa basiare
vesano satis et super Catullo est,
quae nec pernumerare curiosi
possint nec mala fascinare lingua.

1 *quaeris* 'du fragst', nicht wörtlich zu verstehen: antike Lyrik ist Gesprächslyrik, sie wendet sich in der Regel an ein Gegenüber. — *bāsiātiō* ebenfalls (s. o. zu Vs. 7) von Catull eingeführtes Wort; es hat aber, außer bei seinem Nachahmer Martial, sonst keine Verwendung gefunden, während *basium* allgemein gebräuchlich wurde. — **2** *satis superque* 'genug und übergenug'. — **3** *quam magnus* statt *quantus*. — Libyscher Sand, d. h. Sand in der libyschen Wüste. — **4** *Cyrenis* örtlich 'in, bei Kyrene' — *lasarpīciferus* reich an Laser, einer heute unbekannten, vielleicht sogar ausgestorbenen Pflanze (griech. Silphion), die der Hauptausfuhrartikel Kyrenes war; sie war ein Doldenblütengewächs, das zur Bereitung von Medizinen und Gewürzen verwendet wurde; der Stempel der Pflanze wurde als delikates Gemüse gegessen. — 5 *oraclum = oraculum.* — Gemeint ist das Orakel des Iuppiter-Ammon in der Oase Siwa, bekannt u. a. durch Alexanders Zug dorthin, wo er sich als Sohn des Iuppiter (Zeus)-Ammon begrüßen ließ. — *aestuōsus* 'heiß' ist natürlich nicht Iuppiter, sondern die Orakelstätte: eine solche, bei uns ganz seltene und meist als falsch empfundene Erscheinung, bei der das Adjektiv grammatikalisch zu einem anderen Substantiv gezogen wird, als es dem Sinn nach gehört ('ein gutes Glas Wein') nennt man 'Enallagé'. — 6 Der sagenhafte Gründer der Stadt Kyrene war *Battus*, sein Grabmal befand sich auf dem Marktplatz der Stadt. — 8 *fūrtīvus* (*fūr*, *fūris* Dieb) verstohlen, heimlich. — 10 *vēsānus* wahnsinnig; hier: (vor Liebe) um den Verstand gebracht. — Auch hier wieder der alte Aberglaube vom Schadenzauber. — 12 *fascināre* verhexen, erg. *possit.*

Die Verse der meisten Gedichte Catulls sind einfach gebaut, die Satzfolge ist oft ohne strenge Gliederung (daher manchmal etwas schwierig für Nicht-Römer), weder ein Übermaß an poetischen Schmuckmitteln noch an gelehrtem Beiwerk beeinträchtigt die unmittelbare Wirkung. Die Nennung des libyschen Sandes, des Laser und Battus' in dem vorstehenden Gedicht ist genau so wenig 'gelehrt' wie die Anspielung auf den Schadenzauber: Das war den Römern alles bekannt und jederzeit gegenwärtig.

Mit den sog. 'Neoterikern' — so nennt man den Kreis der 'Jungrömer' nach einem Wort Ciceros — bricht eine neue Epoche der römischen Dichtung an. Jetzt tritt die Persönlichkeit, das individuelle Schicksal des Menschen in den Vordergrund. Auch die Frau, in Rom seit je freier und höher geschätzt als in Griechenland, erreicht jetzt als individuelle Persönlichkeit Bedeutung im gesellschaftlichen Leben. Damit zusammen geht eine Sublimierung der Erotik.

Fast nichts ist von den anderen Dichtern des Kreises auf uns gekommen, aber die Verse des bedeutendsten sind erhalten, die des Catull.

Seine Lesbia — Deckname für eine Frau namens Clodia — war aus vornehmem Geschlecht, anders die Geliebten der Augusteer, die im allgemeinen Freigelassene waren. An ihr ist seine Liebe und seine Kunst erblüht, aber auch zerbrochen.

Schleichen sich in dieses Gedicht (109) schon leise Zweifel ein oder steht Catull nur staunend vor dem großen Neuen, Unbekannten, Beseligenden?

Iucundum, mea vita, mihi proponis amorem
hunc nostrum inter nos perpetuumque fore.
di magni, facite, ut vere promittere possit
atque id sincere dicat et ex animo,
ut liceat nobis tota perducere vita
aeternum hoc sanctae foedus amicitiae.

Die Verse sind Disticha (s. S. 106).
1 *prō-pōnere* vor-setzen, versprechen; davon der A.c.I. (mit dem Futur *fore*) abhängig. — 4 *sincērus* unverfälscht, ehrlich.

Lesbia aber hat ihn später bitter enttäuscht (Ged. 58):

Caeli, Lesbia nostra, Lesbia illa,
illa Lesbia, quam Catullus unam
plus quam se atque suos amavit omnes,
nunc in quadriviis et angiportis
glubit magnanimi Remi nepotes.

1 *Caelius* ist ein sonst nicht näher bekannter Freund Catulls. — 3 *sui omnes* ‘alle die Seinigen’. — 4 *quadrivium* (aus *quattuor* und *via*) Kreuzweg, Wegkreuzung. — *angiportum* enges Gäßchen, Nebengäßchen. — 5 *magnanimi Remi nepotes* ‘Enkel des hochgemuten Remus’ sind die Römer als Nachkommen des Romulus und Remus; diese hochtrabende Bezeichnung ist genau so parodistisch wie in 49,1 (s. u. zu Ged. 49) *Romuli nepotum*. — *glūbit* ein drastischer, derb obzöner Ausdruck; Lesbia wird also als üble Straßenhure bezeichnet.

Catull wußte seine ‘Pfeile’ — so nennt er selbst seine Invektiven — zu schießen. Auch einflußreiche Politiker, sogar Caesar und Cicero, blieben davon nicht verschont; aber es sind nicht eigentlich politische Attacken, vielmehr macht sich persönliche Verärgerung Luft. Dem mächtigen Caesar schleudert er die Erklärung entgegen, daß er ihm völlig gleichgültig sei (Ged. 93):

Nil nimium studeo, Caesar, tibi velle placere
nec scire, utrum sis albus an ater homo.

1 *nil* (= *nihil*) *nimium* nicht sonderlich, wenig (eigentl. 'nichts zu sehr'). — *studeo tibi placere velle* bemühe ich mich dir zu gefallen. — 2 *nec* = *neque* und nicht. — weiß oder schwarz, d. h. völlig gleichgültig.

Was Catull veranlaßte, Cicero zu apostrophieren, wissen wir überhaupt nicht. Die ungemein ironische Art, mit der er ihn abfertigt, mag mit Ciceros bekannter Abneigung gegen die neue Literatur zusammenhängen (Ged. 49):

Disertissime Romuli nepotum,
quot sunt quotque fuere, Marce Tulli,
quotque post aliis erunt in annis,
gratias tibi maximas Catullus
agit, pessimus omnium poeta,
tanto pessimus omnium poeta,
quanto tu optimus omnium patronus.

1 *disertus* redegewandt. — *Romuli nepotum*: s. o. (zu Ged. 58). — 2 *fuēre* = *fuērunt*. — 'wieviele sind...' = 'soviel es gibt und gab'. — *Marcus Tullius Cicero* war der vollständige Name; die Römer hatten bekanntlich drei Namen, *praenomen* (Vorname), *nomen gentile* (Gentilname, Name der Großfamilie), *cognomen* (Zuname, Name der engeren Familie); Cicero wird in der Antike, ebenso wie auch andere Persönlichkeiten, sowohl mit *nomen gentile* wie mit *cognomen* genannt. — 3 *post* = *postea* 'später'. — 4—5 *gratias agit* 'sagt dir Dank'. — 'so sehr der schlechteste... wie du der beste...'. — 7 *optimus omnium patronus* hat vielleicht außer der vordergründigen Bedeutung 'bester aller Anwälte' auch die hintergründig-boshafte 'bester Anwalt aller' (Allerweltsanwalt): nicht zu den besten und glücklichsten Ereignissen in Ciceros Leben gehörte es, auch dunkle Existenzen und Leute der politischen Gegner verteidigen zu müssen.

Das Gedicht auf Sirmio — heute Sirmione —, eine Halbinsel am Südufer des Gardasees, wird seit je als eines der schönsten Naturgedichte empfunden. Und doch ist es weniger ein Gedicht auf die Schönheit der Halbinsel und des Sees; es ist vielmehr durchströmt von einem Glücksgefühl, der Freude über die Heimkehr aus der Fremde: Catull kehrt von seinem Aufenthalt in der am Südufer des Schwarzen Meeres gelegenen Provinz Bithynien zurück, wo er nach der Gewohnheit junger Römer mit dem Statthalter ein Jahr lang geweilt hatte. Auf Sirmio hatte Catull ein Landhaus — freudig, zufrieden-glücklich begrüßt er sein Zuhause (Ged. 31):

Paene insularum, Sirmio, insularumque
ocelle, quascumque in liquentibus stagnis
marique vasto fert uterque Neptunus,
quam te libenter quamque laetus inviso,
vix mi ipse credens Thyniam atque Bithynos
liquisse campos et videre te in tuto!
o quid solutis est beatius curis,
cum mens onus reponit, ac peregrino
labore fessi venimus larem ad nostrum
desideratoque acquiescimus lecto?
hoc est, quod unum est pro laboribus tantis.
salve, o venusta Sirmio, atque ero gaude;
gaudete vosque, Lydiae lacus undae!
ridete, quicquid est domi cachinnorum!

Versmaß ist der sog. Choliambus 'Hinkiambus'. Er besteht aus sechs Iamben, doch ist charakteristisch, daß der sechste Versfuß nicht ⏑— sondern —⏑ gebaut ist, wodurch der Vers zu 'hinken' scheint:

⏓ ⏑́ ⏑ ⏑́ ⏓ ⏑́ ⏑ ⏑́ ⏑ ⏑́ — ⏓

1 *paene īnsula* = *paenīnsula* Halbinsel (eigentl. 'Fast-Insel'). — 2 *ocellus* (Deminutiv zu *oculus*) Äuglein, Augapfel, Augenstern. — *liquēre* flüssig sein, klar sein. — *stāgnum* stehendes (zu *stare*) Gewässer, See. — 3 *uterque Neptūnus* 'jeder Neptun (von den beiden)': Neptun ist Herr der Seen wie des Meeres. — 4 *in-vīsere* erblicken. — 5 *Thynia*: an der Küste Bithyniens. — 5—6 *Bithynos campos liquisse* (*linquere* = *relinquere*). — *in tutō* in Sicherheit, Ruhe (bezieht sich natürlich auf den Dichter). — 7 *solutis curis* abl. compar. — 8 *onus, -eris* (n.) Last, Mühe (der Fremde, der Reise). — *peregrīnus* fremd,

in der Fremde. — **9—10** *fessi, venimus, nostrum, acquiescimus*: Plural für Singular (wie schon gelegentlich beobachtet: s. S. 110f.). — **9** *lār lăris* der Lar: Gott des Hauses (wir sagen irrtümlich *genius loci*, obwohl der Mann seinen *genius* hat — wie die Frau ihre *Iuno* —, der Ort, ob Haus oder sonst eine Örtlichkeit, dagegen seinen *lar*. — **10** *desiderato lecto* im (abl. loci) ersehnten Bette. — *ac-quiēscere* ausruhen. — **11** 'das ist's, was das Einzige ist für...' = 'das allein wiegt auf...'. — **12** *erus* (Haus-)Herr. — **13** *lacus Lydiae undae* 'See Lydischen Gewässers': Vielleicht, weil die Etrusker, die aus Kleinasien stammen sollen, einst am Ufer des Gardasees saßen. — **14** *quidquid est cachinnorum* 'was auch immer an Gelächter (*cachinnus, -i*) ist'.

Ein Zeitgenosse Catulls, jedoch ganz anderer Art, ist C. Sallustius Crispus (86 — wahrscheinlich 35). Er wurde in dem sabinischen Städtchen (von den bedeutenderen Dichtern und Schriftstellern ist nur Caesar Stadtrömer! aber alle zog der kulturelle und politische Glanz Roms an) Amiternum geboren. Dies liegt im NNW von Aquila; man kommt daran vorbei, wenn man auf der Straße Nr. 80 westlich um den Gran Sasso herumfährt. Sallust hatte als Anhänger Caesars und Befehlshaber verschiedener Truppeneinheiten ein bewegtes Leben hinter sich, als er sich nach Caesars Tod der Geschichtsschreibung widmete, die er, als echter Römer, für das vornehmste Tun des menschlichen Geistes hielt. Zunächst verfaßte er eine Darstellung der inzwischen zwanzig Jahre zurückliegenden Verschwörung Catilinas, *Coniuratio Catilinae*, deren Unterdrückung vor allem dem Konsul vom Jahre 63, Cicero, zu verdanken war. Daß Ciceros Verdienst bei Sallust nicht recht zur Geltung kommt, ist bezeichnend für Sallusts Einstellung zur Nobilität, die überhaupt in allen seinen Werken eine zweifelhafte Rolle spielt. So auch in der nächsten Schrift, der Darstellung des 111—105 ausgefochtenen Jugurthinischen Krieges, *Bellum Iugurthinum*, wo die Unhaltbarkeit der derzeitigen politischen Zustände mit der Verderbtheit der Nobilität in Verbindung gebracht wird. Von dem Hauptwerk, den *Historiae*, das die Zeitgeschichte vom Tode Sullas (78) an behandelte, sind merkwürdiger- und bedauerlicherweise nur Bruchstücke (darunter vier Reden und zwei Briefe) erhalten. Die Verfasserschaft Sallusts ist umstritten bei zwei 'Briefen an Caesar' und einer Invektive gegen Cicero.

Eine starke Wirkung ging zu allen Zeiten von den Schriften Sallusts aus. Viele haben versucht, seine Art der Darstellung und seinen Stil nachzuahmen. Tacitus nennt ihn den bedeutendsten Geschichtsschreiber der Römer, von ihm als einzigem römischen Historiker wurde eine griechische Übersetzung verfaßt, Augustin hat ihn reichlich benützt (bezeichnenderweise, um daran die schlimmen Zustände im römischen Heidentum nachzuweisen und darzulegen, daß der Niedergang des römischen Reiches nicht eine Strafe der alten Götter sei).

Sallusts Stil ist nicht gerade alltäglich; in ihm spiegelt sich eine starke Persönlichkeit. Trotz mancher Anleihen aus der Umgangssprache zeichnet seinen Stil eine ernste Würde aus, so daß er schon im Altertum mit dem Griechen Thukydides und dem Römer Cato verglichen wurde. Am auffallendsten sind die altertümlichen Formen und Wendungen (z. B. *lubet*, *lubīdo* = *libet*, *libīdo*; *advorsum* = *adversum*; *vostra* = *vestra*; *quom* = *cum*; *quoius*, *quoi* = *cuius*, *cui*; Nom.- und Akk.-Endung *-os* bzw. *-om* nach *u* und *v*, wie *novos*, *novom*; stets die nicht assimilierten Formen wie *adprobo*, *conposite*; Superlativ *-umus* = *-imus*). Seinem Streben nach stilistischer Variation entsprachen Antithesen, asyndetische Verbindungen, chiastische Stellung von Satzgliedern ('chiastisch', d. h. nach Art des griech. Buchstaben χ, also 'über Kreuz' ist z. B. die Stellung *magna verba, sed facta parva*; 'parallel' dagegen wäre *magna verba, sed parva facta*: also a b b a bzw. a b a b). Gleichmäßigkeit und überlange Perioden werden vermieden; immer neue, dennoch nicht überreichlich angewandte Effekte in Wortwahl und Wortbedeutung halten den Geist des Lesers wach, zwingen ihn mitzudenken, ja mitzuschaffen. Kein Wunder, daß von dieser Sprache eine bedeutende Suggestivkraft ausgeht, die in ihrer kraftvollen Herbheit und verhaltenen Energie nicht überreden, sondern überzeugen will.

Es ist Grundsatz antiker Geschichtsschreibung, in die Werke Reden einzuschalten. Dabei ist es keineswegs nötig, daß diese den wirklich gehaltenen entsprechen oder daß überhaupt eine derartige Rede gehalten worden ist. Die Reden dienen vielmehr der Klarstellung von allgemeinen Prinzipien und augenblicklichen Gegebenheiten, sie geben dem Geschichtsschreiber Gelegenheit, seine eigenen Reflexionen und die der Akteure zu verweben. Das bedeutet keine Verfälschung der Wahrheit, denn dem antiken Leser war dies natürlich bekannt. Der Stil solcher Reden ist der des Schriftstellers: alles andere wäre Stilbruch, und auch ein Geschichtswerk soll ein Kunstwerk sein. Inhalt und Gedankengang aber sind der als sprechend eingeführten Person angepaßt.

Mit am berühmtesten aus dem Werk Sallusts sind die beiden Reden, die Caesar und Cato, der Urenkel des alten Cato, bei der Entscheidung, was mit den in Rom verhafteten Mitverschworenen Catilinas geschehen solle, im Senat hielten (*Coniuratio Catilinae* Kap. 51—52) und die anschließende Charakteristik, die Sallust von den beiden Männern gibt (Kap. 54).

Caesar huiusce modi verba locutus est:

51. "*Omnis homines, patres conscripti, qui de rebus dubiis*
consultant, ab odio, amicitia, ira atque misericordia vacuos esse
decet. haud facile animus verum providet, ubi illa officiunt. 2
neque quisquam omnium lubidini simul et usui paruit. ubi in-
tenderis ingenium, valet; si lubido possidet, ea dominatur, ani- 3
mus nihil valet. magna mihi copia est memorandi, patres con- 4
scripti, quae reges atque populi ira aut misericordia inpulsi male
consuluerint. sed ea malo dicere, quae maiores nostri contra
lubidinem animi sui recte atque ordine fecere. bello Macedonico, 5
quod cum rege Perse gessimus, Rhodiorum civitas magna atque
magnifica, quae populi Romani opibus creverat, infida et ad-
vorsa nobis fuit. sed postquam bello confecto de Rhodiis consul-

tum est, maiores nostri, ne quis divitiarum magis quam iniuriae
6 causa bellum inceptum diceret, inpunitos eos dimisere. item bellis
Punicis omnibus, quom saepe Carthaginienses et in pace et per
indutias multa nefaria facinora fecissent, numquam ipsi per
occasionem talia fecere: magis, quid se dignum foret, quam,
7 quid in illos iure fieri posset, quaerebant. hoc item vobis
providendum est, patres conscripti, ne plus apud vos valeat
P. Lentuli et ceterorum scelus quam vostra dignitas, neu magis
8 irae vostrae quam famae consulatis. nam si digna poena pro
factis eorum reperitur, novom consilium adprobo; sin magnitudo
sceleris omnium ingenia exsuperat, his utendum censeo, quae
legibus conparata sunt.

16 . . . D. Silanum, virum fortem atque strenuom, certo scio,
quae dixerit, studio rei publicae dixisse, neque illum in tanta
re gratiam aut inimicitias exercere: eos mores eamque modes-
17 tiam viri cognovi. verum sententia eius mihi non crudelis —
quid enim in talis homines crudele fieri potest? — sed aliena
18 a re publica nostra videtur. nam profecto aut metus aut iniuria
te subegit, Silane, consulem designatum genus poenae novom
19 decernere. de timore supervacaneum est disserere, quom prae-
sertim diligentia clarissumi viri consulis tanta praesidia sint
20 in armis. de poena possum equidem dicere, id quod res habet,
in luctu atque miseriis mortem aerumnarum requiem, non cru-
ciatum esse, eam cuncta mortalium mala dissolvere, ultra neque
curae neque gaudio locum esse.

21 Sed per deos immortalis, quam ob rem in sententiam non
addidisti, uti prius verberibus in eos animadvorteretur?
22 an quia lex Porcia vetat? at aliae leges item condemnatis
civibus non animam eripi, sed exsilium permitti iubent. an
23 quia gravius est verberari quam necari? quid autem acerbum
24 aut nimis grave est in homines tanti facinoris convictos? sin
quia levius est, qui convenit in minore negotio legem timere,
quom eam in maiore neglexeris?

25 At enim quis reprehendet, quod in parricidas rei publicae
decretum erit? tempus, dies, fortuna, quoius lubido gentibus
26 moderatur. illis merito accidet, quicquid evenerit; ceterum vos,
27 patres conscripti, quid in alios statuatis, considerate. omnia

mala exempla ex rebus bonis orta sunt. sed ubi imperium ad
ignaros eius aut minus bonos pervenit, novom illud exemplum
ab dignis et idoneis ad indignos et non idoneos transfertur.
Lacedaemonii devictis Atheniensibus triginta viros inposuere, 28
qui rem publicam eorum tractarent. ii primo coepere pessumum 29
quemque et omnibus invisum indemnatum necare; ea populos
laetari et merito dicere fieri. post, ubi paulatim licentia crevit, 30
iuxta bonos et malos lubidinose interficere, ceteros metu terrere:
ita civitas servitute oppressa stultae laetitiae gravis poenas dedit. 31
nostra memoria victor Sulla quom Damasippum et alios eius 32
modi, qui malo rei publicae creverant, iugulari iussit, quis non
factum eius laudabat? homines scelestos et factiosos, qui sedi-
tionibus rem publicam exagitaverant, merito necatos aiebant.
sed ea res magnae initium cladis fuit. nam uti quisque domum 33
aut villam, postremo vas aut vestimentum aliquoius concupi-
verat, dabat operam, uti is in proscriptorum numero esset.
ita illi, quibus Damasippi mors laetitiae fuerat, paulo post 34
ipsi trahebantur, neque prius finis iugulandi fuit, quam Sulla
omnis suos divitiis explevit. atque ego haec non in M. Tullio 35
neque his temporibus vereor, sed in magna civitate multa et
varia ingenia sunt. potest alio tempore, alio consule, quoi item 36
exercitus in manu sit, falsum aliquid pro vero credi: ubi hoc
exemplo per senatus decretum consul gladium eduxerit, quis illi
finem statuet aut quis moderabitur?

... Placet igitur eos dimitti et augeri exercitum Catilinae? 43
minume. sed ita censeo: publicandas eorum pecunias, ipsos in
vinculis habendos per municipia, quae maxume opibus valent:
neu quis de iis postea ad senatum referat neve cum populo agat;
qui aliter fecerit, senatum existumare eum contra rem publicam
et salutem omnium facturum."

52. Postquam Caesar dicundi finem fecit, ceteri verbo alius alii varie adsentiebantur. at M. Porcius Cato rogatus sententiam huiusce modi orationem habuit:

"Longe alia mihi mens est, patres conscripti, quom res 2
atque pericula nostra considero, et quom sententias nonnullorum
ipse mecum reputo. illi mihi disseruisse videntur de poena 3
eorum, qui patriae, parentibus, aris atque focis suis bellum

paravere; res autem monet cavere ab illis magis quam, quid in
4 *illos statuamus, consultare. nam cetera maleficia tum persequare,*
ubi facta sunt; hoc, nisi provideris, ne accidat, ubi evenit,
frustra iudicia inplores: capta urbe nihil fit reliqui victis.
11 *... Hic mihi quisquam mansuetudinem et misericordiam no-*
minat. iam pridem equidem nos vera vocabula rerum amisimus:
quia bona aliena largiri liberalitas, malarum rerum audacia
12 *fortitudo vocatur, eo res publica in extremo sita est. sint*
sane, quoniam ita se mores habent, liberales ex sociorum for-
tunis, sint misericordes in furibus aerari: ne illi sanguinem
nostrum largiantur et, dum paucis sceleratis parcunt, bonos
omnis perditum eant.

13 *Bene et conposite C. Caesar paulo ante in hoc ordine de vita*
et morte disseruit, credo falsa existumans ea, quae de inferis
memorantur: divorso itinere malos a bonis loca taetra, inculta,
14 *foeda atque formidulosa habere. itaque censuit pecunias eorum*
publicandas, ipsos per municipia in custodiis habendos, videlicet
timens, ne, si Romae sint, aut a popularibus coniurationis aut
15 *a multitudine conducta per vim eripiantur; quasi vero mali*
atque scelesti tantummodo in urbe et non per totam Italiam
sint, aut non ibi plus possit audacia, ubi ad defendendum opes
16 *minores sunt. quare vanum equidem hoc consilium est, si peri-*
culum ex illis metuit; si in tanto omnium metu solus non
17 *timet, eo magis refert, me mihi atque vobis timere. qua re,*
quom de P. Lentulo ceterisque statuetis, pro certo habetote vos
simul de exercitu Catilinae et de omnibus coniuratis decernere.
18 *quanto vos attentius ea agetis, tanto illis animus infirmior erit;*
si paulum modo vos languere viderint, iam omnes feroces aderunt.

19 *Nolite existumare maiores nostros armis rem publicam ex*
20 *parva magnam fecisse. si ita esset, multo pulcherrumam eam*
nos haberemus: quippe sociorum atque civium, praeterea armo-
21 *rum atque equorum maior copia nobis quam illis est. sed alia*
fuere, quae illos magnos fecere, quae nobis nulla sunt: domi
industria, foris iustum imperium, animus in consulundo liber,
22 *neque delicto neque lubidini obnoxius. pro his nos habemus*
luxuriam atque avaritiam, publice egestatem, privatim opulen-
tiam. laudamus divitias, sequimur inertiam. inter bonos et malos

discrimen nullum, omnia virtutis praemia ambitio possidet. neque mirum: ubi vos separatim sibi quisque consilium capitis, 23
ubi domi voluptatibus, hic pecuniae aut gratiae servitis, eo fit, ut impetus fiat in vacuam rem publicam.

... Quare ego ita censeo: quom nefario consilio sceleratorum 36
civium res publica in maxuma pericula venerit iique indicio T. Volturci et legatorum Allobrogum convicti confessique sint caedem, incendia aliaque se foeda atque crudelia facinora in civis patriamque paravisse, de confessis, sicuti de manufestis rerum capitalium, more maiorum supplicium sumundum."

51,1 *omnīs* wie bei Sallust durchwegs Akk. Plur. der i-Stämme auf *-īs* (der A.c.I. ist von *decet* abhängig). — *patrēs cōnscrīpti*: Anrede des Senats. *patres* war die alte Anrede, als der Senat noch aus den Oberhäuptern (*patres*) der alten Familien bestand; als dann auch Plebeier (ein Begriff, der nichts von dem so sehr abschätzigen des modernen Sprachgebrauchs an sich hatte, sondern nur als Gegensatz zu den alten Familien zu verstehen ist) in den Senat aufgenommen (*cōnscrībere* einschreiben) wurden, erging die Anrede an die *patres* und die *conscripti*, so daß also beide Begriffe als einander beigeordnet zu verstehen sind, also ein *et* oder ein Komma dazwischen zu denken ist. — 2 *officere* im Weg stehen. — *paruit* Perfekt der Erfahrung: und nicht einer hat (jemals) ... = niemand hat je... — 3 *lubido* (= *libido*) *possidet*: erg. *animum*. — *dominārī* Herr sein. — 4 *cōpia* Fülle; *mihi copia est memorandi* (von *memorāre*) ich hätte (lat. in solchen Fällen, wo etwas geschehen könnte, aber nicht geschieht, Indikativ, dt. Konjunktiv) reichen Stoff zu erzählen (eig.: des Erz.). — *quae* (neutr. plur.) ... *male consuluerint* (Konj. in indir. Fragesätzen) was (welche Dinge) ... schlecht beraten, überlegt haben (od. worin sie sich schlecht beraten haben, hier fast soviel wie 'Entscheidungen treffen'). — *ordine* ordnungsgemäß. Die Vorfahren sind die Beispiele, an denen kein Römer vorübergehen kann, und der Redner ist im Vorteil, der sich auf sie berufen kann, weshalb es immer Bestreben der Redner ist, den Zuhörern glaubhaft zu machen, daß das eigene Raten oder Handeln in der Linie der Handlungsweise der Vorfahren liegt. — 5 *Perses* Nebenform von *Perseus*. — Caesar erwähnt die Angelegenheit mit Rhodos, in der der alte Cato seine bekannte Rede gehalten hatte (sie ist S. 177f. wiedergegeben). — *ne quis diceret* ('sage, sagen könnte'), danach A.c.I.: *bellum inceptum* (erg. *esse*) ... *causā* ('wegen'). — *inpūnītos* 'ungestraft' stimmt sachlich nicht ganz: zwar unterblieb ein Krieg, aber Besitzungen auf dem Festland, die Rhodos sich unter Roms Schutz angeeignet hatte, wurden ihm weggenommen und sein Handel durch den neuen Freihafen Delos schwer geschädigt. — 6 *nefaria* *facinora* frevelhafte Untaten. — *per occasionem* bei ('durch') Gelegenheit, trotz Gelegenheit dazu. — *foret* = *esset* (besonders, wenn zugleich an die Zukunft gedacht). — **7** *plus valet* mehr Einfluß hat, bedeutet; hier etwa 'schwerer wiegt'. — *consulere* mit Dat. in Betracht ziehen, Rechnung tragen. — **8** *novom consilium* neue, ungewöhnliche Maßregel: der Senat hatte nicht das Recht, über das Leben eines Bürgers zu urteilen. — *omnia ingenia exsuperare* die Vorstellungskraft aller (alle Begriffe) übersteigen. — *his, quae conparata sunt* (bereitet, an die Hand gegeben).

16 *Decimus Iunius Silanus* wurde nach Gewohnheit des Senats als designierter Konsul (Konsul, der für das folgende Jahr gewählt ist, sein Amt aber noch nicht angetreten hat; Amtsantritt 1. Januar; die geschilderten Reden wurden am 5. Dezember 63 gehalten) zuerst um seine Meinung befragt und hatte die 'äußerste Strafe', beantragt. Nach Caesars Rede behauptete er allerdings, er habe nicht 'Todesstrafe' gemeint. — Daß die designierten Beamten zuerst befragt wurden, mag damit zusammenhängen, daß sehr oft sie es waren, die die Beschlüsse durchführen mußten. — *certō* (neben *certē*) Adverb zu *certus*, vor allem in der Verbindung *certo scio* 'ich weiß sicher, genau' gebraucht. — *studium rei p.* 'Eifer für den Staat': *gen. obiectivus* (S. 156). — *exercēre* üben, ausüben, walten lassen. — **17** *sententia* Meinung; im Senat: Antrag. — *aliena a re p. nostra* unserem Staate fremd, nicht entsprechend; unvereinbar mit unserem Staat. — **18** *subegit*: gelegentlich, wie hier, = *coegit*. — *metus* die eigene Furcht, *iniuria* das Unrecht der Verschworenen. — **19** *supervacāneus* überflüssig. — *quom praesertim* = *praes. cum* zumal da. — *diligentiā consulis, cl. viri* durch die Umsicht des K., eines hervorragenden Mannes ('glänzend'). — *praesidia*: Cicero hatte Posten aufstellen lassen (vgl. Cicero *In Catil.* I 1, S. 214); manchem kam diese Vorsichtsmaßnahme sehr übertrieben vor. — **20** *equidem* = *ego quidem* 'ich für meine Person' (s. auch unten zu 52,11). — *id quod res habet* das, was die Sache hat, in sich schließt = in der Sache begründet ist, in der Natur der Sache liegt. — Der A.c.I. *mortem … esse* ist von *dicere* abhängig. — *requies aerumnarum* Ruhe vor den Mühseligkeiten. — *cruciatus, -ūs* Qual. — *eam dissolvere* und *locum esse* ebenfalls noch von *dicere* abhängig. — *ultrā* Adv. 'darüber hinaus'.

21 *per* (mit Akk.): zur Einleitung eines Schwures 'bei'. — *animadvortere in alqm.* gegen jd. verfahren; *verberibus a. in* mit Geißeln verf. = durchpeitschen. — *an* führt eine Frage weiter 'etwa', 'oder'. — *lex Porcia*: diese bestimmte, daß kein römischer Bürger gefesselt, gegeißelt oder getötet werden durfte ohne Berufungsmöglichkeit an die Volksversammlung. — **22** Selbst in die Verbannung zu gehen, und zwar bevor das Urteil gesprochen war (hinterher war es zu spät), war einem römischen Bürger zu ermöglichen. — **23** *con-vincĕre* überführen. — **24** *sin quia levius est* wenn aber (du diese Strafe nicht beantragt hast), weil sie leichter ist (der Gegensatz vorher: *gravius est*). — *quī convenit* wie paßt es zusammen? wie reimt es sich? — *negotium* hier etwa = *res*. — *quom* hier konzessiv.

25 *at enim* aber freilich. — *parricīda* Mörder, bes. eines nahen Verwandten (für 'Mörder des Staates' ist also dieses Wort angebracht). — *reprehendet* ... *decretum erit*: Fut. I Akt. ... Fut. ex. Pass. — *tempus* (Zeit-)Umstände, *dies* Zeit. — *moderārī* mit Dat. 'Maß setzen, beherrschen'; mit Akk. 'einrichten, ordnen'. — 26 *illis*: gemeint sind die Anhänger Catilinas, um deren Schicksal es geht. — *ceterum*: bei Historikern auch adversativ 'indes, aber'. — *quid in alios statuatis* 'was ihr gegen andere beschließt': die Sache ist ein Präzedenzfall; daher 27 *exempla* hier 'Maßregel'. — *ignaros eius* näml. *imperii* (das sind solche, die die Gewalt nicht recht zu verwenden wissen). — *ab dignis et idoneis*: das *novom illud exemplum* (das der Senat aufzustellen im Begriffe ist) wird von den Schuldigen, bei denen das Exempel angebracht ist, auf solche übertragen, bei denen es nicht angebracht ist. — 28 *eorum* näml. der Athener. — *tractāre* handhaben, leiten. — 29 *pessumum quemque* jeden schlechtesten = gerade die Schlechtesten. — *indemnātus* ohne Urteil. — *laetari* zwar im allg. mit Abl. oder *de*, aber Neutrum eines Pron. im Akk. — 29—30 *laetari* und die folgenden Infinitive sind 'historische Infinitive', d. h. eine Sache wird im Infinitiv dargestellt, während wir die Vergangenheit dafür einsetzen müssen. — 30 *iuxta bonos et malos* Gute und Schlechte ohne Unterschied. — *lubīdinōsē* nach (ihrer) Willkür. — 31 *poenas dare* Strafe geben, bestraft werden; davon abhängig der *gen. obiect.* — 32 *nostrā memoriā* 'nach unserer Erinnerung', d. h. nach dem historischen Beispiel (aus dem Jahre 404/3) folgt nun ein Beispiel aus der allerjüngsten Vergangenheit. — *L. Iunius Damasippus* und die '*alii eius modi*' waren durch das Unglück des Staates, nämlich durch den Bürgerkrieg zwischen Marius und Sulla, groß geworden. — *cladēs, -is* Unheil, Niederlage. — 33 *postrēmō* schließlich, hier: auch nur. — *in numero proscriptorum* in der Zahl, im Verzeichnis der Proskribierten; die unwürdigste Maßnahme des Bürgerkrieges: die Namen der von Sulla Geächteten wurden öffentlich angeschlagen ('angeschrieben'), jeder durfte sie töten; der Denunziant erhielt einen Teil des Besitzes der Proskribierten. — 34 *quibus mors laetitiae fuerat* denen der Tod zur Freude gewesen war = die sich gefreut hatten über .... — *ipsi trahebantur* näml. zum Tode. — 35 *Marcus Tullius Cicero*: auch hier wird Cicero mit Vor- und Gentilnamen genannt wie in der Anrede bei Catull (S. 193). — *ingenium, -ii* (*in* und *gīgnere*) das Angeborene, die Anlage; auch: Charakter, also hier etwa 'Charaktere'. — 35—36 *his temporibus*, *alio tempore* und auch *alio consule* (unter einem anderen Konsul) sind als *abl. temporis* (s. S. 158) zu verstehen. — 36 *hoc exemplo* auf Grund dieses (vorliegenden) Präzedenzfalls.

43 *censeo*: Formel für den Antrag (*sententia*); danach natürlich A.c.I. mit Gerundivum (wie in dem berühmten Wort Catos: *Ceterum censeo ...*: s. S. 131). — *pecuniae*: Plur. von *pecunia* (Geld) 'Vermögen'. — *per municipia* in den Landstädten; *per* wird manchmal verwendet, wenn 'in' die Nebenbedeutung von 'über hin (verstreut)' hat, *municipium* ist eine ursprünglich selbständige Landstadt, die in den römischen Staatsverband eingegliedert wurde und deren Bewohner — je nach dem abgeschlossenen Vertrag — mehr oder weniger am römischen Bürgerrecht teilhatten; im ersten Jahrhundert vor Chr. bekamen alle *municipia* das römische Bürgerrecht. *colónia* dagegen ist eine Ansiedlung, die von Staats wegen gegründet wurde: Aus Rom zogen Bürger aus und siedelten sich, meist in erobertem Gebiet, an; die Koloniegründung wurde ein beliebtes Mittel zur Versorgung von Veteranen. — *referre ad senatum* etw. vor den Senat bringen, an den Senat einen Antrag stellen. — *cum populo agere* mit dem Volk verhandeln, dem Volk vorlegen. — Der Senat soll entscheiden, daß dieser gegen ... handelt.

52,1 *dicundi* alte Form für *dicendi*. — *verbo* mit (einem) Wort, d.h. ohne in einer Rede Begründungen zu geben. — *alius alii* (Dat.!) *varie* 'der eine dem anderen auf verschiedene Weise' = teils dem einen, teils dem andern (d.h. die einen stimmten mit D. Silanus, die andern mit Caesar). — *orationem habere* eine Rede halten.

Die meisten Senatoren stellten sich, wie wir aus anderen Berichten wissen, auf Caesars Seite. Cicero, was bei Sallust unterdrückt ist, versucht vergeblich einzugreifen (4. Rede gegen Catilina), aber erst Catos Rede führt den Umschwung herbei.

2 *longe mihi alia mens est* mir ist ein weit anderer Sinn = ich bin durchaus anderer Ansicht. — *mecum reputo* bei mir (eigentl. mit mir) überlege ich. — 3 *paravēre*: Perf.! — *monēre* mit Inf. unklass. — *cavēre* sich hüten, mit *ab* u. Abl. oder bloßem Akk. — Cato meint also, es komme gar nicht so sehr auf eine Strafe für die Verschwörer an als darauf, in Notwehr sich vor ihnen zu schützen; indirekt gibt er mit diesen Worten zu, daß man sich der Argumentation Caesars nicht ganz entziehen kann. — 4 *persequāre* (Endung *-re* = *-ris* s. S. 98) Konjunktiv als sog. Potentialis 'mag man (gerichtlich) verfolgen'. — *ubi* hier natürlich temporale Konjunktion 'sobald, wenn'. — Die 2. Pers. für das deutsche 'man' (oder Passiv; s. S. 189). — *nihil fit reliqui* (Gen.) bleibt nichts übrig.

11 *hic mihi quisquam nominat* da (*hīc* nicht Pronomen, sondern Adverb 'da, hier') nennt mir einer, da redet mit einer von ... — *equidem* a) in der Tat, allerdings, freilich, b) ich meinerseits, ich wenigstens (= *ego quidem*); in ersterer Bedeutung hier, in letzterer oben (51,20). — *vera vocabula rerum amisimus* die wahren Worte für Dinge = die richtige Benennung der Dinge haben wir verloren; wir haben verlernt, die Dinge beim rechten Namen zu nennen. — *malarum rerum audacia* Verwegenheit zu üblen Streichen. — *eō*

dadurch. — *in extremo* am Ende. — **12** *liberales ex sociorum fortunis ... misericordes in furibus aerarii* freigebig aus (mit) dem Besitz (eigentl. 'Glück' = Glücksgüter) ..., mitleidig gegen Diebe von Staatsgeldern (*aerarium* der Staatsschatz, dessen Verwaltung dem Senat oblag. In der Kaiserzeit kam zum *aerarium*, das weiterhin der Senat verwaltete, der *fiscus* — 'Körbchen' — als Kasse der kaiserlichen Finanzen; in dem gleichen Maße, in dem die kaiserlichen Aufgaben und die kaiserliche Macht die des Senats übertrafen, stieg auch die Bedeutung des *fiscus* auf Kosten des *aerarium*). — *parcere alci* jd. schonen. — *perditum* (von *perdere* verderben) *eant*: *ire* mit Supin auf *-um* 'darauf ausgehen, etwas zu tun'.

13 *bene et conposite* gut und in wohlgesetzten Worten (*conpōnere* zusammenfügen, ordnen, 'komponieren'). — *in hoc ordine* in diesem Stande (gemeint: im Senat; s. S. 55). — *inferi* die Unterirdischen, Unterwelt. — *divorso itinere* 'bei verschiedenem Weg' = weit weg. — *formīdulōsus* grauenvoll. — **14** *videlicet* (aus *videre licet*) natürlich, offenbar. — *populares coniurationis* Teilnehmer an der Verschwörung (*popularis* sonst 'Landsmann; Demokrat'). — **15** *quasi vero* als ob. — *tantummodo* nur. — *per* 'in' s. o. — Die Gefahr ist also in den *municipia* größer, da dort die Mittel zur Abwehr derartiger Angriffe geringer als in Rom sind. — **16** *equidem* s.o. — *eo magis refert* desto mehr kommt es zu, daß ich (A.c.I.), desto mehr muß ich .... — **17** *P. Cornelius Lentulus* war Praetor und Konsul, wurde später als unwürdig aus dem Senat ausgestoßen. — Gefangen sind nur die, deren man in der Stadt habhaft werden konnte, der *exercitus* und die übrigen *coniurati* sind in Etrurien. — **18** *iam omnes feroces aderunt* sogleich werden alle trotzig zur Stelle sein.

19 *noli* und Plur. *nolite* mit Inf. wollet nicht = verneinter Imperativ. — **20** *multō* um vieles, weitaus. — *quippe* da ja. — **21** *nulla* stärker als *non*. — *domi* zu Hause; Gegensatz *foris* draußen. — *animus liber in consulundo* (= *consulendo*). — *dēlictum*, *-i* Schuld, Verfehlung. — *obnoxius* hingegeben, verhaftet, verfallen. — **22** *pro his* näml. für diese Vorzüge. — *publice-privatim* öffentlich-privat. — *opulentia* Reichtum, Pracht. — *sequi* nachfolgen, dienen; hier etwa: sich ergeben. — *virtutis praemia*: die Ämter im Staat sollte man durch *virtus*, nicht durch *ambitio* (Bestechung) erreichen. — **23** *neque mirum* und das ist kein Wunder. — *ubi* hier mit kausalem Sinn. — *vacua* ist der Staat, herrenlos, ungeschützt (eigentlich 'leer'), da jeder nur für sich sorgt.

36 Durch Volturcius und die Gesandten der Allobroger (Volk in Gallien, zwischen Rhône und Isère) kam die Verschwörung im wesentlichen ans Licht. — *manufestus rerum capitalium* auf frischer Tat bei todeswürdigen ('Kapital-')Verbrechen ertappt.

Der Senat stimmt Cato zu, die ergriffenen Verschwörer werden hingerichtet: Für Cicero später Anlaß zu großem

Schmerz, denn man machte ihm, dem Konsul, dies zum Vorwurf und nötigte ihn, weil er römische Bürger ohne Urteil getötet habe, im Jahre 58 in die Verbannung, aus der er freilich nach einem Jahr wieder zurückgeholt wurde.

Sallust benützt, wie er sagt, die Gelegenheit, nachdem er die Reden der beiden Männer wiedergegeben hat, eine Charakteristik beider zu geben (Kap. 54):

54. *Igitur iis genus, aetas, eloquentia prope aequalia fuere,*
2 *magnitudo animi par, item gloria, sed alia alii. Caesar beneficiis ac munificentia magnus habebatur, integritate vitae Cato.*
ille mansuetudine et misericordia clarus factus, huic severitas
3 *dignitatem addiderat. Caesar dando, sublevando, ignoscundo,*
Cato nihil largiundo gloriam adeptus est. in altero miseris
perfugium erat, in altero malis pernicies. illius facilitas, huius
4 *constantia laudabatur. postremo Caesar in animum induxerat*
laborare, vigilare; negotiis amicorum intentus sua neglegere,
nihil denegare, quod dono dignum esset; sibi magnum imperium,
exercitum, bellum novom exoptabat, ubi virtus enitescere posset.
5 *at Catoni studium modestiae, decoris, sed maxume severitatis*
6 *erat; non divitiis cum divite neque factione cum factioso, sed*
cum strenuo virtute, cum modesto pudore, cum innocente abstinentia certabat; esse quam videri bonus malebat: ita, quo minus
petebat gloriam, eo magis illum sequebatur.

54,1 *Caesar* ist 100, *Cato* 95 v. Chr. geboren. — *genus*: nicht von gleicher Abstammung, sondern gleich an adeliger Herkunft. — *alii* (Dat.) *alia* (erg. *gloria*): die *gloria* beider lag auf verschiedenen Gebieten. — **2** *habebatur*, wie *credebatur*, *putabatur* etc. 'wurde gehalten für'. — **2—3** Die *misericordia* war ein Leitgedanke Caesars — es war allerdings auch berechnende Klugheit, daß er seine politischen Gegner zu schonen pflegte; Cato hat ihm später durch seinen Selbstmord mehr geschadet, als wenn er ihm Gelegenheit zur Amnestie gegeben hätte s. S. 208. — **4** (*in*) *animum induxerat* (klass. ohne *in*) sich vornehmen. — *virtus* in Rom und ganz besonders bei Sallust und später bei Tacitus höchstes Lob; für den Römer ist es selbstverständlich, daß er nach Ruhm strebt: dieses Streben gilt als anerkennenswert und edel. — **5** *decus, -oris* Zierde, das was einen Menschen ziert, 'Ehrbarkeit'. — **6** *factiōsus* parteisüchtig (*factio* Partei); *factione cum factioso* 'an Parteileidenschaft (od. Parteistreit) mit dem Parteimanne'. — Das berühmte Wort *esse quam videri bonus malebat* 'er wollte lieber gut sein als scheinen' geht schon auf griechische Tradition zurück: οὐ γὰρ δοκεῖν ἄριστος, ἀλλ' εἶναι θέλει (Aischylos, Sieben gegen Theben). — *petebat*: Subj. ist *Cato*; *sequebatur*: Subj. *gloria*.

So wird also durch die beiden Pole Caesar und Cato die Größe Roms verkörpert, beide zusammen sind die Leitbilder des echten Römers.

Dem strengsten Verfechter der Nobilität und geradezu reaktionären Konservativen, Cato, konnte Sallust die Achtung nicht versagen, obwohl er zur Gegenpartei gehörte. (Unter Parteien versteht man in Rom einerseits die Anhänger der 'Popularen', andererseits die der 'Nobilität'.)

virtus ist alles andere als 'Tugend' im christlichen, heute gebräuchlichen Sinn des deutschen Wortes: Vielmehr hängt *virtus* mit *vir*, Mann zusammen und bezeichnet alles, was den Mann auszeichnet, ist also eher noch dem mittelhochdeutschen tugent bedeutungsverwandt.

Nun wird es Zeit, daß wir uns Gaius Iulius Caesar (100—15. März 44) zuwenden, dem wohl genialsten Römer. Am glänzendsten geschildert ist er bei Mommsen in der 'Römischen Geschichte' III. Band (wo allerdings Cicero mehr als verdient zurücktreten muß). Wir kennen Caesar außer als großen Feldherrn und Staatsmann vor allem als den Verfasser des 'Gallischen Krieges', *Commentarii de bello Gallico*, vielleicht noch als Autor des Werkes über den Bürgerkrieg, *Commentarii de bello civili*. Aber Caesar hat noch andere Schriften verfaßt, die jedoch alle bis auf einige Zitate verloren sind, so das Cicero gewidmete Werk *De analogia*, wodurch er in dem Streit um Analogie oder Anomalie in der Sprache das Wort ergriff: Dergleichen war dem Manne, der damals bereits Statthalter von Gallien war und sich auf noch Wichtigeres vorbereitete, wesentlich genug! Caesar entschied sich im großen und ganzen für das analogische Prinzip, d.h., daß in der Sprache die Regel zu herrschen pflege und nicht die Regellosigkeit. Charakteristisch für seine Auffassung ist, daß er in dieser Schrift anempfahl: *ut tamquam scopulum, sic fugias inauditum atque insolens verbum* 'wie eine Klippe, so soll man ein neues und ungebräuchliches Wort meiden'.

ut — sic korrespondieren: wie — so; *tamquam* wie, gleichsam. — *inaudītum* ungehört, unerhört, dann auch: neu. — *in-solens* ungebräuchlich (*solēre* gewohnt sein). —

Im Jahre 46 hatte Cato den Freitod gewählt und dadurch Caesar mehr geschadet als dies der strenge und starrsinnige Mann im Leben je vermocht hätte, denn nun wurde er als Held der Republik in Lobschriften gefeiert; auch eine von Cicero war darunter. Caesar verfaßte daher Gegenschriften, *Anticatones*.

Ein Gedicht *Iter* gab es von ihm, worin er seine Reise nach Spanien, zum Kampf gegen die Söhne des Pompeius, beschrieb. Auch Sammlungen seiner Reden und Briefe waren im Altertum in Umlauf.

Zu allen Zeiten wurde die klare, knappe Sprache Caesars bewundert (ein Vorzug, dem er das traurige Los verdankt, daß an ihm die Kinder das Lateinlesen lernen). Ein richtiges Bild davon könnte nur die Lektüre einer großen, zusammenhängenden Partie geben. Doch sollen als Muster hier wenigstens zwei Stücke aus den *Commentarii* stehen. *Commentarii* bedeutet 'Notizen, Aufzeichnungen, Memoiren'. Caesars *Commentarii* beruhen auf Aufzeichnungen über Kriegspläne und -ereignisse sowie auf seinen Berichten an den Senat.

Im VI. Buch der *Commentarii de bello Gallico* schildert er die Zustände, die er antraf, als er in Gallien einrückte (VI 11,2ff.):

VI 11,2 *In Gallia non solum in omnibus civitatibus atque in omnibus pagis partibusque, sed paene etiam in singulis domi-*
3 *bus factiones sunt; earumque factionum sunt principes, qui summam auctoritatem eorum iudicio habere existimantur, quorum ad arbitrium iudiciumque summa omnium rerum consilio-*

rumque redeat. idque eius rei causa antiquitus institutum videtur, 4
nequis ex plebe contra potentiorem auxilii egeret; suos enim
quisque opprimi et circumveniri non patitur neque, aliter si
faciat, ullam inter suos habet auctoritatem. haec eadem ratio 5
est in summa totius Galliae; namque omnes civitates divisae
sunt in duas partes.

12, 1. Cum Caesar in Galliam venit, alterius factionis prin-
cipes erant Haedui, alterius Sequani. hi cum per se minus va- 2
lerent, quod summa auctoritas antiquitus erat in Haeduis mag-
naeque eorum erant clientelae, Germanos atque Ariovistum
sibi adiunxerant eosque ad se magnis iacturis pollicitationibusque
perduxerant. proeliis vero compluribus factis secundis atque 3
omni nobilitate Haeduorum interfecta tantum potentia antece-
serant, ut magnam partem clientium ab Haeduis ad se tradu- 4
cerent obsidesque ab iis principum filios acciperent et publice
iurare cogerent nihil se contra Sequanos consilii inituros et par-
tem finitimi agri per vim occupatam possiderent Galliaeque
totius principatum obtinerent. qua necessitate adductus Divi- 5
ciacus auxilii petendi causa Romam ad senatum profectus infecta
re redierat.

Adventu Caesaris facta commutatione rerum, obsidibus Hae- 6
duis redditis, veteribus clientelis restitutis, novis per Caesarem
comparatis, quod ii, qui se ad eorum amicitiam aggregaverant,
meliore condicione atque aequiore imperio se uti videbant, reliquis
rebus eorum gratia dignitateque amplificata Sequani principa-
tum dimiserant.

In eorum locum Remi successerant; quos quod adaequare apud 7
Caesarem gratia intellegebatur, ii, qui propter veteres inimici-
tias nullo modo cum Haeduis coniungi poterant, se Remis in
clientelam dicabant. hos illi diligenter tuebantur; ita et novam 8
et repente collectam auctoritatem tenebant. eo tum statu res erat, 9
ut longe principes haberentur Haedui, secundum locum dignitatis
Remi obtinerent.

13. In omni Gallia eorum hominum, qui aliquo sunt numero
atque honore, genera sunt duo; nam plebes paene servorum
habetur loco, quae nihil audet per se, nulli adhibetur consilio.
plerique, cum aut aere alieno aut magnitudine tributorum aut 2

iniuria potentiorum premuntur, sese in servitutem dicant. nobili-
bus in hos eadem omnia sunt iura, quae dominis in servos. sed de
3 *his duobus generibus alterum est druidum, alterum equitum.*
4 *Illi rebus divinis intersunt, sacrificia publica ac privata pro-*
curant, religiones interpretantur; ad hos magnus adulescentium
numerus disciplinae causa concurrit, magnoque hi sunt apud eos
5 *honore. nam fere de omnibus controversiis publicis privatisque*
constituunt et, si quod est facinus admissum, si caedes facta, si
de hereditate, de finibus controversia est, idem decernunt, praemia
6 *poenasque constituunt. si qui aut privatus aut populus eorum*
decreto non stetit, sacrificiis interdicunt. haec poena apud eos est
7 *gravissima. quibus ita est interdictum, hi numero impiorum ac*
sceleratorum habentur, his omnes decedunt, aditum eorum
sermonemque defugiunt, ne quid ex contagione incommodi acci-
piant, neque his petentibus ius redditur neque honos ullus commu-
nicatur.
8 *His autem omnibus druidibus praeest unus, qui summam inter*
9 *eos habet auctoritatem. hoc mortuo aut, si qui ex reliquis excellit*
dignitate, succedit, aut, si sunt pares plures, suffragio druidum
10 *adlegitur; nonnumquam etiam armis de principatu contendunt.*
hi certo anni tempore in finibus Carnutum, quae regio totius
Galliae media habetur, considunt in loco consecrato. huc omnes
undique, qui controversias habent, conveniunt eorumque decretis
11 *iudiciisque parent. disciplina in Britannia reperta atque inde in*
12 *Galliam translata existimatur, et nunc, qui diligentius eam rem*
cognoscere volunt, plerumque illo discendi causa proficiscuntur.

11,2 *civitas* Stamm; gegliedert in *pagi* Gaue und *domūs* Sippen. — **3** *princeps factionis* Parteiführer. — *exīstimārī* mit N.c.I. (dazu s. S. 134) gelten, gehalten werden für. — *summa, -ae* Gesamtzahl, Summe; Gesamtheit; das Ganze; die Hauptsache (*summa imperii* der absolute Oberbefehl; *in summā* aufs Ganze gesehen). — *redire ad* eigentl. zurückgehen auf; im Dt., mit anderer Ortsvorstellung, abhängen von. — **4** *antīquitus* Adv. von alters her, vor alters. — *egēre* entbehren, meist mit Abl., gelegentlich (bes. im älteren Lat.) mit Gen.

12,1 *cum*: s. S. 144. — **2** *clientēla* Klientel; *cliens, -ntis* Klient, der einem *patrōnus* gegenüber in gewisser Abhängigkeit steht und ihm zu Dienstleistungen verpflichtet ist, während der *patronus* ihn vor Ungerechtigkeiten, Armut u. dgl. schützt. — *adiungere* anfügen;

sibi a. für sich gewinnen; *se a.* sich anschließen. — *iactūra* (*iacere* werfen) Opfer, Verlust. — *pollicitātiō* Versprechung. — *per-dūcere* (hin-)durchführen, verleiten, bewegen. — 3 *proeliis ... interfecta: abl. abs.* — 4 *obsides* 'als Geiseln'. — *iurare cogerent*, näml. *Haeduos.* — *nihil consilii inire* etwa gleich *nullum consilium inire* (Plan eingehen, fassen). — *possidērent* von *possidēre* besetzt haben, besitzen (dem Schriftbild nach gleich *possīdere* in Besitz nehmen). — 5 *Dīviciācus* war Fürst der Haeduer und Römerfreund. — *auxilii petendi causa: causā* (nachgestellt!) mit Gen. 'wegen, um zu' ('um Hilfe zu erbitten'); *causa* mit Gen. des Gerundiums ist eine beliebte Konstruktion, um eine Absicht auszudrücken; gleichen Sinn hätten die Konstruktionen *ut auxilium peteret* oder *auxilium petitum* (Supin: s. S. 120) gehabt, vgl. 13, 11 *discendi causa.* — *īnfectā rē* unverrichteter Dinge (*īnfectus* unvollendet, Gegenteil *perfectus*).

.6 *ad eorum* (näml. der Haeduer) *amicitiam aggregaverant* ihrer Freundschaft, Bundesgenossenschaft beigesellt hatten. — *utī:* Verbum! — *reliquis rebus* 'auch im übrigen, in sonstiger Hinsicht'. — *eorum* (der Haeduer) *gratia* ihre Beliebtheit, ihr Einfluß. — *dī-mittere* entlassen; auch: verlassen müssen = verlieren.

7 *Rēmī*: ihr Hauptort war *Durocortŏrum*, heute Reims. — *quos quod:* relativer Anschluß statt *quod eos.* — *intellegebatur:* Passiv für das deutsche 'man': es wurde eingesehen, man sah ein. — *se in clientelam dicare* sich in die Klientel aufnehmen lassen, begeben. — 9 *habēre* (mit doppeltem Akk.) 'jd. für etw. haben, halten'; Passiv 'gehalten werden' mit dopp. Nom.

13,1 *numero esse* von Bedeutung sein ('zählen'). — *plebes* Nebenform von *plebs.* — *loco servorum haberi* wie Sklaven gehalten werden. Vgl. 13, 7: *numero impiorum haberi* unter die Zahl der *impii* gerechnet werden, für *i.* gehalten werden.

4 *inter-esse* dazwischen sein, tätig sein in (zu *interesse* s. S. 122 und 156). — *religiōnēs* Glaubensangelegenheiten. — *disciplīna* Unterricht, Lehrmethode, Unterrichtsfach, Erziehung, Zucht. (Das Wort bekam die Bedeutung, die wir heute meist mit 'Disziplin' verbinden, also erst auf dem Umweg über 'Unterricht', wo — wie wir z.B. aus den Klagen des Horaz über seinen Schulunterricht wissen — strenge Zucht herrschte. Dagegen ist in der Bedeutung 'wissenschaftliche Disziplin' = Fachrichtung der ursprüngliche Sinn gewahrt.) — 5 *cōnstituere* hinstellen, festsetzen; absolut auch: Entscheidung fällen. — *ad-mittere* zu-, loslassen; (Schlechtes) begehen. — 6 *dēcrētō stāre* 'auf (dem Boden) der Entscheidung ('Dekret') stehen', sich der Entscheidung fügen. — *inter-dīcere* ('Interdikt') untersagen, ausschließen von (*alicui aliqua re; sacrificiis* [Abl.] *i.* von den Opferhandlungen ausschließen; im folgenden Satz: *quibus* [Dat.] *interdictum est* die ausgeschlossen sind). — 7 *im-pius* eigentl. 'un-fromm'; frevelhaft, verrucht, gottlos: das Wort ist nicht genau zu übersetzen, so wenig wie *pius*, denn *pius* um-

faßt die pflichtmäßige, 'pietätvolle' Gesinnung und Handlung gegenüber allen denen, denen man dazu verpflichtet ist: Göttern, Eltern, Freunden usw. — *dē-cēdere* weg-gehen; *alci* jd. aus dem Weg gehen. — *dē-fugere* etwa = *fugere*. — *ne quid incommodi* damit nicht Schaden (Konstr. wie *ne quid detrimenti*). — *neque* (und nicht) *his petentibus ius redditur* (ihnen als Bittenden, auf ihre Bitten wird Recht gesprochen) ... *neque* (noch) ... *communicatur* (wird gemeinsam gemacht, mitgeteilt, gewährt).

9 *succedit*, erg. aus dem *si*-Satz (*qui*!) das Subjekt *is*: 'so folgt dieser nach'. — *suffragio* (Abl. zu *-ium*) *adlegere* (od. *all-*) durch Abstimmung zu-wählen; hier nur: wählen. — 10 Die *Cárnutēs* saßen zwischen *Liger* (Gen. *-eris*; Loire) und *Sēquana* (Seine); ihr Hauptort war *Cēnabum*, das später *civitas Aurelianorum* oder *Aurelianensis* genannt wurde, wovon der heutige Name Orléans kommt. — 11 *disciplina*: näml. der Druiden.

In Anbetracht der Zwietracht unter den gallischen Stämmen ist es nicht zu verwundern, daß Caesar trotz ihrer Überzahl verhältnismäßig leicht mit ihnen fertig wurde. Das berühmte Wort *Divide et impera*! ist der Form nach zwar nicht antik, wohl aber dem Gehalt nach. (Der Ursprung des Wortes ist unsicher. Nach Prosper Mérimées 'Chronique' soll Ludwig XI. gesagt haben: Diviser pour régner.)

Es mag sich bei der vorstehenden Partie nicht gerade um die 'leichteste' Stelle aus Caesar handeln — Beschreibungen von Zuständen, Erörterungen politischer, geographischer oder philosophischer Dinge gelten gemeinhin als schwerer zu übersetzen als Erzählungen von 'Krieg und Kriegsgeschrei', obwohl sie doch interessanter sind als die oft recht gleichförmigen Schlachtendarstellungen der Geschichtsschreiber. Da zu vermuten ist, daß viele Caesar als Kriegsdarsteller kennen, sollte er hier von einer anderen Seite gezeigt werden. Seine Interessen waren also auch wissenschaftlich und nicht nur auf Kriegführung und Provinzeroberung ausgerichtet.

Stilistisch bemerkenswert ist die knappe, schmucklose Beschreibung des Tatsächlichen unter Verzicht auf jeden auffallenden Aufputz. Hier spricht der Feldherr, der gewohnt ist, seine Befehle in klare, verständliche Sätze zu bringen, nicht der Rhetor, der seine Zuhörer durch ein Feuerwerk brillanter Wortkunst fesseln und seiner Darstellung Farbe verleihen will. — Der literarische Tatsachenbericht geht auf Caesar zurück. (Nicht natürlich der heute so beliebte 'Tatsachenbericht' reißerischer Literaturprodukte.) Daß gelegentlich Tatsachen ein wenig zurechtgerückt werden, das brauchten die Memoirenschreiber allerdings wohl nicht erst von Caesar zu lernen. Manchmal nämlich glaubte auch der große Caesar seinem Ruhm einige Korrekturen schuldig zu sein... — Viele werden diesem Stil ohne Überschwang, wie ihn Caesar, dem doch bereits alle Mittel der Wortkunst zur Verfügung gestanden wären, kultivierte — wir sehen es an Vorgängern und Zeitgenossen — den Vorzug vor allen anderen Stilarten geben. Aber auch dieser Stil muß gekonnt sein: Wo ist bei Caesar ein Wort zu viel, wo trifft eines nicht den Kern der Sache? Und wer wollte behaupten, daß das Ganze langweilig ist? (Daß er in der Schule so oft langweilig behandelt wird, dafür kann Caesar so wenig wie Goethe, Shakespeare und all die anderen Leidensgenossen.)

Wenn von der 'Zeit der goldenen Latinität' die Rede ist, denkt jeder an die beiden Namen Caesar und Cicero. Unbestreitbar ist es die Zeit, in der der lateinische Sprachgebrauch am meisten gefestigt und in der am meisten und erfolgreichsten Wert auf die Form gelegt wurde.

Es ist natürlich sehr schwer, in Leseproben davon einen Begriff zu vermitteln. Dennoch werden auch einige kleinere Partien auf Sie nicht ohne einen gewissen Eindruck bleiben.

Aus sprachhistorischen Gründen wurde nach Sallust Caesar behandelt. Aber Sie werden sich erinnern, daß einen wesentlichen, sicher sogar den entscheidenden Anteil an der Unterdrückung der Catilinarischen Verschwörung M. Tullius Cicero hatte (geboren 106 in Arpinum, jetzt Arpino, etwa 100 km südöstlich von Rom, ermordet 43 v. Chr.). Wenn es auch Cato war, der durch das Gewicht der von niemandem angezweifelten Integrität seiner Persönlichkeit, wohl mehr als durch seine Rede, den Eindruck von Caesars Argumenten bei den Zuhörern verwischte, so gebührt doch Cicero das Verdienst, daß ohne ihn die Angelegenheit überhaupt nicht zur Diskussion gestanden hätte. In jener Senatssitzung, aus der bei Sallust die Reden Caesars und Catos erhalten sind, hielt Cicero als referierender Konsul seine sog. 'Vierte Catilinarische Rede', die Sallust, wie wir sahen, verschweigt (sie war sicher auch nicht die gleiche, die Cicero dann überarbeitet niederschrieb, sondern wohl tatsächlich nicht viel mehr als ein Referat über die Lage, das er als amtierender Konsul gab, wenn er unzweifelhaft auch seiner Meinung und seinen Wünschen in dieser Sache Ausdruck gab). Entscheidend dagegen war Ciceros 'Erste Catilinarische Rede', gehalten etwa vier Wochen vor der 'Vierten'. Catilina ist noch in Rom, Cicero hat, aus Furcht vor Anschlägen, den Sitzungssaal von bewaffneten Rittern umstellen lassen. Die Stimmung ist ganz auf seiner Seite, Catilina sieht sich veranlaßt, Rom zu verlassen — kein geringes Eingeständnis seiner Schuld. Die Revolution kommt, vielleicht früher als geplant, zum Ausbruch, und zwar nicht in der Stadt, sondern muß von außen hereingetragen werden. Damit sind die Chancen von vornherein gering. Überliefert ist die Rede, dem Brauch zufolge, in einer Überarbeitung. Die Grundzüge, vor allem, da es sich um so wichtige, einprägsame Dinge handelte, sind aber bestimmt auch in die Bearbeitung eingegangen.

Hier der Anfang der Rede. Cicero steuert von vornherein auf das (schließlich mit der Rede erreichte!) Ziel zu, Catilina zum Verlassen der Stadt zu bewegen:

1 *Quo usque tandem abutere, Catilina, patientia nostra? quam diu etiam furor iste tuus nos eludet? quem ad finem sese effrenata iactabit audacia? nihilne te nocturnum praesidium Palatii, nihil urbis vigiliae, nihil timor populi, nihil concursus bonorum omnium, nihil hic munitissimus habendi senatus locus, nihil horum ora vultusque moverunt? patere tua consilia non sentis? constrictam iam horum omnium scientia teneri coniurationem tuam*

non vides? quid proxima, quid superiore nocte egeris, ubi fueris,
quos convocaveris, quid consilii ceperis, quem nostrum ignorare
arbitraris? o tempora! o mores! senatus haec intellegit, consul 2
videt: hic tamen vivit. vivit? immo vero etiam in senatum venit,
fit publici consilii particeps, notat et designat oculis ad caedem
unumquemque nostrum. nos autem, fortes viri, satisfacere rei
publicae videmur, si istius furorem ac tela vitemus. ad mortem
te, Catilina, duci iussu consulis iam pridem oportebat, in te con-
ferri pestem, quam tu in nos omnes iam diu machinaris. an vero 3
vir amplissimus, P. Scipio, pontifex maximus, Ti. Gracchum,
mediocriter labefactantem statum rei publicae, privatus inter-
fecit: Catilinam, orbem terrae caede atque incendiis vastare
cupientem, nos consules perferemus? nam illa nimis antiqua
praetereo, quod C. Servilius Ahala Sp. Maelium, novis rebus
studentem, manu sua occidit. fuit, fuit ista quondam in hac re
publica virtus, ut viri fortes acrioribus suppliciis civem perni-
ciosum quam acerbissimum hostem coercerent. habemus senatus
consultum in te, Catilina, vehemens et grave; non deest rei pub-
licae consilium neque auctoritas huius ordinis; nos, nos, dico
aperte, consules desumus.

Decrevit quondam senatus, ut L. Opimius consul videret, ne 4
quid res publica detrimenti caperet: nox nulla intercessit, inter-
fectus est propter quasdam seditionum suspiciones C. Grac-
chus, clarissimo patre, avo, maioribus; occisus est cum liberis
M. Fulvius consularis. simili senatus consulto C. Mario et
L. Valerio consulibus est permissa res publica: num unum
diem postea L. Saturninum tribunum plebis et C. Servilium
praetorem mors ac rei publicae poena remorata est? at vero nos
vicesimum iam diem patimur hebescere aciem horum auctoritatis.
habemus enim huiusce modi senatus consultum, verum inclusum
in tabulis, tamquam in vagina reconditum, quo ex senatus con-
sulto confestim te interfectum esse, Catilina, convenit. vivis, et
vivis non ad deponendam, sed ad confirmandam audaciam. cupio,
patres conscripti, me esse clementem, cupio in tantis rei publi-
cae periculis me non dissolutum videri; sed iam me ipse inertiae
nequitiaeque condemno. castra sunt in Italia contra populum 5
Romanum in Etruriae faucibus collocata, crescit in dies singu-

los hostium numerus, eorum autem castrorum imperatorem ducemque hostium intra moenia atque adeo in senatu videtis intestinam aliquam cotidie perniciem rei publicae molientem. si te iam, Catilina, comprehendi, si interfici iussero, credo, erit verendum mihi, ne non hoc potius omnes boni serius a me quam quisquam crudelius factum esse dicat. verum ego hoc, quod iam pridem factum esse oportuit, certa de causa nondum adducor, ut faciam. tum denique interficiere, cum iam nemo tam improbus, tam perditus, tam tui similis inveniri poterit, qui id non iure
6 *factum esse fateatur. quam diu quisquam erit, qui te defendere audeat, vives, et vives ita, ut vivis, multis meis et firmis praesidiis obsessus, ne commovere te contra rem publicam possis. multorum te etiam oculi et aures non sentientem, sicut adhuc fecerunt, speculabuntur atque custodient....*

1 Cicero beginnt mit einer Reihe von rhetorischen Fragen. — *quō ūsque* wie lange noch?; eigentl. *quō* wohin? und *ūsque* in einem fort, ununterbrochen. Dazu die Verstärkung *tandem* 'denn eigentlich' (*quis tandem* wer d. e., wer in aller Welt); *tandem* ohne Fragewort 'endlich, zuletzt'. — *abūtēre* = *-ris*: die 2. Pers. Sing. endigt oft auf *-re*: s. S. 98. *ab-ūtī* mißbrauchen, wie *ūtī* mit Abl. — *furor iste tuus* gehört zusammen. — *ē-lūdere* sein Spiel treiben, foppen (Ausdruck der Fechtersprache). — *etiam* noch. — *sēsē* verstärktes *sē*; *se iactare* = *iactari* sich rühmen, prahlen, großtun. — *ef-frēnātus* (*frēnum* Zügel; *effr-* aus *exfr-*) ungezügelt. — *praesidium* Schutz, Besatzung; bei Gefahr wurde der palatinische Hügel mit Wachen besetzt. (*Palātium* 'das Palatium', der Palatin; *Palātīnus* ist das Adj. zu *Palātium*, daher *Palātīnus mōns* der p. Hügel [eigentl. 'Berg']. Da Augustus später dort seinen Palast hatte, bekam *Palātium* die Bedeutung 'Palast, Residenz'; im Deutschen wurde daraus 'Pfalz' und 'Palast'). — *bonī* sind bei Cicero alle, wir würden vielleicht sagen, 'staatserhaltenden' Personen (der *cōnsēnsus bonōrum* war sein großes politisches Anliegen). — *munitissimus* Superl. zu *mūnītus* befestigt. — *senatum habere* Senatssitzung abhalten; *locus senatus habendi* der Platz des abzuhaltenden (Gerundivum) Senats, Platz für die Abhaltung der Senatssitzung. Cicero hatte den Senat in den Tempel des *Iuppiter Stator* (Iuppiter, der das Heer, das weichen will, zum Stehen bringt) einberufen, der am nördlichen Abhang des (militärisch gesicherten) Palatin lag. Sonst wurden Senatssitzungen in der *curia* oder in Tempeln auf dem Forum oder Kapitol abgehalten. — *horum*: Cicero weist auf den versammelten Senat. — Die Satzfragen werden eingeleitet durch das *-ne* beim ersten *nihil*; die Fragepartikel wirkt in dieser gedrängten Fülle von Fragen weiter, bis ein

neues Fragewort (*quid*) kommt. — Von *non sentis* und *non vides* ist ein A.c.I. abhängig: *consilia patere* und *coniurationem constrictam teneri* (‘zusammengeschnürt, gelähmt gehalten’). — Hauptsatz ist *quem n. ignorare a.* — *proximā nocte* in der vorhergehenden (d.h. der dem Augenblick des Sprechens nächstliegenden) Nacht (5./6. November); *superiore nocte:* die Nacht, die dieser voranging, also die vorletzte. — *quid consilii* statt *quae consilia.* — **2** Beim Ausruf der Verwunderung oder des Schmerzes steht *ō* mit dem Akk. (*ō* mit Vok. dagegen kann bei besonders affektbetonter Anrede stehen). — Es folgen nun unverhüllte Drohungen. Cicero beruft sich dabei (nächster Abschnitt) auf das sog. *senatus consultum ultimum* mit dem die Konsuln durch die Formel *videant consules, ne quid detrimenti capiat res publica* s. S. 137 vom Senat außerordentliche Vollmacht bekamen; die ‘Volkspartei’ (*populares*) hat die ‘Verfassungsmäßigkeit’ eines solchen Beschlusses immer bestritten, deshalb Ciceros Betonung der Präzedenzfälle; eine geschriebene Verfassung gab es ja nicht. — *immo vero etiam* ja sogar noch. — *fit particeps* (mit Gen.) *publ. cons.* wird der öffentlichen Beratung teilhaftig, nimmt teil an. — *notat et designat* bezeichnet und bestimmt (wie ein Priester das Opfertier). — *oportebat* es wäre nötig gewesen: um auszudrücken, daß etw. hätte geschehen sollen oder müssen, wird der Indikativ Imperf. oder Perf. verwendet. — **3** *an vero* ‘oder wirklich’; des Gegensatzes wegen beigeordnet; im Deutschen ist Unterordnung mit ‘während dagegen’ möglich. — *pestis* Pest, Verderben. — *P. Cornelius Scipio Serapio,* Verwandter der *Africani,* tötete *Ti. Gracchus* im Jahre 133, und zwar *privatus,* als Privatmann, da er als *pontifex maximus* zwar eine (im allg. lebenslängliche) Würde, aber keine Beamtenstellung bekleidete. — *mediocriter* Abschwächung, des Gegensatzes wegen. — *labe-factare* wankend machen, erschüttern. — *perferemus* (*perferre* ertragen): auch hier Frage ohne Partikel: in der gesprochenen Rede kann man, wie im Deutschen, durch die Stimme die Frage ausdrücken. — *praetereo* ich übergehe: aber in Wirklichkeit führt er die Beispiele doch an; man nennt diese rhetorische Figur *praeteritio.* — *illa ... quod* dies ... daß: *quod* ‘die Tatsache, daß’ (s. S. 146) bes., wenn ein Demonstrativpronomen vorhergeht. — *C. Servilius Ahala* war *magister equitum* (d. i. eigentl. ‘Reiterführer’, bedeutet aber in Wirklichkeit nur Gehilfe eines Dictators) des Dictators *Quinctius Cincinnatus*; *Sp. Maelius* geriet 439 v. Chr. in Verdacht, er strebe nach dem Königtum, als er sich das Volk bei einer Hungersnot durch Getreidespenden geneigt machte. — *senatus consultum vehemens et grave:* das *s. c. ultimum*; s. o. — *ordo* der (hier: Senatoren-) Stand (vgl. S. 55). — *nos desumus* wir fehlen (erg. *rei publ.*), an uns gebricht es dem Staat; d.h. es fehlt am Durchgreifen der Exekutive.

4 *L. Opimius* — der andere Konsul war im südlichen Gallien, deshalb erging nur an ihn das *s. c. ultimum* — überwältigte im Jahre

121 v. Chr. *C. Gracchus* und seine Anhänger; *C. Gracchus* ließ sich selbst, um nicht in die Hände seiner Feinde zu fallen, von einem Sklaven töten. Sein Vater war zweimal Konsul, einmal Censor, zweimal erhielt er den Triumph; er war mütterlicherseits Enkel des *Scipio Africanus maior*. — *M. Fulvius* war Kollege und Parteigänger des *C. Gracchus*; *consularis* ist die Bezeichnung eines gewesenen Konsuls (in der Kaiserzeit konnte der Kaiser den Titel *c.* auch an Männer verleihen, die nicht Konsuln gewesen waren). — *mors ac poena remorata est* der Tod und die Strafe ließ warten (*remorārī* zögern; aufhalten, warten lassen). — Bei der Konsulwahl im Jahre 100 v. Chr. war es zu Tumult und Totschlag gekommen. — *hebēscere* (ohne Perf. und Supin) stumpf (*hebes, -ĕtis*) werden (wie die Schneide eines Schwertes); das Bild wird fortgesetzt durch *in vagina reconditum*: *recondere in vāgīnam* (das Schwert) in die Scheide stecken. Auf *tabulae* wurden die Beschlüsse aufgezeichnet. — *convēnit tē cōnfēstim interfectum esse* es wäre (s.o. bei *oportebat*) geziemend, in der Ordnung gewesen, daß du sofort getötet worden wärest. — *patres conscripti* als Anrede an den Senat s. S. 201. — *cupio* mit A.c.I.: nach *cupere* steht bei gleichem Subjekt (wie hier: ich wünsche, daß ich) der bloße Inf., doch kann der A.c.I. stehen, wenn das Verbum des abhängigen Satzes *esse* mit Prädikatsnomen (*esse clementem*) oder passiver Inf. ist (*videri*). — *dis-solūtus*, zu *dis-solvere*, (auseinander-) gelöst, zügellos, ungezügelt, maßlos. — *condemnāre* verurteilen; mit Gen.: Verba des gerichtlichen Verfahrens s. S. 155. — 5 *in faucibus Etruriae* (*faucēs, -ium* [*plurale tantum*] Schlund, übertr.: Engpaß), näml. bei *Faesulae*, dem heutigen Fiesole (nordöstl. von Florenz). — *in dies singulos* von Tag zu Tag. — *atque adeo* und sogar. — *molientem* zu *imperatorem* und *ducem* (*mōlīrī* unternehmen, beabsichtigen). — *intestīnus* innerlich, d.h. im Innern. — *iam* schon, jetzt. — *iussero* Fut. exact. wegen *erit verendum*. — *verendum mihi erit, ne non* (s. S. 135). — *non potius ... quam* nicht so sehr (daß) ... wie (daß). — *omnes boni* (wieder wie oben die *boni*; ergänze *dicant*) ... *quisquam dicat* (feiner Unterschied: wer so sagt, wird damit von den *boni* ausgeschlossen). — *serius ... crudelius* die Komparative drücken hier, wie oft, den zu hohen Grad (zu spät ... zu grausam) aus (s. S. 67). — Cicero muß nun erklären, warum er bisher nicht eingeschritten ist, obwohl es in der Ordnung gewesen wäre (im Lat. wieder Indik., s.o.). — *interficiēre* = *-ris*. — *fateātur* zugeben dürfte, potential. — Offenbar gab es noch Leute, die die ganze Sache für nicht so gefährlich hielten und der Ansicht waren, Cicero übertreibe. — Cicero betont also, es komme ihm auf die Einmütigkeit aller Bürger an (vielleicht war ihm bewußt, wie gefährlich es werden konnte, wenn er bis zum Äußersten gehen würde; tatsächlich wurde er später deswegen verbannt: s. S. 205f.). — 6 *non sentientem* (zu *te*) ohne daß du es merkst.

Die Rede wurde ein voller Erfolg; Cicero erreichte, was er beabsichtigt hatte. Eingesetzt hat er nicht nur seine ehrliche Überzeugung und Sorge, sondern auch Mittel rhetorischer Ausgestaltung, die die Rede besonders einprägsam machen: So fällt uns sofort die Häufung rhetorischer Fragen auf, die den Hörer gewissermaßen zur Antwort herausfordern: bevor dieser aber noch überlegt hat, folgt schon die Antwort, vom Redner gegeben, was psychologisch fast so wirkt, als sei der Hörer selbst der Antwortende. Die Anaphern (z.B. *nihil — nihil — nihil*) sind nicht weniger eindringlich als die Geminationen (*fuit, fuit; nos, nos*) und Epanalepsen (Wiederaufnahme, ἐπανάληψις, eines am Schluß eines Satzes stehenden Wortes zu Anfang des folgenden: *vivit. vivit? immo vero...*). Steigerungen betonen das Unerhörte der Sache (*immo vero; atque adeo*), die Praeteritio tut so, als schöpfe sie aus einer Vielzahl von Beispielen, die dem Hörer bekannt seien und die aufzuzählen zu langwierig wäre. Von vorneherein werden alle, die anders denken, von den *boni* ausgeschlossen, aber zunächst so unmerklich, daß die Hörer noch ganz bei der Sache sind und dann plötzlich auch zuzustimmen sich veranlaßt fühlen, wenn die andern mit *improbus, perditus* tituliert werden: Auch das nicht plump, sondern mit *cum iam nemo tam improbus... inveniri poterit.*

Durch seine Reden ist Cicero der unbestrittene Meister der römischen Beredsamkeit geworden. Es sind teils Verteidigungs-, teils Anklagereden. Vor allem letztere, wie etwa die gegen Catilina oder gegen den erpresserischen Statthalter von Sizilien, Verres, oder die 14 *Philippicae orationes*, haben seinen Namen berühmt gemacht. (*Philippicae* genannt nach den Reden des bedeutendsten griechischen Redners Demosthenes gegen Philipp von Makedonien, den Vater Alexanders d. Gr. So wurde *Philippica* zum Gattungsbegriff für Reden mit besonders scharfen Angriffen). Mit den Anklagereden wurde sehr oft ein politischer Zweck verbunden, man schlägt den Sack und meint den Esel, d.h. man greift Günstlinge und Parteigänger eines Mächtigen an, an den selbst man sich nicht herantraut. Dieses auch moderne Verfahren ist also keineswegs neu.

Kein Wunder, daß Cicero, wohl auch auf Wunsch seiner Hörer, auf den Gedanken kam, seine durch theoretische Schulung — er hat die griechische Beredsamkeit studiert — und praktischen Gebrauch gewonnenen Einsichten schriftlich niederzulegen. So entstanden seine rhetorischen Schriften, unter denen auch ein Überblick über die Geschichte der römischen Rhetorik ist: *Brutus sive de claris oratoribus*. Ciceros Hauptforderung lautet: Der Redner muß universell gebildet sein.

Im Grunde dient Ciceros gesamte Tätigkeit dem Staatswesen, obwohl er als praktischer Politiker nicht allzu oft vom Erfolg begünstigt wurde und die Entwicklung schließlich auch über ihn hinwegging, ein Umstand, den er im Jahre 43, fast 64 Jahre alt, mit dem Tode besiegelte. Sein Kopf und seine rechte Hand wurden von Antonius auf der Rednertribüne in Rom zur Schau gestellt.

Seine Staatsschriften, *De re publica* und *De legibus*, rechnete Cicero wie das ganze Altertum den philosophischen Schriften zu. Auf den philosophischen Werken aber beruht Ciceros weittragendste Bedeutung für Wissenschaft und Bildung der Folgezeit. Er war es, der es unternahm, und dies mit Erfolg, die Philosophie der Griechen dem lateinischen Westen zu vermitteln und der griechischen Terminologie eine entsprechende lateinische gegenüber zu stellen, womit er der Philosophie und Wissenschaft (deren Disziplinen eigentlich nur einzelne Zweige der Philosophie waren) eine Ausdrucksweise in die Hand gab, die bis in die Neuzeit das europäische Geistesleben beherrscht und die in ihren Denkschemen noch weiter wirksam sein wird.

Aus der Fülle seiner philosophischen Schriften, von ihm oft nur in erzwungener Muße bei zeitweiliger Ausschaltung aus dem Staatsleben verfaßt, sind wohl am bekanntesten die *Tusculanae disputationes* (so genannt, da sie Gespräche, die auf seinem Landgut in *Tusculum* gehalten worden sein sollen, wiedergeben), die *Academica* (Akademische Untersuchungen; 'Akademiker' werden die Anhänger und Nachfolger Platons genannt), *De finibus bonorum et malorum*, *De natura deorum* und *De officiis*, sowie die liebenswürdigen Dialoge *Laelius sive de amicitia* und *Cato maior sive de senectute*.

Die Entdeckung seiner gesammelten Briefe hat zwar den Humanisten einen Schock versetzt, denn sie zeigen den bis dahin heroisierten Cicero als Menschen mit Fehlern und Schwächen, sie bringen ihn uns aber deshalb nur näher und legen viele Motive seines Denkens und Handelns dar; vor allem aber sind sie unschätzbar für die Zeitgeschichte gerade in einer so bewegten und umwälzenden Epoche wie der des Endes der Republik und des Beginns der Monarchie.

Gelegentlich hat Cicero in seine Schriften persönliche Erlebnisse verflochten. In den Tusculanen V 64—66 erzählt er, wie er das Grab des Archimedes in Syrakus (Sizilien) suchte und auffand. Diese Geschichte sagt mehr über Ciceros Verhältnis zur Vergangenheit und zu großen Leistungen aus, als es Worte darüber vermöchten:

Archimedis ego quaestor ignoratum ab Syracusanis, cum esse omnino negarent, saeptum undique et vestitum vepribus et dumetis indagavi sepulcrum. tenebam enim quosdam senariolos, quos in eius monumento esse inscriptos acceperam, qui declarabant in summo sepulcro sphaeram esse positam cum cylindro. ego autem 65
cum omnia conlustrarem oculis — est enim ad portas Agragantinas magna frequentia sepulcrorum —, animum adverti columellam non multum e dumis eminentem, in qua inerat sphaerae figura et cylindri. atque ego statim Syracusanis — erant autem principes mecum — dixi me illud ipsum arbitrari esse, quod quaererem. inmissi cum falcibus multi purgarunt et aperuerunt

66 *locum. quo cum patefactus esset aditus, ad adversam basim accessimus. apparebat epigramma exesis posterioribus partibus versiculorum dimidiatum fere. ita nobilissima Graeciae civitas, quondam vero etiam doctissima, sui civis unius acutissimi monumentum ignorasset, nisi ab homine Arpinate didicisset.*

64 *Archimedis sepulcrum* gehört zusammen: Mit der Einrahmung durch Nomen und dazu gehörendem Genitiv wird der Satz zusammengeschlossen und die Aufmerksamkeit des Lesers auf das Nomen gespannt. Die Trennung einer zusammengehörigen Wortgruppe heißt mit dem rhetorischen Fachausdruck Hyperbaton (ὑπερ-βαίνειν über-, hinüberschreiten). — Cicero war im Jahre 75 v.Chr. Quaestor unter dem damaligen Propraetor von Sizilien *Sex. Peducaeus.* — Zu *sepulcrum* gehört noch *ignoratum* (dazu *ab S.*) und *saeptum undique et vestitum* (dazu *vepribus et dumetis*: *veprēs, -is,* meist masc., selten fem., 'Dornstrauch'; *dūmētum, -ī* Dickicht, Gestrüpp). — Zu dem *ign. ab S.* gehört noch *cum esse omnino neg.*: *esse* hat hier die Kraft eines vollen Verbums, nicht nur eines Hilfsv., bedeutet also 'vorhanden sein, existieren'. — *indāgāre* aufspüren, erforschen. — *tenebam,* näml. im Gedächtnis = kennen. — *sēnāriolus* Verkleinerungsform zu *sēnārius*; ein Senar ist ein sechsfüßiger Iambus; *senariolus* also etwa 'Verschen'. — *accipere* auch geistig annehmen, empfangen, d.h. erfahren. — *sphaeram cum cylindro* Kugel mit Zylinder; Archimedes, im 75. Lebensjahr bei der Einnahme von Syrakus 212 v.Chr. von einem römischen Soldaten vor seinem Rechentisch (ἄβαξ ein Tisch mit Glasstaub, in den die geometrischen Figuren gezeichnet wurden) erschlagen, verhinderte als Mathematiker, Physiker und Erbauer von Kriegsmaschinen zwei Jahre lang durch seine Maschinen die Einnahme von Syrakus durch die Römer. Der siegreiche Marcellus ließ ihm ein Denkmal setzen mit der oben genannten Figur, die sich auf den von ihm gefundenen Satz bezog, daß die Inhalte eines Kegels, einer Halbkugel und eines Zylinders von gleicher Basis und gleicher Höhe sich verhalten wie 1 : 2 : 3. Archimedes hat noch eine Reihe anderer mathematischer und physikalischer Gesetze gefunden. — **65** *con-* (od. *col-*)*lūstrāre* genau betrachten. — *magna frequentia sepulcrorum* eine große Menge Gräber. — *animum advertere* den Geist auf etw. richten, seine Aufmerksamkeit lenken; gewahren, bemerken. — *columella* (Verkleinerungsform zu *columna*) kleine Säule, Säulchen. — Den römischen Beamten begleiten also die Vornehmen der Stadt. — *dixi me arbitrari illud ipsum* ('gerade das'), *quod quaererem, esse.* — *falx, -cis* Sichel. — *pūrgārunt* = *pūrgāvērunt*: Im Perfektstamm fällt *vi* und *ve* vor *r* und *s* manchmal aus. — **66** *quo aditus* der Zugang dahin (*eō* oder relativ *quō* dahin; verbunden mit dem Verbalsubstantiv *aditus, -ūs* [zu *adire*] das Hinzugehen, der Zugang). — *ad-*

versa basis die Vorderseite des Sockels des Grabmals. — *apparēbat* 'wurde sichtbar'. — *epigramma exesis posterioribus partibus v. dimidiatum fere: ex-edere* zerfressen, zernagen, hier: verwittern; *dīmidiātus* halbiert. Also etwa: 'Epigramm, das halbiert war, da die hinteren Teile der V. verwittert waren'. — Syrakus war der Hauptort der Insel Sizilien; mit *Graecia* ist hier die sog. *Magna Graecia*, d. h. Unteritalien und Sizilien (s. S. 8) gemeint. — *unus* wird gelegentlich mit dem Superlativ verbunden, um diesen noch zu verstärken ('einzigartig' o.ä.); hier also etwa 'ihres in einzigartiger Weise scharfsinnigsten' oder auch 'ihres allerscharfsinnigsten'. — *ignorasset* = *ignoravisset:* s. zu *purgarunt.* — *homo Arpīnās:* Cicero stammte wie Marius aus dem lateinischen Landstädtchen *Arpīnum* (heute Arpino; man fährt auf der Straße Nr. 6 von Rom nach SO 113 km, biegt nach N auf die Nr. 82, nach ca. 6—7 km Abzweigung nach rechts und 5 km auf einer Nebenstraße; fährt man nach Aquila über Sora oder kommt von dort, ist es nur ein geringfügiger Umweg). Cicero gehörte also nicht einmal zu den alten römischen Familien; die Griechen und die Stadtrömer sahen oft mit Spott auf die Kleinstädter herab.

Noch ein paar Sätze aus den Tusculanen, ohne daß mit diesen kurzen Stücken auch nur entfernt der Gehalt des Werkes angedeutet sein soll: das könnten nur Partien von der Größe unserer gesamten Literaturbeispiele zusammen oder eigentlich sogar nur das Werk als Ganzes; doch immerhin mögen die hier dargebotenen Sätze neben dem Hauptzweck, einen Begriff von Ciceros Sprache zu geben, auch zum Verständnis der Person Ciceros beitragen; Tusc. V 105:

Universos, ait Heraclitus, Ephesios esse morte multandos, quod, cum civitate expellerent Hermodorum, ita locuti sint: 'Nemo de nobis unus excellat; sin quis exstiterit, alio in loco et apud alios sit.' An hoc non ita fit omni in populo? nonne omnem exsuperantiam virtutis oderunt? quid? Aristides — malo enim Graecorum quam nostra proferre — nonne ob eam causam expulsus est patria, quod praeter modum iustus esset? quantis igitur molestiis vacant, qui nihil omnino cum populo contrahunt! quid est enim dulcius otio litterato! iis dico litteris, quibus infinitatem rerum atque naturae et in hoc ipso mundo caelum, terras, maria cognoscimus?

Heraklit aus Ephesus (an der kleinasiatischen Küste, einst bedeutende Griechenstadt) lebte um 500 v.Chr. Hermodoros soll nach seiner Verbannung nach Italien gegangen sein und die *decemviri*, die zur Fixierung der Gesetze eingesetzt waren, beraten haben. — *expellere* mit oder ohne *ex* und Abl. vertreiben, verbannen. — *nemo unus* kein einzelner; *de nobis* statt *nostrum*, da das Herausragen noch deutlicher gemacht werden soll. — *exsistere* heraustreten, sich hervortun. — *an:* weiterführendes *an* in direkten rhetorischen Fragen 'oder (etwa)'. — *Aristīdes*, um 500 v.Chr., galt als der Gerechteste der Griechen. Der tiefere Grund für seine Verbannung war wohl, daß einer der beiden Parteiführer, A. oder Themistokles, weichen mußte. — Cicero nimmt öfter griechische Beispiele in Fällen, die für Rom nicht gerade rühmlich sein würden. *Graecorum ... nostra* (neutr.): erg. Beispiele. — *praeter modum*: außer dem Maß, außergewöhnlich. — *cum populo contrahere* mit dem Volk zu tun haben. — *otium litteratum* literarische, wissenschaftliche Muße. — *dīco* 'meine ich, nämlich'. — *īn-fīnitās* Un-endlichkeit.

Ciceros ganzes Denken war dem Staate verhaftet; um diesen kreisten immer wieder seine Überlegungen: Das ist Ausprägung echten Römertums. Wie der große Platon hat schließlich auch er ein theoretisches Werk über den Staat geschrieben. Wohl ging er von der griechischen Staatstheorie aus, aber der Rationalismus und die Praxis der römischen Staatswirklichkeit ließen ein Werk entstehen, das griechischen Geist mit römischer Haltung verband. Von dem Ganzen sind uns nur Bruchstücke, 1822 wieder aufgefunden, erhalten, mit einer Ausnahme: Der Schlußabschnitt, der 'Traum des Scipio', war immer lebendig geblieben. In ihm läßt Cicero den jüngeren Scipio, in dessen Todesjahr 129 das Gespräch gelegt ist, einen Traum erzählen, in dem ihm im Jahre 149 sein Adoptivgroßvater, der ältere Scipio Africanus, und sein leiblicher Vater Aemilius Paulus, der Sieger von Pydna, erschienen. In der großartigen Schau dieses Traumes sieht Scipio die Welt der Gestirne; er hört die durch die Planetensphären hervorgebrachten Harmonien. Von dem älteren Scipio vernimmt er die Verheißung des Lohnes, der dem wahren Staatsmann in dieser ewigen und unvergänglichen Welt zugedacht ist: Die Apotheose.

Überwältigt von der Schau des Himmels und bestürzt

über die Kleinheit und Vergänglichkeit des Irdischen, fragt er — und mit diesem Problem muß sich Cicero in der Gestalt des Scipio wie alle, die ein glückvolles Leben im Jenseits verkünden, auseinandersetzen —: Warum kürze ich das Leben nicht ab, das doch nur Durchgangsstation ist, um schneller des Schönen und Wahren teilhaftig zu werden? Diese Verheißung und die Aufgabe des Menschen auf der Erde lauten im *Somnium Scipionis* (*De re publ.* VI 13—16):

13 *'Sed quo sis, Africane, alacrior ad tutandam rem publicam, sic habeto: omnibus, qui patriam conservaverint, adiuverint, auxerint, certum esse in caelo definitum locum, ubi beati aevo sempiterno fruantur; nihil est enim illi principi deo, qui omnem mundum regit, quod quidem in terris fiat acceptius, quam concilia coetusque hominum iure sociati, quae civitates appellantur; harum rectores et conservatores hinc profecti huc revertuntur'.*

14 *Hic ego ... quaesivi tamen, viveretne ipse et Paulus pater et alii, quos nos extinctos esse arbitraremur. 'immo vero' inquit 'hi vivunt, qui e corporum vinculis tamquam e carcere evolaverunt, vestra vero quae dicitur vita mors est. — quin tu aspicis ad te venientem Paulum patrem?' quem ut vidi, equidem vim lacrimarum profudi, ille autem me complexus atque osculans flere prohibebat.*

15 *Atque ego, ut primum fletu represso loqui posse coepi, 'quaeso' inquam 'pater sanctissime atque optime, quoniam haec est vita, ut Africanum audio dicere, quid moror in terris? quin huc ad vos venire propero?' — 'Non est ita' inquit ille. 'nisi enim cum deus is, cuius hoc templum est omne, quod conspicis, istis te corporis custodiis liberaverit, huc tibi aditus patere non potest. homines enim sunt hac lege generati, qui tuerentur illum globum, quem in hoc templo medium vides, quae terra dicitur, iisque animus datus est ex illis sempiternis ignibus, quae sidera et stellas vocatis, quae globosae et rotundae, divinis animatae mentibus, circos suos orbesque conficiunt celeritate mirabili. quare et tibi, Publi, et piis omnibus retinendus animus est in custodia corporis, nec iniussu eius, a quo ille est vobis datus, ex hominum*

vita migrandum est, ne munus humanum adsignatum a deo de-
16 *fugisse videamini. sed sic, Scipio, ut avus hic tuus, ut ego, qui te genui, iustitiam cole et pietatem, quae cum magna in parentibus et propinquis, tum in patria maxima est; ea vita via est in caelum et in hunc coetum eorum, qui iam vixerunt et corpore laxati illum incolunt locum, quem vides — erat autem is splendidissimo candore inter flammas circus elucens —, quem vos, ut a Grais accepistis, orbem lacteum nuncupatis.'*

13 *quo sis* = *ut eo sis.* — *sīc habētō* (etwa = *sic tibi persuasum habeto*) sei überzeugt, wisse. — *certum*: zu *locum.* — *dē-fīnīre* (*finis*) abgrenzen. — *beati:* prädikativ 'als Glückliche'. — *aevum* Ewigkeit (*aetas* Zeitalter, Lebensalter). — *princeps deus* der höchste Gott (oberstes Weltprinzip, das die Philosophen über die Götter des Polytheismus stellten). — *quod quidem* was wenigstens, wenigstens von dem, was (einschränkend zu *nihil*). — *in terris* (Plur.) auf Erden. — *acceptius* (*accipere, accēpī, acceptum* annehmen) angenehmer, willkommener, lieber. — *concilia coetūsque iure sociati* Vereinigungen, die auf der Grundlage des Rechts zusammengeschlossen sind (*sociati*, obwohl auch zu *concilia* gehörend, wird gramm. an das näher stehende Wort *coetūs* angeschlossen). — *hinc ... hūc* von hier ... hierher (Himmel): die Seele kommt also aus dem All, ist teilhaftig der Weltseele und kehrt wieder in sie zurück (ein ewiges Leben ohne Präexistenz ist der Antike nicht recht vorstellbar).

14 *hīc*: nicht Dem.-Pron., sondern Adv. 'hier, an dieser Stelle, bei dieser Gelegenheit'. — *īmmō vērō* im Gegenteil, vielmehr (zu ergänzen ist hier der Gedanke: sie sind nicht tot). — *qui, quae, quod dicitur* sogenannt. — Für alle, die an ein Fortleben nach dem Tode glauben, ist der Leib ein Kerker der Seele; das Bild findet sich schon bei den Pythagoreern und Platon, das Wortspiel σῶμα σῆμα 'der Körper ein Grab' Platon, *Kratylos* (400 c). — *quīn* (*quī ne*) wie nicht, warum nicht; 'sieh da'. — *vim l. profundere* Menge Tränen vergießen (das Weinen galt übrigens in der Antike nicht als unmännlich, auch die Helden Homers und Vergils weinen). — *complexus* Perf., *osculans* Präs. (beide Depon.): 'umarmt habend und küssend', im Deutschen beides präsentisch zu übersetzen.

15 *sanctissime* heiligster, ehrwürdigster. — *quoniam* da ja, nachdem also; oft weitergeführt mit *quid* 'was, warum'. — *moror* zu *morārī* verweilen. — *non ita est* so ist das nicht (erg. möglich, erlaubt). — *nisi enim cum ... non* falls nämlich nicht dann wenn ... nicht = außer wenn = nur dann nämlich, wenn. — *templum* hier in der ursprünglichen Bedeutung 'abgegrenzter (heiliger) Raum, Himmelsraum' (aus der Auguralsprache). — *hac lege generati* unter dem Gesetz geschaffen, in der Absicht g. — *quī tuērentur* finaler Rel.-Satz

'damit sie'; *tuērī* anschauen, schützen, verwalten. — *medius*: prädikativ ('als Mittelpunkt'); das heliozentrische System war zwar schon von Aristarchos aus Samos um 250 v. Chr. entwickelt worden, aber das geozentrische System, nach seinem bedeutendsten Vertreter Ptolemaios (um 150 n.Chr.) das ptolemäische genannt, herrschte bis Kopernikus, Kepler, Galilei, Newton. — Die Sternbilder (*sidera*) und Sterne (*stellae*) bestehen wie die Seele aus feurigem Äther; die Gestirne sind von göttlichem Geist beseelt (*divinis animatae mentibus*). — *circus* Kreis, *orbis* Umlauf; also zusammen 'Kreisbahn'. — *munus adsignatum* die zugewiesene Aufgabe. — Auch nach Platon darf der Mensch seine von Gott zugewiesene Aufgabe nicht verlassen, die Stoa dagegen gestattete und begründete philosophisch den Selbstmord (bekannt Senecas [*de providentia* 6,7] *patet exitus* der Ausgang steht offen; damit verliert jede ausweglose oder degradierende Lage ihren Schrecken). Entehrend war der Selbstmord in der Antike nie. — *iustitia* ist Zentralbegriff der römischen Rechtlichkeit im staatlichen und persönlichen Leben (vgl. Verg. *Aeneis* VI 620: S. 144). — *pietas*, Zentralbegriff der römischen Moral, umfaßt das ehrerbietige Verhalten zu Göttern, Eltern, Kindern, Vaterland, kurz zu allem, was dem Menschen heilig sein soll. — *cum ... tum* 'sowohl ... als ganz besonders'; das zweite Glied wird also hervorgehoben (wie man im Deutschen nur sehr selten 'sowohl ... als auch' für *et ... et* sagen soll, so für *cum ... tum* meist besser nur vor dem zweiten Glied 'vor allem aber, ganz besonders'). — *laxātus* losgelöst. — *flammae* hier: Gestirne. — Die Griechen (*Grai* poetisch für *Graeci*) haben den Namen *orbis lacteus* 'Milchkreis' (γαλαξίας κύκλος) erfunden; unser Wort 'Milchstraße' ist die Übersetzung von Ovids (*met.* I 168f.) *via lactea*. — *nūncupāre* nennen.

Es wird deutlich geworden sein, wie poetisch diese Darstellung ist: Bilder, Allitterationen (*concilia coetusque*, *sidera et stellas*, *circos ... conficiunt celeritate* u.a.); überhaupt ist das Ganze ein großartig geschautes Bild, das in gehobener Sprache, die keine niederen Ausdrücke duldet, wiedergegeben ist. Dennoch ist die Sprache, mit der der Vater den Sohn anredet, liebevoll-familiär (*non est ita, Publi*: Anrede mit Vornamen nur in sehr vertrautem Umgang; am Anfang noch *Africane!*), dadurch aber wird die Aufforderung *iustitiam cole et pietatem* umso nachdrücklicher und verpflichtender.

Es ist bezeichnend für die Zeit des Augusteischen Friedens, daß sie zur Hochblüte der römischen Dichtung wurde. Man denke an Vergil, Horaz und die Elegiker Tibull und Properz.

Von dem großen Epos des Publius Vergilius Maro (geb. 70 v. Chr. in Andes bei Mantua, gest. 19 v. Chr.) in Kürze eine Vorstellung zu geben, ist unmöglich. Vergil hat in der *Aeneis* das 'Heldenlied des römischen Volkes' gedichtet, er ist aber durch seine Dichtung so sehr zum 'abendländischen' Dichter geworden, daß Theodor Haecker ihn geradezu 'Vater des Abendlandes' nennen konnte. (Hier hat das so sehr strapazierte, zum Modeschlager gewordene Wort 'abendländisch' seinen vollen Sinn: Vergil war der Homer des lateinischen Westens.) Das Epos, das bei seinem Tod noch nicht in allen Teilen die letzte Feile erfahren hatte, so daß der Dichter anordnete, es zu verbrennen, ein Wunsch, der glücklicherweise von den Freunden nicht respektiert wurde, hat immer als weitaus bedeutender gegolten, als seine anderen Dichtungen, die *Eclogae* oder *Bucolica* ('Hirtengedichte') und die *Georgica* ('Buch vom Landbau'; die Namen Bucolica und Georgica sind — auch im Deutschen! — neutr. plur.) oder gar die Gedichte, die in der sog. *Appendix* (Anhang) *Vergiliana* vereinigt sind und die Vergil ganz oder teilweise abgesprochen werden. Die Geltung eines christlichen Propheten erhielt Vergil durch die 4. Ecloge, die schon früh als Verkündigung des Erscheinens Christi galt.

In der Dichtung aller westlichen Völker hat Vergils Werk Nachahmung gefunden, von der Anlehnung an seine Kunst bis zur Gestaltung Vergilischer Themen (z. B. Heinrich von Veldekes Eneide). Dante wählte sich Vergil, den Meister aller Weisheit und menschlichen Kunst, zum Führer durch Hölle und Fegfeuer.

Die Einleitungsverse des Epos schließen mit dem Vers

tantae molis erat Romanam condere gentem

und geben damit das Thema der Dichtung an. Diese Verse sollen als erste hier stehen:

Arma virumque cano, Troiae qui primus ab oris
Italiam fato profugus Laviniaque venit
litora, multum ille et terris iactatus et alto
vi superum, saevae memorem Iunonis ob iram,
multa quoque et bello passus, dum conderet urbem
inferretque deos Latio, genus unde Latinum
Albanique patres atque altae moenia Romae.
Musa, mihi causas memora, quo numine laeso
quidve dolens regina deum tot volvere casus
insignem pietate virum, tot adire labores
inpulerit. tantaene animis caelestibus irae?
Urbs antiqua fuit — Tyrii tenuere coloni —
Carthago, Italiam contra Tiberinaque longe
ostia, dives opum studiisque asperrima belli;
quam Iuno fertur terris magis omnibus unam
posthabita coluisse Samo: hic illius arma,
hic currus fuit; hoc regnum dea gentibus esse,
si qua fata sinant, iam tum tenditque fovetque.
progeniem sed enim Troiano a sanguine duci
audierat, Tyrias olim quae verteret arces;
hinc populum late regem belloque superbum
venturum excidio Libyae: sic volvere Parcas.
id metuens veterisque memor Saturnia belli,
prima quod ad Troiam pro caris gesserat Argis
—necdum etiam causae irarum saevique dolores
exciderant animo; manet alta mente repostum
iudicium Paridis spretaeque iniuria formae
et genus invisum et rapti Ganymedis honores —:
his accensa super iactatos aequore toto
Troas, reliquias Danaum atque inmitis Achilli,
arcebat longe Latio, multosque per annos
errabant acti fatis maria omnia circum.
tantae molis erat Romanam condere gentem.

Das Epos ist in Hexametern (S. 182) gedichtet. Der Fortschritt an Glätte und Geschmeidigkeit, den die Sprache gegenüber den Dichtungen eines Ennius oder Lucrez (s. o.) erfahren hat, ist beim Lesen unüberhörbar.

1 *arma* Waffen; übertr.: Waffentaten. — 2 *profugus*: Der Flüchtling ist natürlich der Troer Aeneas, der sich auf Aphrodite-Venus' Befehl aus der brennenden Stadt rettete und dem es bestimmt war, daß aus seinem Geschlecht die Gründer Roms hervorgehen sollten; er irrt umher, bis er nach schweren Kämpfen sich in Italien niederlassen kann. Wie es zur Gründung Roms kam, das erzählt die *Aeneis*. — 1—2 *qui primus ab oris Troiae Italiam Lavinaque litora* (poetisch ohne *in*: s. S. 153) *vēnit*. — *Lavinus* (od. *-ius*) Lavinisch; Lavinium war eine alte Stadt an der Küste Latiums, südlich von Rom (Ausgrabungen). — 3 *altum* (erg. *mare*) die hohe See, das Meer. — *et terris et alto* (ohne *in*) *iactātus* (umhergeworfen). — 4 *superum*: *-om* oder neuer *-um* ist die alte Endung für *-orum*, die vor allem bei religiösen Ausdrücken und Münz- und Maßbezeichnungen erhalten blieb (s. S. 184); *superi* sind die ('oberen') Götter. — *saeva Iuno* die wütende (*saevīre*), unerbittliche Juno; ihr Zorn wird *memor* genannt, da sie die unversöhnliche Feindin der Troer ist.

Die Gründe für ihren Haß werden Vs. 27—28 genannt: 1. Das Parisurteil. Bei der Hochzeit des Peleus und der Thetis (aus ihrer Verbindung geht Achill hervor) wirft Eris, die Göttin der Zwietracht (Ἔρις), einen goldenen Apfel mit der Aufschrift 'der Schönsten' unter die Gäste. Hera-Juno, Athene-Minerva und Aphrodite-Venus erheben Anspruch darauf. Paris, Sohn des Königs Priamos von Troja, soll entscheiden und erkennt Aphrodite (die ihm die schönste Frau versprochen hat: Helena, die zur Ursache des Trojanischen Krieges wurde) den Preis zu. Daher hassen Hera und Athene Troja. 2. Das Königshaus von Troja ist Hera-Juno aber auch aus noch einem anderen Grund verhaßt: Dardanos (nicht zu verwechseln mit Danaos: s. u.), der Ahnherr des Trojanischen Königshauses, entsprang einer Verbindung des Zeus mit Elektra, der Tochter des Atlas. Der Enkel des Dardanus ist Ganymedes, den Zeus-Juppiter, der sich in einen Adler verwandelt hatte, entführte und zum Mundschenk der Götter machte (das sind die unten genannten *honores* des G.).

5 *dum* mit Konj. 'bis (daß)'; s. auch S. 146 — 6 *inferre* mit Dat. (*Latio*) hineintragen nach. — Aeneas selbst gründete *Lavinium*, sein Sohn Ascanius (auch Iulus genannt) gründete *Alba Longa* (zwischen Albanerberg und Albanersee), daher *Albāni patres* die Ahnen von Alba; spätere Nachkommen sind *Romulus* und *Remus*, die Gründer Roms.

8 Anrufung der Muse: Homer beginnt: 'Den Mann nenne mir, Muse ...' — *memorāre* in Erinnerung bringen, berichten, verkünden. — *nūmen, -inis* (*nuere* winken) göttlicher Wille, göttliches Walten, Gottheit; *quo n. laeso* durch Verletzung welcher Gottheit. — 9 *ve* enklitisch, d.h. sich an das vorhergehende Wort anlehnend: oder. — *dolēre* Schmerz, Trauer, Ärger empfinden, ärgerlich

sein über (Akk.!). — *deum* = *deorum* (s.o.). — **9—11** *regina deum virum pietate insignem impulerit (impellere* anstoßen, antreiben; etw. zu tun, meist mit *ut*, poet. auch Inf.) *tot volvere* (wälzen, rollen; *alqd.* sich mit etw. abplagen) *casus et tot adire labores.* — **11** *caelestis* himmlisch; gemeint: 'der Himmlischen'. — erg. *est* (mit Dat. des Besitzers, S. 154).

12—13 *Carthago* (die Ruinen 12 km nordöstlich des heutigen Tunis) wurde von der phönikischen Stadt Tyrus (in der Bibel Zor, jetzt Sur) aus gegründet. — **13—14** *longe contra* (gegenüber) *Italiam Tiberīnaque ostia* (*ostium* Mündung). — **14** *dives* mit Gen. ist poet.; in der Prosa meist mit Abl. — **15** *fertur* = *dicitur.* — **16** *posthabita* (*post-habēre* hintansetzen, geringer achten) *Samo:* Karthago, Argos (auf der Peloponnes) und Samos sind Junos bevorzugte Aufenthaltsorte. — *illĭus*: s. S. 77. — **17—18** *dea tendit* (*tendĕre* spannen, sich anspannen, sich anstrengen, streben) *fovetque* (*fovēre* eigentl. wärmen, sich bemühen; *t.* und *f.* mit A.c.I., sonst mit *ut*). — **18** *quā* (Abl.); (erg. *ratione* od. *viā*) fragend: auf welche Weise, auf welchem Wege; verallg.: irgendwie. — **19** *sed enim* aber freilich. — **20** *audierat* (=*-verat*), davon A.c.I.: *progeniem* (*-iēs*, *ēī*, fem., Nachkommenschaft) *a Tr. sanguine ducī* (Pass. zu *ducere:* sich herleiten). — *vertere* = *evertere* zerstören (die Römer, Nachkommen des Trojaners Aeneas, sollten [146 v.Chr.] Karthago zerstören; das hatte Juno als Ratschluß des Schicksals vernommen). — **21** *hinc* von hier, näml. Troja, her. — **21—22** *populum venturum* (werde kommen ein Volk) *late regem* (= *regnantem*: poet., Subst. für Part.) *belloque superbum excidio* (Dat. des Zwecks von *excidium* 'zum Untergang, zur Vernichtung') *Libyae* (Gen.; *L.* ist der griech.-röm. Name für Nordafrika). — **22** *volvere* (Inf., noch von *audierat* abh.). — *Parcae:* die Parzen 'rollen, drehen' das Schicksal, weil sie es mit der Spindel spinnen; im Deutschen etwa 'fügen'. — **23** *Sāturnia* die Saturnische = Tochter Saturns (Juno ist wie Juppiter-Zeus Tochter des S., griech. Kronos). — *vetus bellum:* der Trojan.. Krieg. — **24** *prīma* als erste; hier: allen voran, mit größtem Eifer. — *Argi, -orum* 'Argos (Stadt in der peloponnesischen Landschaft Argolis), auch, wie hier, 'Griechenland' (daher auch *Argivi* = Griechen). — **26** *necdum* = *nondum enim.* — **26** *ex-cidere* herausfallen, entfallen; *animo exc.* vergessen. — *altā mente* im tiefen Sinne (Abl. des Ortes) = tief im Herzen. — *repostum* = *repositum* zurückgeblieben. — **27** *iniuria spretae formae* das Unrecht der verschmähten Schönheit (in der Meinung Junos war das Urteil natürlich ein furchtbares Unrecht). — **28** *genus invisum* näml. das (Juno verhaßte) Königshaus von Troja. — **29** *hīs* erg. *rebus*, dazu *accēnsa* (entflammt). — *super* Adv.: obenhin, obendrein; als Präpos. mit Abl., wie hier: auf, über ... hin. — *aequor, -ris* (n.) (vgl. *aequus*) Ebene, Fläche, Meeresfläche, Meer. — **30** *relĭquiae D. et A.* (poet. auch *re-* oder *rell-*), was die D. und A. übrig ließen. *Danai, -orum*, alte Gen.-Endung *-um*;

weil Danaos aus Ägypten kommend Argos gründete, heißen die Argiver auch *Danai*, und da Argiver für Griechen stehen kann (s. o.), sind *Danai* = *Graeci*.— *in-mitis* ist der un-milde = wilde. — *Achilli* Nebenform für *Achillis*. — **32** *errabant ācti* ('getrieben') *circum o. maria*. — **33** *mōlēs*, *-is* Last, Mühe; Gen.: 'Werk einer so großen Mühe war es', so mühevoll war es.

Lessings Schrift 'Laokoon', die die Grenzen zwischen Poesie und bildender Kunst zu bestimmen sucht, nimmt als Ausgangspunkt die berühmte Marmorgruppe, die Laokoon und seine Söhne, von Schlangen umstrickt, darstellt (sie steht jetzt im Vatikanischen Museum). Dieses Werk, um 50 v. Chr. von drei Rhodischen Künstlern geschaffen, dürfte Vergil gekannt haben! Laokoon ist der Mensch, der an der Blindheit seiner Mitmenschen und durch den Willen der Götter zugrunde geht: Die Griechen bauen ein riesiges hölzernes Pferd, verstecken darin ihre besten Helden und lassen es als Geschenk für die Götter bei ihrem scheinbaren Abzug zurück. Überredet von einem angeblichen Überläufer ziehen es die Trojaner in die Stadt, müssen aber erst eine Bresche in die Mauer schlagen, denn das Pferd ist zu groß für die Tore. Der einzige Mann, der die List erkennt, ist Laokoon. Da aber Trojas Fall bestimmt ist, töten ihn und seine Söhne die Götter durch Schlangen. Trojas Ende ist in der Ilias nicht mehr behandelt, denn sie berichtet nur bis zur Bestattung Hektors. Bei Vergil erzählt Aeneas den Untergang der Stadt der Königin Dido von Karthago, aufs neue ergriffen vom Schmerz:

infandum, regina, iubes renovare dolorem
unsagbaren Schmerz, o Königin, heißt du zu erneuern (II 3)

Die Laokoon-Geschichte ist Höhepunkt und Besiegelung der Verhängnisse, die zu Trojas Untergang führen (II 199—233):

Hic aliud maius miseris multoque tremendum
obicitur magis atque inprovida pectora turbat.
Laocoon, ductus Neptuno sorte sacerdos,

sollemnes taurum ingentem mactabat ad aras.
ecce autem gemini a Tenedo tranquilla per alta
— horresco referens — inmensis orbibus angues
incumbunt pelago pariterque ad litora tendunt;
pectora quorum inter fluctus arrecta iubaeque
sanguineae superant undas, pars cetera pontum
pone legit sinuatque inmensa volumine terga.
fit sonitus spumante salo; iamque arva tenebant
ardentesque oculos suffecti sanguine et igni
sibila lambebant linguis vibrantibus ora.
diffugimus visu exsangues. illi agmine certo
Laocoonta petunt: et primum parva duorum
corpora natorum serpens amplexus uterque
inplicat et miseros morsu depascitur artus;
post ipsum auxilio subeuntem ac tela ferentem
corripiunt spirisque ligant ingentibus, et iam
bis medium amplexi, bis collo squamea circum
terga dati superant capite et cervicibus altis.
ille simul manibus tendit divellere nodos
perfusus sanie vittas atroque veneno,
clamores simul horrendos ad sidera tollit,
qualis mugitus, fugit cum saucius aram
taurus et incertam excussit cervice securim.
at gemini lapsu delubra ad summa dracones
effugiunt saevaeque petunt Tritonidis arcem
sub pedibusque deae clipeique sub orbe teguntur.
tum vero tremefacta novus per pectora cunctis
insinuat pavor, et scelus expendisse merentem
Laocoonta ferunt, sacrum qui cuspide robur
laeserit et tergo sceleratam intorserit hastam.
ducendum ad sedes simulacrum orandaque divae
numina conclamant.

199—200 ***hic*** (temporal) ***miseris aliud maius multoque magis tremendum obicitur atque ... turbat*** da zeigt sich (wörtl.: wird entgegengestellt) den Unglücklichen etwas anderes und noch viel Schrecklicheres und ... verwirrt. — ***inprovida pectora*** die ahnungslosen (nichts Böses ahnenden) Herzen. — **201** ***sorte ducere*** durch Los bestimmen. — **202** ***sollemnis*** jährlich wiederkehrend; feierlich, heilig.

— *mactāre* schlachten. — 203 *Tenedus*: Insel vor der Küste Trojas. — 203—204 *gemini angues* (masc.!) zwei Schlangen (*geminus* wörtl. zwillingsgeboren). — *per tranquilla alta* durch das ruhige Meer (*altum*, erg. *mare* das hohe Meer). — *orbis* hier: Windungen. — *horresco referens* ich schaudere erzählend, ich schaudere beim Erzählen. — 205 *in-cumbunt pelago* sie liegen auf dem Meer (πέλαγος). — *pariter* zugleich. — 206 *arrēctus* aufgerichtet. — 206—207 *iubae sanguineae* blutrote Kämme. — *superare* überragen. — 208 *pōne* hinten. — *legit* aufnehmen; hier: streifen über (*pontum* das Meer). — *sinuāre* (bogenartig) krümmen. — *volūmen, -inis* (*volvere*) Umdrehung, Windung, Krümmung. — 209 *spūmāre* schäumen. — *sălum* Meer. — *arvum* Flur, Gefilde; hier: Land. — 210 *suffecti sanguine et igni ardentes oculos* von Blut und Feuer gefärbt (*suf-fectus* eigentl. 'darunter gemacht') die brennenden Augen; *oculos* ist Akk. der Beziehung (griech. Konstruktion), *suffecti* gramm. bezogen auf *angues*. — 211 *sībĭlus, -a, -um* (*sībilāre*) zischend. — *lambĕre* lecken. — *vibrāre* zukken, zittern. — 212 *dif-fugere* auseinanderfliehen. — *ex-sanguis* bleich. — 213 *Laocoonta*: griech. Akk. (statt *-em*). — 214 *serpēns*: Part. zu *serpĕre* kriechen; *serpens* substantiviert: Schlange. — 213—215 *primum uterque serpens* (beide Sch.) *corpora duorum natorum* (*nātus* Sohn) *amplexus* (Part. Perf. zu *amplecti* umschlingen; *uterque amplexus* jede von beiden umschlungen habend) *implicat* (*implicare* einwickeln, umwinden) *et miseros artus morsu depascitur* (*de-pasci* abweiden, beißen). — 216 *post* = *postea*. — *ipsum*: näml. Laokoon. — *auxilio subire* zu Hilfe kommen. — 217 *corripere* ergreifen. — *spīra* Windung. — 218—219 *collo* (Dat.) *squāmea terga* (schuppige Rücken; Akk. der Beziehung) *circum-dati* (im Epos steht gelegentlich noch Präpos. und Verbum der Komposita getrennt). — 219 *superant* (überragen), erg. *eum*. — 220 *tendere* (ver-)suchen. — *nōdus* Knoten, Schlinge. — *dī-vellere* auseinanderreißen. — 221 *per-fūsus* (von *perfundere*) benetzt, überströmt. — *saniēs, -ēi* Geifer — *vittas* Akk. der Bez. (*vitta* Priesterbinde, die der Opferpriester um den Kopf trägt). — 223—224 *qualis mugitus* (*mūgītus, -ūs* 'Muhen', Brüllen) (*est*), *cum taurus saucius* (verwundet) *aram fugit et incertam securim* (das unsichere Beil, unsicher geführte B.) *cervice excussit* (vom Nacken schüttelte; *excutere* heraus-, abschütteln). — 225 *lāpsus, -ūs* Gleiten (der Schlangen). — *dēlūbrum* Tempel. — *draco, -ōnis* Drache, Schlange. — 226 *Trītōnis, -idis* oder *Trītōnia* ist Beiname der Pallas Athene. — 227 *sub orbe clipei* unter der Wölbung des Schildes. — 228 *treme-factus* zitternd, bebend. — 228—229 *novus pavor* ein neuer Schauder, neues Entsetzen. — 229 *īn-sinuāre* einschleichen. — 229—230 *ferunt* (sie sagen, man sagt) *L. scelus expendisse* (habe das Verbrechen gesühnt; *ex-pendĕre* aus-, ganz büßen). — 230 *cuspis, -idis* Lanzenspitze, Lanze. — *rōbur, -oris* (Hart-)Holz. — 231 *in-torquēre* hineindrehen, schleudern gegen. Laokoon hatte seine Lanze gegen das Pferd geschleudert, da ertönte, von den Rüstungen der eingeschlossenen

Griechen, ein eherner Ton. — 232—233 *simulacrum* (Bild) *ducendum* (*esse*) *ad sedes divae numinaque* (*nūmen* Gott, Göttin) *oranda* (anflehen) (*esse*) *conclamant* (rufen sie alle).

So also muß sich das Geschick Trojas erfüllen, für Aeneas ein unaussprechliches Leid; aber die Götter haben zugleich bestimmt, daß aus seinen Nachkommen das Volk hervorgehe, das die einst siegreichen Griechen unterwerfen und die Welt beherrschen solle. Des Römers Bestimmung und Aufgabe sind in der Prophezeiung enthalten, die Aeneas zuteil wird, als er in der Unterwelt die Seelen seiner Nachkommen bis auf Augustus schauen darf. (Diese Verse lernten wir bereits S. 115 kennen).

Von Quintus Horatius Flaccus (65—8 v. Chr.) hat Nietzsche gesagt: 'Bis heute habe ich an keinem Dichter dasselbe artistische Entzücken gehabt, das mir von Anfang an eine Horazische Ode gab. In gewissen Sprachen ist das, was hier erreicht ist, nicht einmal zu wollen. Dies Mosaik von Worten, wo jedes Wort als Klang, als Ort, als Begriff nach rechts und links und über das Ganze hin seine Kraft ausströmt, dies Minimum in Umfang und Zahl der Zeichen, das damit erreichte Maximum in der Energie der Zeichen, das alles ist römisch und, wenn man mir glauben will, vornehm par excellence.' Es ist nicht sicher, daß der moderne Leser, der Horaz nur in Übersetzungen kennt, diesem Urteil zustimmen wird. Aber ein Sprachkunstwerk, bei dem so viel auf die Form ankommt wie bei einem lateinischen, und gerade bei Horaz, ist in vielen, ja den meisten seiner Feinheiten unübersetzbar; eine Übersetzung, die angemessen an den lateinischen Text heranführt und etwas durchscheinen läßt von ihrem Original, leistet schon viel. Dazu kommt bei Horaz, dem vielleicht meistübersetzten lateinischen Dichter, daß es zwar brauchbare Übersetzungen gibt, leider aber auch solche, die vielleicht künstlich und kunstvoll sein mögen, die aber alles andere als einen Hauch des Dichters, dem sie dienen sollen, ahnen lassen. Sehr konkret und an einem einzigen Beispiel ausgedrückt: Sie übersetzen die Trinklieder so erhaben wie die Römeroden. Nicht verkannt sei natürlich, daß die Form der Oden, im Deutschen verwendet für feierliche Gedichte und Lieder (auch Kirchenlieder), in unserer Sprache leicht falsche Vorstellungen und Assoziationen erweckt. Die Ode, die horazische wie die sapphische und alkäische, hat wohl eine Heimat bei uns, sie ist auch mindestens seit der Barockzeit, der Klassik und Romantik fester Bestandteil der deutschen lyrischen Dichtung, sie ist aber doch nicht so im allgemeinen Bewußtsein verhaftet wie etwa die episch-hexametrische Form.

Horaz war ebenfalls kein Stadtrömer von Geburt sondern stammte aus *Venusia* in Süditalien (jetzt Venosa, einer von Touristen kaum je besuchten Kleinstadt an der alten *Via Appia*, die von Rom kommend über *Capua*, *Beneventum*, *Venusia*, *Tarentum* nach *Brundisium* führte). Doch siedelte sein Vater, ein Freigelassener, nach Rom über, um seinem Sohn eine gute Erziehung zu gewähren. Den Elementarunterricht erhielt Horaz von einem Lehrer, an den er sich als *plagosus Orbilius*, schlagfreudigen Orbilius, erinnert (*epist.* II 1, 70f.). Während eines Studiums in Athen trat er als *tribunus militum* wie viele junge Römer in das Heer der Caesarmörder ein und machte die Schlacht bei Philippi mit. In Rom gehörte er zunächst zur Zunft der Schreiber, wurde dann durch Vergil mit Maecenas bekannt, der ihn unter seine Schützlinge aufnahm. Im Jahre 17 v.Chr. erhielt er durch Augustus den Auftrag, das Festlied für die Jahrhundertfeier zu dichten — als *carmen saeculare* in Horaz' Sammlung erhalten —; das in einen Marmorpfeiler eingegrabene Protokoll der Feier wurde 1890 im Tiber gefunden und steht heute im Thermenmuseum (= Museo Nazionale). Deutlich lesbar ist der Satz: *carmen composuit Q. Horatius Flaccus*. Kurz nach seinem Gönner starb er, knapp 57 Jahre alt, im Jahre 8 v.Chr.

Außer Oden (*Carmina*) umfaßt sein dichterisches Werk die als erste entstandenen Epoden (auch Iamben genannt), Satiren und sog. Episteln, unter diesen die *Ars poetica*, ein Literaturbrief über die Dichtkunst.

Das erste Gedicht des ersten Buches der Oden beginnt gleich mit einer Anrede an seinen Gönner, dessen Name zum Ruhmestitel für die Förderer von Kunst und Wissenschaft für alle Zeiten geworden ist. Es schildert die Wege, die die Menschen zum Glück und Ruhm einschlagen, und stellt diesen sein eigenes Leben gegenüber:

Maecenas atavis edite regibus,
o et praesidium et dulce decus meum —,
sunt, quos curriculo pulverem Olympicum
collegisse iuvat metaque fervidis
evitata rotis palmaque nobilis
terrarum dominos evehit ad deos.
hunc, si mobilium turba Quiritium
certat tergeminis tollere honoribus,
illum, si proprio condidit horreo,
quidquid de Libycis verritur areis.
gaudentem patrios findere sarculo
agros Attalicis condicionibus
numquam demoveas, ut trabe Cypria
Myrtoum pavidus nauta secet mare;
luctantem Icariis fluctibus Africum
mercator metuens otium et oppidi
laudat rura sui: mox reficit rates
quassas indocilis pauperiem pati.
est, qui nec veteris pocula Massici
nec partem solido demere de die
spernit, nunc viridi membra sub arbuto
stratus, nunc ad aquae lene caput sacrae.
multos castra iuvant et lituo tubae
permixtus sonitus bellaque matribus
detestata. manet sub Iove frigido
venator tenerae coniugis inmemor,

seu visa est catulis cerva fidelibus,
seu rupit teretes Marsus aper plagas.
me doctarum hederae praemia frontium
dis miscent superis, me gelidum nemus
Nympharumque leves cum Satyris chori
secernunt populo, si neque tibias
Euterpe cohibet nec Polyhymnia
Lesboum refugit tendere barbiton.
quodsi me lyricis vatibus inseres,
sublimi feriam sidera vertice.

Das Gedicht ist in sog. (kleineren) Asklepiadeen verfaßt, benannt nach dem hellenistischen Dichter Asklepiades (von dem fast nichts erhalten ist). Der Vers besteht aus zwei Choriamben —⏑⏑—, die von einem Spondeus —— bzw. Iambus ⏑— umrahmt werden (die letzte Silbe darf, wie in jedem lateinischen Vers, lang oder kurz sein). Das Schema sieht also so aus:

–́ — –́ ⏑ ⏑ –́ || –́ ⏑ ⏑ –́ ⏑ ⏓́

Zwischen den beiden Choriamben tritt Zäsur (Atempause) ein.

1 *at-avus* uralt ('Atavismus'). *Maecenas* stammte von etruskischen Königsgeschlechtern ab. — *ēdite* Vok., zu *Maecenas* gehörend (*ē-do* herausgeben, hervorbringen; *ēditus* hervorgebracht oder hochragend, erhaben: wahrscheinl. absichtlich in doppeltem Sinne gebraucht). — 2 *praesidium* Schutz, Hilfe. — 3—6 *sunt, quos ... iuvat metaque ... palmaque evehit*: In der klassischen Schriftsprache steht nach *sunt, qui* der Konjunktiv, nicht so im Altlatein und in der Umgangssprache und zuweilen, wie wir hier sehen, auch nicht in der Dichtung. — *curriculum* ist der Rennwagen, mit dem man in Wagenrennen den Olympischen Staub 'zusammenlas, zusammenballte', näml. als Staubwolke. — 4 *mēta* ist die Wendemarke, eine Säule, die die Wagen beim Wenden umfahren mußten; ein Wagen, der die Säule streifte, geriet ins Schleudern: deshalb *m. ēvītāta* (vermieden). — *fervidis rotis* mit glühenden Rädern (*rota* Rad). — 5 *palma* flache Hand (παλάμη), Palmzweig: bei den Griechen war das vornehmste Siegessymbol der Kranz, bei den Römern aber war es der Palmzweig, der 293 v. Chr. aus Griechenland (also war dies auch bei den Griechen nicht unbekannt) als Siegeszeichen eingeführt wurde ('Siegespalme'). — 6 *ē-vehere* hinausführen; emporheben. — *ad terrarum dominos deos*: zu den Göttern, den Herrn der Erde; möglich wäre auch: als Herrn der Erde zu den G.; wohl absichtlich von Horaz gramm. unbestimmt gelassen: wie die Götter können sich die Olympiasieger als Herren der Erde fühlen. —

7 *hunc*: erg. *iuvat*. — *Quirītes* Anrede der röm. Bürger (s. S. 61); sie werden *mōbiles* beweglich, unbeständig, launenhaft genannt. — 8 Die *turba*, Menge, wetteifert (*certat*) darum, mit den dreifachen (*ter-geminis*) Ehren zu erheben: die höchsten Staatsämter (Ehren, *honores*) waren Ädilität, Prätur, Konsulat. — 9 auch zu *illum* ist *iuvat* zu ergänzen. — *proprium horreum* eigene Scheuer. — *condere* gründen; bergen, aufspeichern. — 10 *de Libycis areis* von Libyens Flächen: Nordafrika (*Libya* s. S. 231) war die Kornkammer Roms. — Das Korn wird auf der Tenne zusammengefegt (*verrere*). — 11—13 *gaudentem* (den, der sich freut) *patrios agros sarculo* (*sarculum* Hacke) *findere* (spalten) *numquam demoveas* (*dē-movēre* entfernen, abbringen) *Attalicis condicionibus* (unter Attalischen Bedingungen, d.h., wenn man ihm die größten Schätze der Welt gäbe: Attalos III. von Pergamon hatte Rom bei seinem Tode 133 v. Chr. testamentarisch zum Universalerben seines Landes und seiner Schätze gemacht). — 13 *trabs*, *-bis* 'Balken', metonymisch ('*pars pro toto*') 'Schiff'; die Insel Kypern war reich an Baumaterial. — 14 Myrtoisches Meer wird das Meer östlich der Peloponnes oder die Durchfahrt zwischen Euboia und Andros genannt, die als gefährlich galt: Doch als Beispiele für die Gefährlichkeit der Seefahrt dienen Horaz fast alle Meere. — *secare* durchschneiden (*trabe C.*). — 15—17 *mercator metuens Āfricum* (erg. *ventum*: der regenbringende aus Afrika kommende Südwestwind) *Icariis fluctibus* (*Ic. fl.* das Ikarische Meer — benannt nach Ikarus, dem Sohn des Daedalus —, bei der Insel Ikaria, westl. von Samos) *luctantem* (*luctari* ringen: der Africus wird mit den Fluten ringend gedacht) *laudat otium et rura oppidi sui*. — 17 *re-ficere* wiederherstellen. — *ratis* Floß, Schiff (oft Plur. in sing. Bed.). — 18 *quassus* (von *quatere* schütteln, zerschmettern) zitternd. —*in-docilis* (*docere*) un-gelehrig. — *pauperiēs* = *paupertās* (das bedeutet jedoch nicht Bettelarmut — das wäre *egestās*, von *egēre* — sondern einen ausreichenden Lebensunterhalt ohne große Üppigkeit). — 19—21 *est qui ... spernit*: Ind. wie oben. — 19 *Massicum* (erg. *vinum*) der Wein vom Berge *Massicus*, an der Grenze zwischen Latium und Kampanien; er gehörte zu den besten Sorten. — 20 einen Teil von dem 'vollen' (*solidus*) Tag wegnehmen: der Tag von Sonnenaufgang bis zur *hora decima* war der Tätigkeit gewidmet. (Der Tag von Sonnenaufgang bis -untergang hatte 12 Stunden, also wechselte die Länge der Stunden täglich. Die Stundenmessung erfolgte durch die Wasseruhr, bei der, ähnlich unserer Sanduhr, eine bestimmte Menge von einem Behälter in den anderen floß. Ktesibios, ein alexandrinischer Mathematiker, zugleich Erfinder der Orgel und der Feuerspritze, konstruierte eine Uhr mit durch Fingerdruck täglich wechselndem Zifferblatt. Doch im gewöhnlichen Leben hatte man eine so genaue Einteilung nicht nötig, man begnügte sich mit ungefähren Angaben.) — 21—22 *nunc membra sub arbuto* (*arbutus* Strauch mit eßbaren Früchten, Erdbeerbaum) *nunc ad lene*

caput aquae (Quelle; sie ist heilig, da von einer Quellnymphe bewohnt) *stratus* (*sternere* hinbreiten, hinstrecken). — **23—24** *sonitus tubae* (gerade Trompete der Fußtruppen) *lituo* (*lituus* Krummstab der Auguren; Horn der Reiterei, auch *cornu* genannt) *permixtus*. — **25** *dē-tēstātus* verflucht. — *sub Iove* = *sub caelo*. — **27** *cerva* (Hirschkuh) *visa est catulis* (*catulus* junger Hund). — **28** *teretes plagae* gedrehte Netze. — *Marsus* marsisch; die Marser wohnten in den südlichen Abruzzen, in der Nähe des 1875 trocken gelegten Fucinersees. — **29** *me hederae* (*hedera* Efeu, dem *Bacchus* heilig) *praemia* (als Preis) *frontium doctarum* (die Stirne bzw. der Dichter ist *doctus*, da er mit Dichtkunst und Mythologie vertraut sein muß). — **30** *gelidus* eiskalt, kühl. — **31** *chorus, -i* (χορός) Reigentanz, Schar. — **32** *sē-cernere* mit bl. Abl.: absondern, trennen. — *tībia* Schienbein, Flöte; Plural: die im Altertum gebräuchliche Doppelflöte. Flöte und Laute (*barbitos* = *lyra*, tief klingendes Saiteninstrument; Lesbisch wird das B. genannt, da die bedeutendsten Dichter Griechenlands, Alkaios und Sappho, aus Lesbos stammten) sind die Instrumente des Dichters (Vortragsweise der Gedichte: s. unten). — **33** *co-hibēre* zusammenhalten, hemmen. — *Euterpe* Muse des lyrischen Liedes, *Polyhymnia* Muse des chorisch-hymnischen Liedes. — **34** *barbiton* (griech. Akk.) *tendere* die L. 'spannen', stimmen. — **35** *quodsi* wenn also: erneute Anrede an *Maecenas*. — *lyrici:* damit sind die griechischen Lyriker gemeint, da es Odendichter in der Art des Horaz vorher in Rom nicht gab. — *vātēs, -is* eigentl. Seher (*vāti-cināri* weissagen; vgl. Wotan). — *īn-serere* einreihen. — **36** *sub-līmis* hochragend. — *sidera vertice ferīre* mit dem Scheitel die Sterne berühren (eigentl. 'schlagen'), Ausdruck für göttliche Größe (vgl. Vs. 6). (Goethe, Grenzen der Menschheit: ... Denn mit den Göttern / Soll sich nicht messen / Irgend ein Mensch. / Hebt er sich aufwärts / Und berührt / Mit dem Scheitel die Sterne ...)

Da Horaz hier und an anderen Stellen von *tibia* und *barbitos* spricht, könnte man fragen, ob tatsächlich seine Gedichte gesungen wurden oder ob dies nur poetische Fiktion sei. Wir wissen, daß die Carmina des Horaz zunächst zur Rezitation gedichtet waren, wenn das eine oder andere auch später vertont wurde. Anders bei den Griechen: Alkaios und Sappho waren wirklich zugleich Dichter und Komponisten ihrer Lieder.

Noch etwas anderes läßt sich an den horazischen Oden beobachten — die hier wiedergegebene Ode ist keine Ausnahme sondern typisch: Diese Lyrik ist Anrede-Dichtung an eine (vorhandene oder gedachte) Person. Dieser

Zug ist überhaupt kennzeichnend für die römische, ja für die antike Lyrik. Auch bei Catull konnten wir dies sehen.

Eine berühmte Ode, die gern zu ernsten Anlässen in der Vertonung von Friedr. Ferd. Fleming (um 1800) gesungen wird, dazu aber eigentlich gänzlich ungeeignet ist, ist I 22. Denn lesen wir das Gedicht ganz, dann geht uns plötzlich der scherzhaft-ironische Gehalt auf, der sich vor allem in den überraschenden Schlußversen offenbart:

Integer vitae scelerisque purus
non eget Mauris iaculis neque arcu
nec venenatis gravida sagittis,
Fusce, pharetra,

sive per Syrtis iter aestuosas
sive facturus per inhospitalem
Caucasum vel quae loca fabulosus
lambit Hydaspes.

namque me silva lupus in Sabina,
dum meam canto Lalagen et ultra
terminum curis vagor expeditis,
fugit inermem,

quale portentum neque militaris
Daunias latis alit aesculetis
nec Iubae tellus generat, leonum
arida nutrix.

pone me pigris ubi nulla campis
arbor aestiva recreatur aura,
quod latus mundi nebulae malusque
Iuppiter urget,

pone sub curru nimium propinqui
Solis, in terra domibus negata:
dulce ridentem Lalagen amabo,
dulce loquentem.

Dies sind 'sapphische Strophen': Auf drei sog. 'Sapphische Elfsilbler' folgt ein 'Adonéus'. Im Sapphischen Elfsilbler erkennen wir wieder den Choriambus —⏑⏑—, doch ist der jetzt durch die Caesur zerrissen. Der Adoneus ist ein uralter griechischer Kurzvers; er hat seinem Namen nach dem Klageruf um den Tod des Adonis, des Geliebten der Aphrodite: ὦ τὸν Ἄδωνιν.

3 mal   –́ ⏑ –́ — –́ || ⏑ ⏑ –́ ⏑ –́ ⏓

–́ ⏑ ⏑ –́ ⏓

Wenn man die Strophe liest, wird man bemerken, daß es sich um eine streng geregelte Abfolge von Wortakzent (d.h. dem Akzent, den die Wörter von Natur aus haben) und Versrhythmus handelt: Wort- und Versakzent-Übereinstimmungen zu Beginn und Ende jeden Verses umschließen Akzent-Widersprüche in der Mitte. Daher kommt es, daß man die Strophe in der Barockzeit nach dem Wortakzent gelesen hat: Die Vertonung Flemings beruht auf dem Wortakzent. Der Flemingschen Melodie konnte so ohne weiteres der Text 'Über den Sternen wohnet Gottes Friede' unterlegt werden. Viele Choräle sind nach der wortakzentgemäß gelesenen sapphischen Strophe gebaut (z.B. 'Herzliebster Jesu, was hast du verbrochen').

1—4 wer lauter seines Lebens und rein von Verbrechen ist = wessen Leben lauter (also = *cuius vita integra est*; *purus* mit Gen.). — *non eget* mit Abl.: bedarf nicht. — Die Mauren (im heutigen Marokko) waren gute Schützen: *iaculum* Wurfspeer, *arcus* Bogen, *sagitta* Pfeil, *pharetra* Köcher; die Pfeile sind *venēnātae* vergiftet (*venēnum* Gift), der Köcher ist *gravida* (schwanger, angefüllt mit) *sagittis*. — *Fuscus* ist ein Freund des Horaz. — 5—6 *sive facturus est iter* (*iter facere* reisen) *per* ... — Die 'heißen Syrten', die Große S. (Golf von Sydra) und die Kleine S. (Golf von Gabes), an der Nordküste Afrikas, sind für die Schiffahrt gefährlich; Horaz denkt aber hier an ihr Hinterland, das wegen seiner Schlangen und wilden Tiere berüchtigt war. — 7 Der *in-hospitālis*, ungastliche, Kaukasus war für den Römer nur ein wildes, menschenleeres Gebirge. — 8 *Hydaspes*, jetzt Dschelam oder Behat, ist der bekannteste der Ströme des indischen Pendschab; er vereinigt sich mit dem Akesines (Dschinab) und fließt in den Indus. Auf dem H. wollte Alexander ins Meer hinunterfahren. Nicht eigentlich der Fluß sondern die 'Gegenden', *loca*, die er *lambit*, 'beleckt, bespült', sind *fābulōsa* 'fabel-, sagenberühmt'. — 9 *me inermem* (*in* und *arma* unbewaffnet) *lupus in silva Sabina*. — 10 *canto Lalagen* (griech. Akk.) ich besinge Lalage (Mädchenname: λαλεῖν plaudern, schwatzen). — *ultra terminum* über den Grenzstein hinaus (seines Besitzes). — 11 *ex-pedīre* lösen. — *vagāri* umherstreifen ('Vaganten'). — 13 *quale portentum* 'ein wie beschaffenes Scheusal', ein Scheusal, wie es ... — 14 *Daunias, -adis* wird Apulien nach seinem mythischen König

Daunus genannt; die Bewohner gelten als kriegerisch, daher *militaris*. — *aesculētum* Eichenwald: in der Antike war Italien ebenso wie die iberische Halbinsel bewaldet; erst als immer mehr Holz für den Schiffsbau geschlagen wurde, bekamen beide Halbinseln ihr heutiges Gesicht. — **15—16** *Iuba* König von Numidien (er fiel als Anhänger des Pompeius in der Schlacht von Thapsus); *Iubae tellus* ist also das Land des I., Numidien; dieses Land ist 'die trokkene Amme der Löwen'. — **17** Die folgende Strophe führt in den hohen Norden, die letzte in den heißen Süden. — *pigri campi* sind die 'trägen', unwirtlichen Flächen (Steppen); der Abl. ist locativ. — **18** *aestīva aura* sommerliche (*aestas*) Luft. — **19** *latus* (*-eris*) *mundi* Seite, Flanke der Welt: die Erde ist als Scheibe, als Insel im Weltmeer gedacht. — **20** *Iuppiter* wie in der vorigen Ode Vs. 25 'Himmel'. — **21** *currus Solis* Sonnenwagen. — **22** 'Land, das den Häusern (Dat.) versagt ist', also 'ein Land, in dem man nicht wohnen kann'.

Wenig Sinn hat es, Schicksalsschläge allzu schwer zu nehmen, dem Gleichmut im Glück soll Gleichmut im Unglück entsprechen (II 3):

Aequam memento rebus in arduis
servare mentem, non secus in bonis
ab insolenti temperatam
laetitia, moriture Delli,

seu maestus omni tempore vixeris,
seu te in remoto gramine per dies
festos reclinatum bearis
interiore nota Falerni.

quo pinus ingens albaque populus
umbram hospitalem consociare amant
ramis? quid obliquo laborat
lympha fugax trepidare rivo?

huc vina et unguenta et nimium brevis
flores amoenae ferre iube rosae,
dum res et aetas et sororum
fila trium patiuntur atra.

cedes coemptis saltibus et domo
villaque flavos quam Tiberis lavit,
cedes et exstructis in altum
divitiis potietur heres.

divesne prisco natus ab Inacho
nil interest an pauper et infima
de gente sub divo moreris,
victima nil miserantis Orci.

omnes eodem cogimur, omnium
versatur urna serius ocius
sors exitura et nos in aeternum
exilium inpositura cumbae.

Das Gedicht ist in alkäischen Strophen geschrieben. Diese bestehen aus zwei alkäischen Elfsilblern, einem alk. Neunsilbler und einem alk. Zehnsilbler:

2mal ⏓ –́ ⏑ –́ – || –́ ⏑ ⏑ –́ ⏑ ⏓́
⏓ –́ ⏑ –́ – –́ ⏑ –́ ⏓
–́ ⏑ ⏑ –́ ⏑ ⏑ –́ ⏑ –́ ⏓

Im vorletzten Vers ist (was sehr selten vorkommt) die letzte Silbe zu elidieren (*aetern* / *exilium*).

1—4 *memento servare* denke daran zu bewahren. — *non secus* (nicht anders, ebenso) *in bonis* (erg. *rebus*) *ab insolenti* (*īn-solēns* ungewohnt, übermäßig) *laetitia temperatam* (zu *mentem*; *temperare ab* [sich] von etw. fernhalten). — *moriture* (vgl. S. 113) enthält die Begründung 'da du doch ...'. — Von *Dellius* wissen wir, daß er in den Bürgerkriegswirren sich immer rechtzeitig der richtigen Partei anschloß, später aber nicht mehr an die Öffentlichkeit trat. Er scheint ein fähiger Mann gewesen zu sein, Antonius betraute ihn mit politischen und militärischen Aufgaben; über den Partherfeldzug, den er als *legatus* mitgemacht hatte, schrieb er ein Buch, das, selbst verschollen, Späteren als Hauptquelle diente. — **6** *remōtum grāmen* entfernter, abgelegener Rasen, Wiese, Au. — **7** *re-clīnāre* zurücklehnen. — *te beāris* = *beaveris*, von *beāre* beglücken (vgl. *beātus*). — **8** er beglückt sich mit der 'inneren Marke' des Falernerweins: *nŏta* 'Marke', das Herkunftszeichen des Weins; der älteste und beste stand im innersten Teil der *apotheca* (Vorratskammer, Weinlager). Der heute noch berühmte Falerner wächst in Kampanien, in der Nähe des Massikers (s. Vs. 19 der ersten Ode, S. 239. — **9** *quo* zu welchem Zweck, wozu (sollten etwa). — *pīnus* Pinie, *pōpulus alba* 'weiße' Silberpappel. — **10** *amant consociare* 'lieben zu vereinigen', pflegen zu vereinigen. — **11—12** *quid* warum (ähnlich wie *quo*). — (*in*) *obliquo* (schräg, gewunden) *rivo* (Bach) *lympha* (Quellwasser) *fugax* (flüchtig) *laborat* (müht sich) *trepidare* (dahineilen). — **13—14** hierher laß (*iube* befiehl = lasse) bringen Wein und Salbe *et nimium brevis flores amoenae rosae*: bei Gelagen salbte und bekränzte man sich; die Rose hat eine nur allzu kurze Blütenpracht. — **15—16** *res* Lage, Umstände. — *fila* (*fīlum*, *-i*) *atra trium sororum* sind die 'schwarzen Fäden der drei Schwestern' (= Parzen, vgl. S. 231). — **17** *cēdes* 'du mußt weg von' (Futur). — *co-emere* zusammenkaufen. — **18** *flavos* (= *-us* s. S. 30) *Tiberis* der gelbe Tiber. *domus* Stadt-, *villa* Landhaus. — *lavit* Nebenform für *lavat*. — **19—20** 'du mußt fort' *et heres* (Erbe) *potietur* (*potīri* mit Abl.). — *ex-struere* aufschichten, auftürmen. — **21—22** *nil* (= *nihil*) *interest* (s. S. 156), *divesne* (*-ne* ob) *natus* (*sis*) *ab Inacho* (Inachos sagenhafter König von Argos; also reich aus ältestem Geschlecht) *an* (oder ob) ... — **23** *sub divo* 'unter dem Himmel'. — **24** *victima* Opfer(-tier) des *Orcus* (= *Hades*, Unterwelt). — *miserāri* beklagen; poet. auch = *miserēri* Mitleid fühlen, sich erbarmen (mit Akk. oder Gen.). — **25—28** *eōdem* eben dahin; einen Weg. — *omnium sors versatur* (*versāre*, Intensivum zu *vertere*, schütteln) *urnā* (aus der Urne, Gefäß) *serius* (*vel*) *ocius* (früher oder später) *exitura* (zu *sors* Los, das aus der Schicksalsurne herausspringt). — *aeternum exilium:* für den antiken Menschen ist die Unterwelt ein ewiges Exil. — *cumba* (κύμβη) Kahn des Unterweltsfährmannes Charon.

Daß man auch nur in etwa Horaz' Wesen und Stil in kurzen Proben erfassen kann, wird niemand glauben. Aber wenn die hier behandelten Oden eine Anleitung sein können, wie man diese Gedichte verstehen und übersetzen kann, so ist erreicht, was erreicht werden sollte. Der kunstvolle Aufbau wird am Anfang wegen mancher Schwierigkeiten, vor allem auch wegen der Freiheit in der Wortstellung, sich nicht ohne weiteres erschließen. Aber wenn Ihnen nun das Verstehen keine Schwierigkeit mehr bereitet, dann überblicken Sie noch einmal die Gedichte. Sehen Sie, wie in der ersten Ode der Bogen sich vom Anfang zum Ende wölbt? Wie Horaz nicht einfach 'Wagenrennen' sagt, sondern wie das Bild der staubigen Rennbahn, die glühenden, um die *meta* herumrasenden Wagen vor den Augen entsteht? Wie er 'Reichtum' durch die Metapher 'Schätze des Attalos' wiedergibt? Dies sind Bilder, deren Verständnis uns natürlich nicht so leicht aufgeht wie den Römern, bei denen sich sofort die entsprechenden Assoziationen einstellten. Andere Kunstmittel zu finden, das mag einem weiteren, eigenen Suchen vorbehalten sein. Jetzt noch ein kleines Gedichtchen, vergleichsweise einfach gebaut, aber doch an bevorzugter Stelle: Am Ende des ersten Odenbuches (I 38):

Persicos odi, puer, adparatus,
displicent nexae philyra coronae,
mitte sectari, rosa quo locorum
sera moretur.

simplici myrto nihil adlabores
sedulus curo: neque te ministrum
dedecet myrtus neque me sub arta
vite bibentem.

Wie bei der Ode *Integer vitae* handelt es sich um sapphische Strophen.

1 'persischer Aufwand, Prunk' ist sprichwörtlich, für 'Luxus' (*apparātus, -ūs* Zurüstung, Aufwand, 'Apparat'). — *puer* Sklave. — 2 *philyrā nexae c.* aus Lindenbast geflochtene K. (obwohl das keine Kostbarkeit war). — 3 *mitte* (= *omitte*) *sectāri* laß nach, laß bleiben danach zu jagen. — *quo locorum* wo etwa noch. — 5—6 *curo:* hier = ich will; danach bl. Konj. — *ad-laborare* hinzu-arbeiten, hinzufügen. — 7 *sub artā vīte* unter dichtem Wein (*vītis, -is* Weinrebe), unter d. Weinlaub.

Mit seinen Oden, durch die er eine ganz neue Gedichtgattung in Rom heimisch gemacht hatte (vorhergehende Versuche, wie etwa die beiden Gedichte in sapphischen Strophen des Catull, blieben Einzelfälle), hat sich Horaz ein ewiges Denkmal geschaffen:

Exegi monumentum aere perennius
regalique situ pyramidum altius,
quod non imber edax, non aquilo impotens
possit diruere aut innumerabilis
annorum series et fuga temporum.
non omnis moriar . . .

1 *ex-igere* ausführen, vollenden. — *aere perennius* dauernder (*perennis*: *per* und *annus*) als Erz. — 2 *situs, -ūs* Lage; hier: Grab (vgl. die Aufschrift auf Gräbern: *hic sitŭs est*). — 3 Der Regen wird 'fressend' (*ĕdere* essen, fressen, aber *ē-dere* herausgeben), der *aquilo*

(Nordwind) *impotens* genannt (*impotens* 'un-mächtig' kann zweierlei bedeuten: 'ohnmächtig' oder, wie hier, 'seiner nicht mächtig, wütend').

Es sind, wie bei der ersten Ode des ersten Buches, Asklepiadeen.

So der stolze, seiner Tat bewußte Schluß des dritten Odenbuches (III 30): Die ersten drei Bücher kamen zusammen heraus, das Gedicht bildete also den Abschluß eines Ganzen. Und zwar findet Horaz, wie er sagt (Vs. 13 f. *princeps Aeolium carmen ad Italos / deduxisse modos* als erster das Aeolische Lied zu den römischen Weisen, Melodien verpflanzt zu haben), seinen Ruhm hauptsächlich in der Einführung der Liedform der Lesbischen Dichter in Rom, doch ist er sich auch des Wertes des geistig-sittlichen Gehaltes wenigstens eines Teiles seiner Gedichte bewußt (z.B. Römeroden: *carmina non prius audita*: Das bezieht sich nicht nur auf die Form!).

Das *non omnis moriar* dürfen wir auch auf die anderen Dichtungen des Horaz beziehen. Ob er über Dichtung spricht oder, wie in den Satiren, menschliche Verhaltensweisen schildert, immer spürt man den großen Dichter.

Berühmt ist die Satire, in der er die Begegnung mit einem eitlen, aufdringlichen Schwätzer schildert (I 9):

Ibam forte via sacra, sicut meus est mos
nescio quid meditans nugarum, totus in illis:
accurrit quidam notus mihi nomine tantum
arreptaque manu 'quid agis, dulcissime rerum?'
'suaviter, ut nunc est,' inquam 'et cupio omnia, quae vis.'
cum adsectaretur, 'num quid vis?' occupo. at ille
'noris nos' inquit; 'docti sumus.' hic ego 'pluris
hoc' inquam 'mihi eris.' misere discedere quaerens,
ire modo ocius, interdum consistere, in aurem
dicere nescio quid puero, cum sudor ad imos
manaret talos ...

1—2 *via sacra* benannt nach den Heiligtümern, die an ihr lagen; sie ist noch heute am Forum zu sehen. Es war eine Geschäfts- und Promenadenstraße. Horaz ist unterwegs, um von seinem Haus auf dem Esquilin zur Tiberbrücke zu kommen (im Vs. 17 nennt er sein

Ziel). — *sicut est meus mos meditans* (sinnend) *nescio quid nugarum* 'ich weiß nicht was', irgendwelche Nichtigkeiten: mit diesen *nugae* werden Verse gemeint sein, da man kleine Gedichte *nugae* nannte (wie schon Catull). — 3 *nomine tantum notus* nur dem Namen nach bekannt. — 5 *suaviter*: wir sagen 'gut'. — *et c* ... : Höflichkeitsphrase; man wünscht dem andern alles, was er sich selber wünscht. — 6 *ad-sectāri* (auf Schritt und Tritt, aufdringlich) nachfolgen. — *num quid vis* 'willst du (noch) etwas': eine ein wenig unwirsche Verabschiedungsformel. — *occupo* ich komme zuvor (mit der Frage). — 7 *noris* = *noveris* Potentialis 'du dürftest uns (= mich) kennen'). — *docti*: auch der Dichter ist *doctus* (s. S. 240), der Aufdringliche rechnet sich also zur geistigen Elite. — 8 *hoc*: zu *pluris* ('um so mehr'). — 9 *ōcius* schneller. — 10 *ad imos talos* (*tālus* Knöchel; übtr. Würfel) bis unten auf die Knöchel — *sūdor, -ōris* Schweiß.

Zum Besten, sicher auch zum Anziehendsten, das die augusteische Kultur hervorgebracht hat, gehört die Elegie. Eine neue Dichtungsgattung erscheint damit in Rom, ja überhaupt in der Literatur. Zwar gab es Elegien schon in Griechenland — die Gedichte eines Solon, Mimnermos, Tyrtaios sind bedeutende und große Werke —, aber unter augusteischer Elegie versteht man die subjektive Liebeselegie, die Elegie, die vom Liebeserleben des Dichters spricht. Geistig nimmt sie ihren Ausgang von der persönlichen Liebesaussage der Dichter um Catull, der Neoteriker, formal schließt sie sich an die altgriechische und an die hellenistische Elegie an. Diese letztere hat, soweit wir wissen, nur Liebeserzählungen, insbesondere mythischer Personen, in elegische Form gebracht.

Elegische Form: Das Wort 'elegisch' hatte eine völlig andere Bedeutung als heute, wo 'elegisch' eine melancholische oder gar traurige Grundstimmung bezeichnet. (Anders Goethe in den 'Römischen Elegien', der das Wort im antiken Sinne gebraucht.) Es ist sogar mehr als unwahrscheinlich, daß jene Theorie recht hat, die glaubt, daß Elegien ursprünglich Klagelieder gewesen seien. Für die Antike war eine Elegie ein Gedicht, das in der Form des aus Hexameter und Pentameter bestehenden Distichons verfaßt war (vgl. auch S. 78 und 106). Inwieweit ist es als Leistung zu werten, wenn in eine bestehende Form ein neuer Inhalt gebracht wird? Für uns scheint dies in weitaus geringerem Maße der Fall zu sein, als es für die Antike zutrifft.

Archeget der Gattung ist Cornelius Gallus, von dessen Dichtungen uns nichts erhalten ist. Doch kennen wir die Elegien Tibulls und Properz', sowie die des dritten großen Elegikers, Ovids (im Vergleich zur Vielzahl des Erhaltenen ist von Ovid nur wenig verloren). Vom Persönlichen ausgehend, hat die Elegie zuerst bei Properz im IV. Buch, dann bei Ovid in den *Fasti*, die den römischen Festkalender behandeln (vollendet nur das erste Halbjahr), auch die mythische Geschichte Roms in den Themenkreis aufgenommen.

Albius Tibullus dürfte in den 50er Jahren geboren sein, da er im Jahre 19 v. Chr. als *adulescens* starb. Er gehörte dem Ritterstande an und war Begleiter des M. Valerius Messalla Corvinus im Feldzug gegen Aquitanien. Eine herzliche Freundschaft verband ihn mit diesem, auch von Augustus hoch geschätzten Manne, der zugleich — ähnlich wie Maecenas — Mittelpunkt eines Dichterkreises war. Auch Horaz und Ovid gehörten zu Tibulls Freunden. Trotz militärischer Auszeichnungen zog Tibull ein Leben auf dem Lande in Ruhe und Liebe einer glänzenden Karriere vor, seine Gedichte zeigen ihn als liebenswerten Menschen, der mit echtem Empfinden den Frieden des Landlebens und die wahre Liebe preist.

Davon gibt gleich die Einleitungselegie Zeugnis (I 1):

Divitias alius fulvo sibi congerat auro
et teneat culti iugera multa soli,
quem labor assiduus vicino terreat hoste,
Martia cui somnos classica pulsa fugent:
me mea paupertas vita traducat inerti,
dum meus assiduo luceat igne focus.
ipse seram teneras maturo tempore vites
rusticus et facili grandia poma manu;

nec spes destituat, sed frugum semper acervos
praebeat et pleno pinguia musta lacu.
nam veneror, seu stipes habet desertus in agris
seu vetus in trivio florida serta lapis.
et quodcumque mihi pomum novus educat annus,
libatum agricolae ponitur ante deo.
flava Ceres, tibi sit nostro de rure corona
spicea, quae templi pendeat ante fores,
pomosisque ruber custos ponatur in hortis,
terreat ut saeva falce Priapus aves.
vos quoque, felicis quondam, nunc pauperis agri
custodes, fertis munera vestra, Lares.
tunc vitula innumeros lustrabat caesa iuvencos,
nunc agna exigui est hostia parva soli.
agna cadet vobis, quam circum rustica pubes
clamet: 'Io messes et bona vina date!'
iam modo iam possim contentus vivere parvo
nec semper longae deditus esse viae,
sed Canis aestivos ortus vitare sub umbra
arboris ad rivos praetereuntis aquae.
nec tamen interdum pudeat tenuisse bidentem
aut stimulo tardos increpuisse boves,
non agnamve sinu pigeat fetumve capellae
desertum oblita matre referre domum.
at vos exiguo pecori, furesque lupique,
parcite: de magno est praeda petenda grege.
hic ego pastoremque meum lustrare quotannis
et placidam soleo spargere lacte Palem.
adsitis, divi, neu vos e paupere mensa
dona nec e puris spernite fictilibus!
fictilia antiquus primum sibi fecit agrestis
pocula de facili composuitque luto.
non ego divitias patrum fructusque requiro,
quos tulit antiquo condita messis avo:
parva seges satis est, satis est requiescere lecto,
si licet, et solito membra levare toro.
quam iuvat inmites ventos audire cubantem

et dominam tenero continuisse sinu
aut, gelidas hibernus aquas cum fuderit Auster,
securum somnos igne iuvante sequi.
hoc mihi contingat: sit dives iure, furorem
qui maris et tristes ferre potest pluvias.
o quantum est auri pereat potiusque smaragdi,
quam fleat ob nostras ulla puella vias.
te bellare decet terra, Messalla, marique,
ut domus hostiles praeferat exuvias,
me retinent vinctum formosae vincla puellae
et sedeo duras ianitor ante fores.
non ego laudari curo, mea Delia, tecum
dummodo sim, quaeso segnis inersque vocer.
te spectem, suprema mihi cum venerit hora,
te teneam moriens deficiente manu.
flebis et arsuro positum me, Delia, lecto
tristibus et lacrimis oscula mixta dabis.
flebis: non tua sunt duro praecordia ferro
vincta neque in tenero stat tibi corde silex.
illo non iuvenis poterit de funere quisquam
lumina, non virgo, sicca referre domum.
tu manes ne laede meos, sed parce solutis
crinibus et teneris, Delia, parce genis.
interea, dum fata sinunt, iungamus amores:
iam veniet tenebris mors adoperta caput,
iam subrepet iners aetas neque amare decebit
dicere nec cano blanditias capite.
nunc levis est tractanda Venus, dum frangere postes
non pudet et rixas inseruisse iuvat.
hic ego dux milesque bonus: vos, signa tubaeque,
ite procul, cupidis vulnera ferte viris,
ferte et opes: ego conposito securus acervo
despiciam dites despiciamque famem.

1 *divitias fulvo auro con-gerere* Reichtümer an rotgelbem Golde zusammentragen, aufhäufen. — 3 *quem* und *cui* Vs. 4 (näml. *alius* von Vs. 1) mit Konj., da konsekutiver Rel.-Satz, im Sinne von ‘so daß’. — *labor* Kampf(-esmühe). — *vicino hoste*: *abl. abs.* — 4 *classicum* Trom-

petensignal, Trompete; *Martia c.* Kriegstrompeten; *pellere* wird sonst nur bei Saiteninstrumenten verwendet, hier aber bezeichnet es das Schmettern der Trompeten. — **5** *paupertas*, wie schon mehrmals, nicht Bettelarmut (= *egestas*) sondern Besitz, der zu gutem Leben ausreicht (im Deutschen gibt es kein entspr. Wort, wir müssen uns, als Gegensatz zu *divitiae*, doch mit 'Armut, mäßige Habe' helfen). — *me traducat vitā* (Abl. in dieser Verbindung ungewöhnlich). — *in-ers* 'ohne *ars*', träge, untätig (näml. ohne Militärdienst; das ist zu verstehen, denn immerhin hat Tibull eine Reihe von Jahren gedient. Der römische Staat war nicht gerade zimperlich in der Heranziehung seiner Bürger. Eine zeitlich genau bestimmte Wehrpflicht gab es nicht, aber die Bürger wurden, sooft es nötig war — und das war fast ständig der Fall! — ausgehoben; von Sonderfällen wie körperlicher Untauglichkeit oder Unentbehrlichkeit abgesehen, erlosch die Dienstpflicht erst nach abgeleisteten (!) 10 Reiter- oder 16 (zuweilen 20) Fußdienstjahren. Und das bei den Strapazen, die man den Soldaten zuzumuten pflegte!. — *dum* mit Konj. s. S. 146. — Solange noch das Herdfeuer brennt, ist die Armut nicht *egestas*. — **8** *facilis manus* 'geschickte Hand'. — *pomum* Obst; Obstbaum. — **9** *dē-stituere* beiseitestellen; im Stich lassen, täuschen. — **10** *pingue mustum* 'fetter', dickflüssiger Most. — *lacus, -ūs* Trog, Kufe; See. — **11** *venerāri* verehren; im allg. nicht absolut, sondern mit Akk.-Obj.; dieses ist hier aus dem folgenden zu ergänzen: *stipitem* (Pfahl) *seu lapidem*. Nach alter religiöser Vorstellung gelten Grenzpfähle und Feldsteine als heilig; dem Gotte Terminus wurden vor allem Milch und Früchte dargebracht, die Grenzpfähle und -steine bekränzt. — **12** *tri-vium* Drei-weg, Wegkreuzung. — *serta* (von *serere* zusammenfügen) Kranz; *flōridus* blühend, aus Blumen; also: Blumenkränze. — **13** *quodcumque pomum* 'welches Obst auch immer', von allem Obst. — **14** *libatum agricolae deo anteponitur* eine Spende wird dem ländlichen Gott (näml. *Silvanus*) hingestellt. Die Erstlingsfrucht gehört den Göttern. *ponitur ante*: Trennung der Komposita in Verbum und Präposition kommt zuweilen vor: Bei Homer sind die Komposita noch nicht fest zusammengewachsen, so daß die beiden Bestandteile auch auseinandergestellt werden können; spätere Dichter machen sich, wenn auch selten, diese Freiheit zunutze. — **15** *flava Ceres: flāvus* goldgelb, blond (Farbe der Ähren) — *corona spicea* (*spīca* Ähre) Ährenkranz. — **17—18** *Priāpus ruber custos:* der rot angestrichene Priapus ist eine alte Naturgottheit, später wurde er zu einer Art Vogelscheuche degradiert; als Gartengott trägt er die Sichel (*falx*). — **19—20** *Lāres, custodes felicis quondam, nunc pauperis agri*: Tibull verlor wie Horaz und Vergil durch die Landverteilung an die Veteranen einen Teil seines Besitzes (wurde Land benötigt zur Versorgung der Veteranen, so wurde ohne Rücksicht auf Parteizugehörigkeit entschädigungslos enteignet). Die Laren sind Schutzgötter von Haus und

Hof. — **21—22** Bei dem Fest der *Amb-arvalia* (Flurumgang) wurde der Besitz entsühnt; *caesa vitula lustrabat* ein geschlachtetes Kalb entsühnte; *nunc hostia exigui* (knapp, klein) *soli parva agna* (Lamm) *est.* — **23** *quam circum:* sog. Anastrophe, Umstellung der Präpos. — *rustica pubes* ländliche Jugend. — **24** *iō* kultischer Ruf. — *bona* dem Sinn nach auch zu *messes* (*metere* ernten). — **25** *iam iam* ständig; *modo* s. S. 146. — **26** *longae viae deditus esse* (erg. *debeam*) langem Wege hingegeben sein, auf langer Kriegsfahrt sein. — **27** *Canis aestivos ortūs* 'die heißen Aufgänge des Hundes, Hundsgestirns', d. i. Sirius im Großen Hund. Der Frühaufgang (Aufgang am frühen Morgen) des Sirius fiel damals mit dem Beginn der heißesten Tage des Jahres (etwa 24. Juli) zusammen. — **29** *tenuisse* und *increpuisse* (*in-crepare* anschreien; antreiben): präsentisch zu übersetzen. — *bi-dens* zweizackige Hacke. — **30** *stimulus* Stachel. — **31** *agnam fetum-ve* (*fētus, -ūs* Junges; vgl. *fecundus, felix*) *capellae* (Ziege) *domum referre.* — **34** *parcere* mit Dat. schonen. — **36** *Palēs* italische Hirtengöttin; die *Palilia* oder *Parilia* werden am 21. April gefeiert, sie sind zugleich der Geburtstag der Stadt Rom. — **37** *adsitis divi:* relig. Formel. — **38** *fictilia* (*fingere* bilden) Tongeschirr. — **40** *facile lutum* bildsamer Ton. — **41** *re-quīrere* wieder aufsuchen, verlangen. — **42** *condita messis* die eingebrachte Ernte. — **44** *levāre* erleichtern, leicht machen (durch Ausruhen werden die 'schweren' Glieder leicht). — *torus* Polster, Lager, Bett. — **45** *quam* ('wie', selten bei Verben, sonst nur bei Adj. und Adv.) *iuvat cubantem ventos audire et dominam sinu* (*abl. loci*) *continuisse* (präsentisch). Die Geliebte, die Frau im Verhältnis zum Manne als *domina* — wie undenkbar für das alte Rom, und wie undenkbar außerhalb der Liebe und Liebespoesie! — **47** der 'winterliche Südwind', d. i. der Südwind im Winter 'schüttet eiskaltes (Regen-)Wasser aus': im Winter bringt der Südwind in Italien Regen. — **48** *somnos sequi* dem Schlaf folgen, sich dem Schlaf hingeben. — *igne iuvante:* eine interessante Stelle, da auch *imbre iuvante* überliefert ist und kaum entschieden werden kann, was richtig ist: den Schläfer 'freut' es, das Feuer leise prasseln zu hören, während, wie im Vers vorher erzählt, der kalte Regen fällt — ebenso aber auch, den Regen fallen zu hören, während er geborgen im warmen Raum liegt. — **49** Tibull kommt wieder auf den Gedanken zurück, daß reich sein mag, wer *furorem maris* (Wut des Meeres) und *pluvias* (Regengüsse, näml. als Soldat vor allem) ertragen kann oder mag. — **51** *o potius pereat, quantum est auri smaragdique* (*smaragdus* Smaragd; *sm* am Wortanfang bildet wie im Griechischen nicht Position, daher *-quĕ smă-*), *quam* (hier = *quam ut* als daß). — **54** *ut domus exuvias praeferat* so daß das Haus Rüstungen (Waffenbeute: sie hängte man an Tempeln, aber auch an Privathäusern auf) 'vorne trägt', prangt von R. — **56** Die Türe (*foris* Türflügel, Plur. Türe) wird hartherzig genannt, da sie ihn nicht einläßt (obwohl natürlich das Mädchen hartherzig ist) und er als *iānitor*, 'Türhüter', draußen sitzen muß. — 58 *quaeso* eigentl. 'ich bitte' = will ich gerne. — *sēgnis* lässig. — 60 *dēficere* versagen, ermatten. — 61 *et* ist hier und im folg. Vs., wie öfter in der Dichtung, (aus metr. Gründen) nachgestellt. — (*in*) *arsuro lecto* auf der Bahre, die verbrennen wird (Verbrennung war in Rom die übliche Bestattungsweise; der *lectus* wird auf den Scheiterhaufen (*rogus*) gelegt und mit verbrannt). — 63 *prae-cordia, -orum* (Plur). Zwerchfell; Brust, Herz; dazu *vincta ferro duro*. — 64 *silex, -icis* Kieselstein. — 65—66 *non iuvenis, non virgo sicca lumina domum referre poterit* ... wird trockene Augen (*lūmen* Leuchte, Licht; Auge) nach Hause tragen können = trockenen Auges nach Hause gehen k. — 67—68 *ne laede* (verneinter Imper. statt *ne* mit Konj. Perf. in der Dichtung möglich s. S. 128) *mānēs meos* (Manen, Seelen Verstorbener, auch für Seele eines einzigen Menschen gebraucht. Zu große Trauer stört die Ruhe der Toten). — Aufgelöste Haare waren Zeichen der Trauer (urspr. deshalb, da Knoten magische, bindende Kraft haben). — *gena* Wange. — 69 Die Todesvision schließt mit der Aufforderung zu Genuß und Freude am Leben. — *amores iungere* in Liebe verbunden sein. — 70 *iam* schon, bald. — *mors adoperta caput tenebris* der Tod, mit Dunkel das Haupt verhüllt (*ad-operīre* verhüllen; *caput:* griech. Akk. der Beziehung: er ist verhüllt, und zwar das H). — 71 *sub-rēpet*: es schleicht (heimlich) heran. — 71—72 für ein graues (*cānus*) Haupt ziemt es sich nicht, zu lieben noch Schmeicheleien zu sagen. — 73 leichtfertige 'Venus' ist zu betreiben: für den Römer ist der Unterschied zwischen Liebe und der Göttin der Liebe (wir unterscheiden durch den Anfangsbuchstaben) nicht vorhanden. — *frangere postes:* nämlich die Pfosten der verschlossenen Tür brechen. — 74 *rīxas inserere* Streit (näml. in die *amores*) einflechten. — 75 *hīc* hier, näml. in der Liebe (Ovid sagt, *am.* I 9, 1: *militat omnis amans et habet sua castra cupido*, und führt dann den Vergleich noch weiter aus). — 76 *cupidis viris:* Männern, die nach Krieg (folglich auch, s. o., nach Ruhm und Geld) begierig sind. — 77 *composito acervo* mit einem zusammengebrachten Besitz (*acervus* Haufen, Menge). — 78 *dēspicere* verachten. — *dites* = *divites*.

Die kunstvolle Komposition des Gedichtes, bei aller Schlichtheit, ist immer bewundert worden. Der Bogen des Gedankens spannt sich ringförmig vom Anfang zum Ende. Charakteristisch für Tibull — für ihn in viel stärkerem Maße als für die anderen Elegiker — ist die Gedankenführung, die mehr assoziierend als logisch ist: Der Gedanke an Reichtum und Krieg führt ihn zur Zufriedenheit in Ruhe und Bescheidung mit seinem kleinen Besitz, daran reihen sich Betrachtungen über den Ablauf des ländlichen Jahres (Aussaat, Erntesegen, Verehrung der Fruchtbarkeitsgottheiten). Die Todesvision entspringt dem Gedanken, mit Delia immer verbunden bleiben zu wollen; jetzt aber gilt es, die Liebe zu genießen, solange das Leben noch währt. Es ist überaus reizvoll, dem nachzugehen! In der augusteischen Elegie wird darauf gesehen, daß jedes Distichon einen abgeschlossenen Satz und Gedanken bringt; ein neuer Gedanke soll durch den Pentameter nicht eingeführt werden. Sind aber zwei Disticha durch den Satzbau zusammengebunden, so bringt das zweite doch wenigstens einen neuen Gedanken oder einen neuen Gesichtspunkt. Trotzdem ist Gleichförmigkeit in der syntaktischen Gestaltung der Disticha vermieden.

In das Corpus der Gedichte Tibulls, des bedeutendsten des Messalla-Kreises, wurden auch einige Gedichte anderer dieses Kreises eingefügt und auf diese Weise mit überliefert. Am anziehendsten ist vielleicht das Gedichtchen, in dem Sulpicia, wohl die Nichte Messallas, von ihrer Liebe spricht (*Corp. Tib.* IV 7 = III 13):

Tandem venit amor, qualem texisse pudore
quam nudasse alicui sit mihi fama magis.
exorata meis illum Cytherea Camenis
attulit in nostrum deposuitque sinum.
exsolvit promissa Venus; mea gaudia narret,
dicetur si quis non habuisse sua.
non ego signatis quicquam mandare tabellis,
ne legat id nemo quam meus ante, velim,
sed peccasse iuvat, voltus conponere famae
taedet: cum digno digna fuisse ferar.

1 *tandem* endlich. — *amor* ist hier konkret zu fassen: Liebeserfüllung. — *qualem* fast = *quem.* — *pudore* aus Scham, Scheu. — 2 *mihi sit magis fama* (dürfte mir *fama* sein; ob *fama* hier guter oder schlechter Ruf ist, darüber streiten die Erklärer) *amorem p. texisse, quam alicui nudasse* (entblößen, kundtun, eingestehen). — 3—4 *Cytherēa* die Cytherische, näml. Venus-Aphrodite, da sie auf Cythera ein berühmtes Heiligtum hatte. *C. exorata* (*ex-orare* durch Bitten

erweichen) *meis Camenis* (*Camēnae* Musen s. S. 162, = Gedichte, wie Bacchus = Wein usw.) *attulit deposuitque illum in nostrum* (für Sing.) *sinum.* — 5 *ex-solvit promissa* löste aus, erfüllte Versprechen. — 6 *sua:* erg. *gaudia.* — *si quis dicetur non habuisse* wenn von einem gesagt werden wird, daß er nicht gehabt habe = der, von dem gesagt wird, daß er ... — 7—8 *non velim quicquam signatis* (versiegelten) *tabellis* (*tabella*, Demin. zu *tabula*, Täfelchen: auf Wachstäfelchen schrieb man die Briefe) *mandare.* — *non ... ne nemo:* mehrfache Verneinung kann in der Umgangssprache wie im Griechischen eine verstärkte Verneinung sein. — 9 *voltūs conponere famae* 'die Mienen für die *fama* zusammenziehen', dem Gerede zuliebe eine gewöhnliche oder ehrbare Miene aufsetzen. — *ferar* = *dicar.* — *esse cum* sein mit = angehören, sich hingeben.

Sicher zeugen Vers- und Satzbau nicht von höchster, gereifter Kunst. Aber wer, außer Catull, übertrifft Sulpicia an Stärke des Gefühls? An der Elegie und wohl auch an Catull hat sie gelernt, ihre Leidenschaft in Poesie zu verströmen. Die antike Dichtung ist nicht prüde, aber auch nicht zweideutig und infolgedessen nicht schwül. Obwohl wir wissen, daß auch andere Frauen gedichtet haben — Flöten- und Leierspiel gehörten sowieso zur Erziehung der Mädchen —, sind die Gedichte der Sulpicia doch das Einzige, was uns von Dichtungen römischer Frauen erhalten ist.

Sicher ist es daher richtig, wenn wir von den wenigen Gedichten der Sulpicia ein weiteres kennenlernen (IV 12 = III 18):

Ne tibi sim, mea lux, aeque iam fervida cura,
ac videor paucos ante fuisse dies,
si quicquam tota conmisi stulta iuventa,
cuius me fatear paenituisse magis,
hesterna quam te solum quod nocte reliqui
ardorem cupiens dissimulare meum.

1 *mea lux* häufiges Kosewort 'mein Licht', mein Leben; vgl. Catull 109 *mea vita* (S. 192). — 1—2 *ne tibi sim aeque fervida cura ac* ... ich will dir nicht im gleichen Maße glühende Liebe sein wie ... (*aeque — ac:* nach den Wörtern der Gleichheit, Ähnlichkeit oder Verschiedenheit heißt 'wie' *atque* oder *ac*). — 3 *totā iuventā* (poet. für *iuventūs, -ūtis*) in meiner ganzen Jugend. — 4 *fatear me eius*

paenituisse wird in relat. Anschluß *cuius me f. p.* — 1—6 Der syntaktische Aufbau ist: *ne sim aeque ... ac ... si commisi quicquam cuius magis ... quam ...* Die ersten 4 Verse führen also auf die konkrete Situation hin, aus der heraus das Gedicht entstanden ist und die erst im Schlußvers offengelegt wird, 'einem Vers, wie er knapper, wohllautender, echter, offener und zugleich schamhafter nicht hätte gesagt werden können' (Karl Büchner).

Ein ebenfalls dem Messalla-Kreis angehörender Dichter, Domitius Marsus (von ihm ist kaum etwas erhalten) hat auf den Tod Tibulls dieses Epigramm verfaßt (ebenfalls im *Corp. Tib.*):

Te quoque Vergilio comitem non aequa, Tibulle,
mors iuvenem campos misit ad Elysios,
ne foret, aut elegis molles qui fleret amores
aut caneret forti regia bella pede.

1 *comes Vergilio* Begleiter dem, für V. — Der Tod, der zu früh kommt, ist *non aequa* oder *iniqua.* — 2 *iuvenem* als Jüngling. — 3 *ne foret qui* damit nicht einer sei, der ... — *elegis* durch, in Elegien (*elegi, -orum* elegische Verse, Elegie). — 4 *forti pede* im tapferen, kraftvollen Maß; *pes* ist auch Versfuß; im Gegensatz zum *versus mollis* (Pentameter oder elegisches Distichon) galt der Hexameter als *fortis*, da er das Versmaß der *regia bella*, der Epen von Kriegen der Könige, ist. Hier ist natürlich die *Aeneis* Vergils gemeint.

Es lebte aber doch noch der andere Elegiker der augusteischen Zeit, Properz? (Ovid ist etwas später.) Hat man von ihm keine Notiz genommen? Sicher! Aber schon im Altertum gab es zwei Meinungen, wer der größere sei, Tibull oder Properz. *elegiae 'mihi tersus atque elegans maxime videtur auctor Tibullus; sunt, qui Propertium malint'*, sagt der große 'Literaturkritiker' Quintilian (*inst. or.* X 1,93). Ihm, der eher am Alten hing als Neues begrüßte, war natürlich Tibull wegen der Eleganz und Reinheit der Sprache angenehmer. Weiterführend und in dieser Hinsicht moderner ist wohl Properz, denn er hat die größere 'Raffinesse', ja manchmal eine gewisse Künstlichkeit.

Sextus Propertius, geboren um das Jahr 50, gestorben etwa 15 v.Chr., also nur 4 Jahre nach Tibull und

Vergil, spricht von seiner Heimat am Ende seines ersten Buches, das als 'Monobiblos' ('Ein-Buch', Buch, das allein erscheint, Werk in einem Buch) herauskam (die anderen drei Bücher folgten später):

Auf die Frage *qualis et unde genus?* lautet die Antwort: *Umbria ... me genuit.* Auch im ersten Gedicht des IV. Buches, in dem er den Vorsatz verwirklichen will, sich vor allem mit römischen Sagenstoffen zu befassen, sagt er, daß Umbrien seine Heimat ist. Wahrscheinlich ist er in *Asisium* (Assisi) geboren, kam aber schon in seiner Jugend nach Rom. Hier lernte er Cynthia kennen (I 1):

Cynthia prima suis miserum me cepit ocellis
contactum nullis ante cupidinibus.
tum mihi constantis deiecit lumina fastus
et caput inpositis pressit Amor pedibus,
donec me docuit castas odisse puellas
inprobus et nullo vivere consilio.
et mihi iam toto furor hic non deficit anno,
cum tamen adversos cogor habere deos.
Milanion nullos fugiendo, Tulle, labores
saevitiam durae contudit Iasidos.
nam modo Partheniis amens errabat in antris
ibat et hirsutas ille videre feras;
ille etiam Hylaei percussus vulnere rami
saucius Arcadiis rupibus ingemuit.
ergo velocem potuit domuisse puellam:
tantum in amore preces et benefacta valent.
in me tardus Amor non ullas cogitat artes
nec meminit notas, ut prius, ire vias.
at vos, deductae quibus est fallacia lunae
et labor in magicis sacra piare focis,
en agedum dominae mentem convertite nostrae
et facite, illa meo palleat ore magis!
tunc ego crediderim vobis et sidera et amnes
posse Cytaeines ducere carminibus.
et vos, qui sero lapsum revocatis, amici,

quaerite non sani pectoris auxilia.
fortiter et ferrum saevos patiemur et ignes,
sit modo libertas, quae velit ira, loqui.
ferte per extremas gentes et ferte per undas,
qua non ulla meum femina norit iter.
vos remanete, quibus facili deus annuit aure,
sitis et in tuto semper amore pares.
in me nostra Venus noctes exercet amaras
et nullo vacuus tempore defit Amor.
hoc, moneo, vitate malum: sua quemque moretur
cura neque assueto mutet amore locum.
quod si quis monitis tardas adverterit aures,
heu referet quanto verba dolore mea!

Wie begann Horaz' Odenbuch? *Maecenas atavis edite regibus.* Und Tibull? *Divitias alius fulvo sibi congerat auro.* Dagegen Properz: *Cynthia prima* ... Am nächsten kommt diesem noch Catull: *Passer, deliciae meae puellae.* Wie Lesbia dem Catull, so wurde Cynthia Properz zum Schicksal: *Cynthia prima fuit, Cynthia finis erit* endet das 12. Gedicht des I. Buches.

Der Name ist nicht römisch; es ist, das wußte schon das Altertum, ein Deckname für *Hostia*; so hatten auch Catull *Lesbia* für *Clodia* und Tibull *Delia* für *Plania* gesagt. Das sind nicht nur Decknamen, um die Identität der Geliebten zu verbergen (die kannte doch damals jeder!), vielmehr sind es kosende Beinamen, mit denen die Liebenden ihr Mädchen nennen. Wirklich ist es auch nicht recht vorstellbar, daß jemand seine Geliebte mit dem Familiennamen (z.B. *Clodia*, die 'Clodierin', die aus der Familie Clodia) anreden konnte — einen Vornamen hatten die Römerinnen ja nicht.

1 *cepit ocellis*: Bild! *ocellus* Demin. zu *oculus*. — 2 *contactus*, Part. Perf. Pass. zu *con-tingere* (Perf. *contigi*) berühren (häufig ist auch der unpersönliche Ausdruck: *contingit* es gelingt). — 3—4 *Amor mihi lumina constantis fāstūs* (*fāstus, -ūs* Stolz) *deiecit* Amor zwang mir zu Boden den Blick standhaften Stolzes: d.h. der Dichter glaubte sich früher erhaben über Liebesempfindungen. — 4 Der Sieger setzt

dem Unterlegenen den Fuß auf Haupt oder Nacken. — **6** *nullo consilio* ohne Plan, planlos. — **7** *hic furor non deficit toto anno* dieser Wahn (wahnsinnige Leidenschaft) läßt das ganze Jahr nicht nach. — **8** *cum tamen cogor habere* während ich dennoch haben muß. — *adversos deos habere* Götter zu Feinden zu haben: d.h. etwas unglücklich oder vergeblich tun (in der Prosa häufiger *invitus*; so ist sprichwörtlich *invītā Minervā* 'wieder den Willen Minervas': Minerva-Athene ist Göttin der Künste und Wissenschaften; dichtet jemand z.B. *i. M.* so heißt das, er tut es ohne Geschick, schlecht, da die Göttin gegen ihn ist). — **9—10** *Milanion* (Μειλανίων): Die Freier der mythischen Jägerin Atalante, die, da sie Tochter des Königs Iason von Argos war, im Vs. 10 *Iasis* (griech. Gen. *Iasidos*) genannt wird, mußten mit ihr um die Wette laufen; wen sie einholte, den durchbohrte sie von hinten mit dem Speer. Milanion besiegte sie, indem er während des Laufes drei goldene Äpfel fallen ließ, die Atalante aufhob (nach der aus Ovid bekannten böotischen Fassung heißt der Sieger Hippomenes). — **9** *Tullus* ist ein Freund des Properz. Die Anrede an ihn — wir haben gesehen, daß die lateinische Lyrik größtenteils Gesprächslyrik ist — in der ersten Elegie des Buches bedeutet eine Art Widmung. — **10** *saevitia* Wüten, Härte; auch: Sprödigkeit. — *con-tundere* zerschlagen: kräftiges Bild für 'besiegte, überwand'. — **11** *antra Parthenia* die Höhlen, Schluchten des Partheniosgebirges (an der Grenze zwischen Arkadien und der Argolis). — **13** *Hylaeus*, ein Kentaur, der sich ebenfalls um Atalante bewarb, führt als Waffe einen *rāmus*, Ast, mit dem er Milanion eine Wunde beibringt. — **14** *ingemuit rupibus A.* stöhnt auf in den Felsen Arkadiens. — **15** *domuisse*: präsentisch, wie in der Dichtung häufig (s.o.). — **17—18** Bei Properz ist *Amor tardus*, träge, er hilft ihm nicht mit seinen *artes*, Künsten, und erinnert sich nicht der ihm doch sonst bekannten *viae*, Wege, 'Schliche'. — **19** Da ihm Amor nicht hilft, sollen ihm Zauberinnen helfen; d.h. dem Dichter wäre jetzt alles recht. — *quibus est fallācia* (Täuschung, von *fallere*) *deductae lunae*: Ein Zauberkunststück der Frauen Thessaliens soll es gewesen sein, daß sie den Mond vom Himmel herabziehen konnten. — **20** *in magicis focis sacra piare* auf Zauberaltären (*focus* Feuerstätte) Sühnopfer darbringen (eigentl. 'Opfer sühnen', Kurzausdruck für 'durch O. sühnen'). — **21** *ēn agedum:* Aufforderung, etwa 'also wohlan, auf!'. — **22** *facite* (danach Konj. ohne *ut*), *illa magis palleat* (*pallēre* blaß sein: so werden die sich vor Liebe Verzehrenden geschildert) *meo ore* (*abl. compar.*, 'als mein Gesicht', als ich). — **23** Nicht nur *sidera*, wie den Mond, auch *amnes*, Ströme, sollen die Zauberinnen lenken können durch *carminibus Cytaeines*: *carmina* sind Zauberformeln (so z.B. im römischen Recht, wo Schadenzauber streng bestraft wurde); *Cytaeīnē*, griech. Gen. *-ēs*, Frau aus Kytae: näml. Medea, die als Prototyp aller Zauberinnen galt (*Cytae* liegt in Kolchis, einer Landschaft am Ostufer des Schwarzen

Meeres). — 25 *sero lapsum revocare* zu spät den Gestrauchelten zurückrufen, d.h. wie einen Wanderer, der auf abschüssigem Weg ausgeglitten ist. — 26 *auxilia non sani pectoris* Hilfe für (*gen. obiect.*) das kranke Herz (*pectus* Brust, übertr. Herz; die Liebe wird als Krankheit aufgefaßt, vgl. Vs. 7 *furor*). — 27 *ferrum, ignes:* wie bei einer Krankheit, s. S. 61. — 30 *quā* (*abl.*) wo, wohin. — 31 *facili aure annuere* mit geneigtem Ohr erhören (eigentl. 'zunicken'). — 32 *et sitis in tuto amore pares:* als *pares*, Gleiche, Gleichberechtigte, nicht als Abhängige; nur jenen ist die Liebe 'sicher', während sie diesen immer 'unsicher' ist. — 33 *noctes amaras exercere* bittere Nächte quälen = quallvoll bittere Nächte schaffen. — 34 *vacuus Amor defit* (zu *dē-fieri* fehlen) Amor hört nicht auf, ist nicht müßig. — 35 *morāri* aufhalten, festhalten (jeden soll seine eigene *cura* festhalten: *cura* Sorge, Liebesqual, auch: Geliebte). — 36 *neque mutet locum assueto amore* (*abl. abs.*) 'wenn er mit seiner Liebe vertraut ist', d.h. er soll nicht wechseln, wenn er die Liebe in Ruhe genießen kann. — 37 *tardas aures advertere monitis* den Ermahnungen träge Ohren zuwenden = nicht gehorchen (vgl. Vs. 31 *facili aure*). — 38 *heu* Interjektion, Ausruf. — *verba referre* (sich) die Worte (ins Gedächtnis) zurückrufen.

Properz gilt im allgemeinen als 'schwieriger' Dichter. Gewiß sind seine Elegien nicht immer leicht zu übersetzen, manche Stellen bereiten dem Verstehen einige Schwierigkeiten. Das mythologische Beiwerk ist für den Römer allerdings nicht so störend wie für uns, denn seine Stadt war voller Bilder der darstellenden Kunst und seine Literatur reich an mythischen Szenen. Doch dürfte z.B. auch für einen Römer *Cytaeine* im Vs. 24 nicht sofort klar gewesen sein: Er mußte sich erst erinnern, daß Cytae in Kolchis liegt, um dann in der Frau aus Kolchis (so wird Medea öfter genannt) Medea zu erkennen. Zwar inhaltlich sofort klar, aber schwer zu erklären sind die nicht seltenen Stellen, an denen ein grammatisch mit dem Satz nur lose zusammenhängender Ausdruck das logische Gefüge zu sprengen scheint, wie dies z.B. in Vs. 36 mit dem Ablativ der Fall ist. Auch wird man in der vorliegenden Elegie eine Vorliebe für Bilder beobachten, und tatsächlich ist der Reichtum an eindrucksvollen Bildern kennzeichnend für Properz' Dichtung, so sehr, daß ihn die Bilder manchmal — vor allem in den späteren

Gedichten — zu überwältigen scheinen, so daß eine 'Bildermischung' die Folge ist.

Wie liebevoll er auch ganze Szenen ausmalt, das mag uns die folgende Elegie (II 29a) zeigen:

Hesterna, mea lux, cum potus nocte vagarer,
nec me servorum duceret ulla manus,
obvia, nescio quot pueri, mihi turba minuta
venerat (hos vetuit me numerare timor),
quorum alii faculas, alii retinere sagittas,
pars etiam visa est vincla parare mihi.
sed nudi fuerant. quorum lascivior unus:
'Arripite hunc,' inquit, 'iam bene nostis eum.
hic erat, hunc mulier nobis irata locavit.'
dixit, et in collo iam mihi nodus erat.
hic alter iubet in medium propellere, at alter:
'Intereat, qui nos non putat esse deos!
haec te non meritum totas expectat in horas,
at tu nescio quas quaeris, inepte, fores.
quae cum Sidoniae nocturna ligamina mitrae
solverit atque oculos moverit illa graves,
adflabunt tibi non Arabum de gramine odores,
sed quos ipse suis fecit Amor manibus.
parcite iam, fratres: iam certos spondet amores
et iam ad mandatam venimus ecce domum.'
atque ita me iniecto duxerunt rursus amictu:
'I nunc et noctes disce manere domi!'

1 *hesternā nocte* in der gestrigen Nacht. — *mea lux* vgl. Sulpicia IV 12, 1 (S. 256). — *pōtus* (aktivisch) (be-)trunken. — *vagāri* umherschweifen, sich umhertreiben. — 2 Wer in Rom nachts ausgeht, läßt sich von Sklaven, die Fackeln tragen, begleiten, außer er ist ein Dieb oder ein Liebhaber. — 3—4 *obvia venerat turba minuta:* Schwarm kleiner Knaben (nicht die *turba* ist *minuta*, sondern die *pueri*). — 5 *facula* ist Demin. zu *fax, facis* Fackel. — An den *sagittae* sind sie als Eroten zu erkennen. Ursprünglich war Eros der große Urgott, bereits im Hellenismus aber ist er der Sohn der Venus und ein schalkhafter Knabe; auch Scharen von Eroten scheinen damals gelegentlich schon aufgetreten zu sein. — 7 *fuerant*: Plusqu. nicht wörtlich zu nehmen, sondern mit einfacher

Vergangenheit zu übersetzen. — *quorum lascivior unus:* wir sagen besser 'einer der Ausgelasseneren' oder 'der Ausgelassensten'. — 8 *nōstis = nōvistis.* — 9 *alqm locāre* jd. verdingen: Properz ist an die Eroten wie an Straßenräuber verdungen (wollte man jemanden in seine Gewalt bringen, so mietete man sich *latrones*, Straßenräuber; ein Grund, daß man nicht ohne Sklaven ausging). — 10 *in collo mihi nodus erat* am Hals war mir der Knoten (näml. von den in Vs. 6 genannten *vincla*). — 11 *hīc* hier Adv.: da, jetzt (dagegen Vs. 9 Pronomen). — *in medium propellere* in die Mitte (näml. der Straße) stoßen. — 13 *haec:* näml. die Geliebte (*mulier* Vs. 9). — *te non meritum* dich, der es nicht verdient hat. — 14 *nescio quas quaeris fores, inepte* ich weiß nicht was für Türen (vgl. zu Tib. I 1, 56 S. 253) du suchst, du Dummkopf. — 15—16 *ligamina mitrae Sidoniae solvere* die Bänder (*ligāmen, -inis*) der sidonischen Kopfbinde lösen: die *mitra* ist hier eine Art Nachthaube; sidonisch = purpurn, da im phönizischen Sidon die berühmtesten Purpurfärbereien waren (Purpur war sehr kostbar; das Rezept zur Gewinnung des Purpurs aus der Purpurschnecke ist verloren und noch nicht wiederentdeckt, obwohl die Schneckenart bekannt ist: in Syrien in der Nähe des antiken Sidon hat sich ein 100 m langer, 25 m breiter Haufen aus Häusern dieser Schnecke gefunden). — 16 Die *oculi* sind *graves* schwer, liebestrunken. — 17 *odōres de gramine Arabum* Düfte von arabischen Kräutern (*grāmen, -inis* Gras, Kräuter): Die Araber waren Hauptlieferanten kostbarer Duftstoffe, die sie im Karawanenhandel z.T. aus Indien importierten. — 18 *quos*, näml. *odores*: Düfte, die Amor mit eigener Hand herstellte. — 19 *parcite* (erg. *ei*; *p.* mit Dat.). — *spondet certos amores* er schwört sichere, treue Liebe. — 20 *domus mandata* 'das aufgetragene Haus', das Haus, das uns bezeichnet wurde (wohin sie den Gefangenen — wie *latrones* — schleppen sollen). — 21 *rursus iniecto amictu* nachdem sie mir den Mantel wieder übergeworfen hatten.

Das anschaulich geschilderte Erlebnis ist in spannender Kürze erzählt: Daß der Dichter Treue schwor, erfährt man nur dadurch, daß er dafür losgelassen wird (Vs. 19); daß ihm der Mantel heruntergefallen ist, als man ihn fesselte, nur aus dem Vs. 21. Pointiert läuft die Erzählung auf den letzten Vers zu, der den Befehl enthält, zu Hause (natürlich bei der Geliebten) zu bleiben.

Die Römerinnen verstanden, der natürlichen Schönheit nachzuhelfen: Spezereien, Schminke, Haarfärbemittel spielten eine große Rolle. Und auch damals schon sagten die Männer, was die Frauen niemals glauben: Wozu das alles? Die natürliche Schönheit ist uns viel lieber! Properz II 18b:

Nec etiam infectos demens imitare Britannos,
ludis et externo tincta nitore caput?
ut natura dedit, sic omnis recta figura est:
turpis Romano Belgicus ore color.
illi sub terris fiant mala multa puellae,
quae mentita suas vertit inepta comas!
de me, mi certe poteris formosa videri:
mi formosa satis, si modo saepe venis.
an si caeruleo quaedam sua tempora fuco
tinxerit, idcirco caerula forma bona est?
cum tibi nec frater nec sit tibi filius ullus,
frater ego et tibi sim filius unus ego;
ipse tuus semper tibi sit custodia lectus,
nec nimis ornata fronte sedere velis.
credam ego narranti (noli committere) famae:
et terram rumor transilit et maria.

1 *infectus* gefärbt: Die Britannier färbten nach Berichten Caesars und Tacitus' Haar und Gesicht. — *imitare* = *-ris* (wie schon öfter). — 2 *lūdere* spielen, täuschen. — *tingere* benetzen, färben. — *caput:* griech. Akk. der Beziehung (gefärbt, nämlich den Kopf = das Haar gefärbt habend). — 3 *omnis figura sic recta est* jede Gestalt ist so recht, richtig. — 4 *Romano ore: ore* könnte, wie bei Properz möglich, Dativ sein 'für ein römisches Gesicht'; als Ablativ wäre es absolut zu verstehen 'bei röm. G. = da du Römerin bist'. — *Belgicus color:* nämlich die blonde Farbe (meist 'germanische' genannt). Die Schwäche der Südländer(innen) für blondes Haar! In der Renaissance setzten sich die Italienerinnen auf das Dach ihrer Palazzi, angetan mit großen Strohhüten, die in der Mitte ein Loch hatten, durch das das Haar gezogen wurde, um bleichen zu können. Überhaupt die Haarmode: In der Kaiserzeit gab es Statuen der Kaiserinnen mit abnehmbarer Haartracht; die jeweils moderne wurde aufgesetzt. — 5 *illi:* zu *puellae.* — *sub terra fiant multa mala:* unter der Erde, d.h. noch im Grabe soll ihr viel Übles geschehen. — 6 *comas vertere* die Haare (in der Farbe wenden, ändern =) färben. — 7 *de me* was mich betrifft. — *mi* = *mihi.* — 9 *caeruleus* (vgl. *caelum*) *fūcus* bläuliche Schminke. — *tempora* Schläfen, Kopf (*tempus* Schläfe ist lautgleich mit *tempus* Zeit). — Der Sinn des Distichon 9—10 ist der: Wenn es einer nun einfiele, ihre Haare blau zu färben, wäre das dann vielleicht schön (und würdest du dann

mitmachen)? — 11—12 Nach römischem Brauch und Recht hat das älteste männliche Familienmitglied die Verantwortung für die ganze Familie, besonders für die Frauen. — 13 *tuus ipse lectus tibi custodia sit* dein eigenes Bett sei dir Bewachung: Das Bett ist als Wächter gedacht; vgl. zu Tibull I 1, 56 (s. S. 253), der die *fores*, nicht das Mädchen, *durae* nennt. — 14 *ornata fronte* mit geschmückter Stirn. Schmuck lockt Männer an, meinen die Frauen. — 15 *noli committere* lasse es nicht zu, lasse es nicht so weit kommen. — 16 *rūmor*, fast mit *fama* gleichbedeutend, 'Gerücht'; dieses 'überspringt' (*transilit*) Erde und Meer.

Auch dieses Gedicht ist zugespitzt auf die Schlußpointe: Im vorletzten Distichon leise anklingend, ist im letzten mit ganzer Schärfe die Befürchtung der Untreue ausgesprochen. Ja, Cynthia wird ihn wirklich enttäuschen: Im letzten Gedicht des III. Buches, mit dem er von der Liebesdichtung Abschied nimmt, klagt er: *Quinque tibi potui servire fideliter annos!* Auch Tränen können ihn jetzt nicht mehr rühren (*nil moveor lacrimis*).

Im IV. Buch wendet sich Properz römisch-nationalen Stoffen zu, auch der Schlacht von Aktium ist eine Elegie gewidmet (IV 6). Obwohl er Cynthia nicht vergessen kann — IV 8; sie erscheint ihm aus dem Jenseits im Traum: IV 7; versöhnlicher Abschluß seiner Liebe! —, so hat er doch zum Teil wenigstens den Wunsch des Maecenas erfüllt, der es gerne gesehen hätte, wenn Properz sich einer höheren Aufgabe gewidmet und die neuere Geschichte Roms, vor allem die Taten des Augustus, besungen hätte. Aber Properz lehnt es ab, ein Epos zu dichten, seine Fähigkeit liegt allein auf dem Gebiet der Elegie; auch römischen Inhalt kann er nur in der Form der Elegie zum Ausdruck bringen. Vergil, so sagt er (II 34,61), solle die Taten des Augustus rühmen: Damit hat er zugleich eine freundliche Verbeugung vor dem Freund und seiner im Entstehen begriffenen *Aeneis* gemacht. Properz gehört ja ebenfalls zum Maecenas-Kreis; so kennt er nicht nur Vergil, er schätzt auch Horaz: Die Elegie 9 des III. Buches beginnt mit dem Vers:

Maecenas, eques Etrusco de sanguine regum

Das ist eine Anspielung auf den Anfang von Horaz' Odenbuch (s. o.). Eine Anspielung ist nach Auffassung der Antike eine Achtungsbezeigung!

P. Ovidius Naso, der dritte der großen Elegiker, der die glattesten Verse machen und von sich sagen konnte (*trist.* IV 10, 26)

et quod temptabam scribere versus erat

und was ich zu schreiben versuchte, es war ein Vers

fand keinen mächtigen Beschützer. Im Gegenteil, er mußte die Folgen der Staatsräson nur zu sehr fühlen.

Ovid ist etwa ein Jahrzehnt jünger als Properz und Tibull; er wurde im Jahre 43 v. Chr. in *Sulmo* (heute Sulmona; von Rom auf einer der landschaftlich schönsten Römerstraßen nach Osten, dann auf der Straße Nr. 17 einige Kilometer nach Süden, oder von Aquila nach Südosten auf der Nr. 17) geboren, gehörte einer begüterten Familie an und sollte in Rom die politische Laufbahn ergreifen. Er erhielt dort rhetorischen Unterricht (bezeichnenderweise ist der fingierte Rechtsfall, den der ältere Seneca von ihm mitteilt, eine Liebesaffäre!). Auch machte er Studienreisen nach Athen, Asien und Sizilien. Aber nach Bekleidung einiger niederer Ämter gab er den Staatsdienst auf, um sich ganz der Dichtung zu widmen. Bei seinen Dichterkollegen, darunter Properz, fand er lebhaften Beifall; auch mit Tibull, auf dessen Tod er eine Elegie (*am.* III 9) dichtete, war er befreundet.

Den Anfang seiner Dichtungen machten die *Amores*, Liebeselegien, wie sie durch Tibull und Properz modern geworden waren. Es folgten fingierte Liebesbriefe von berühmten Frauen der Heroenzeit, die *Epistulae* oder *Heroides*; auch darin war ihm Properz mit dem Arathusabrief (IV 3) vorausgegangen, aber erst Ovid war es, der die elegische Briefdichtung zu einer eigenen Gattung erhob. Wie überhaupt in seinen Dichtungen, so zeigt er in den *Heroides* sein bewundernswertes psychologisches Einfühlungsvermögen in die Frauenseele. Am meisten bewundert wird seine *Ars amatoria*, Liebeskunst, am bekanntesten jedoch sind die *Metamorphoses*, Verwandlungsgeschichten, die derartige Sagen vom Ursprung der Welt bis zu Caesars Verwandlung in ein Gestirn behandeln, diese übrigens im Gegensatz zu den anderen erhaltenen Dichtungen Ovids, die sämtlich die Form des elegischen Distichons haben, in Hexametern verfaßt. Nur zur Hälfte, nämlich die ersten sechs Monate, fertig wurde sein 'Kalender', die *Fasti* (*fāstus*, *-a*, *-um* Adj.; im Sing. nur in der Verbindung *dies fastus* Gerichtstag, d.i. Tag, an dem es *fas*, religiös erlaubt ist, Recht zu sprechen; Plural *fāstī*, *-ōrum* Gerichtstage, übertr.: Verzeichnis der Gerichtstage, Kalender mit Angabe der Feste, Opfer, Spiele, geschichtlichen Ereignisse, des Auf- und Untergangs von Sternbildern). Im Jahre 8 nach Chr. traf ihn ein furchtbarer Schlag: Augustus sprach seine Verbannung nach *Tomi* am Schwarzen Meer aus (jetzt Constanţa in Rumänien; der Sarkophag, der 1932 neben dem Ovid-Denkmal in Constanţa aufgestellt wurde, ist als der des Ovid nicht einmal wahrscheinlich zu machen). Zwar war es die mildere Form, nicht *exilium*, nur *relegatio*, d.h. Ovid behielt das Bürgerrecht und sein Vermögen, aber für den Großstadtmenschen war der Aufenthalt in dem unkultivierten, rauhen Land entsetzlich. Von nun an sind seine Dichtungen ganz von seinem traurigen Los beherrscht: die Klagelieder, *Tristia*, und die Briefe vom Pontos *Epistulae ex Ponto*. Aber er erreichte weder die Erlaubnis zur Rückkehr noch die, sich in einem weniger ungastlichen Gebiet niederlassen zu dürfen. Augustus blieb unerbittlich, und als der Dichter hoffen durfte, das Gemüt des Kaisers erweicht zu haben, starb dieser im Jahre 14 n.Chr. Von Tiberius war für Ovid schon gar nichts mehr zu hoffen. So starb der Dichter in der Fremde, wahrscheinlich im Jahre 18 n.Chr.

Die Gründe für seine Bestrafung sind unbekannt. Nur vermuten läßt sich, daß irgendwie seine Dichtungen (wohl die *Ars*) schuld hatten und daß er — als Mitwisser — vielleicht in das unsittliche Treiben der Enkelin des Augustus, Iulia, deren Lebenswandel dem Erneuerungswerk des Kaisers völlig zuwiderlief, verwickelt war.

Aus der *Ars amatoria* stammt der Rat, wie man sich im Circus, der beliebtesten Volksbelustigung, einem Mädchen bekannt machen könne (*ars* I 135—164):

Nec te nobilium fugiat certamen equorum.
multa capax populi commoda Circus habet.
nil opus est digitis, per quos arcana loquaris,
nec tibi per nutus accipienda nota est.
proximus a domina, nullo prohibente, sedeto,
iunge tuum lateri qua potes usque latus.
et bene, quod cogit, si nolit, linea iungi,
quod tibi tangenda est lege puella loci.
hic tibi quaeratur socii sermonis origo,
et moveant primos publica verba sonos.
cuius equi veniant, facito studiose requiras:
nec mora, quisquis erit, cui favet illa, fave.
at cum pompa frequens certantibus ibit ephebis,
tu Veneri dominae plaude favente manu.
utque fit, in gremium pulvis si forte puellae
deciderit, digitis excutiendus erit
et si nullus erit pulvis, tamen excute nullum,
quaelibet officio causa sit apta tuo.
pallia si terra nimium demissa iacebunt,
collige, et inmunda sedulus effer humo.
protinus, officii pretium, patiente puella
contingent oculis crura videnda tuis.
respice praeterea, post vos quicumque sedebit,
ne premat opposito mollia terga genu.
parva levis capiunt animos. fuit utile multis
pulvinum facili composuisse manu.
profuit et tenui vento movisse tabellam,
et cava sub tenerum scamna dedisse pedem.
hos aditus Circusque novo praebebit amori,
sparsaque sollicito tristis harena foro.

135 *nec te fugiat* soll dir nicht entgehen. — 136 *Circus capax* (*capere*) vielfassend, geräumig: Der *Circus maximus* zwischen Palatin und Aventin faßte unter Augustus 60 000 Personen, unter Constantin 185 000. — 137 *arcānus* geheim; *arcānum* Geheimnis. — 138 *notam accipere* ein Zeichen annehmen, sich ein Zeichen geben lassen. — *per nutūs* durch Nicken (mit dem Kopfe). — 140 *qua potes usque* so weit (nahe) du kannst. — 141 *et bene* (*est*), *quod linea* (hier: die Einschnitte der Sitzreihen, die Weiterrücken verhinderten), *si* (*puella*) *nolit*, *iungi cogit*. — 142 *lege loci* nach dem Gesetz des Platzes, Notwendigkeit des Ortes. — 143 *socius sermo* vertrautes Gespräch.— 144 *publica verba* allgemeine Worte, d.h. nichts Besonderes, Gespräch über allgemeine Dinge. — 145 *facito* = *fac, ut*. — 146 Die Wagenlenker führten verschiedene Farben (grün, blau, weiß, rot); unter den Zuschauern kam es nach der Farbe der Fahrer zu richtigen Parteiungen. (In der Spätantike gab es sogar blutige Kämpfe der Circusparteien; am schlimmsten war der Nikaaufstand in Konstantinopel, in dem sich die Partei der 'Blauen' und die der 'Grünen' 8 Tage lang schwere Schlachten lieferten, in deren Verlauf die Sophienkirche abbrannte; beendet konnte der Kampf nur durch die von Belisar geleitete Niedermetzelung von 30 000 Menschen im Circus werden.) — *favēre alci* begünstigen, Beifall klatschen (mit Abl. formelhaft: *favete linguis* schweigt). — 147—148 An dem Festzug (*pompa* Festzug, Prozession), der vom Capitol zum Circus führte, wurden Götterbilder mitgeführt; voran zog die männliche Jugend (*ephēbī* griech. Fremdwort); diese führte ein altes Reiterspiel (sog. Troiaspiel) auf: das ist mit *certantibus* gemeint. — 149 *utque fit* wie es (öfter) geschieht. — *si in gremium* (Schoß) *puellae pulvis d.* — 153 *si pallia* (*pallium* Mantel; Plur. für Sing.) *nimium demissa iacebunt terrā* (zu sehr auf die Erde herabhängt). — 154 *effer inmunda humo* (fem.!) heb' ihn vom schmutzigen Boden auf. — 155 *prō-tinus* Adv. vorwärts; sofort. — 156 *contingent oculis crura videnda* werden die zu sehenden Schenkel (*crūs, -ris*) deinen Augen zuteil werden = wird es deinen Augen gelingen, ... zu sehen. — 157—158 *respice* (beachte), *ne premat* (*is*), *quicumque post vos sedebit*, *opposito genu* (mit zudringlichem Knie) *terga* (Plur. für Sing.). — 160 *pulvinum* (*pulvīnus* Sitzkissen: noch heute benützt man im Süden, z.B. beim Stierkampf, in der Arena Sitzkissen) *facili manu* (geschickter, freundlicher Hand) *composuisse* (ordnen, zurechtrücken). — 161 *tabellam* (Täfelchen, Fächer) *tenui vento* (Dat.: für). — 162 *cavum scamnum* gehöhlter, gewölbter Schemel. — 163—164 *hos aditus* (Zugänge, Anfänge) *novo amori praebebit Circusque sparsaque harena tristis sollicito foro* (*abl. loci*): Circus und die Gladiatorenspiele, die bis zur Errichtung ständiger Amphitheater auf dem 'unruhigen Forum' (*sollicitum forum*) abgehalten wurden, das zu diesem Zweck mit Sand bestreut wurde (*harenam spargere* Sand ausstreuen, *sp. h.* ist Nomin.). Das Colosseum wurde vom Kaiser Vespasian (69—79)

begonnen und unter Titus (seit 70 Mitregent, gest. 81) im Jahre 80 vollendet. Der antike Name war *amphithĕātrum Flavium* ('Flavisches Rundtheater': der Gentilname der beiden Kaiser war Flavius). 'Colosseum' wurde es später nach dem 'Koloß' des Nero genannt, der dort stand.

Neben allen möglichen anderen Ratschlägen vergißt Ovid aber auch nicht zu sagen (*ars* II 107)

ut ameris, amabilis esto

und (II 112f.)

ingenii dotes corporis adde bonis.
forma bonum fragile est.

Aus den *Fasti* soll nun die Schilderung des Festes der Anna Perenna (III 523—542) folgen. Diese ist eine altitalische Gottheit, zu der man betet: *ut annare perannareque* (Jahr anfangen und Jahr durchführen) *commode liceat.* Das Fest, eine fröhlich-ausgelassene Neujahrfeier, wurde am 15. März in dem außerhalb der Stadt gelegenen Hain der Göttin begangen. Das altrömische Jahr begann im März, am 15. März war der Amtsantritt der Konsuln; erst seit 153 v.Chr. zählte das Amtsjahr und als Folge davon auch das Kalenderjahr vom 1. Januar an. Früher begann man die Kriege im Frühjahr; mit der Ausbreitung der römischen Herrschaft jedoch wurde oft eine Vorverlegung des Beginns, vor allem wenn der Kriegszug in wärmere Gegenden führen sollte, nötig; zudem mußten die Feldherrn und zum Teil auch andere Beamte erst zu ihren Aufgabengebieten reisen und sich mit den Verhältnissen dort vertraut machen, so daß sich der Kommandowechsel mitten im Winter als am günstigsten erwies.

Idibus est Annae festum geniale Perennae,
haud procul a ripis, advena Thybri, tuis.
plebs venit ac virides passim disiecta per herbas
potat et accumbit cum pare quisque sua.
sub Iove pars durant, pauci tentoria ponunt,

sunt quibus e ramis frondea facta casa est;
pars, ubi pro rigidis calamos statuere columnis,
desuper extentas imposuere togas.
sole tamen vinoque calent annosque precantur,
quot sumant cyathos, ad numerumque bibunt.
invenies illic, qui Nestoris ebibat annos,
quae sit per calices facta Sibylla suos.
illic et cantant, quidquid didicere theatris,
et iactant faciles ad sua verba manus;
et ducunt posito duras cratere choreas
cultaque diffusis saltat amica comis.
cum redeunt, titubant et sunt spectacula vulgi,
et fortunatos obvia turba vocat.
occurri nuper; visa est mihi digna relatu
pompa: senem potum pota trahebat anus.

523 *Idibus* an den Iden (am 15., näml. März). — *geniālis* dem Genius geweiht; übertr. (wie hier): heiter, fröhlich. — **524** *advena Thybris* (griech. und poet. Name für Tiber, *-ī* griech. Vok.): der Tiber wird 'Ankömmling (*ad-venire*), Fremdling' genannt, weil er in die Stadt hereinfließt. — **526** *păr, păris* Adj.: gleich, Subst.: Genosse, Geliebte(r); Paar. — **527** *sub Iove durare* unter freiem Himmel ausharren, verweilen. — *tentōrium* (*tendere* spannen) Zelt. — **528** *casa frondea* (Adj. zu *frons, -ndis* Laub) Laubhütte. — **529** *rigida columna* feste Säule. — *calamus* Rohr, Schilf. — **530** *ex-tentae togae* die ausgespannten Togen (die *tŏga*, das römische Obergewand, war aus Wollstoff und halbrund geschnitten mit einem Durchmesser von meist über 4 m. — **531** *calēre* (*calor*) warm, heiß sein. — **531—532** (*tot*) *annos precantur* (erbitten), *quot cyathos* (*cyathus* griech. Fremdwort: Schöpfkelle, Becher) *sumant*. — *ad numerum bibere* 'auf die Zahl hin trinken', d.h. die entsprechende Zahl von Bechern trinken. — **533** *ē-bibat* austrank (d.h. einer, der nach der Zahl der Becher so alt wie Nestor werden müßte). — **534** Eine Frau, die nach der Zahl ihrer Becher (*calix, -cis*, masc., Kelch, Becher) das Alter einer Sibylle erreichen müßte. — **535** *theatris*: *abl. loci* bei Dichtern ohne *in*: s. S. 159. — **536** *iactant* (*iactare* hin- und herwerfen) *faciles manus:* d.h. sie gestikulieren mit den Händen. — **537** *chorēas duras* (hier: nicht anmutig, schwerfällig) *ducere* schwerfällige Tänze aufführen. — *posito cratere* (*abl. abs.*) (*crater, -ēris* Mischkrug: man trank im Altertum im allg. mäßig und mischte zudem den Wein — wie noch heute im Süden üblich — mit Wasser, und zwar im *crater*): es wurde also um die Krüge herumgetanzt. — **538** *cultus, -a, -um* gepflegt; die *culta amica* steht nun durch den Tanz plötzlich *diffusis comis*, mit aufgelöstem Haar, da. — 539 *titubare* wanken, schwanken. — 540 *et (eos) fortunatos vocat.* — 541 *relatu:* Supin (s. S. 119 f.) zu *referre* berichten. — 542 *potus* (be)trunken. — *anus, -ūs* alte Frau, Greisin.

Aus den Metamorphosen sind viele Szenen bekannt, die mythologischen Kenntnisse von Generationen hatten hier ihr breitestes Fundament. Allerdings ist Ovid vielen nur als Verfasser der Metamorphosen, als Schulautor, an dem man seine Grammatikkenntnisse erproben mußte, bekannt und verleidet worden. Dies ist schade, denn die Darbietung des Sagenstoffes ist überaus reizvoll.

Hier sei eine Szene wiedergegeben, die in der Kunst vielfältig dargestellt wurde: Der Augenblick, in dem Daphne in einen Lorbeerbaum verwandelt wird. In vielen Gemälden (so schon um 1467 A. Pollaiuolo; London, Nat. Gall.), Plastiken (von Bernini — Villa Borghese in Rom — bis Renée Sintenis), Schauspielen (Hans Sachs, 1558) und Opern (von Peri 1594 über Händel bis zu Richard Strauß) hat das Schicksal Daphnes immer wieder die Künstler zur Gestaltung gereizt.

Daphne entflieht der Verfolgung Apollos. Als der Gott sie einzuholen droht, fleht sie zu ihrem Vater, dem Flußgott Peneios, ihr eine andere Gestalt zu geben. Daraufhin erfolgt die Verwandlung (I 548—567):

Vix prece finita torpor gravis occupat artus:
mollia cinguntur tenui praecordia libro,
in frondem crines, in ramos bracchia crescunt;
pes modo tam velox pigris radicibus haeret,
ora cacumen habet, remanet nitor unus in illa.
hanc quoque Phoebus amat positaque in stipite dextra
sentit adhuc trepidare novo sub cortice pectus
conplexusque suis ramos, ut membra, lacertis
oscula dat ligno — refugit tamen oscula lignum.
cui deus: 'At quoniam coniunx mea non potes esse,
arbor eris certe', dixit, 'mea. semper habebunt
te coma, te citharae, te nostrae, laure, pharetrae.

tu ducibus Latiis aderis, cum laeta triumphum
vox canet et visent longas Capitolia pompas.
postibus Augustis eadem fidissima custos
ante fores stabis mediamque tuebere quercum,
utque meum intonsis caput est iuvenale capillis,
tu quoque perpetuos semper gere frondis honores!'
finierat Paean. factis modo laurea ramis
adnuit utque caput visa est agitasse cacumen.

548 *torpor, -ōris* Erstarrung. — 549 *praecordia, -orum* Zwerchfell, Brust. — *liber* steht hier in der ursprünglichen Bedeutung: Bast, Rinde; da das einfachste und älteste Schreibmaterial Bast war, entwickelte sich daraus die Bedeutung 'Buch'. — 550 *frōns, -ndis* Laub (*frōns, -ntis* Stirn, 'Front'). — 551 *pigris radicibus* (*rādīx, -cis*) *haeret* hängt (steckt) in trägen Wurzeln. — 552 *habet* hier: nimmt ein. — *ōs, ōris* (neutr.), oft Plur., Mund, Antlitz, Haupt. — *nitor unus remănet* als einziges bleibt die glänzende Schönheit zurück. — 553 *Phoebus* Beiname Apollos. — *positā in stipite dextrā* als er seine Rechte an den Baum (eigentl.: Baumstamm, Pfahl) gelegt hat. — 554 *adhuc* noch. — *sentit pectus trepidare* fühlt das Herz (wörtl.: Brust) schlagen (wörtl.: zittern, zappeln). — *cortex, -cis* ist die äußere, härtere Rinde im Gegensatz zu der feineren inneren, dem Bast, der Daphne im Laufe der Verwandlung zuerst umgibt (Vs. 549). — 558—559 immer werden dich haben mein Haar, meine Zither, mein Köcher: Die Attribute des Gottes werden in der Kunst meist lorbeergeschmückt wiedergegeben. — 560—561 Die römischen Triumphatoren trugen einen Lorbeerkranz. *vox laeta triumphum canet* die fröhliche Stimme wird den Triumph erschallen lassen: der Festruf war *io triumphe!* — 562—563 Die Tür des Palatinischen Palasts des Augustus war mit einem Eichenkranz geschmückt, auf jeder Seite der Türe stand ein Lorbeerbaum (*media quercus* die mittlere Eiche = die Eiche in der Mitte; ebenso sagt man im Lat. *summus mons* der oberste Berg = der Gipfel des Berges u.ä.). — 564 *meum caput est intonsis capillis* (*abl.* oder *gen. qualitatis* s. S. 156f.) das Haar aus meinem Haupt ist ungeschoren (Apollo wird mit langen Locken dargestellt). — 565 Der Lorbeer ist immergrün. — 566 *Paean:* Beiname Apollos (in der Ilias ist Παιήων der Arzt der Götter; Παιών oder Παιάν wird später Beiname des (heilenden) Apollo. — 566—567 *laurea ramis modo factis adnuit* der Lorbeer nickte (zustimmend) mit den eben gewordenen Zweigen. — *visa est* er (*laurea*) schien; *ut caput cacumen agitasse* wie ein Haupt den Wipfel zu schütteln.

Der Lorbeer (δάφνη) ist der heilige Baum Apollos; die delphische Pythia kaute vor der Orakelerteilung Lorbeerblätter. Die Verwandlungssage der Daphne ist also ein 'Aition' (Ursprungssage) für die Bedeutung des Lorbeers im Apollokult.

Ovid geht aus von der augusteischen Zeit, er dichtet zunächst in der Art der großen Elegiker. Aber seine Persönlichkeit und sein Schaffen weisen doch schon über die Zeit der augusteischen Erneuerung des Staates und der Blüteperiode der Dichtung hinaus.

Anders steht es mit dem Geschichtsschreiber T. Livius: Zeitlich und geistig ist er ganz der augusteischen Epoche verhaftet. Sein Werk ist die Darstellung der römischen Geschichte und Größe schlechthin, daher ist er geistig verwandt einem Vergil, nicht einem Sallust, nicht einmal einem Tacitus. Wer Klarheit, Sinn für moralische Eindeutigkeit und einen religiös fundierten Patriotismus sucht, wird von Livius nicht enttäuscht werden, wer aber psychologische Tiefe, Eindringen in die zwiespältige Natur des menschlichen Herzens für das Wesentliche hält, wird zu Sallust oder Tacitus greifen müssen. Wie abwägend schätzte Sallust z.B. die beiden Gegner Caesar und Cato ein! Sallust war, wenn auch nicht in Rom geboren, doch ganz groß- und hauptstädtisch, ein Mann der militärisch und politisch dem Zentrum der Macht nahe stand, sich aber den Sinn durch die Macht nicht trüben ließ und so deren geistig-moralische Fragwürdigkeit und Brüchigkeit umso deutlicher erkannte. Livius dagegen steht der handelnden Tat fern, er ist ganz Schriftsteller. Er scheint den größeren Teil seines Lebens in seiner Heimatstadt *Patavium* (Padua) — im Altertum eine durch Sittenstrenge berühmte Provinzstadt! — verbracht zu haben, wo er 59 geboren war und drei Jahre nach Augustus, im Jahre 17 nach Chr. starb. Bezeichnend für den Fortschritt der Zeit, für die pax Augusta ist, daß er im Gegensatz zu Sallust nicht einmal das Bedürfnis empfindet, sich für seine schriftstellerische Tätigkeit zu entschuldigen. Wie den Gebrauch der Macht, so sieht Livius auch Sein und Tun des Menschen von außen, Wertungen nach hell und dunkel fallen ihm daher leicht. Das Ideal der moralischen Größe des Römertums steht ihm immer vor Augen, nach diesem muß er werten, dieses gibt Licht und Schatten in seinem Werk.

Außer philosophischen und rhetorischen Schriften, von denen uns nichts erhalten ist, hat er insbesondere ein großes historisches Werk in 142 Büchern *Ab urbe condita*, Von der Gründung der Stadt an, veröffentlicht, das wahrscheinlich bis zum Jahre 9 v. Chr. reichte: Hier hat wohl der Tod die Fortsetzung verhindert. Gleich bei seinem Erscheinen wurde das Geschichtswerk als die repräsentative römische Geschichte anerkannt, und zwar so eindeutig, daß es seine Vorgänger und Quellen, die Werke der sog. Annalisten, die freilich bedeutend weniger kunstvoll geschrieben hatten, völlig verdrängte; anerkannt wurde aber auch neben dem augusteischen Gehalt die strenge Objektivität, die Augustus veranlaßte zu sagen — was aber seiner Freundschaft zu Livius keinen Abbruch tat —, Livius habe den Bürgerkrieg als Pompejaner beschrieben. Von diesem großen Standardwerk wurden bis in späte Zeiten Auszüge gemacht — mit ein Grund dafür, daß nur der kleinere Teil erhalten ist: Buch 1—10: römische Urgeschichte (bis 293 v.Chr.), Buch 21—45: Zeitraum zwischen 218 (Beginn des 2. punischen Krieges) und 167 (Unterwerfung Makedoniens). Besonders bekannt ist die Beschreibung des Krieges mit Hannibal in Buch 21—30. Von allem übrigen sind nur Fragmente überliefert.

Die Sprache des Livius steht in der Mitte zwischen Einfachheit und Schwulst; sie verschmäht nicht rhetorische Mittel und Periodisierung, hütet sich aber vor allem Übertriebenen. Mag ein so exemplarischer Städter wie Asinius Pollio dieser Sprache auch eine gewisse *Patavinitas* (Provinzklang Paduas) nachgesagt haben — etwas, was wir heute überhaupt nicht mehr fühlen können! —, für uns ist sie ein Zeugnis zwar nicht mehr der 'goldenen' Latinität Caesars und Ciceros, aber des beginnenden 'silbernen' Lateins, wert, in der Logik ihres Aufbaus gesehen und geschätzt zu werden.

Die Gründung Roms stellt Livius folgendermaßen dar (I 6,3—7,3):

Romulus und Remus machten wieder ihren Großvater Numitor zum Herrscher von Alba Longa (s. Vergil, *Aen.* Vs. 7, S. 229), nachdem sie Amulius getötet hatten, der seinen Bruder Numitor der Herrschaft beraubt hatte.

3 6. *Ita Numitori Albana re permissa Romulum Remumque cupido cepit in iis locis, ubi expositi ubique educati erant, urbis condendae. et supererat multitudo Albanorum Latinorumque; ad id pastores quoque accesserant, qui omnes facile spem facerent parvam Albam, parvum Lavinium prae ea urbe, quae*
4 *conderetur, fore. intervenit deinde his cogitationibus avitum malum, regni cupido, atque inde foedum certamen coortum a satis miti principio. quoniam gemini essent nec aetatis verecundia discrimen facere posset, ut dii, quorum tutelae ea loca essent, auguriis legerent, qui nomen novae urbi daret, qui conditam imperio regeret, Palatium Romulus, Remus Aventinum ad inaugurandum templa capiunt.*

1 7. *Priori Remo augurium venisse fertur, sex vultures; iamque nuntiato augurio cum duplex numerus Romulo sese ostendisset, utrumque regem sua multitudo consalutaverat. tempore illi prae-*
2 *cepto, at hi numero avium regnum trahebant. inde cum altercatione congressi certamine irarum ad caedem vertuntur. ibi in turba ictus Remus cecidit. — vulgatior fama est ludibrio fratris Remum novos transiluisse muros; inde ab irato Romulo, cum verbis quoque increpitans adiecisset: 'Sic deinde, quicum-*
3 *que alius transiliet moenia mea!' interfectum. ita solus potitus imperio Romulus, condita urbs conditoris nomine appellata.*

6,3 *Albanā rē (publicā) permissā: abl. abs.* — *cupido urbis condendae.* — *et* in der Bed. 'auch' in der Prosa ab Livius. — *super-esse* im Überfluß vorhanden sein; d.h. Übervölkerung herrschte. — *qui omnes facile spem facerent* die alle zusammen konnten Hoffnung machen, daß (die Hoffnung einflößen, daß). — *prae* im Vergleich zu. — 4 *avītus* (von *avus*) großväterlich, ererbt (Streit der Brüder Numitor-Amulius: s.o.!). — *satis mite principium* ein recht (eigentl. genügend) milder Anfang. — *gemini* Zwillinge. — *aetatis verecundia* Scheu vor dem Alter, d.h. Achtung vor der Erstgeburt. — *templa capiunt:*

relig. Terminus der Auguralsprache: 'nehmen sie templa (s. S. 226) zur Vogelschau (*in-augurāre* Augurien anstellen, Vogelschau vornehmen) ein, den Palatin Romulus, Remus den Aventin'; davon abhängig ist der vorausgehende *ut*-Satz: *ut dii auguriis legerent* (durch Augurien, durch den Vogelflug entscheiden sollten), *qui daret*, *qui regeret* (wir würden, und klassisch wäre das nicht anders möglich, *uter* erwarten, da es sich um zwei Personen handelt: s. S. 80). Für den Römer ist es selbstverständlich, daß die Götter auf Verlangen ein Zeichen geben.

7,1 *priori Remo* dem Remus als dem ersten. — *vultur*, *-ris* Geier. — *iamque nuntiato augurio* als eben das Zeichen gemeldet war. — Dem Romulus erscheinen also 12 Geier: die 12 war eine bei den Etruskern, von denen das Auguralwesen nach Rom kam, heilige Zahl. — *sua multitudo* seine Anhänger. — *cōn-salūtāre* (zusammen oder laut) begrüßen (*regem* als K.). — *tempore praecepto* infolge der vorausgenommenen (*prae-cipere*) Zeit, infolge des zeitlichen Vorsprungs. — *regnum trahebant* (*imperf. de conatu*, Imperf. des Versuchs) suchten die Herrschaft an sich zu reißen. — 2 *altercatione congressi* im Wortwechsel zusammengeraten. — (*in*) *certamine irarum ad caedem vertuntur* im zornigen Streit (eigentl. im Streit des Zorns: Plural von Abstrakta im Lat., bes. bei Livius, nicht selten) wenden sie sich (Pass. reflexiv s. S. 108) zum Mord. — *in turba* im Gewühl. — *ludibrio* (Dat. von *lūdibrium*) zum Spott gegen seinen Bruder, seinem Bruder zum Spott. — *in-crepitare* anschreien, schelten. — *sic deinde* so fortan (erg. soll es ergehen). — 3 *potīri* mit Abl. — *conditoris nomine appellata* nach dem Namen des Gründers genannt.

Der Name Rom ist etruskischer Herkunft, wahrscheinlich nach einem etrusk. Geschlechtsnamen. Tatsächlich herrschten ja auch die Etrusker eine Zeitlang über Rom: Die Sage von der Vertreibung der Könige spiegelt zugleich die um 500 erfolgte Befreiung von der etruskischen Herrschaft wieder.

Der Zweite Punische Krieg (218—201), der gefährlichste, den Rom je zu führen hatte, hatte mit der Besiegung Hannibals und der Niederwerfung Karthagos geendet, und zwar vor allem durch das großartige Feldherrngenie des P. Cornelius Scipio, der dafür den Beinamen Africanus erhielt; er war der erste Römer, dem ein Siegername verliehen wurde. (Sein Adoptiv-Enkel P. Cornelius Scipio Africanus errang den Sieg im Dritten Punischen Krieg, der zur Zerstörung Karthagos führte; vgl. o. Cicero, *Somnium Scipionis*.)

Scipio hatte als Retter Roms, als größter Feldherr Einfluß und Macht wie noch nie ein Römer. Es hatte sich gezeigt, daß die republikanische Verfassung in der alten Form mit den jährlich wechselnden Beamten und der patriarchalischen Verwaltung der Zeit, in der Rom der Weltherrschaft entgegenging, nicht mehr gewachsen war; erst recht konnte sie nicht in der Not äußerster Gefahr bestehen: Scipio mußte notwendigerweise eine fast monarchische Stellung bekommen. Aber es konnte nicht ausbleiben, daß nach dem Kriege der Zusammenstoß mit den alten Einrichtungen erfolgte: So wurde, wie Livius XXXVIII 50,5 ff. berichtet, im Jahre 187 dem Scipio der Prozeß gemacht.

5 50. *P. Scipioni Africano, ut Valerius Antias auctor est,*
duo Q. Petillii diem dixerunt. id, prout cuiusque ingenium erat,
6 *interpretabantur. alii non tribunos plebis, sed universam civi-*
7 *tatem, quae id pati posset, incusabant: duas maximas orbis*
terrarum urbes ingratas uno prope tempore in principes inven-
tas, Romam ingratiorem, si quidem victa Carthago victum
Hannibalem in exilium expulisset, Roma victrix victorem
8 *Africanum expellat. alii, neminem unum tantum eminere civem*
debere, ut legibus interrogari non possit; nihil tam aequandae
libertatis esse quam potentissimum quemque posse dicere cau-
9 *sam. quid autem tuto cuiquam, nedum summam rem publicam,*
permitti, si ratio non sit reddenda? qui ius aequum pati non
10 *possit, in eum vim haud iniustam esse. haec agitata sermonibus,*
donec dies causae dicendae venit. nec alius antea quisquam nec ille
ipse Scipio consul censorve maiore omnis generis hominum frequen-
11 *tia quam reus illo die in forum est deductus. iussus dicere cau-*
sam sine ulla criminum mentione orationem adeo magnificam
de rebus ab se gestis est exorsus, ut satis constaret neminem um-
12 *quam neque melius neque verius laudatum esse. dicebantur enim*
ab eo eodem animo ingenioque, a quo gesta erant, et aurium fasti-
dium aberat, quia pro periculo, non in gloriam referebantur.

1 51. *Tribuni vetera luxuriae crimina Syracusanorum hiber-*
norum et Locris Pleminianum tumultum cum ad fidem prae-
sentium criminum rettulissent, suspicionibus magis quam argu-
2 *mentis pecuniae captae reum accusarunt: filium captum sine*

*pretio redditum, omnibusque aliis rebus Scipionem, tamquam
in eius unius manu pax Romana bellumque esset, ab Antiocho*
3 *cultum. dictatorem eum consuli, non legatum in provincia fuisse;
nec ad aliam rem eo profectum, quam ut, id quod Hispaniae
Galliae Siciliae Africae iam pridem persuasum esset, hoc
Graeciae Asiaeque et omnibus ad orientem versis regibus genti-
busque appareret, unum hominem caput columenque imperii Ro-*
4 *mani esse, sub umbra Scipionis civitatem dominam orbis ter-
rarum latere, nutum eius pro decretis patrum, pro populi iussis*
5 *esse. infamia intactum invidia, qua possunt, urgent. orationi-
bus in noctem perductis prodicta dies est.*

50,5 *Valerius Antias* war einer der Annalisten des 1. Jahrhunderts v.Chr.; Livius zitiert ihn 35mal, aber auch er merkte oft des Valerius Antias Unzuverlässigkeit. — *ut auctor est* wie Gewährsmann (Berichterstatter) ist = wie berichtet. — *diem dicere* den (Gerichts-) Termin ansagen, vor Gericht laden. — Die beiden Q. Petillii waren zwei Volkstribunen (der geistige Urheber der Anklage soll der alte Cato gewesen sein: ihm mußte Scipios Machtstellung ein Dorn im Auge sein!). — *prout cuiusque ingenium erat* wie der Geist eines jeden war = jeder nach seiner Denkart, seinem Charakter. — 8 *debere* hier: dürfen. — *legibus interrogare* nach den Gesetzen zur Verantwortung ziehen. — *nihil tam aequandae libertatis esse* nichts sei so sehr Ausdruck einer Freiheit, die (für alle) gleich sein solle = Zeichen der Gleichberechtigung, Gleichheit. — *potentissimus quisque* gerade die Mächtigen (wörtl.: jeder Mächtigste). — *posse dicere causam* die Möglichkeit bestehe, daß er sich (vor Gericht) verteidigen müsse. — 9 *nēdum* geschweige denn. — *rationem reddere* Rechenschaft geben. — 10 *sermonibus agere alqd* in Gesprächen behandeln = bereden. — *maiore omnis generis hominum frequentiā* mit größerem Gefolge (wörtl.: Menge) von Menschen aller Art. — 11 *sine ulla criminum mentione* ohne jegliche Erwähnung der Vorwürfe. — *orationem ex-orīri* eine Rede beginnen. — 12 *aurium fastidium aberat* Überdruß (Widerwille) der Ohren war nicht vorhanden = es war den Zuhörern nicht widerwärtig. — *pro* ‘angesichts’.

51,1 Nun beginnt die zweite Anklage, nachdem die erste scheiterte. — ‘als die Tribunen zur Bestätigung (*fides* Treue, Zuverlässigkeit: auch einer Sache) ihrer gegenwärtigen Vorwürfe die früheren Vorwürfe der Üppigkeit der Syrakusanischen Winterquartiere und den Pleminianischen Tumult zu Locri in Erinnerung gebracht hatten, klagten sie mehr durch Vermutungen ... wegen Bestechung (Verba des gerichtl. Verfahrens: S. 155) an’: Die *hīberna Syr.* waren im Jahre 205/4. *Locri* in *Bruttium* (ganz im Süden an der Küste des Jonischen Meeres; antike Ruinen in der Nähe des heutigen Locri) war zu Hannibal abgefallen, wurde 205 von Scipio erobert und nach Kriegsrecht den Soldaten zur Plünderung übergeben, bei der *Pleminius* besonders auffiel; Scipio wurde daraus der Vorwurf gemacht, er sei zu nachgiebig gewesen. — 2 *sine pretio* ohne Lösegeld. — Antiochos III., der Große, König von Syrien 223—187, soll Scipio bestochen haben, um nach seiner Niederlage einen günstigen Frieden zu bekommen. — *cultum* (*esse*) sei verehrt worden. — 3 Der Konsul, für den Scipio ein *dictator*, kein *legatus* (der dem Konsul untergeordnet ist) gewesen sein soll, war sein Bruder Lucius. — *Hispaniae ... iam pridem persuasum esset* wovon Spanien ... schon längst überzeugt sei. — *cōlŭmen, -inis* (neutr.) Spitze, Säule, Stütze. — 4 *sub umbra latēre* unter dem Schatten verborgen sein. — *decreta patrum* Senatsverordnungen. — 5 *īnfāmiā intactum invidiā urgent* den durch Infamie (Schimpf, Schande; Verdächtigungen) Unberührten (Unberührbaren) setzen sie durch Neid zu. — *diem pro-dicere* den (Gerichts-)Termin verschieben, d.h. die Verhandlung wurde vertagt.

Großartig — aber für das älteste Rom unvorstellbar! —, wie sich Scipio über die Anklage hinwegsetzt: Zu dem neuen Termin erscheint er mit großen Gefolge, geht überhaupt nicht auf die Anklage ein, sondern erklärt, es sei der Jahrestag seines großen Sieges über Hannibal in Afrika und er gehe nun, den Göttern zu danken, wer sich anschließen wolle, solle es tun. Das Volk geht geschlossen mit ihm, die Kläger bleiben allein zurück.

Trotzdem war Scipio verbittert (sein Bruder Lucius wurde übrigens tatsächlich wegen Bestechung durch Antiochos verurteilt: eine kleinliche Rache, da man an den Großen nicht herankonnte) und zog sich zurück; vier Jahre später starb der große Feldherr und Staatsmann.

Bis Tacitus ist das Geschichtswerk des Livius das Muster der Historiographie geblieben. Natürlich steht auch Livius in einer Tradition: Jede Geschichtsschreibung führt ihren Ursprung auf die griechischen Historiker zurück; selbst die 'Annalisten' sind nicht so gering zu achten, denn sie mußten zunächst einmal den Stoff aufarbeiten; Livius verdankt ihnen seine Kenntnisse, er selbst hat kein echtes Quellenstudium getrieben. Der schlechte Ruf der Annalisten rührt von der Tatsache her, daß die Wahrheit bei einigen, z.B. dem bereits genannten Valerius Antias, zu kurz kam. Formal haben sie den Weg geebnet, der vom jahrbuchmäßigen Aufzählen zur künstlerischen Geschichtsschreibung führt. Natürlich treten auch nach Livius noch Geschichtsschreiber auf, z.B. der fast gleichzeitige Pompeius Trogus, der, neben naturwissenschaftlichen Schriften, eine Universalgeschichte, vor allem der nichtrömischen Völker, schrieb. Von seiner sonstigen Schriftstellerei sind uns nur kümmerliche Zitate erhalten, von dem Geschichtswerk gibt es wenigstens einen Auszug des Iustinus (3. Jhdt.).

Die Zeit hatte nicht mehr den langen Atem, ein dickes Werk zu lesen, die Auszüge nehmen überhand. Doch verdanken wir solchen die sog. *Periochae*, die Inhaltsangaben sämtlicher Bücher des Livius. Ein ernst zu nehmender Historiker ist dagegen C. Velleius Paterculus, ein Mann, der unter Tiberius hohe militärische Kommandos führte und Auszeichnungen erhielt. Seine Studien über die Geschichte sind aber leider nicht zu einem größeren Werk gediehen, nur einen Abriß in zwei Büchern hat er unter Ausnützung seines gesammelten Materials schnell zusammengeschrieben: Für uns von Interesse, da — ganz anders als bei Tacitus! — Tiberius hier mit überaus lobenden Worten gefeiert wird. Sein Werkchen atmet einen neuen Geist, die Republik ist endgültig begraben, die Herrschaft eines Mannes notwendig und selbstverständlich.

Die Sammlung 'Denkwürdiger Taten und Aussprüche' des ebenfalls unter Tiberius lebenden Valerius Maximus kam dem Geist einer Zeit entgegen, in der, da der Bürger nicht mehr gestaltend an der Geschichte beteiligt war, an die Stelle der Kenntnis großer Linien das Interesse an Episoden trat.

Die Phantasie der Menschen der Kaiserzeit mußte angeregt werden durch die Taten großer Männer der Vergangenheit, durch die Wunder fernster, noch jenseits der Grenzen des Reiches liegender Länder. Das Werk des Q. Curtius Rufus, der wahrscheinlich in der Mitte des

1. Jahrhunderts eine Geschichte Alexanders d. Gr. schrieb, ist typisch für die Kaiserzeit.

Am Ende des IX. Buches (= IX 10,26—28 = Kap. 42) ist Alexanders bacchantischer Zug durch Karmanien (in der Nähe des Persischen Golfes) vom Jahre 325 geschildert:

26 *Primi ibant amici et cohors regia variis redimita floribus*
coronisque — alibi tibicinum cantus alibi lyrae sonus audiebatur
— item vehiculis pro copia cuiusque adornatis comissabundus
exercitus armis, quae maxime decora erant, circumpendenti-
bus. ipsum convivasque currus vehebat crateris aureis eiusdem-
27 *que materiae ingentibus poculis praegravis. hoc modo per dies*
VII bacchabundum agmen incessit, parata praeda, si quid vic-
tis saltem adversus comissantes animi fuisset: mille, hercule,
viri modo et sobrii, VII dierum crapula graves in suo triumpho
capere potuerunt.

28 *Sed fortuna, quae rebus famam pretiumque constituit, hoc*
quoque militiae probrum vertit in gloriam. et praesens aetas et
posteritas deinde mirata est per gentes nondum satis domitas
incessisse temulentos barbaris, quod temeritas erat, fiduciam
esse credentibus.

26 *redimīre* umwinden, bekränzen. — *tībīcen* (*tībia* und *canere*) Flötenbläser. — zu *item* erg. *ibat.* — *pro copia* nach Vermögen. — *cōmissābundus* (trunken) umherschwärmend. — *circumpendēre* ringsherumhängen; zusammen gehören: *vehiculis adornatis* (geschmückt, *abl. abs.*) *armis circ.* (*abl. instr.*). — *decōrus* (vgl. *decus*) schön, glänzend. — ipsum: Alexander. — *crātēra, -ae* (latinisierte Form des griech. κρατήρ) Mischkrug, Weinkrug. — *prae-gravis* sehr schwer. — **27** *bacchabundus* bacchantisch (schwärmend nach Art eines Zuges des Weingottes). — *in-cedere* einherschreiten. — *parata praeda:* eine bereitete Beute, d.h. eine Beute, die vor ihnen lag und die sie nur zu ergreifen brauchten. — *viri modo* (erg. *fuissent*) = (*dum*)*modo viri fuissent* (näml. die Besiegten). — *sōbrius* nüchtern (*ēbrius* berauscht). — *crāpulā graves* die vom Rausch beschwerten.

28 *constituit:* sog. gnomisches Perfekt, d.h. Perf., das eine allgemeingültige Regel ausspricht; es kann präsentisch übersetzt werden. — *probrum* Schimpf, Schande. — *tēmulentus* stark betrunken. — *barbaris credentibus* (wobei die B. glaubten) *fiduciam* (Zuversicht) *esse, quod temeritas erat.*

Damit sind wir schon einen Schritt in die Zeit nach Augustus und mit Curtius auch in die Zeit nach Tiberius (14—37) gegangen. In der Epoche der Hochblüte lebte noch eine Anzahl Schriftsteller, die zu kennen sich lohnte, die aber, so weit sie überhaupt erhalten sind, die Aufmerksamkeit doch erst in zweiter Linie verdienen. Sicher, darin hat Goethe zweifellos recht, muß man die Kleinen kennen, um die Großen ganz zu verstehen: Seine Voraussetzung ist jedoch, daß man zunächst die Großen gut kennt.

Leicht vergessen wir die Fachgelehrten, die damals auf dem Gebiet der Geographie, Sprachwissenschaft und Technik Hervorragendes geleistet haben. Allen voran steht der Feldherr und unermüdliche Helfer des Augustus, Agrippa: Er wollte eine Weltkarte anfertigen und an einem öffentlichen Platz aufstellen. Als der Tod ihn (12 v. Chr.) an der Vollendung hinderte, führte Augustus selbst das Werk zu Ende. Eine Beschreibung der alten Welt, das älteste erhaltene lateinische Geographiebuch, wurde Mitte der 40er Jahre von Pomponius Mela verfaßt. Die Sprachwissenschaft hatte in der republikanischen Zeit ihren bedeutendsten Vertreter in dem Zeitgenossen Ciceros, dem Polyhistor M. Terentius Varro. Seine Schriften (über die lateinische Sprache, über Altertumskunde, Literatur, Geographie, Landwirtschaft, Recht und manches andere, dazu noch Gedichte) sind uns nur trümmerhaft bekannt. Die Augusteische Zeit hatte in M. Verrius Flaccus ihren philologisch bedeutendsten Mann. Von den technischen Werken ist das Buch des Vitruvius Pollio über die Architektur (wozu er auch die Maschinentechnik rechnet), etwa 25 v. Chr. herausgegeben, unersetzlich für die Archäologie. Vitruv war selbst Baumeister und Konstrukteur von Maschinen. Leider sind die Zeichnungen, die er seinem Buch beigegeben hatte, verloren.

Die Sternkunde konnte im Altertum auf großes Interesse rechnen. So wurde das Lehrgedicht über die

Himmelserscheinungen (Sterne, nur kurz über Witterungserscheinungen) des Griechen Aratos (1. Hälfte des 3. Jahrhunderts v. Chr.) schon von Cicero übersetzt (zum Teil erhalten), dann ein zweites Mal von Germanicus (dem Neffen des Tiberius, Enkel des Augustus, 15 vor bis 19 nach Chr.) und später im 4. Jahrhundert nochmals von Avienus. Unter Tiberius, der selbst Anhänger der Astrologie war, entstand das Lehrgedicht des M. Manilius, das weniger die Astronomie als vielmehr die Astrologie zum Gegenstand hatte. (Den Unterschied, den wir zwischen den beiden Ausdrücken machen, gab es noch im Mittelalter nicht). Wenn wir darin erfahren, daß die unter dem Zeichen des Krebses Geborenen Kaufleute, die unter dem des Löwen Jäger und Metzger sind, so kommt uns das ungeheuer modern vor... ! Im Altertum hatte dieses Lehrgedicht offenbar recht wenig Erfolg (sein Horoskop ließ man sich wahrscheinlich lieber von berufsmäßigen Astrologen stellen).

Als die reizvollsten Dichtungen aus der Zeit des Tiberius dürfen wohl die Fabeln des Phaedrus angesehen werden. Phaedrus entnimmt den Stoff zumeist den griechischen Fabeln Aesops. In seinem Werk stehen neben echten Tierfabeln, in denen Allzumenschliches in knapper Fabelform gerügt oder verspottet wird, allgemeingültige Lebensweisheiten in aphorismenähnlicher Kürze (87 Hav. = 359 Halm):

Perás impósuit Iúppitér nobís duás;
propriís replétam vítiis póst tergúm dedít,
aliénis ánte péctus súspendít gravém.
Hac ré vidére nóstra mála non póssumús;
alií simúl delínquunt cénsorés sumús.

Die Verse sind iambische Senare. Wir brauchen uns nicht näher damit zu beschäftigen. Doch immerhin das Schema: ⏑⏑–⏑ ⏑́⏑ | ⏑⏑–⏑ ⏑́⏑ | ⏑⏑–⏑ ⏑́⏑ | ⏑⏑–⏑ ⏑́⏑ | ⏑⏑–⏑ ⏑́⏑ | ⏑ ´ (vgl. den trochäischen Septenar S. 169 f. Iambische Senare sind in der alten Komödie nicht selten).

1 *pēra* Ranzen. — 5 *dēlinquere* sich verfehlen, Fehler machen. — Der *censor* hatte die Berechtigung, Rügen (*notae censoriae*) auszusprechen und Ehrenstrafen zu verhängen: *senatu movere* aus dem S. ausstoßen, *equum adimere* das Ritterpferd wegnehmen); daher *censor* übertr.: Sittenrichter.

Der weitaus bedeutendste Mann der Zeit nach Augustus und Tiberius jedoch ist der Philosoph L. Annaeus Seneca. Mit ihm — eigentlich schon mit seinem Vater, der ein bedeutender Redner war: er ist es, der uns auch über Ovids Redeübungen berichtet hat, s. S. 266 — tritt Spanien in die lateinische Literatur ein: Seneca (geb. etwa 4 vor Chr.) stammt aus *Corduba* (Córdoba). In der gleichen Stadt ist auch der Epiker M. Annaeus Lucanus, ein Neffe Senecas, geboren (39 n. Chr.). Beide Onkel und Neffe, mußten sich auf Befehl Neros im gleichen Jahr 65 den Tod geben. Lucan war selbst maßgeblich an der gescheiterten Pisonischen Verschwörung beteiligt, und zwar, wie Tacitus (*annales* XV 49, 3) boshaft bemerkt, aus persönlichen Gründen: *Lucanum propriae causae accendebant, quod famam carminum eius premebat Nero prohibueratque ostentare.* (Den Lucan entflammten persönliche Gründe, weil Nero den Ruhm seiner Gedichte unterdrückte und sie vorzuführen gehindert hatte.) Lucan war nämlich mit seinen verschiedenen Gedichten sehr erfolgreich (Gedichte wurden damals in öffentlichen Rezitationen vorgetragen), was Nero, der selbst der größte Dichter sein wollte, erbitterte. In seinem Hauptwerk, *Pharsalia*, behandelte Lucan die Geschichte des Bürgerkrieges; der Titel ist nach der Schlacht bei Pharsalos gewählt, in der im Jahre 48 Caesar den entscheidenden Sieg über Pompeius errang. In diesem Epos standen die berühmten Verse (I 126 ff.):

... quis iustius induit arma
scire nefas: magno se iudice quisque tuetur.
victrix causa deis placuit, sed victa Catoni.

induere anziehen, *arma i.* Waffen anlegen. — *quisque magno iudice se tuetur* jeder schützt sich mit einem großen Richter.

deis placuit bedeutet für Lucan nichts anderes als *fatum, fortuna*. Götterkämpfe, Beteiligung der Götter in dem Kriege der Menschen gibt es bei ihm nicht mehr: Das ist gegenüber Homer und Vergil eine revolutionäre Neuerung an dem geheiligten Stil des Epos!

Zur Beseitigung Senecas mußte die Pisonische Verschwörung den Vorwand geben. Schon einmal, unter Caligula (37—41), war er dem Tode nahe; nur, da man meinte, er sterbe doch bald an Schwindsucht, schien ein gewaltsamer Tod unnötig zu sein. Auch die Verbannung lernte er kennen: Acht Jahre (41—49) mußte er unter Claudius (41—54) auf Korsika zubringen. Agrippina aber setzte seine Rückberufung durch und machte ihn zum Erzieher ihres Sohnes Nero. Nach Claudius' Tod regierte er mehrere Jahre lang zusammen mit seinem Freund, dem Prätorianerpräfekten Burrus, als Berater des jugendlichen Nero das römische Reich. Wie viele Hoffnungen hatte man auf Nero gesetzt und wie schienen diese sich zu verwirklichen, als Seneca und Burrus für den jungen Kaiser regierten! Der zunehmenden Herrschsucht Neros jedoch wurde Seneca bald unbequem, so daß dieser sich im Jahre 62 aus dem öffentlichen Leben zurückzog. Berühmt ist die wahrhaft stoische Ruhe, mit der er den unvermeidlichen Tod hinnahm.

Bei der Lektüre der Werke Senecas wird man immer wieder auf treffend formulierte Sentenzen stoßen, wie etwa auf diese (*epist. mor.* 5,6):

Magnus ille est, qui fictilibus sic utitur quemadmodum argento. nec ille minor est, qui sic argento utitur quemadmodum fictilibus.

fictilia, -ium Tongefäße, Tongeschirr. — *quemadmodum* wie. — *uti:* mit Abl.

Die *Epistulae morales ad Lucilium* bilden die bedeutendste und bekannteste schriftstellerische Leistung Senecas. Die 124 Briefe (wahrscheinlich sind einige verloren) behandeln die praktische Ethik; sie sind eine Anleitung zu glücklichem Leben im Sinne der Stoa. Geschrieben sind sie, nachdem sich Seneca vom öffentlichen Leben zurückgezogen hatte; sie waren von vornherein zur Veröffentlichung bestimmt. Leicht nähmen solche Lehren den Geschmack des penetrant Lehrhaften an, wenn Seneca nicht selbst Höhen und Tiefen erlebt, nicht selbst im Tode die Standhaftigkeit bewiesen hätte, die er preist (*epist.* 26,10):

Meditare mortem: qui hoc dicit, meditari libertatem iubet. qui mori didicit, servire dedidicit. supra omnem potentiam est, certe extra omnem. quid ad illum carcer et custodia et claustra? liberum ostium habet. una est catena, quae nos alligatos tenet, amor vitae, qui ut non est abiciendus, ita minuendus est, ut si quando res exiget, nihil nos detineat nec impediat, quo minus parati simus, quod quandoque faciendum est, statim facere.

meditari nachdenken, *m. alqd* auf etw. sinnen, sich auf etw. vorbereiten. — *dē-dīscere* ver-lernen. — *quid ad illum … claustra* was kümmern ihn … Riegel. — *alligare* an-binden, fesseln. — *res exigit* die Sache fordert, die Umstände fordern. — *dē-tinēre* aufhalten.

Auch die menschlichen Schwächen und Fehler sieht und bekennt er zuerst an sich selbst (*epist.* 27,1—2):

1 *'Tu me, inquis, mones? iam enim te ipse monuisti, iam correxisti? ideo aliorum emendationi vacas?' non sum tam improbus, ut curationes aeger obeam, sed tamquam in eodem valitudinario iaceam, de communi tecum malo conloquor et remedia communico. sic itaque me audi, tamquam mecum loquar. in*
2 *secretum te meum admitto et te adhibito mecum exigo. clamo mihi ipse: 'numera annos tuos, et pudebit eadem velle, quae volueras puer, eadem parare. hoc denique tibi circa mortis diem praesta: moriantur ante te vitia!'*

1 *vacare alci rei* frei sein für, Zeit haben für. — *emendatio* Besserung. — *cūrātiō* Behandlung. — *ob-ire alqd* etw. angehen, sich an etw. machen. — *valitudinarium* Krankenhaus. — *con-loqui cum* sprechen mit. — *commūnicare* gemeinsam machen, jd. an etw. teilnehmen lassen, jd. etw. mitteilen. — *tamquam* mit Konj. 'als ob'. — *in secretum admittere* zu einem Geheimnis (*se* und *cernere*) zulassen; hier: in mein Inneres zulassen, sehen lassen. — *ex-igere* heraus-

treiben, vollenden, fordern (vgl. oben zu 26,10); *secum e.* mit sich überlegen; dazu gehört hier noch *te adhibito* (*abl. abs.*) indem ich dich hinzuziehe, in deiner Gegenwart. — 2 *praestare* sich hervortun, (oder wie hier:) leisten, vollbringen. — *circa mortis diem* um den Tag des Todes, im Angesicht des Todes.

Der wesentliche Teil der Philosophie ist für den Stoiker die Ethik. Die Frage: 'Was soll ich tun?' zu beantworten, ist der Sinn des Philosophierens — Metaphysik, Logik usw. sind die Grundlagen, die die Ethik unterbauen. *homo, sacra res homini* (der Mensch, eine heilige Sache für den Menschen, *epist.* 95, 33) entspricht seiner tiefsten Überzeugung. (Ebenso ist es bei den Epikureern: Lucrez' großartige 'Physik' diente dazu, die Wahrheit über Welt und Götter darzulegen, um die Menschen von Furcht zu befreien, damit sie recht zu leben vermöchten.) Oft genug spricht Seneca über Sinn, Wert und Zweck der Philosophie, so auch *epist.* 16,4—5:

4 *'Quid mihi prodest philosophia, si fatum est? quid prodest, si deus rector est? quid prodest, si casus imperat? nam et mutari certa non possunt et nihil praeparari potest adversus incerta, sed aut consilium meum occupavit deus decrevitque, quid facerem,*
5 *aut consilio meo nihil fortuna permittit.' quicquid est ex his, Lucili, vel si omnia haec sunt, philosophandum est: sive nos inexorabili lege fata constringunt, sive arbiter deus universi cuncta disposuit, sive casus res humanas sine ordine impellit et iactat, philosophia nos tueri debet. haec adhortabitur, ut deo libenter pareamus, ut fortunae contumaciter; haec docebit, ut deum sequaris, feras casum.*

4 *deus consilium meum occupavit* (Gott hat mein Planen an sich genommen, beherrscht meine Pläne, Entschlüsse) *decrevitque* (und hat — näml. ohne mein Zutun, von vornherein — beschlossen), *quid* ... — *fortuna nihil permittit meo consilio* das Schicksal läßt meinem Planen (meinen Entschlüssen) keine Freiheit. — 5 was davon auch oder wenn alles so (wörtl.: dieses) ist=was davon auch zutrifft oder wenn auch alles zutrifft. — *inexorabile lege* nach unerbittlichem Gesetz. — *con-stringere* binden. — *arbiter deus* Gott als Richter, Gebieter. — *universum, -i* das Universum, All. — *contumax, -cis* (Adv. *contumaciter*) trotzig.

Schon jetzt wird manches vom Stil Senecas deutlich geworden sein: Bei ihm herrscht ein ganz anderes sprachliches Ingenium als etwa bei Cicero. Lange Perioden mit streng gegliederter, logischer Über- und Unterordnung sind nicht anzutreffen; Seneca bevorzugt kurze, eindringliche Sätze, scharfe Antithesen. Das Gedankengebäude ist scheinbar lose aufgebaut, trotzdem zwingt es den Leser zu dem Punkt, wo er zustimmen muß. Mögliche Zweifel werden durch Einwände eines fiktiven Gegners entkräftet (deutlich in den obigen Stücken). Fast jeder Satz ist auf eine Pointe zugespitzt: Daher sind Senecas Schriften ein so ertragreiches Beutefeld für Sentenzenjäger, für die der moralische Gehalt des Werkes noch einen besonderen Anreiz bietet. (Die Verwandtschaft einiger Sätze Senecas mit christlichem Gedankengut hat dazu geführt, daß im 4. Jahrhundert ein — gefälschter — Briefwechsel zwischen Seneca und Paulus auftauchte.) Das Ganze ist ein Spiel mit Worten und Sätzen. Gegen den Modestil der Zeit, den Seneca mitprägte, fehlte es nicht an Reaktionen: Quintilian bemühte sich, den Stil Ciceros gegen den Senecas wieder zur Geltung zu bringen; von diesem großen Literaturkritiker haben wir ja schon bei dem Vergleich Tibull-Properz erfahren, daß er für Sprach- und Stilneuerungen nichts übrig hatte.

Zum Abschluß noch Gedanken über den Adel des Geistes, *epist.* 44, 1—5:

1 *Iterum tu mihi te pusillum facis et dicis malignius tecum*
egisse naturam prius, deinde fortunam, cum possis eximere te
vulgo et ad felicitatem hominum maximam emergere. si quid est
aliud in philosophia boni, hoc est, quod stemma non inspicit.
2 *omnes, si ad originem primam revocantur, a dis sunt. eques Ro-*
manus es, et ad hunc ordinem tua te perduxit industria: at, meher-
cules, multis quattuordecim clausi sunt. non omnes curia admittit;
castra quoque, quos ad laborem et periculum recipiant, fastidiose
legunt: bona mens omnibus patet, omnes ad hoc sumus nobiles. nec
3 *reicit quemquam philosophia nec eligit: omnibus lucet. patricius*
Socrates non fuit. Cleanthes aquam traxit et rigando horto loca-

vit manus. Platonem non accepit nobilem philosophia, sed fecit. quid est, quare desperes his te posse fieri parem? omnes hi maiores tui sunt, si te illis geris dignum: geres autem, si hoc protinus
4 *tibi ipse persuaseris a nullo te nobilitate superari. omnibus nobis totidem ante nos sunt: nullius non origo ultra memoriam iacet. Platon ait neminem regem non ex servis esse oriundum, neminem servum non ex regibus. omnia ista longa varietas mis-*
5 *cuit et sursum deorsum fortuna versavit. quis est generosus? ad virtutem bene a natura conpositus. hoc unum intuendum est: alioquin si ad vetera revocas, nemo non inde est, ante quod nihil est. a primo mundi ortu usque in hoc tempus perduxit nos ex splendidis sordidisque alternata series. non facit nobilem atrium plenum fumosis imaginibus. nemo in nostram gloriam vixit nec quod ante nos fuit, nostrum est: animus facit nobilem, cui ex quacumque condicione supra fortunam licet surgere.*

1 *pusillus* (*puer*) winzig, gering. — *malignius tecum egisse naturam* die Natur sei allzu boshaft mit dir verfahren (Lucilius war Sohn eines Freigelassenen und konnte daher nicht zu den höchsten Ämtern gelangen). — *cum* während du doch. — *stemma, -atis* (neutr.) Stammbaum. — *revocare* zurückrufen, zurückführen. — 2 *multis quattuordecim clausi sunt* vielen sind die vierzehn verschlossen: den Rittern waren 14 Reihen im Theater vorbehalten. — *curia* die Kurie, d.h. der Senat, der in der *curia* tagt. — *re-cipere* zurückziehen, heranziehen. — *fastidiose legere* wählerisch auslesen, aussuchen. — 3 *patricius* Patrizier, adelig. — *Cleanthes aquam traxit:* Kleanthes (331—231) war Nachfolger des Gründers der Stoa, des Zenon, als Leiter der Schule; er erwarb seinen Lebensunterhalt als Wasserträger. — *manus locare* seine Hände verdingen, sich v. — *rigare* bewässern. — Platon entstammte einer altadeligen Familie Athens: Seneca betont, darauf kam es nicht an, sein wahrer Adel lag darin, daß er Philosoph war. — *se dignum gerere alqo* sich jds. würdig erweisen. — *persuadēre alci* jd. überreden; *sibi persuadere* sich überreden, zur Überzeugung kommen; dazu neutr. *hoc*: dazu; also: wenn du zu der Ü. gelangst. — *prōtinus* in einem fort, fortwährend; sogleich. — 4 *totidem*, näml. Vorfahren. — *ultra memoriam iacet* liegt jenseits von Menschengedenken. — *Platon ait:* Theaitetos 175 A. — *oriundus* abstammend. — *sursum deorsum* (*de* und *vertere*) auf- und abwärts. — *versare:* Intensivum von *vertere* (drehen). — 5 *alioqui(n)* im übrigen, überhaupt. — *nemo non inde est, ante quod nihil est* jeder (niemand nicht) ist daher, vor dem nichts (das Nichts) ist. — *splendidus* glänzend. — *sordidus* schmutzig, armselig. — *alternātus* abwechselnd. — *atrium plenum* (meist mit Gen., selten mit

Abl.) *fumosis imaginibus* (Bilder, bes. Ahnenbilder) ein Atrium, voll von rauchgeschwärzten Ahnenbildern: Die Ahnenbilder wurden im Atrium aufgestellt, sie waren rauchgeschwärzt, weil sich in alter Zeit dort der Herd befand. — *in nostram gloriam* zu, für unseren Ruhm.

Seneca hat, wie schon erwähnt, eine ganze Reihe von Schriften verfaßt. Die *Epistulae ad Lucilium* dürften die letzten gewesen sein. Vorher schrieb er die 12 Bücher der sog. Dialoge (darunter 'Trostschrift an Marcia', *De tranquillitate animi*, *De brevitate vitae*), eine Schrift über die Milde (*De clementia*), über die Wohltaten (*De beneficiis*), eine Spottschrift über Claudius ('Die Verkürbisung des Claudius'), Gedichte und sogar Tragödien (in der dem Geschmack der Zeit entgegenkommenden Form blutrünstiger Schauerdramen: *Hercules furens*, *Medea*, *Phaedra*, *Agamemnon*, *Thyestes*, *Hercules Oetaeus* u. a.). Nicht zu vergessen sind seine naturwissenschaftlichen Schriften: *Ad Lucilium naturalium quaestiones libri septem*.

Das Interesse an naturwissenschaftlichen Themen war damals überhaupt sehr stark. Wie meist in Zeiten, die auf eine allgemein schöpferische Blütezeit folgen, nahm das Bestreben zu, das vorhandene Wissen zu sammeln. Ein Mann von eisernem Fleiß — sogar beim Essen und im Bade, bei Ausfahrten und auf Reisen ließ er sich vorlesen und diktierte er seine Lesefrüchte — war der auch als hoher Verwaltungsbeamter und Flottenbefehlshaber tüchtige C. Plinius Secundus (zum Unterschied zu seinem gleichnamigen Neffen und Adoptivsohn der Ältere genannt). Im Jahre 23 oder 24 in *Novum Comum* (seit der Ansiedlung einer Bürgerkolonie durch Caesar führte die Stadt das Adjektiv *Novum* im Namen; jetzt Como am Comer See) geboren, kam er früh nach Rom, hatte hohe Ämter inne und fand als Kommandant der bei *Misenum* stationierten Flotte beim Vesuvausbruch des Jahres 79 den Tod, da er sich, wie es heißt, zu nahe in die Gefahrenzone begeben hatte.

Von seinen Werken, unter denen grammatische, historische und taktische waren, ist nur das gewaltige Sammelwerk *Naturalis historia*, Naturgeschichte, erhalten, mehr eine Enzyklopädie als eine Geschichte, die auch wertvolle kultur- und kunstgeschichtliche Abschnitte enthält, so z.B. eine Geschichte der bildenden Kunst. Daraus über die beiden um 400 v. Chr. lebenden griechischen Maler Zeuxis (aus Unteritalien, der Magna Graecia) und Parrhasios aus Ephesos (XXXV 10,65—66):

65 *Descendisse hic (Parrhasius) in certamen cum Zeuxide traditur et, cum ille detulisset uvas pictas tanto successu, ut in scaenam aves advolarent, ipse detulisse linteum pictum ita veritate repraesentata, ut Zeuxis alitum iudicio tumens flagitaret tandem remoto linteo ostendi picturam atque intellecto errore concederet palmam ingenuo pudore, quoniam ipse volucres fefellisset, Parrhasius autem se artificem.*

66 *Fertur et postea Zeuxis pinxisse puerum uvas ferentem, ad quas cum advolassent aves, eadem ingenuitate processit iratus operi et dixit: uvas melius pinxi quam puerum, nam si et hoc consummassem, aves timere debuerant. fecit et figlina opera, quae sola in Ambracia relicta sunt, cum inde Musas Fulvius Nobilior Romam transferret. Zeuxidis manu Romae Helena est in Philippi porticibus et in Concordiae delubro Marsyas religatus.*

65 *in certamen descendere* sich in einen Wettstreit einlassen; *descendere*, da dieser wohl öffentlich im Theater (*scaena* Szene, Bühne) stattfand. — *de-ferre* herabbringen (ins Theater auf die Bühne), herbeibringen. — *ille:* Zeuxis; *ipse* (auf das Subjekt bezüglich): Parrhasios. — *linteum* Leintuch, Vorhang. — *re-praesentare* vergegenwärtigen, verwirklichen; *ita repraesentata veritate* mit solcher Naturtreue. — *āles, -itis* geflügelt, Vogel. — *tumens* schwellend, aufgeblasen, stolz. — *palmam concedere* die (Sieges-)Palme überlassen. — *ingenuo pudore* mit edler Beschämung.

66 *eadem ingenuitate processit* ging er mit dem gleichen edlen Stolz vor. — *iratus* mit Dat. oder mit *de* und Abl. — *con-summare* vollenden, vollendet darstellen. — *debuerant:* Indik.: s. S. 201. — *figlīna opera* (*figlīnus* [seltenes Wort] zum Töpfer gehörig, von *figulus* Töpfer) Werke aus Ton, Keramikarbeiten. — Aus *Ambracia* (jetzt Arta, in Westgriechenland, nördlich des Golfes von Arta), der Residenz des Königs Pyrrhos, schleppte (nach Livius 39, 5) *Fulvius Nobilior* im Jahre 189 v. Chr. 285 Erzbilder als Beute mit, darunter die 'Musen', die in Rom im Herculestempel auf dem Marsfeld

wieder aufgestellt wurden. — *in Philippi porticibus* in der Säulenhalle des Philippus (die vom Stiefvater des Augustus *L. Marcius Philippus* gestiftet wurde): Säulenhallen dienten in Rom als Bildergalerien. — *in Concordiae dēlūbrō* im Heiligtum, Tempel der Concordia (an der Westseite des Forums sind noch heute die Reste des Tempels zu sehen). — *Marsyas religatus* der gebundene Marsyas: nach der Sage erfand Athene die Flöte; als sie aber merkte, daß das Flötenblasen sie entstellte, warf sie diese weg. Marsyas fand sie, forderte Apollon zum Wettstreit mit der Kithara heraus. Marsyas unterlag und wurde von Apollon lebendig geschunden.

In den Büchern VIII—XI behandelt Plinius die Zoologie, und zwar in je einem Buch Säugetiere, Fische, Vögel und Insekten jeweils nach ihrer Größe. So steht der Strauß am Anfang des Buches über die Vögel. Über ihn heißt es (X 1, 1—2):

1 *Sequitur natura avium, quarum grandissimi et paene bestiarum generis struthocameli Africi vel Aethiopici altitudinem equitis insidentis equo excedunt, celeritatem vincunt, ad hoc demum datis pinnis, ut currentem adiuvent. cetero non sunt volucres nec a terra attolluntur. ungulae iis cervinis similes, quibus dimicant, bisulcae et conprehendendis lapidibus utiles,*
2 *quos in fuga contra sequentes ingerunt pedibus. concoquendi sine dilectu devorata mira natura, sed non minus stoliditas in tanta reliqui corporis altitudine, cum colla frutice occultaverint, latere sese existimantium. praemia ex iis ova, propter amplitudinem pro quibusdam habita vasis, conosque bellicos et galeas adornantes pinnae.*

1 *sequitur:* Damit beginnt das Buch über die Vögel. — *strūthocamēlus* ‘Sperling-Kamel’, Strauß. Plinius sieht in ihm wie Aristoteles das Übergangsglied von den Säugetieren, *bestiae*, zu den Vögeln. — *dēmum* endlich, vollends. — *datis ad hoc pinnis* (*abl. abs.*) ut ... etwa: dem Federn gegeben sind, damit diese. — *volucer, -cris, -cre* fliegend, flugfähig. — *a terra attolluntur* sie erheben sich von der Erde. — *ungula* Huf. — *cervīnus* Adj. zu *cervus* Hirsch. — *quibus:* näml. *ungulis.* — *bi-sulcus* zweigefurcht, zweigeteilt. — *utilis* mit Dat: geeignet für. — *sequentes* Verfolger. — *in-gerunt* (hinein-) werfen. — 2 *con-coquere* verdauen. — *sine dilectu devorata* das ohne Wahl Verschlungene. — *stoliditas* (*stolidus* = *stultus*) Torheit. — *stoliditas existimantium* (der Meinenden, da sie meinen) *se in tanta reliqui corporis altitudine* (trotz der Höhe ihres übrigen Körpers) *latēre* (seien sie verborgen), *cum colla* (*collum* Hals) *frutice* (*frŭtex*,

-icis Gebüsch) *occultaverint* (*occultare* verbergen). Wir sagen, der Strauß 'steckt den Kopf in den Sand'. — *praemia* (Lohn) *ex iis* (von ihnen) *ova* (erg. *sunt*; Straußeneier waren begehrt). — *pro quibusdam vasis* für gewisse Gefäße. — *habita:* zu *ova* (die Eier werden gehalten, verwendet). — *cōnus* Kegel, Helmspitze. — *galea* Helm. (Straußenfedern als Kriegsschmuck!)

Nun wollen wir aber doch noch einen Blick auf den Anfang des Werkes werfen. Dabei dürfen wir Buch I unberücksichtigt lassen, da es nur Inhalts- und Quellenverzeichnisse enthält. Das Buch II beginnt:

Mundum et hoc quodcumque nomine alio caelum appellare libuit, cuius circumflexu degunt cuncta, numen esse credi par est, aeternum, inmensum, neque genitum neque interiturum umquam. huius extera indagare nec interest hominum nec capit humanae coniectura mentis. sacer est, aeternus, inmensus, totus in toto, immo vero ipse totum, infinitus ac finito similis, omnium rerum certus et similis incerto, extra intra cuncta conplexus in se, idemque rerum naturae opus et rerum ipsa natura.

libuit Perf. zu *libet*, aber hier präsentisch: 'man mag'. — *circumflexus, -ūs* Umwölbung. — *degere* (erg. *vitam*) Leben hinbringen, leben, existieren. — *in-mensus* un-ermeßlich. — *extera huius* das Äußere von diesem, was außerhalb von ihm ist. — *indagare* erforschen. — Konstr. von *interest* s. S. 156. — *totum* ein Ganzes. — *natura rerum* Wesen der Dinge, Natur.

Daß Plinius d. Ä. zu den 'schwierigen' Autoren zählt, wird Ihnen klar geworden sein. Aber was ist eigentlich so schwierig an diesem Stil? Hier liegt nicht die Sprache eines Künstlers vor uns, dem es auf jedes Wort, jede Wendung ankommt (letzteres trifft zum Glück für die meisten römischen Schriftsteller zu!), sondern die eines Gelehrten, der fachwissenschaftlich seinen Gegenstand beschreibt. Der Stil von Wissenschaftlern bietet fast immer Schwierigkeiten! So wechseln einfach gebaute, auf den ersten Blick durchsichtige Sätze mit komplizierten syntaktischen Gebilden ab. Angenehmer zu lesen sind die von seinem Neffen und Adoptivsohn C. Plinius Secundus dem Jüngeren verfaßten Briefe. Es sind zwar 'echte' Briefe (im Gegensatz zu Seneca, dessen *Epistulae morales* einen Lehrgang der Ethik in Briefform bilden), aber doch von vorneherein zur Veröffentlichung bestimmt. Auch das ist etwas Neues für Rom: Ciceros Briefe waren nicht für die Öffentlichkeit geschrieben!

Plinius d. J. (61 oder 62 bis 113/4) ist ebenfalls in *Novum Comum* geboren. Er durchlief die höchsten Ämter: Davon rührt der Briefwechsel mit Trajan, der — obwohl als amtliche Korrespondenz zunächst nicht mit den anderen Briefen herausgegeben — glücklicherweise erhalten ist. Schon immer stark beachtet wurden die beiden Briefe, in denen von der Behandlung der Christen die Rede ist. Als Statthalter von Bithynien (röm. Provinz an der Nordküste Kleinasiens) fragt Plinius an, was mit diesen geschehen solle (Brief 96), worauf ihm der Kaiser Anweisungen erteilt (Brief 97). Hier kommt zu dem Interesse an dem Schriftsteller noch das an dem behandelten Gegenstand. Beide Briefe sollen daher ganz wiedergegeben werden:

C. Plinius Traiano imperatori

Sollemne est mihi, domine, omnia, de quibus dubito, ad te referre. quis enim potest melius vel cunctationem meam regere vel ignorantiam instruere?

Cognitionibus de Christianis interfui numquam; ideo nescio,
2 *quid et quatenus aut puniri soleat aut quaeri. nec mediocriter*
haesitavi, sitne aliquod discrimen aetatum an quamlibet teneri
nihil a robustioribus differant, detur paenitentiae venia an ei,
qui omnino Christianus fuit, desisse non prosit, nomen ipsum,
si flagitiis careat, an flagitia cohaerentia nomini puniantur.

Interim in iis, qui ad me tamquam Christiani deferebantur,
3 *hunc sum secutus modum. interrogavi ipsos, an essent Christiani.*
confitentes iterum ac tertio interrogavi supplicium minatus;
perseverantes duci iussi. neque enim dubitabam, qualecumque
esset, quod faterentur, pertinaciam certe et inflexibilem obstina-
4 *tionem debere puniri. fuerunt alii similis amentiae, quos, quia*

cives Romani erant, adnotavi in urbem remittendos. mox ipso tractatu, ut fieri solet, diffundente se crimine plures species inciderunt.

5 Propositus est libellus sine auctore multorum nomina continens.
qui negabant esse se Christianos aut fuisse, cum praeeunte me
deos appellarent et imagini tuae, quam propter hoc iusseram
cum simulacris numinum adferri, ture ac vino supplicarent,
praeterea male dicerent Christo, quorum nihil cogi posse dicuntur,
6 qui sunt re vera Christiani, dimittendos esse putavi. alii ab
indice nominati esse se Christianos dixerunt et mox negaverunt;
fuisse quidem, sed desisse, quidam ante triennium, quidam ante
plures annos, non nemo etiam ante viginti. hi quoque omnes et
imaginem tuam deorumque simulacra venerati sunt et Christo
male dixerunt.

7 Adfirmabant autem hanc fuisse summam vel culpae suae vel
erroris, quod essent soliti stato die ante lucem convenire carmen-
que Christo quasi deo dicere secum invicem seque sacramento
non in scelus aliquod obstringere, sed ne furta, ne latrocinia, ne
adulteria committerent, ne fidem fallerent, ne depositum appellati
abnegarent. quibus peractis morem sibi discedendi fuisse rur-
susque coeundi ad capiendum cibum, promiscuum tamen et
innoxium. quod ipsum facere desisse post edictum meum, quo
8 secundum mandata tua hetaerias esse vetueram. quo magis ne-
cessarium credidi ex duabus ancillis, quae ministrae dicebantur,
quid esset veri, et per tormenta quaerere. nihil aliud inveni quam
superstitionem pravam, immodicam.

9 Ideo dilata cognitione ad consulendum te decurri. visa est enim
mihi res digna consultatione, maxime propter periclitantium
numerum. multi enim omnis aetatis, omnis ordinis, utriusque
sexus etiam, vocantur in periculum et vocabuntur. neque civitates
tantum, sed vicos etiam atque agros superstitionis istius contagio
10 pervagata est; quae videtur sisti et corrigi posse. certe satis
constat prope iam desolata templa coepisse celebrari et sacra
sollemnia diu intermissa repeti passimque venire victimarum
carnem, cuius adhuc rarissimus emptor inveniebatur. ex quo
facile est opinari, quae turba hominum emendari possit, si sit
paenitentiae locus.

1 *sollemnis, -e* alljährlich wiederkehrend, üblich. — *re-ferre* ('Referent') berichten. — *cognitio* (gerichtliche) Untersuchung. — *quātenus* (bis) wie weit. — 2 *haesitare* stecken bleiben, schwanken. — *discrimen aetatum :* Unterschied im Alter: nach römischem Recht wurde in der Bestrafung ein Unterschied gemacht. — *quamlibet teneri* ganz junge Menschen. — *desisse = desi(v)isse* aufgehört haben. — *flagitium* Schandtat (gemeint die christlichen Religionsübungen). — *flagitia cohaerentia nomini* Schandtat, Unrecht mit dem Namen in Verbindung stehend: d.h. nur die Untaten, die mit dem Namen (Christen) in Verbindung stehen. — *deferre* anzeigen. — 3 *duci:* näml. *ad supplicium* (zur Bestrafung). — *non dubitare:* mit A.c.I. auch Livius. — *pertinacia et obstinatio* Starrsinn und Hartnäckigkeit. — 4 Römische Bürger mußten nach Rom überführt werden, da durch Gesetz verboten war, einen Bürger zu züchtigen oder ohne Berufungsmöglichkeit hinzurichten (vgl. Caesar bei Sallust, S. 202 und Paulus, Apostelgesch. 22 und 25). — *ad-notare* aufschreiben, aufnotieren. — *ipso tractatu* bei der Verhandlung selbst. — *diffundente se crimine* da die Anklage sich weiter verbreitete. — *species* hier: Fälle; *inciderunt* 'kamen vor'. — 5 *libellus sine auctore propositus est* eine Schrift ohne Namen (eine anonyme Liste) wurde vorgelegt. — *prae-eunte me* während ich (die Schwurformel) vorsprach (wörtl.: vor-ging). — *deos appellare* die Götter anflehen. — *imagini tuae ... ture ac vino supplicare* deinem Bild ... mit Weihrauch (*tūs, tūris*) und Wein opfern. — *male dicere alci* jd. schmähen. — *quorum nihil posse cogi dicuntur (ii), qui ...* dazu können die, die ... nicht gezwungen werden, wie man sagt (*cogere nihil* [bl. Akk. bei den Neutra *id, illud, nihil* u.ä., sonst mit *ad* und Akk.] zu nichts zwingen; davon ist *quorum* abhängig, also: zu nichts davon zw.). — *index* Angeber, Verzeichnis. — *triennium* Zeit von drei Jahren. — *non nemo* nicht niemand = einige. — 7 *summa* (Subst.) *culpae* Summe der Schuld = die ganze Schuld. — *stato die* an einem festgesetzten Tag. — *carmen dicere secum invicem* miteinander wechselweise ein Lied singen (gemeint sind die Responsorien). — *seque sacramento obstringere non in scelus aliquod* und sich durch Eid binden (verpflichten) nicht etwa zu einem Verbrechen. — *furta, latrocinia, adulteria committere* Diebstahl, Raub, Ehebruch begehen. — *fidem fallere* Treue brechen (wörtl. täuschen). — *depositum abnegare appellatus* ein anvertrautes Gut ableugnen, wenn man zur Rückgabe aufgefordert wird. — 'nachdem dies geschehen sei, sei es Sitte gewesen, auseinanderzugehen und wieder zusammenzukommen'. — *cibum, promiscuum tamen et innoxium* eine Mahlzeit, dennoch ganz gewöhnlich (*promiscuus* zu *miscere* mischen) und harmlos (*innoxius* unschädlich); *cibus*: das christliche Liebesmahl (ἀγάπη) wurde von den reicheren Christen gestiftet; wegen der Verdächtigung der rituellen Tötung von Kindern, deren Fleisch sie dann verspeisen, die Versicherung, daß es gewöhnliche Mahlzeiten seien. — *quod ipsum* relat. Anschluß: gerade dies. — *hetaeria* (ἑται-

ρία) Genossenschaft, Verein. — 8 *ancilla* Magd. — *ministra* Dienerin, Diakonissin (διακονίσσα). — *et per tormenta quaerere* auch durch Folter fragen, erforschen. Sklaven konnten durch die Folter verhört werden. — *superstitio* Aberglaube. — *prāvus* verschroben. — *im-modicus* maßlos. — 9 *dilatā cognitione* (*abl. abs.*) nachdem ich die Untersuchung aufgeschoben habe. — *dē-currere ad* schreiten zu, sich wenden an (Perfekt: im Briefstil wird, anders als im Deutschen, die Situation des Empfängers ins Auge gefaßt). — *periclitari* in Gefahr (näml. angeklagt) sein. — *civitates ... vici ... agri* Städte ... Dörfer ... das flache Land. — *contāgio* (*tangere*) Ansteckung. — *sistere* zum Stehen bringen. — 10 *dē-sōlātus* (*solus* allein) verödet. — *vēn-ire* zum Verkauf kommen. — *victima* Opfertier. — *si sit paenitentiae locus* wenn Gelegenheit zur Reue gegeben wird.

Traianus Plinio

Actum, quem debuisti, mi Secunde, in excutiendis causis eorum, qui Christiani ad te delati fuerant, secutus es. neque enim in universum aliquid, quod quasi certam formam habeat, constitui potest. conquirendi non sunt; si deferantur et arguantur, puniendi sunt, ita tamen, ut, qui negaverit se Christianum esse idque re ipsa manifestum fecerit, id est supplicando dis nostris, quamvis suspectus in praeteritum, veniam ex paenitentia impetret. sine auctore vero propositi libelli in nullo crimine locum habere debent. nam et pessimi exempli nec nostri saeculi est.

actum sequi ein Verfahren einschlagen; ('du hast das Verfahren eingeschlagen, das du mußtest', d.h. dein V. ist pflichtgemäß. — *causam excutere* einen Fall (genau) untersuchen. — *certa forma* feste Form, feste Regel. — *conquirere* aufsuchen, aufspüren. — *arguere:* hier etwa = *co-arguere.* — *manifestum facere* offenbar machen, durch die Tat beweisen. — *veniam impetrare* Verzeihung erlangen. — *suspectus in praeteritum* verdächtig für die Vergangenheit. — *locum habere* Berücksichtigung finden. — *nec nostri saeculi est* und es ist unserer Zeit (Zeitgeist, Jahrhundert) zuwider. — Traians Nachfolger bestimmte, daß der Ankläger persönlich seine Klage vertrete; bei falscher Denunziation sei er selbst zu bestrafen.

Der römische Staat war in religiösen Dingen tolerant. Es genügte ihm, wenn die Christen sich zum Kaiserkult bekannten; dessen Ablehnung aber mußte wie Meuterei gegen den Staat erscheinen. Der Staat hätte auch den Christengott mit unter die zahlreichen Götter aufgenommen; daß die Christen aber nur den einen Gott unter Ausschließung aller anderen anerkennen wollten, war dem Denken und Verstehen der heidnischen Antike fremd. Außerdem waren Vereinigungen seit Augustus genehmigungspflichtig; sobald die Christen Gemeinden bildeten, waren sie der Geheimbündelei, die strafbar war, verdächtig. Doch gab es planmäßige Fahndungen erst seit dem 3. Jahrhundert (Kaiser Decius 249—251).

Die Zeit zwischen dem Tod des Augustus und Hadrian (Hadrian 117—138) könnte man als eine Nachblüte der Literatur bezeichnen. Viele, viele schreiben, Gedichte zu machen gehörte zur Bildung, aber wirklich Große waren selten. Zwar entstanden ansprechende Produkte wie etwa Petrons 'Roman' (darin das 'Gastmahl des Trimalchio'), die Gedichte des Martial im Stil des Catull oder die boshaften Satiren Iuvenals, doch die goldene Zeit war (auch vom sprachlich-stilistischen Standpunkt aus gesehen) endgültig vorbei. Einer der Großen dieser Zeit soll unseren Gang durch die römische Literatur beschließen: P. Cornelius Tacitus.

Von dem größten römischen Historiker wissen wir weder das Geburtsjahr, noch das Todesjahr, noch den Geburtsort.

Immerhin teilt er uns selbst in seinen Werken manches aus seinem Leben mit. Während der Gewaltherrschaft Domitians (81—96) wahrte er seine Würde durch Schweigen. Erst die Regierungen Nervas (96—98) und Trajans (98—117) ermöglichten seine Werke. Zunächst beginnt er mit drei kleineren Schriften: *Dialogus de oratoribus*, *Agricola* (eine Lebensbeschreibung seines Schwiegervaters, der als Kommandeur von vier Legionen und Flottenkommandant Britannien unterwarf) und *Germania*. Diese ist äußerlich eine ethnographische Studie, in Wirklichkeit jedoch weit mehr. Tacitus' Interesse an den Germanen erwächst aus der Erkenntnis, daß sie 'das einzige Volkstum auf der Welt sind, an dem Freiheit und Mannestum im Bunde als die eigentlich geschichtsgestaltenden Mächte noch studiert werden können, nachdem die Römer ihre Freiheit verloren haben' (Karl Büchner). Diese Erkenntnis ist für Tacitus, den römischen Senator, der auch als solcher Geschichte schreibt, bitter. Aber er ist klarblickend genug, zu sehen, daß nur die Konzentration der Macht in einer Hand den Frieden wahren kann (*hist.* I 1,1). Andererseits aber hat die Monarchie die Römer so weit gebracht, daß Tacitus den Galba bei der Adoption Pisos sagen lassen kann (*hist.* I 16,4): *imperaturus es hominibus, qui nec totam servitutem pati possunt nec totam libertatem.*

Warum schreibt Tacitus überhaupt Geschichte? Darauf gibt er zu Beginn der *Historiae*, des früher verfaßten der beiden großen Werke, *Historiae* und *Annales*, Antwort:

Initium mihi operis Servius Galba iterum, Titus Vinius consules erunt. nam post conditam urbem octingentos et viginti prioris aevi annos multi auctores rettulerunt, dum res populi Romani memorabantur, pari eloquentia ac libertate. postquam bellatum apud Actium atque omnem potentiam ad unum conferri pacis interfuit, magna illa ingenia cessere; simul veritas pluribus modis infracta, primum inscitia rei publicae ut alienae, mox libidine adsentandi aut rursus odio adversus dominantes.
2 *ita neutris cura posteritatis inter infensos vel obnoxios. sed ambitionem scriptoris facile averseris, obtrectatio et livor pronis auribus accipiuntur; quippe adulationi foedum crimen servitutis,*
3 *malignitati falsa species libertatis inest. mihi Galba, Otho, Vitellius nec beneficio nec iniuria cogniti. dignitatem nostram a Vespasiano inchoatam, a Tito auctam, a Domitiano longius provectam non abnuerim: sed incorruptam fidem professis neque amore quisquam et sine odio dicendus est.*

1 Der Anfang des Werkes werden mir sein = mein Werk werde ich beginnen mit ... — *Servius Galba iterum, Titus Vinius consules:* wörtl. die Konsuln S. G. zum zweiten Mal (und) T.V.; d.h. das Jahr, in dem S. G. zum zweiten Mal und T. V. Konsuln waren (das Jahr wird ja durch die Angabe der *consules* klar benannt; *iterum*, *tertium* wird hinzugesetzt, wenn jemand zum zweiten, dritten Mal das Amt bekleidete. — Das Jahr, mit dem Tacitus beginnt, ist 69; das von Tacitus angenommene Gründungsjahr Roms stimmt demnach nicht mit der Varronischen Ära überein (die sich allmählich durchsetzte), sondern trifft sich mit der Berechnung des alten Cato. — Der Ton liegt auf *de re populi Romani:* Gegensatz das folgende *omnem potentiam ad unum conferri.* — *Actium:* Sieg des Augustus über Antonius, 31 v.Chr. — *illa ingenia cessere* jene großen Geister ver-

schwanden, d.h. es gab keine mehr. — *inscitiā rei publicae ut alienae* aus Unkenntnis des Staatswesens als eines fremden, d.h. eines Staatswesens, das fremd war, dem die Menschen entfremdet waren. — *aut rursus* oder andererseits. — *neutris cura posteritatis* (*erat*) keine von beiden Gruppen trug Sorge für die Nachwelt (weder die Schmeichler [*libido adsentandi* Sucht beizustimmen] noch die gegen die Herrscher Haßerfüllten). — *īnfēnsus* feindselig, *obnoxius* unterwürfig. — 2 *ambitionem averseris* du (man) dürftest dich von der Gunstbuhlerei abwenden. In dem Satz liegt eine richtige Einschätzung der Menschen: wird den Herrschenden geschmeichelt, finden sie sofort die Unwahrheit in den Worten, aber weniger kritisch sind sie, wenn jemand etwas Abträgiges berichtet. — *falsa species libertatis* falscher Schein der Freimütigkeit. — 3 *Galba*, *Otho* und *Vitellius* wurden im 'Dreikaiserjahr' 68/69 rasch hintereinander von ihren Soldaten zu Kaisern ausgerufen. Erst unter Vespasian (69—79) traten wieder gefestigte Verhältnisse ein. Ihm folgte Titus (79—81), dann dessen Bruder Domitianus (81—96). Leider spricht Tacitus hier von seiner amtlichen Laufbahn sehr allgemein. Unter Domitian war er, wie er an anderer Stelle schreibt, Prätor. Daß er später unter Nerva (96—98) Konsul wurde (97) wissen wir aus einem Brief seines Freundes Plinius d. J.

Das Versprechen, *neque amore et sine odio* zu berichten, klingt an die berühmte Formulierung an, die er am Anfang der Annalen gefunden hat: *sine ira et studio* (ohne Zorn und Parteinahme).

Von den Historien, die mit dem Jahre 69 begannen und 96 endeten, sind nur die ersten $4^1/_2$ Bücher erhalten; sie schildern die Ereignisse bis ins Jahr 70.

Hat Tacitus in den Historien also die selbst erlebte Zeit dargestellt, so beginnt er in den Annalen mit dem Tod des Augustus: *Ab excessu divi Augusti* (Vom Tod des göttlichen Augustus an) ist der eigentliche Titel (doch verwendet Tacitus selbst im Verlauf der Darstellung die Bezeichnung *Annales*). Dieses Werk umfaßte also die Zeitspanne von 14—69; erhalten sind nur Buch I—VI (14—37, also die Zeit des Tiberius), XI—XVI (47—66); die Bücher V, VI, XI und XVI weisen aber große Lücken auf.

Tacitus beginnt wieder mit einer wichtigen Einleitung: *Urbem Romam a principio reges habuere. libertatem et consulatum L. Brutus instituit. dictaturae ad tempus sumebantur.*

neque decemviralis potestas ultra biennium neque tribunorum militum consulare ius diu valuit. non Cinnae, non Sullae longa dominatio. et Pompei Crassique potentia cito in Caesarem, Lepidi atque Antonii arma in Augustum cessere, qui cuncta discordiis civilibus fessa nomine principis sub imperium accepit.
2 *sed veteris populi Romani prospera vel adversa claris scriptoribus memorata sunt, temporibusque Augusti dicendis non defuere decora ingenia, donec gliscente adulatione deterrerentur. Tiberii Gaique et Claudii ac Neronis res florentibus ipsis ob metum falsae, postquam occiderant recentibus odiis compositae sunt.*
3 *inde consilium mihi pauca de Augusto et extrema tradere, mox Tiberii principatum et cetera, sine ira et studio, quorum causas procul habeo.*

1 *urbem — habuere* Hexameter! Verse in Prosa einzustreuen galt als fehlerhaft. Ob Tacitus den Vers nicht bemerkte? — *L. Iunius Brutus* vertrieb den letzten König. — *ad tempus* auf beschränkte Zeit (nämlich nur in Notzeiten bis zu einer bestimmten Frist). — *decemviralis potestas* war nur zwei Jahre lang (*biennium*) gesetzmäßig, 451—450, das dritte war unrechtmäßig. — Der offizielle Titel lautet: *tribuni militum consulari potestate* 'Militärtribunen von konsularischer Gewalt'. In den Kämpfen um die Gleichberechtigung der Plebs wurden in den Jahren 444—367 an Stelle der *consules*, die bis dahin immer Patrizier waren, 3—6 *tribuni militum c. p.* gewählt, darunter Plebeier. Seit 366 wurden auch Plebeier *consules*. — Tacitus wechselt bedacht die Ausdrücke *potestas*, *ius*, *dominatio*, *potentia*, *arma*, *imperium*! — Das '1. Triumvirat', die Herrschaft von Pompeius, Crassus und Caesar, war im Jahre 60, das '2. Triumvirat', die Verbindung von Lepidus, Antonius und Augustus, 43. — *arma cessēre* die Gewalt über das Heer ging über auf. — *cuncta ... fessa* (neutr. plur.) das Ganze, das erschöpft war = das ganze erschöpfte Reich, den ersch. Staat. — 2 *scriptoribus: dat. auctoris* von Schriftstellern. — *decōrus* passend, schön, hervorragend (Tacitus denkt u.a. sicher auch an Livius, den er gelegentlich rühmend nennt). — *glīscere* unvermerkt zunehmen, überhand nehmen. — *postquam* mit Plusqu. statt Perf. fast nur bei Livius und Tacitus. — 3 *pauca et extrema* Weniges und nur das Letzte, d.h. das Ende der Regierung. — *procul habeo* habe ich ferne, stehen mir fern.

Sicher war Tacitus ehrlich überzeugt, der historischen Wahrheit zu dienen. Aber da die Grundkonzeption, die er von der Kaiserzeit hat, düster ist — im Grunde seines Herzens ist er Republikaner; er leidet an der Feilheit des

Volkes, der Verderbtheit der Oberschicht und der Tyrannei der Herrscher —, erscheint vieles sicher zu dunkel. Dazu kommt, daß er die Verhältnisse ausschließlich von der Stadt Rom aus sieht. Den Provinzen ist es unter der Verwaltung der kaiserlichen Beamten sicher viel besser gegangen als unter den vielfach korrupten Statthaltern der ausgehenden Republik. Manches konnte Tacitus selbst nicht mehr aufklären: Hier läßt er dem Leser die Entscheidung offen. Aber da seine eigene Sicht pessimistisch ist, wird der Leser leichter die schwarzen Farben zu sehen vermögen. Davon ist auch der Bericht vom Tode des Augustus nicht frei (*ann.* I 5):

Haec atque talia agitantibus gravescere valitudo Augusti,
et quidam scelus uxoris suspectabant. quippe rumor incesserat
paucos ante mensis Augustum electis consciis et comite uno
Fabio Maximo Planasiam vectum ad visendum Agrippam.
multas illic utrimque lacrimas et signa caritatis, spemque ex eo
2 *fore, ut iuvenis penatibus avi redderetur. quod Maximum uxori*
Marciae aperuisse, illam Liviae. gnarum id Caesari. neque
multo post exstincto Maximo — dubium an quaesita morte —
auditos in funere eius Marciae gemitus semet incusantis, quod
3 *causa exitii marito fuisset. utcumque se ea res habuit, vixdum*
ingressus Illyricum Tiberius properis matris litteris accitur.
neque satis compertum est, spirantem adhuc Augustum apud
4 *urbem Nolam an exanimem reppererit. acribus namque custo-*
diis domum et vias saepserat Livia, laetique interdum nuntii
vulgabantur, donec provisis, quae tempus monebat, simul ex-
cessisse Augustum et rerum potiri Neronem fama eadem tulit.

1 *haec atque talia:* gemeint sind die im vorhergehenden Kapitel ausgeführten Erörterungen der Menschen über die Nachfolge. — *agitantibus* (*abl. abs.*) während beredet wurde (*agitare* in Bewegung setzen, bereden). — *gravescere:* histor. Infin., als Vergangenheit zu übersetzen. — *scelus uxoris:* der Livia. — *comite uno F. M.* nur mit F. M. als einzigem Begleiter. — *Planasia:* kleine Insel bei Elba, wohin der nachgeborene Sohn des Agrippa und der Iulia, Agrippa Postumus, verbannt worden war; Iulia war die Tochter des Augustus aus der Ehe mit Scribonia; also Enkel des Augustus (und Stiefenkel der Livia). — *penates* Hausgötter; metonymisch: Haus.

— 2 *gnārus* = *notus.* — *Caesari* 'dem Caesar' (Augustus). — *auditos* (*esse*) *in funere* (beim Begräbnis) *gemitūs* (Seufzer) *Marciae semet* (sich selbst) *incusantis.* — 3 *utcumque se ea res habuit* wie sich das auch verhalten hat, wie dem auch sei. — *properis litteris accitur* wird durch einen Eilbrief herbeigerufen. — *spirantem ... exanimem* noch atmend ... leblos. — *Nola:* Stadt im Norden des Vesuv. — 4 *saepire* umzäunen, besetzen. — *laeti nuntii* frohe Berichte, günstige (Krankheits-)Berichte. — *donec provisis* bis (alles) vorbereitet war. — *fama* hier: Bekanntmachung. — *Neronem rerum potiri* daß Nero die Herrschaft antrete (Tiberius Claudius Nero ist der volle Name des Tiberius).

Hat Tacitus nicht suggeriert, Livia habe den Tod des Augustus angezettelt? Obwohl er es nicht *expressis verbis* tut! Er sagt nur am Anfang *quidam suspectabant*, erwähnt aber dann die, wie es schien, auffallenden Vorbereitungen Livias, um ihrem Sohn das Erbe zu erhalten. Wir möchten eher sagen, Livia habe eine erstaunliche Tatkraft und Umsicht bewiesen, um diesen ersten Regierungswechsel, den das Imperium zu bestehen hatte, vonstatten gehen zu lassen, ohne daß das Weltreich in seinen Fundamenten erschüttert wurde. Die Geschichte der späteren Thronwechsel hat ihr recht gegeben. Von den Geschichtsschreibern, die das Ende des Augustus erwähnen, berichtet Dio, Augustus habe vermutet, von Livia vergiftet worden zu sein, während Sueton nichts davon weiß — auch hat nach ihm Augustus selbst den Tiberius gerufen und eine Unterredung mit ihm gehabt, seine letzten Worte sollen sogar gewesen sein: *Livia, nostri coniugii memor vive, ac vale!*

Wie sehr Tacitus einen Mann, an dem er wahre Größe und menschliche Sauberkeit erkennt, zu rühmen weiß, dafür ist sein Bericht über das Ende des Arminius ein glänzender Beweis. Hervorgehoben hat Tacitus diese Darstellung, indem er sie wirkungsvoll ans Ende des II. Buches der Annalen gestellt hat (II 88):

Reperio apud scriptores senatoresque eorundem temporum Adgandestrii principis Chattorum lectas in senatu litteras, quibus mortem Arminii promittebat, si patrandae neci venenum mitteretur, responsumque esse non fraude neque occultis, sed palam et armatum populum Romanum hostes suos ulcisci. qua gloria aequabat se Tiberius priscis imperatoribus, qui venenum in Pyrrhum regem vetuerant prodiderantque.

2 *Ceterum Arminius abscedentibus Romanis et pulso Maroboduo regnum adfectans libertatem popularium adversam habuit, petitusque armis cum varia fortuna certaret, dolo propinquorum cecidit: liberator haud dubie Germaniae, et qui non primordia populi Romani, sicut alii reges ducesque, sed florentissimum imperium lacessierit, proeliis ambiguus, bello non victus.*
3 *septem et triginta annos vitae, duodecim potentiae explevit, caniturque adhuc barbaras apud gentes, Graecorum annalibus ignotus, qui sua tantum mirantur, Romanis haud perinde celebris, dum vetera extollimus recentium incuriosi.*

1 *scriptores senatoresque* Schriftsteller, die Senatoren waren (die also Einsicht in die Protokolle hatten und vielleicht selbst bei den Verhandlungen zugegen waren). — *patrare* vollbringen. — *occultis* (neutr. plur.) durch Heimlichkeiten, heimlich. — *prodiderantque* und es ihm angezeigt hatten.

2 *abs-cedere* abziehen. — Marbods Reich war 19 n. Chr. vernichtet worden. — *affectare* nach etw. streben. — *libertatem adversam habuit* hatte die Freiheitsliebe gegen sich. — *petitus armis* mit Waffengewalt angegriffen (näml. Arminius). — *cum certaret variā fortunā* als er mit wechselndem Glück kämpfte. — *primordia* Anfänge. — *proeliis ambiguus* in den Kämpfen nicht immer gleich glücklich. — 3 *sua* neutr. plur. — *haud perinde* nicht sonderlich (näml. nicht nach Verdienst). — *celebris* bei Tac. 2-endig. — *in-curiosus* (*cura*) mit Gen.: sich nicht kümmernd um *recentium* (neutr. plur.).

Die Frage nach der Tatsächlichkeit des Berichteten und damit die nach Objektivität und Glaubwürdigkeit würde, für sich allein stehend, Tacitus nicht gerecht. Die geschichtlichen Fakten sind für ihn nur der Rohstoff, die ungeordnete Masse, ein Chaos, das es zu gestalten gilt, das als toter Gegenstand in die lebendige Form zu bringen ist. Diese Form muß den inneren Ablauf des Geschehens sichtbar machen, muß dem Wirken der geschichtsgestaltenden Kräfte bis in ihre Ursachen und letzten Tiefen nachspüren, denn dies ist das eigentlich und letztlich Wesentliche, das Geschichtsmächtige und

Zukunftsträchtige. Trotzdem aber ist Geschichte nicht etwa Fatum und Wirken anonymer Mächte, sondern das Schicksal bildet die Voraussetzung, unter der der Mensch sich zu bewähren hat. Die Daseinsbewährung ist die Aufgabe, die dem Menschen gestellt ist, an und in ihr hat sich seine innere Wertigkeit, seine *virtus*, zu erfüllen.

Mit solchen Aufgaben und Fragen, die der Historiker an die Masse des Geschehenen heranträgt, trifft sich Tacitus ideell mit der antiken Historiographie überhaupt, vielleicht am meisten mit Sallust, dessen Einfluß auf ihn nicht zu übersehen ist. Doch Tacitus hat die Aufgabe in einzigartiger Weise bewältigt.

Aber selbst die Frage nach Geschichtsbild und Geschichtsauffassung und nach der inneren Bewältigung des Geschehens kann nur an die eine Seite der schriftstellerischen Persönlichkeit Tacitus' heranführen: Eine andere, nicht minder wichtige, gilt dem Künstler Tacitus, der die Kunst der Darstellung in der Komposition des Ganzen und des Einzelnen in meisterhafter Weise beherrscht, der zudem ein bewundernswerter Sprachformer und Sprachbildner ist. Seine Geschichtsschreibung ist künstlerische Gestaltung, Stil und Sprache sind dem Geschilderten angemessen. Obwohl Tacitus alle Möglichkeiten der lateinischen Sprache wie kaum ein anderer beherrscht und obwohl es ist, als habe er alle Gestaltungskraft dieser Sprache sich zu eigen gemacht, hat er doch einen ganz persönlichen Stil geschaffen. Keine ciceronianische Periodisierung, kein funkelndes Wort- und Gedankenspiel wie bei Seneca, vielmehr eine unbeschreibbare Verhaltenheit, nicht düster, doch dunkel, nicht kurz, aber knapp, nicht verhüllend, aber die letzten Tiefen nur andeutend. Hier wird versucht, der Sprache die letzten Geheimnisse zu entlocken, hier wird aber auch dem lesenden Menschen der Widerklang zum Denken und Empfinden des Autors abgefordert.

Mit Tacitus hat sich die römische Geschichtsschreibung zu einzigartiger Höhe erhoben. Was noch folgt, ist mindereren Ranges, wovon unter anderem die Kaiserbiographien Suetons erhalten sind.

Auch für die römische Literatur an sich bedeutet Tacitus einen neuen Gipfelpunkt. Deshalb wollen wir hier auch mit ihm abschließen, so unrichtig und ungerecht es wäre, wollten wir verkennen, daß es noch viele bedeutende Namen gibt, deren Werke, erhalten oder durch die Ungunst des Schicksals verloren, in einer Gesamtschau der römischen Literatur noch zu nennen wären. Das ist ja gerade einer der Reize der lateinischen Literatur, daß sie keinen Abschluß findet, daß die Sprache noch viele Jahrhunderte weiterlebt, herrschend über die Alte Welt, als längst schon das Volk, das sie zuerst gesprochen und über die Erde getragen hatte, seinen Platz anderen einräumen mußte.

Die Stammformen der wichtigeren Verba

Bei Verba, die mit anderen Kasus verbunden werden als im Deutschen, ist dies durch *aliquem*, *aliquid* (Akk., vgl. Nr. 7), *alicui* (Dat., vgl. Nr. 58), *aliquā rē* (Abl., vgl. Nr. 32) angegeben (s. S. 82). Verba, bei denen das Part. Futur angegeben ist, bilden nur dieses nicht aber das P.P.P.

a-(1.)Konjugation

Perfekt auf -vī

1.	laudāre	laudō	laudāvī	laudātum	loben

Ebenso die meisten Verba der a-Konjugation.

Perfekt auf -uī

2.	cubāre	cubō	cubuī	cubitum	liegen
3.	domāre	domō	domuī	domitum	zähmen, bändigen
4.	vetāre	vetō	vetuī	vetitum	verbieten (aliquem)
5.	secāre	secō	secuī	sectum	schneiden, abschneiden

Ebenso *īnsecāre* einschneiden.

6.	sonāre	sonō	sonuī	—	tönen

Perfekt mit Dehnung des Stammvokals

7.	(ad)iuvāre	(ad)iuvō	(ad)iūvī	(ad)iūtum	unterstützen helfen (aliquem)
8.	lavāre	lavō	lāvi	lautum	waschen.

Perfekt mit Reduplikation

9.	stāre	stō	stetī	(stātūrus)	stehen
	circumstāre	circumstō	circúmstetī		herumstehen;

aber:

praestāre	praestō	praestitī	praestātūrus	voranstehen, übertreffen (alicui), leisten (aliquid)

Ebenso: *īnstāre* bevorstehen (drohen), bedrängen; *cōnstāre* bestehen, kosten; *restāre* übrigbleiben; *distāre* (ohne Perf.) entfernt sein.

10. dăre	dō	dedī	dătum	geben

Das a der Stammsilbe ist überall kurz außer in *dās*, *dā* und *dāns* (*dăntis*). Wie *dăre* bildet die Stammformen auch *circúmdăre* (*circúmdedī*, *circúmdătum*) umgeben.
Die übrigen Komposita gehen nach der dritten Konjugation, s. Nr. 172.

Deponentia

11. hortārī	hortor	hortātus sum	ermahnen, ermuntern

Ebenso alle übrigen Deponentia der 1. Konjugation.

e-(2.)Konjugation

Perfekt auf -vī

12. dēlēre	dēleō	dēlēvī	dēlētum	zerstören
13. (dē)flēre	(dē)fleō	(dē)flēvī	(dē)flētum	(be)weinen
14. complēre	compleō	complēvī	complētum	anfüllen

Ebenso *implēre* anfüllen, *explēre* ausfüllen, *supplēre* ergänzen.

Perfekt auf -uī

P.P.P. auf -itus

15. habēre	habeō	habuī	habitum	haben, halten

Ebenso *adhibēre* (*ádhĭbēs*) anwenden, *prohibēre* hindern.

	dēbēre	*dēbeō*	*dēbuī*	*dēbitum*	schulden, verdanken, müssen,
	praebēre	*praebeō*	*praebuī*	*praebitum*	gewähren
16.	merēre	mereō	meruī	meritum	verdienen (s. Nr. 67)
17.	monēre	moneō	monuī	monitum	mahnen, erinnern

Ebenso *admonēre* ermahnen, erinnern.

18.	nocēre	noceō	nocuī	nocitum	schaden
19.	placēre	placeō	placuī	placitum	gefallen
	displicēre	displiceō	displicuī	—	mißfallen
20.	tacēre	taceō	tacuī	(tacitus verschwiegen)	schweigen
21.	terrēre	terreō	terruī	territum	(er)schrekken

Ebenso *absterrēre* und *dēterrēre* abschrecken.

22.	arcēre	arceō	arcuī	—	abhalten, abwehren
	coërcēre	coërceō	coërcuī	coërcitum	zügeln
	exercēre	exerceō	exercuī	(exercitātum)	üben
23.	valēre	valeō	valuī	valitūrus	gesund sein, vermögen
24.	carēre	careō	caruī	caritūrus	entbehren (*aliquā rē*, altlat. auch *alicuius reī*)
25.	dolēre	doleō	doluī	dolitūrus	Schmerz empfinden
26.	iacēre	iaceō	iacuī	(iacitūrus)	liegen
27.	pārēre	pāreō	pāruī	pāritūrus	gehorchen (auf Befehl erscheinen)

Ebenso *appārēre* erscheinen.

P.P.P. auf -tus

28.	docēre	doceō	docuī	doctum	lehren
29.	tenēre	teneō	tenuī	—	halten
	obtinēre	obtineō	obtinuī	obtentum	innehaben, festhalten, behaupten

Ebenso *abstinēre* sich enthalten, *continēre* zusammenhalten, *pertinēre* sich erstrecken, sich beziehen, *sustinēre* aushalten.

30.	miscēre	misceō	miscuī	**mixtum**	mischen

P.P.P. auf -sus

31.	cēnsēre	cēnseō	cēnsuī	cēnsum	schätzen, meinen

Ebenso *recēnsēre* mustern, *suscēnsēre* zürnen.

P.P.P. ungebräuchlich

32.	egēre	egeō	eguī	—	} ermangeln, bedürfen (aliquā rē oder alicuius reī)
	indigēre	indigeō	indiguī	—	}
33.	flōrēre	flōreō	flōruī	—	blühen
34.	horrēre	horreō	horruī	—	schaudern
35.	latēre	lateō	latuī	—	verborgen sein
36.	ēminēre	ēmineō	ēminuī	—	hervorragen
	imminēre	immineō	—	—	bevorstehen, drohen
37.	patēre	pateō	patuī	—	offenstehen
38.	silēre	sileō	siluī	—	schweigen

39.	splendēre	splendeō	splenduī	—	glänzen
40.	studēre	studeō	studuī	—	sich bemühen, streben
41.	timēre	timeō	timuī	—	(sich) fürchten
42.	vigēre	vigeō	viguī	—	lebenskräftig, frisch sein
43.	maerēre	maereō	—	—	trauern, betrauern

Perfekt auf -sī

P.P.P. auf -tus

44.	augēre	augeō	**auxī**	**auctum**	vermehren, fördern
45.	torquēre	torqueō	torsī	tortum	drehen, foltern
46.	indulgēre	indulgeō	indulsī	indultum	Nachsicht schenken, nachgeben

P.P.P. auf -sus

47.	rīdēre	rīdeō	rīsī	rīsum	lachen
	irrīdēre	irrīdeō	irrīsī	irrīsum	verlachen, verspotten
48.	suādēre	suādeō	suāsī	suāsum	raten, zureden

Ebenso *persuādēre* mit Erfolg raten, überreden, überzeugen (*alicui*).

49.	ārdēre	ārdeō	ārsī	ārsūrus	brennen, glühen
50.	iubēre	iubeō	iussī	iussum	heißen, beauftragen, befehlen (aliquem)

51. haerēre	haereō	haesī	haesum	hangen, stecken bleiben
52. manēre	maneō	mānsī	mānsūrus	bleiben

Ebenso *permanēre* verbleiben, verharren, *remanēre* zurückbleiben.

P.P.P. ungebräuchlich

53. fulgēre	fulgeō	fulsī	—	blitzen, glänzen
54. lūcēre	lūceō	lūxī	—	leuchten
55. lūgēre	lūgeō	lūxī	—	(be)trauern
56. urgēre	urgeō	ursī	—	(be)drängen

Perfekt mit Dehnung des Stammvokals

P.P.P. auf -tus

57. cavēre	caveō	cāvī	cautum	sich hüten
58. favēre	faveō	fāvī	fautūrus (fautum)	gewogen sein, begünstigen (alicui)
59. movēre	moveō	mōvī	mōtum	bewegen

Ebenso *commovēre* und *permovēre* (*pérmŏvēs, permōvī*) heftig bewegen.

60. vovēre	voveō	vōvī	vōtum	geloben

Ebenso *dēvovēre* den Unterirdischen als Opfer weihen, verfluchen.

P.P.P. auf -sus

61. sedēre	sedeō	sēdī	sessum	sitzen
obsidēre	obsideō	obsēdī	obsessum	belagern

Ebenso *possidēre* besitzen.

62. vidēre	videō	vīdī	vīsum	sehen

Ebenso *invidēre* beneiden (*alicui*), *providēre* voraussehen (*aliquid*), vorsorgen, sorgen für (*alicui*).

vidērī	videor	vīsus sum		scheinen.

Perfekt mit Reduplikation

63.	mordēre	mordeō	momordī	morsum	beißen, kränken
64.	spondēre	spondeō	spopondī	spōnsum	geloben
	respondēre	respondeō	respondī	respōnsum	antworten

respondi ohne Reduplikation.

65.	pendēre	pendeō	pependī	—	hangen
	impendēre	impendeō	—	—	bevorstehen, drohen

Deponentia

Part. Perf. auf -itus

66.	pollicērī	polliceor	pollicitus sum	versprechen
67.	merērī	mereor	meritus sum (s. Nr. 16)	verdienen, sich verdient machen
68.	miserērī	misereor	miseritus sum	sich erbarmen
69.	verērī	vereor	veritus sum	(sich) scheuen, fürchten, ehren

Part. Perf. auf -tus

70.	rērī	reor	rătus sum	(be)rechnen, meinen

Part. Perf. auf -sus

71.	fatērī	fateor	fassus sum	bekennen, gestehen
	cōnfitērī	cōnfiteor	cōnfessus sum	bekennen, gestehen

Ebenso *profitērī* offen erklären.

Perf. ungebräuchlich

72.	mederī	medeor	—		heilen (alicui)
73.	tuērī	tueor	(tūtātus sum)		(be)schützen.

Ebenso *intuērī* anschauen.

Halbdeponentia

74.	solēre	soleō	solitus sum	pflegen, gewohnt sein
75.	audēre	audeō	ausus sum	wagen
76.	gaudēre	gaudeō	gāvīsus sum	sich freuen.

i-(4.)Konjugation

Perfekt auf -vī

77.	audīre	audiō	audīvī	audītum	hören

Ebenso die meisten Verba der 4. Konjugation.

78.	sepelīre	sepeliō	sepelīvī	sepultum	begraben

Perfekt auf -uī

79.	aperīre	aperiō	aperuī	apertum	öffnen
	operīre	operiō	operuī	opertum	bedecken
80.	salīre	saliō	saluī	—	springen
	dēsilīre	dēsiliō	dēsiluī	—	herabspringen

Perfekt auf -sī

P.P.P. auf -tus

81.	fulcīre	fulciō	fulsī	fultum	stützen
82.	haurīre	hauriō	hausī	haustum	(aus)schöpfen

83. sancīre	sanciō	sānxī	sānctum	festsetzen
84. vincīre	vinciō	vīnxī	vīnctum	fesseln

P.P.P. auf -sus

85. sentīre	sentiō	sēnsī	sēnsum	fühlen, merken, meinen

Ebenso *cōnsentīre* übereinstimmen, *dissentīre* uneins sein, anderer Meinung sein.

Perfekt mit Dehnung des Stammvokals

86. venīre	veniō	vēnī	ventum	kommen
advenīre	adveniō	advēnī	adventum	ankommen
	(ádvĕnit)	(advḗnit)		

Ebenso *convenīre* zusammenkommen, aufsuchen, antreffen (*aliquem*), *invenīre* (er)finden, *pervenīre* (ans Ziel) gelangen, *subvenīre* zu Hilfe kommen.

Perfekt mit Reduplikation

87. reperīre	reperiō	**repperī**	repertum	finden

aber:

88. comperīre	comperiō	**comperī**	compertum	erfahren

Deponentia

Part. Perf. auf -tus

89. blandīrī	blandior	blandītus sum	schmeicheln
90. lārgīrī	lārgior	lārgītus sum	spenden, schenken
91. mentīrī	mentior	mentītus sum	ersinnen, erdichten, lügen
92. mōlīrī	mōlior	mōlītus sum	in Bewegung setzen, ins Werk setzen, unternehmen

93. partīrī	partior	partītus sum	teilen
94. potīrī	potior	potītus sum	sich bemächtigen (aliquā rē)
95. sortīrī	sortior	sortītus sum	erlosen

Part. Perf. auf -tus

96. experīrī	experior	expertus sum	versuchen, erproben

Ebenso *opperīrī* erwarten.

Part. Perf. auf -sus

97. assentīrī	assentior	assēnsus sum	beistimmen
98. mētīrī	mētior	mēnsus sum	messen, beurteilen

Ebenso *dīmētīrī* abmessen.

99. ōrdīrī	ōrdior	ōrsus sum	anfangen

Konsonantische (3.) Konjugation

Perfekt auf -(ī)vī

100. sinere	sinō	sīvī	sītum	lassen, zulassen
dēsinere	dēsinō	dēsii	dēsitum	ablassen, aufhören
pōnere	pōnō	posuī	positum	setzen, stellen, legen

Ebenso *compōnere* zusammenstellen, *dēpōnere* niederlegen, *dispōnere* einteilen, ordnen, *expōnere* aussetzen, darlegen, *oppōnere* entgegenstellen, *praepōnere* an die Spitze stellen.

101. serere	serō	sēvī	sătum	säen, pflanzen (vgl. 115)
īnserere	īnserō	īnsēvī	īnsitum	einpflanzen
102. cernere	cernō	—	—	sehen, sichten

	dēcernere	dēcernō	dēcrēvī	dēcrētum	beschließen

Ebenso *discernere* unterscheiden, *sēcernere* absondern.

103.	spernere	spernō	sprēvī	sprētum	verschmähen
104.	sternere	sternō	strāvī	strātum	ausbreiten, hinbreiten

Ebenso *prōsternere* niederstrecken.

105.	arcessere	arcessō	arcessīvī	arcessītum	herbeiholen
106.	lacessere	lacessō	lacessīvī	lacessītum	reizen
107.	petere	petō	petīvī	petītum	erstreben, erbitten, angreifen

Ebenso *appetere* begehren, *repetere* wiederholen, *suppetere* (reichlich) vorhanden sein.

108.	quaerere	quaerō	quaesīvī	quaesītum	suchen, fragen
	perquīrere	perquīrō	perquīsīvī	perquīsītum	durchsuchen, nachforschen

Perfekt auf -uī

P.P.P. auf -itus

109.	in-cumbere	incumbō	incubuī	(incubitūrus)	sich verlegen (auf etwas)
	succumbere	succumbō	succubuī	(succubitūrus)	unterliegen
110.	**gi**-gnere	gignō	genuī	genitum	erzeugen

P.P.P. auf -tus

111.	alere	alō	aluī	altum	nähren
112.	colere	colō	coluī	cultum	bebauen, pflegen, ehren

Ebenso *excolere* ausbilden, *incolere* (*incŏlō*) bewohnen.

113.	occulere	occulō	occuluī	occultum	verbergen, verhehlen
114.	cōnsulere	cōnsulō	cōnsuluī	cōnsultum	befragen (aliquem), sorgen für (alicui) sich beraten (mit *cum*)
115.	serere	serō	seruī	sertum	reihen (vgl. 101)

Ebenso *cōnserere* (*cṓnsĕrō*) verknüpfen, *dēserere* verlassen, *disserere* erörtern.

116.	texere	texō	texuī	textum	weben

P.P.P. ungebräuchlich

117.	gemere	gemō	gemuī	—	seufzen, stöhnen
118.	tremere	tremō	tremuī	—	zittern

Perfekt auf -sī

P.P.P. auf -tus

119.	cingere	cingō	cīnxī	cīnctum	umgürten, umzingeln
120.	coquere	coquō	coxī	coctum	kochen (trans.)
121.	dīcere	dīcō (Imp. **dīc**)	dīxī	dictum	sagen

Ebenso *ēdīcere* (*ēdīcō*) verordnen, *interdīcere* untersagen, *maledīcere* schmähen.

122.	dūcere	dūcō (Imp. dūc)	dūxī	ductum	ziehen, führen

Ebenso *condūcere* anwerben, mieten, *ēdūcere* (*ēdūcō*) herausführen, *trādūcere* hinüberführen.

123.	fingere	fingō	fīnxī	fictum	bilden, erdichten
124.	afflīgere	afflīgō	afflīxī	afflīctum	niederschlagen

Ebenso *cōnflīgere* kämpfen; aber

	prōflīgāre	prōflīgō	prōflīgāvī	prōflīgātum (a-Konj.)	zu Boden schlagen
125.	gerere	gerō	gessī	gestum	tragen, ausführen
126.	iungere	iungō	iūnxī	iūnctum	verbinden

Ebenso *coniungere* verbinden, *sēiungere* (*disiungere*) trennen.

127.	nūbere	nūbō	nūpsī	nuptum	heiraten (von der Frau) (alicui)

(*in mātrimōnium dūcere* heiraten: vom Mann)

128.	pingere	pingō	pīnxī	pictum	malen
129.	regere	regō	rēxī	rēctum	lenken, leiten
	corrigere	corrigō	correxī	corrēctum	verbessern

Ebenso *dīrigere* leiten, *porrigere* darreichen; aber

	pergere	pergō	perrēxī	perrēctūrus	fortfahren

Ebenso *surgere* sich erheben, aufstehen.

130.	scrībere	scrībō	scrīpsī	scrīptum	schreiben

Ebenso *cōnscrībere* ausheben (*mīlitēs*), *dēscrībere* beschreiben, *praescrībere* vorschreiben, *prōscrībere* ächten.

131.	sculpere	sculpō	sculpsī	sculptum	meißeln
132.	exstinguere	exstinguō	exstīnxī	exstīnctum	auslöschen

Ebenso *distinguere* unterscheiden.

133.	stringere	stringō	strīnxī	strictum	(ab)streifen zücken
134.	struere	struō	strūxī	strūctum	schichten, aufbauen

Ebenso *cōnstruere* erbauen, *īnstruere* aufrichten, aufstellen.

135.	tegere	tegō	tēxī	tēctum	bedecken

Ebenso *dētegere* (*dētĕgō*) aufdecken, *prōtegere* schützen.

136.	contemnere	contemnō	contempsī	contemptum	verachten
137.	trahere	trahō	trāxī	tractum	ziehen, schleppen
138.	ūrere	ūrō	ussī	ustum	(ver)brennen (trans.)

Ebenso *combūrere* verbrennen.

139.	vehere	vehō	vēxī	vectum	fahren, ziehen (trans.)
	vehī	vehor	vectus sum		fahren (intr.)
140.	vīvere	vīvō	vīxī	vīctūrus	leben

P.P.P. ungebräuchlich

141.	fluere	fluō	flūxī	—	fließen
142.	rēpere	rēpō	rēpsī	—	kriechen
143.	serpere	serpō	serpsī	—	kriechen

P.P.P. auf -sus

144.	cēdere	cēdō	cessī	cessum	gehen, weichen

	concēdere	concēdō	concessī	concessum	erlauben, zugeben, einräumen

Ebenso *dēcēdere* weggehen, *discēdere* auseinandergehen, *succēdere* heranrücken, nachfolgen.

145.	mittere	mittō	mīsī	missum	schicken

Ebenso *āmittere* verlieren, *dīmittere* entlassen, *omittere* unterlassen, *permittere* erlauben, *prōmittere* versprechen.

146.	claudere	claudō	clausī	clausum	(ein)schließen
	exclūdere	exclūdō	exclūsī	exclūsum	ausschließen
147.	laedere	laedō	laesī	laesum	verletzen, kränken
	ēlīdere	ēlīdō	ēlīsī	ēlīsum	ausstoßen
148.	lūdere	lūdō	lūsī	lūsum	spielen

Ebenso *illūdere illūdo* verspotten.

149.	plaudere	plaudō	plausī	plausum	Beifall klatschen
	explōdere	explōdō	explōsī	explōsum	auszischen
150.	rādere	rādō	rāsī	rāsum	schaben
151.	rōdere	rōdō	rōsī	rōsum	nagen
152.	dīvidere	dīvidō	dīvīsī	dīvīsum	teilen
153.	vādere	vādō	(vāsī	vāsum)	gehen, schreiten

Ebenso *ēvādere* herausgehen, entrinnen, *invādere* eindringen, angreifen.

P.P.P. auf -sus durch Analogiebildung

Da die reguläre Bildung des P.P.P. auf *-tum* erfolgt, hatte sich bei der vorhergehenden Gruppe *-ss-* oder *-s-* lautgesetzlich entwickelt:

dt und *tt* wird zu *ss*; dieses aber wird nach langem Vokal und Diphthong zu *s* vereinfacht. — Bei der folgenden Gruppe von Verba ist das *s* des P.P.P. nur durch Analogie, d. h. durch Angleichung zu erklären.

154.	fīgere	fīgō	fīxī	fīxum	heften, befestigen
155.	flectere	flectō	flexī	flexum	biegen, beugen
156.	cōnectere	cōnectō	cōnexī (od. -ui)	cōnexum	verknüpfen
157.	(dē-) mergere	(dē-) mergō	(dē-) mersī	(dē-) mersum	eintauchen, versenken
158.	spargere	spargō	sparsī	sparsum	streuen
	dispergere	dispergō	dispersī	dispersum	zerstreuen
159.	premere	premō	pressī	pressum	drücken
	opprimere	opprĭmō	oppressī	oppressum	unterdrücken, überraschen

Perfekt mit Dehnung des Stammvokals

160.	agere	agō	ēgī	āctum	(be)treiben, handeln
	peragere	péră̆gō	perēgī	perāctum	vollenden
	redigere	rédĭgō	redēgī	redāctum	zurückbringen, in Ordnung bringen

Ebenso *exigere* vertreiben, fordern, *subigere* unterwerfen.

	cōgere	cōgō	coēgī	coāctum	sammeln, zwingen
161.	frangere	frangō	frēgī	frāctum	brechen (trans.)
	perfringere	perfringō	perfrēgī	perfrāctum	zerbrechen (trans.)

162.	emere	emō	ēmī	ēmptum	kaufen
	redimere	rédimō	redēmī	redēmptum	loskaufen

Ebenso *dirimere* trennen, *eximere* herausnehmen, *interimere* beseitigen.

dēmere	dēmō	dēmpsī	dēmptum	wegnehmen
prōmere	prōmō	prōmpsī	prōmptum	hervorholen
sūmere	sūmō	sūmpsī	sūmptum	nehmen

Ebenso *cōnsūmere* aufbrauchen, verschwenden.

163.	legere	legō	lēgī	lēctum	lesen
	colligere	cólligō	collēgī	collēctum	sammeln

Ebenso *dēligere* und *ēligere* (aus)wählen.

dīligere	dílīgō	dīlēxī	dīlēctum	lieben, hochschätzen
intellegere	intéllĕgō	intellēxī	intellēctum	einsehen
neglegere	néglĕgō	neglēxī	neglēctum	vernachlässigen

164.	cōnsīdere	cōnsīdō	cōnsēdī	—	sich setzen, niederlassen
	possīdere	possīdō	possēdī	possessum	in Besitz nehmen
165.	edere	edō	ēdī	ēsum	essen
166.	relinquere	relinquō	relīquī	relictum	zurücklassen
167.	rumpere	rumpō	rūpī	ruptum	(zer)brechen (trans.)

Ebenso *corrumpere* verderben, bestechen, *ērumpere* ausbrechen, *irrumpere* einbrechen.

168.	vincere	vincō	vīcī	victum	(be)siegen

Ebenso *convincere* überführen, *dēvincere* völlig besiegen.

169. fundere fundō fūdī fūsum (hin) gießen, ausgießen

Ebenso *cōnfundere* verwirren, *diffundere* zerstreuen, verbreiten, *infundere* einflößen, *profundere* vergießen, preisgeben.

Perfekt mit Reduplikation

Die Komposita dieser Verba werfen jedoch die Reduplikationssilbe ab, außer die von *dare* und *stare* (Nr. 9). Mit *re-* zusammengesetzte Komposita haben zuweilen als Rest der Reduplikation nur noch Konsonantenverdoppelung.

P.P.P. auf -tus

170. bibere bibō bibī (pōtum) trinken

171. cōnsistere cōnsistō cṓnstitī — sich hinstellen

Ebenso *dēsistere* abstehen, *exsistere* entstehen, *obsistere* sich entgegenstellen, *resistere* widerstehen.
aber: *circumsistere circumsistō circúmstĕtī* — umstellen, umringen

172. dēdere dēdō dēdidī dēditum übergeben

Ebenso *abdere* verbergen, *addere* hinzufügen, *condere* gründen, *crēdere* glauben; *ēdere* herausgeben, *perdere* zugrunde richten, *prōdere* verraten; *reddere* zurückgeben, *trādere* überliefern, *vendere* verkaufen.
s. Nr. 10!

173. pungere pungō púpugī pūnctum stechen

174. tangere tangō tétigī tāctum berühren
attingere attingō áttĭgī attāctum anrühren

Ebenso *contingere* berühren, zuteil werden.

175. tendere tendō teténdī tentum dehnen, spannen
contendere contendō contendī contentum anspannen, sich anstrengen, eilen, kämpfen

Ebenso *intendere* richten auf, *ostendere* zeigen („entgegenhalten"), *portendere* prophezeien.

P.P.P. auf -sus

176.	pendere	pendō	pepéndī	pēnsum	wägen, zahlen
177.	cadere	cadō	cécĭdī	cāsūrus	fallen
	incidere	incĭdō	incĭdī	incāsūrus	hineinfallen
	recidere	récĭdō	réccidī	recāsūrus	zurückfallen

Ebenso *dēcĭdere* herabfallen, *occĭdere* (*óccidō*) untergehen, sterben.

178.	caedere	caedō	cecīdī	caesum	fällen, niederschlagen
	occídere	occídō	occídī	occīsum	töten
179.	rescindere	rescindō	réscĭdī	rescissum	einreißen, losreißen

P.P.P. auf -sus durch Analogiebildung

180.	currere	currō	cucúrrī	cursum	laufen
	succurrere	succurrō	succurrī	succursum	zu Hilfe eilen

Ebenso *accurrere* herbeieilen, *concurrere* zusammenlaufen, *occurrere* begegnen.

181.	pellere	pellō	pépulī	pulsum	(ver)treiben
	appellere	appellō	áppulī	appulsum	herantreiben, landen

Ebenso *expellere* austreiben, *impellere* antreiben.

	repellere	*repellō*	*réppulī*	*repulsum*	zurücktreiben
182.	percellere	percellō	pérculī	perculsum	erschüttern
183.	parcere	parcō	pepércī	parsūrus	sparen, schonen (alicui)

P.P.P. ungebräuchlich

184.	canere	canō	cécinī	(cantātum)	singen

185.	fallere	fallō	fefélli	(dēceptum)	täuschen

Perfekt ohne Veränderung des Präsensstammes

186.	accendere	accendō	accendī	accēnsum	anzünden

Ebenso *incendere* anzünden.

187.	ascendere	ascendō	ascendī	ascēnsum	hinaufsteigen

Ebenso *cōnscendere* besteigen, *dēscendere* herabsteigen.

188.	dēfendere	dēfendō	dēfendī	dēfēnsum	verteidigen

Ebenso *offendere* anstoßen, beleidigen.

189.	prehendere	prehendō	prehendī	prehēnsum	ergreifen

Ebenso *comprehendere* ergreifen, *reprehendere* tadeln.

190.	vertere	vertō	vertī	versum	wenden

Ebenso *āvertere* abwenden, *convertere* ändern, *ēvertere* umstürzen, zerstören, *animadvertere* wahrnehmen.

Verba ohne Perfekt (und P. P. P.)

191.	excellere	excellō	(praestitī	praestātūrus)	sich auszeichnen
192.	furere	furō	—	—	rasen
193.	tollere	tollō	(sustulī	sublātum)	aufheben, wegschaffen

Verben auf -uō

194.	acuere	acuō	acuī	—	schärfen
195.	abluere	abluō	abluī	ablūtum	abwaschen

Ebenso *dīluere* auflösen.

196.	minuere	minuō	minuī	minūtum	(ver)mindern
197.	statuere	statuō	statuī	statūtum	festsetzen
	cōnstituere	cōnstituō	cōnstituī	cōnstitūtum	beschließen

Ebenso: *īnstituere* einrichten, *restituere* wiederherstellen.

198.	tribuere	tribuō	tribuī	tribūtum	zuteilen
199.	exuere	exuō	exuī	exūtum	ausziehen

Ebenso *induere* anziehen.

200.	solvere	solvō	solvī	solūtum	lösen, zahlen

Ebenso *absolvere* freisprechen.

201.	volvere	volvō	volvī	volūtum	wälzen, rollen
202.	ruere	ruō	ruī	ruitūrus	stürzen, eilen
	corruere	corruō	corruī	—	zusammenstürzen
	dīruere	dīruō	dīruī	dīrutum	zerstören
	obruere	óbruō	óbruī	óbrutum	verschütten
203.	arguere	arguō	arguī	(accūsātum)	beschuldigen
204.	metuere	metuō	metuī	—	fürchten

Verba der 3. Konjugation auf -i

Perfekt auf -vī

205.	cupere	cupiō	cupīvī	cupītum	begehren

Perfekt auf -uī

206.	rapere	rapiō	rapuī	raptum	raffen, rauben
	dīripere	dīripiō	dīripuī	dīreptum	plündern

Ebenso *arripere* an sich reißen, *ēripere* entreißen.

207.	ēlicere	ēliciō	ēlicuī	ēlicitum	heraus-locken

Perfekt auf -sī

208.	concu-tere	concutiō	concussī	concus-sum	erschüttern

Ebenso *percutere* erschüttern, durchbohren.

209.	cōnspi-cere	cōnspi-ciō	cōnspexī	cōnspec-tum	erblicken

Ebenso *aspicere* anschauen, *dēspicere* verachten, *prōspicere* voraus-schauen, sorgen für (*alicui*), *respicere* berücksichtigen, *suspicere* em-porblicken, beargwöhnen.

Perfekt mit Dehnung des Stammvokals

210.	capere	capiō	cēpī	captum	fangen, fassen
	accipere	accipiō (áccĭpis)	accēpī	acceptum	annehmen, vernehmen

Ebenso *dēcipere* täuschen, *praecipere* vorschreiben, *suscipere* unter-nehmen.

	incipere	incipiō	(**coepī**)	inceptum (und coep-tum)	anfangen
211.	facere	faciō	fēcī	factum	machen, tun
	Imperativ: **fac!** Passiv: fīō				

Komposita mit der Form -faciō

assuēfa-cere	assuēfa-ciō	assuēfēcī	assuēfac-tum	gewöhnen

Ebenso *patefacere* öffnen, *satisfacere* genügen, Genugtuung leisten.

Imperativ: -fac
Passiv: -fīō, -fīs, -fit usw.

Komposita mit der Form -ficiō

afficere	afficiō	affēcī	affectum	versehen mit

Ebenso *cōnficere* beenden, *dēficere* abfallen, fehlen, *efficere* bewirken, *interficere* töten, *perficere* bewirken, vollenden, *praeficere* an die Spitze stellen.

Imperativ: -fice
Passiv: -ficior, -ficeris, -ficitur usw.

212.	iacere	iaciō	iēcī	iactum	werfen
	abicere	abiciō	abiēcī	abiectum	wegwerfen

Ebenso *adicere* (*ádĭcis*) beifügen, *ēicere* vertreiben, *inicere* hineinwerfen, einflößen, *obicere* entgegenwerfen, vorwerfen, *subicere* unterwerfen.

213.	fugere	fugiō	fūgī	(fugitūrus)	fliehen

Ebenso *aufugere* und *effugere* entfliehen, *perfugere* sich flüchten, überlaufen.

214.	fodere	fodiō	fōdī	fossum	graben

Ebenso *perfodere* und *trānsfodere* durchbohren.

Perfekt mit Reduplikation

215.	parere	pariō	péperī	partum (aber **paritūrus**)	gebären, erwerben

Verba auf -scō

Viele Verba aller Konjugationen erweitern den Präsensstamm durch Anfügung von -sc-. Auch von Nominalstämmen (Subst. und Adj.) werden solche Verben gebildet. Diese Verben heißen ***verba incohātīva*** (von ***incohāre*** beginnen), da sie den Beginn eines Vorgangs bezeichnen.

Stammverba auf -scō

216.	pāscere	pāscō	pāvī	pāstum	weiden (trans.)

217.	crēscere	crēscō	crēvī	—	wachsen
218.	quiēscere	quiēscō	quiēvī	(quiētūrus)	(aus)ruhen
219.	assuēscere	assuēscō	assuēvī	—	sich gewöhnen
	cōnsuēscere	cōnsuēscō	cōnsuēvī	(ich pflege)	consuetum gewohnt
220.	nōscere	nōscō	nōvī (ich kenne)		erkennen notum bekannt
	ignōscere	ignōscō	ignōvī	ignōtum	verzeihen
	cōgnōscere	cōgnōscō	cōgnōvī	cṓgnitum	erkennen, erfahren
221.	discere	discō	didicī	—	lernen
222.	poscere	poscō	poposcī	(postulātum)	fordern

Abgeleitete Verba auf -scō

223.	obmūtēscere (mūtus)	obmūtēscō	obmūtuī	—	verstummen
224.	conticēscere (tacēre)	conticēscō	conticuī	—	
225.	exārdēscere (ārdēre)	exārdēscō	exārsī	—	entbrennen
226.	convalēscere (valēre)	convalēscō	convaluī	—	erstarken
227.	cōnscīscere (scīre)	cōnscīscō	cōnscīvī	—	beschließen

228. adolēscere (alere)	adolēscō	adolēvī	(adultus erwachsen)	heranwachsen

Deponentia

Konsonantenstämme (außer auf -sc-)

229. fungī	fungor	fūnctus sum	verrichten, verwalten (aliquā rē)
230. querī	queror	questus sum	klagen, beklagen
231. loquī	loquor	locūtus sum	reden, sprechen

Ebenso *alloquī* anreden, *colloquī* sich unterreden, *ēloquī* aussprechen.

232. sequī	sequor	secūtus sum	folgen (aliquem)

Ebenso *assequī* und *cōnsequī* erreichen, erlangen, *obsequī* (*alicui*) gehorchen, *persequī* verfolgen.

233. fruī	fruor	(fruitūrus)	genießen (aliquā rē)
234. ūtī	ūtor	ūsus sum	gebrauchen, benützen (aliquā rē).

Ebenso *abūtī* mißbrauchen.

235. nītī	nītor	nīsus und nīxus sum	sich stützen (aliquā rē), streben
236. amplectī	amplector	amplexus sum	umfassen

Ebenso *complectī* umfassen, umschließen.

237. lābī	lābor	lāpsus sum	gleiten, sinken

Mit -sc- erweiterte Stämme

238.	nāscī	nāscor	**nātus** sum	geboren werden
239.	nancīscī	nancīscor	nactus (nānctus) sum	erlangen
240.	ulcīscī	ulcīscor	ultus sum	rächen, sich rächen
241.	īrāscī	īrāscor	(suscēnsui)	zürnen, grollen
242.	adipīscī	adipīscor	adeptus sum	erlangen, erreichen
243.	proficīscī	proficīscor	profectus sum	sich aufmachen, aufbrechen, (ab)reisen
244.	comminīscī	comminīscor	commentus sum	ersinnen
	reminīscī	reminīscor	(recordātus sum)	sich erinnern
245.	oblīvīscī	oblīvīscor	oblītus sum	vergessen
246.	vēscī	vēscor	(vīxi)	sich nähren

i-Stämme

247.	orīrī	orior	ortus sum (oritūrus)	entstehen

Ebenso *adorīrī* angreifen, unternehmen.

248.	morī	morior	mortuus sum (moritūrus)	sterben
249.	patī	patior	passus sum	leiden, zulassen
250.	gradī	gradior	gressus sum	schreiten
	ággredī	aggredior	aggressus sum	angreifen

Ebenso *congredī* zusammentreffen, sich messen, *ēgredī* hinausgehen, *trānsgredī* überschreiten.

Halbdeponentia

251. fīdere	**fīdō**	**fīsus sum**	trauen

Ebenso *cōnfīdere* vertrauen, *diffīdere* mißtrauen.

252. revertī	**revertor**	**revertī** (reversūrus)	zurückkehren

reversus zurückgekehrt.

dēvertī	dēvertor	dēvertī (dēversūrus)	einkehren

Verzeichnis der S. 308—334 mit den Stammformen angeführten Verba

Die Zahlen bezeichnen die laufenden Nummern

Das griechische Alphabet

groß	klein	Name		übliche Aussprache
Α	α	ἄλφα	alpha	ă, ā
Β	β	βῆτα	bēta	b
Γ	γ	γάμμα	gamma	g
Δ	δ	δέλτα	delta	d
Ε	ε	ἒ ψῑλόν	ĕpsīlon	ĕ
Ζ	ζ	ζῆτα	zēta	z
Η	η	ἦτα	ēta	ǟ
Θ	θ,ϑ	θῆτα	thēta	th
Ι	ι	ἰῶτα	iōta	ĭ, ī
Κ	κ	κάππα	kappa	k
Λ	λ	λά(μ)βδα	la(m)bda	l
Μ	μ	μῦ	my	m
Ν	ν	νῦ	ny	n
Ξ	ξ	ξῖ	xī	x
Ο	ο	ὂ μῑκρόν	omīkron	ŏ
Π	π	πῖ	pī	p
Ρ	ρ	ῥῶ	rhō	r
Σ	σ,ς	σῖγμα	sīgma	s
Τ	τ	ταῦ	tau	t
Υ	υ	ὖ ψῑλόν	ypsīlon	ǚ, ǖ
Φ	φ	φῖ	phī	ph
Χ	χ	χῖ	chī	ch
Ψ	ψ	ψῖ	psī	ps
Ω	ω	ὦ μέγα	ōmega	ō

Bei θ ϑ stehen beide Formen nebeneinander, σ wird im Wort, ς am Wortende verwendet (daneben erscheint auch c sowohl im Wortinnern als auch am -ende). Das Alphabet, das sich durchgesetzt hat und das wir verwenden, ist das ionische.

In der gebräuchlichen Aussprache sind wir inkonsequent: Wenn wir χ wie deutsches ch und φ wie deutsches ph ('Philosophie') aussprechen, müßten wir θ nicht wie in 'Theater', sondern etwa wie das englische th aussprechen; so geschieht das tatsächlich im Neugriechischen. Die altgriechische Aussprache war kh, ph, th (k+h, p+h, t+h). Den meisten deutschsprachigen Lesern wird die Unterscheidung zwischen k und kh, p und ph, t und th schwerfallen. (Nicht so ist es z. B. im französischsprachigen Bereich, wie jeder erfährt, der Französisch lernt. Trotzdem sprechen die Franzosen φ und θ kaum anders aus als wir; das χ mehr zu k hin, wie 'Christus' im Deutschen.) Weniger offenbare Differenzen, vor allem aber die Unterschiede in der Aussprache der verschiedenen Länder, brauchen uns hier nicht zu beschäftigen.

Die griechischen Buchstaben werden auch als Zahlzeichen verwendet, wobei jedoch für die 6 das Zeichen ϛ: στίγμα steht. Zur Kennzeichnung, daß es sich um Zahlen handelt, wird ein Strich zugesetzt (im Lateinischen wird er über das Zeichen geschrieben: X̄). α′ = 1; β′ = 2; ϛ′ = 6; ζ′ = 7 usw.; folglich ist ι′ = 10, ια′ = 11, ιβ′ = 12 usw. bis κ′ = 20; κα′ = 21; λ′ = 30 usw. bis π′ = 80; dann folgt ein anderes, in der Schrift sonst nicht vorkommendes Zeichen ϙ: κόππα, so daß ϙ′ = 90, ρ′ = 100, σ′ = 200 usw. ist. Bei ω′ = 800 ist das Alphabet erschöpft; ϡ: σαμπῖ (lokal für σσ?) = 900. Bei den Tausendern setzt man den Strich vor den Buchstaben: ‚α = 1000, ‚β = 2000, folglich, ‚ι = 10000. Aber in den gedruckten literarischen Texten werden, wie im Lateinischen, die höheren Zahlen, etwa ab 2000, in Worten ausgeschrieben. Das in besonders feierlich gemeinten Inschriften begegnende MCMLXXXV = 1985 würde griechisch so aussehen: ‚ΑϡΠΕ. Begegnen wird Ihnen das allerdings wohl kaum.

Die römischen Namen

Oben auf S. 193 und 259 wurde schon darauf hingewiesen, daß die Römer der klassischen Zeit in der Regel drei Namen hatten, *praenomen* (Vorname), *nomen gentile* (Gentil- oder Sippenname), *cognomen* (Zu- oder Familienname): *M. Tullius Cicero*, und daß die Frauen nur nach der gens benannt wurden. *Claudia* oder *Iulia* sind also so wenig weibliche Vornamen wie *Sempronia* oder *Tullia*, sondern das sind Sippennamen ('eine aus der Sippe der Claudier' bzw. der 'Iulier'). Das hängt mit dem gentilizischen Denken der Römer zusammen und damit, daß Eheschließungen Familienpolitik waren. Bekanntestes Beispiel Caesar/Pompeius: Die familiären Beziehungen spiegeln die politischen wieder — oder eher umgekehrt: politische Beziehungen werden durch Heirat bekräftigt. Caesar heiratet im Jahre 67 die Tochter des Pompeius, und als das Verhältnis der beiden Männer erkaltete, läßt er sich von Pompeia scheiden. Um das sog. „1. Triumvirat" mit Caesar und Crassus zu untermauern, heiratet Pompeius Caesars Tochter Iulia. Nach deren Tod im Jahre 55/54 ist das Zerwürfnis nicht mehr zu kitten. Aber echte Liebe schloß das nicht aus. Auch dafür kann man Caesar anführen, der Flucht und Lebensgefahr und auch — so sah es jedenfalls damals aus — den Verzicht auf eine politische Laufbahn lieber auf sich nahm, als sich von Cornelia zu scheiden. Oder Tiberius: Der spätere Kaiser mußte sich auf Befehl des Kaisers Augustus von seiner Frau, zu der er eine tiefe Zuneigung empfand, trennen und aus staatspolitischen Gründen die wenig liebenswerte Tochter des Augustus heiraten.

Absurd allerdings wäre es anzunehmen, ein Vater oder eine Mutter hätten ihre geliebte Tochter mit *Claudia*, 'Claudierin' oder *Iulia*, 'Iulierin' angeredet. Die Liebhaber taten das ebenfalls nicht, wie man sich bei Catull und den Elegikern überzeugen kann. In aller

Welt gibt es Kosenamen, auch in Rom. Und natürlich hat der Vater seinen kleinen Sohn weder mit *Iulius* noch mit *Caesar* angeredet; *Gaius* aber könnte er gesagt haben.

Die Römer haben die ursprüngliche (indoeuropäische) Benennung mit einem einzigen Individualnamen zugunsten der Mehrnamigkeit und der Vererbbarkeit unter etruskischem Einfluß aufgegeben. Mindestens seit etwa 300 v. Chr. ist die Dreinamigkeit ausgebildet.

Schon in der republikanischen Zeit gibt es Ehrennamen, die mit dem Namen verwachsen waren (*Africanus* bei den beiden Scipionen) oder Namen, die eine Eigenschaft zur Unterscheidung von anderen Namensträgern hervorhoben (*Barbatus*). Auch die Frauen, zunächst höchstens durch Zusätze, wie *Minor*, *Tertia*, unterschieden, führen spätestens seit der Kaiserzeit häufig Gentil- und Cognomen des Vaters, um sie nicht nur als Angehörige einer gens, sondern auch einer bestimmten Familie aus dieser gens zu bezeichnen.

Die römischen Praenomina werden immer abgekürzt, denn die Abkürzungen sind eindeutig. (Wir ahmen also nicht die Römer nach, wenn wir Vornamen abkürzen). *M.* kann nie etwas anderes heißen als *Marcus*, *P.* nichts anderes als *Publius*. Zählt man alle bekannten Praenomina zusammen, kommt man auf 18 Namen, von denen aber nur ein gutes Dutzend in Gebrauch blieb (z.B. wurde das altertümliche *Kaeso* — mit K! — obsolet). Zur Schreibung ist zu beachten, daß die häufigen Namen *Gaius* und *Gnaeus*, werden sie ausgeschrieben, *G* haben, abgekürzt *C* (*C. Iulius Caesar: Gaius Iulius Caesar*; Cn. Pompeius Magnus: Gnaeus Pompeius Magnus).

Ursprünglich wurde in der lateinischen Schrift nicht zwischen C und G unterschieden. Wenn Sie das griechische Alphabet ansehen, bemerken Sie, daß der dritte Buchstabe Gamma ist, also das stimmhafte („weiche") G; an dieser Stelle steht im lateinischen Alphabet das C (der stimmlose, „harte" k-Laut). Die Notwendigkeit, zwischen beiden Lauten zu unterscheiden, führte dazu, dem Buchstaben C einen Strich hinzuzufügen und ihn an eine andere Stelle des Alphabets zu versetzen.

Die Praenomina

A. = *Aulus*	Mam. = *Mamercus*
App. = *Appius*	N. (oder Num.) = *Numerius*
C. = *Gaius*	P. = *Publius*
Cn. = *Gnaeus*	Q. = *Quintus*
D. = *Decimus*	S. oder Sex. = *Sextus*
K. = *Kaeso*	Ser. = *Servius*
L. = *Lucius*	Sp. = *Spurius*
M. = *Marcus*	T. = *Titus*
M'. = *Manius*	Ti. oder Tib. = *Tiberius*

Der Stolz des Römers auf zahlreiche männliche Nachkommenschaft drückt sich aus in den Vornamen, die eigentlich Zahlen sind: *Quintus*, *Sextus*, *Decimus*, 'der fünfte, sechste, zehnte (Sohn)'. In historischer Zeit war diese Grundbedeutung jedoch verloren, auch ein erster oder zweiter Sohn konnte *Q.*, *Sex.* oder *D.* heißen.

Kalender und Zeitrechnung

Den in Unordnung geratenen Kalender in Ordnung zu bringen, war Cäsars Pflicht als Pontifex maximus. Da er aber eben Cäsar war, begnügte er sich nicht mit Flickwerk, sondern er reformierte den Kalender so gründlich, daß wir heute noch — mit der kleinen Änderung durch Papst Gregor XIII. — nach ihm leben. Die Zahl der Tage und der Monate ist heute dieselbe, die Cäsar festgelegt hat. Auf den Seiten 16 und 42 wurde schon auf eine Merkwürdigkeit hingewiesen: Die Römer hatten für drei Tage des Monats besondere Namen und rechneten von da zurück, mit Einschluß des Anfangs- und Endtages, so daß z. B. der 30. Januar „der dritte Tag vor den Kalenden des Februar" ist, abgekürzt geschrieben „a d III Kal Febr" Die Nonen waren am 5. Tag des Monats, die Iden am 13., außer in vier Monaten, März, Mai, Juli, Oktober; da waren sie am 7. bzw. 15. Monatstag. Cäsars Ermordung geschah „an den Iden des März", in dem die Iden am 15. Monatstag sind.

Wer gerne ein Merkwort hat: Milmo (März IuLi Mai Oktober).

Die Abkürzung *a. d.* wird gelesen *ante diem*; das ist natürlich so nicht übersetzbar; entstanden wird es sein aus *die III ante Kal Febr*; für den Vortag wurde *pridie* gebraucht, also *pridie Kalendas Februarias* ist der 31. Januar; entsprechend *pridie Idus Ianuarias*, *pridie Nonas Ianuarias*. Und so fort in allen Monaten.

Geschaltet wurde nach dem 24. Februar. Es wurde also nicht einfach ein Tag an den *februarius*, den 'Reinigungsmonat', angehängt: Das könnte die Unterirdischen, mit denen man es sich nicht verderben darf, irritieren. Dieser Tag wird gezählt als „der zweimal sechste vor den Kalenden des März", d. h. *a d VI Kal Mart* wird *bis* 'zweimal' gezählt. Dies kennzeichnet das entsprechende Jahr, das somit *annus bisextilis* 'das Jahr mit zweimal dem Sechsten' heißt. 'Schaltjahr' ist italienisch Anno bisestile, französisch Année bissextile, spanisch Año bisiesto, und sogar neugriechisch δίσεκτον ἔτος (d. i. die Übersetzung ins Griechische).

Wie die Jahresbestimmung, d.h. die Benennung der Jahre ausgedrückt wurde, ist oben beim ablativus absolutus (S. 150) behandelt. Natürlich fragt man nun, wie die Römer die Jahre gezählt haben. Das scheint uns eine ganz selbstverständliche Sache, und auch, daß es dafür einen Fixpunkt geben muß. Wir legen bedenkenlos unsere Jahreszählung auch an andere Kulturen an, auch wenn wir das unpraktische „vor" und „nach" einführen müssen.

Ob man „vor Chr." oder „v(or) u(nserer) Z(eitrechnung)" sagt, ist ganz unerheblich, da der Fixpunkt derselbe ist. Übrigens: Wir wissen zwar nicht genau, wann Christus geboren ist, sondern nur, daß das von dem Mönch Dionysius Exiguus in der ersten Hälfte des 6. Jahrhunderts errechnete Datum falsch ist.

Die als rational gelobten oder als rationalistisch gescholtenen Römer müssen ein System gehabt haben, so nehmen wir als selbstverständlich an, mit dem sie die Jahre zählen, nicht nur benennen, konnten. Hätten sie es nur gehabt, wir würden vielleicht immer noch damit die Jahre zählen! Beherrschend ist die „Varronische Ära" geworden, die dieser große Gelehrte, der 116—27 v. Chr., also zur Zeit Ciceros, lebte, durch die Errechnung der Gründung Roms im Jahre 753 angebahnt haben soll. Zunächst war sie eine unter mehreren Berechnungen, die nicht einmal Historiker wie Livius und Tacitus verpflichtet hat. Alle diese Berechnungen setzen zwar die Gründung Roms um etwa diesselbe Zeit an, nur das Wichtigste, das genaue Datum blieb uneinheitlich. Und was war vor Varro?

Die vermeintliche Verbindlichkeit der Varronischen Ära führte dazu, daß manche Veröffentlichungen zur römischen Geschichte die Jahreszahlen nur mit a(b) u(rbe) c(ondita) angeben (so Mommsen fast immer in seinem „Staatsrecht") oder daß die Jahreszahlen nach beiden Ären, der varronischen und der christlichen, genannt werden (so Mommsen fast immer im „Strafrecht").

Bei der Berechnung von Zeitspannen, die über unseren Fixpunkt hinübergreifen, ist zu beachten, daß es das Jahr 0 nicht gibt, sondern daß auf das Jahr 1 v. Chr. das Jahr 1 n. Chr. folgt, weil das Geburtsjahr — im Gegensatz zu unserer Gewohnheit — mit 1 gezählt wird. So beträgt z. B. die Zeit von 3 vor Chr. bis 3 nach Chr. nicht 6 volle Jahre sondern 5. Die Umrechnungsformel von der varronischen zur christlichen Ära ist einfach: 753 + 1 — x, wobei x die varronische Jahreszahl ist; die Zurechnung von 1 ergibt sich daraus, daß Anfangs- und Endjahr mitgezählt werden. (Cäsar wurde 710 a.u.c. ermordet: 753 + 1 — 710 = 44 v. Chr.) Logischerweise muß von den Zahlen, die größer sind als 753, dieses 753 von der höheren abgezogen werden, um das Jahr n. Chr. zu ermitteln. Dabei heben sich das zuzuzählende Jahr und das wegen des Fehlens der 0 abzuziehende auf: x + 1 — 1 — 753 = x — 753. (Die Schlacht im Teutoburger Wald war 762 a.u.c.: 762 — 753 = 9 n. Chr.) Die Umrechnung von unserer zur varronischen Ära dürfte praktisch ohne Bedeutung sein, ist aber mathematisch leicht ableitbar. (Das Todesjahr Cäsars ist 44 v. Chr.: 753 + 1 — 44 = 710 a.u.c. Die Schlacht im Teutoburger Wald war 9 n. Chr.: 753 + 9 = 762 a.u.c.)

Register

Die Zahlen bezeichnen die Seiten

NACHWORT

Dies ist ein „Lehrgang für Liebhaber". Das Buch wünscht sich also in erster Linie Leser, die Freude an der Sprache haben oder glauben, die Fähigkeit zu besitzen, Freude daran zu bekommen. Für Menschen, die lateinische Texte nur in Übersetzung lesen können und mit diesem Surrogat nicht zufrieden sind, oder denen zweisprachige Ausgaben mehr als nötig Mühe machen und die diesem Übelstand abhelfen wollen, außerdem für die, die einfach Lust und Liebe haben, eine Sprache zu lernen, für sie vor allem ist das Buch geschrieben. Wer seine etwas verschütteten Kenntnisse aus früherer Zeit wieder so weit heranholen möchte, daß er lateinische Dichtung und Prosa zu verstehen imstande ist, dem soll dieses Buch ebenfalls ein nützlicher Führer sein.

Natürlich ist es für Erwachsene geschrieben, denen nicht erst die elementaren Begriffe der Grammatik erläutert werden müssen. Sie werden auch wissen, daß eine gewisse geistige Anspannung erforderlich ist, um in eine Sprache einzudringen. Geistige Anspannung kann eine Freude sein — daß sie nicht zur Plage wird, das war das Bemühen des Verfassers.

Das vorliegende Buch ist nicht in der Art eines Reiseführers oder Schnellkurses verfaßt, denn es kommt ja nicht darauf an, daß der Leser mit einigen „alten Römern" über den Kaufpreis von Waren handelseins wird oder sich als Ortsunkundiger nicht verläuft, sondern das Bestreben steht im Vordergrund, auf dem Weg über die einfachen Gegebenheiten der Grammatik den Weg zu ebnen, auf dem ein tieferes Eindringen in den Geist der Sprache möglich ist. Der Leser wird auch Tatsachen finden, die ihm manches aussagen über Lebensart und Denken des Volkes, dessen Sprache er kennenlernt. Deshalb sind auch die Beispielsätze und -verse nicht wahllos aus der Fülle der Literatur herausgegriffen. Sie sollen etwas mehr geben als einprägsame Exempel für grammatische Regeln.

Wichtig und vielleicht sogar notwendig schien es, zusammenhängende Stücke aus lateinischen Schriftstellern anzuschließen. Zwei Gründe vor allem waren dafür maßgebend: Die Sprache muß zu uns reden, das kann sie nur, wenn man an längere Partien herangeht, und zweitens sollte ein Führer auf dem Weg in die Originaltexte gegeben werden, als Stütze für die ersten Schritte in — ein- oder zweisprachige — Gesamtausgaben. Weder eine vollständige Literaturgeschichte noch ein erschöpfender Überblick über die gesamte lateinische Literatur sollte und konnte das werden. Aber ein Gerüst ließ sich bauen, das gerne Erweiterungen und Ausbauten bei fortgesetzter Beschäftigung mit der lateinischen Literatur und Sprache erträgt. Die Geburtsorte der Schriftsteller sind, was so selten geschieht, mit antiken und modernen Namen genannt; die Erwähnung der Straßen, die zu diesen Orten führen, soll nicht nur das Auffinden auf der Karte, sondern auch das Finden bei einer Italienreise erleichtern.

Die Texte sind Originale, nicht in „Anfängerlatein" umgeschriebene Stücke. Lieber wurden zusätzliche Erklärungen angebracht, als vom Text abgewichen. Sinnvoll erschien eine chronologische Anordnung: Anders hätte man den Verzicht auf einen Gang durch die römische Literatur auf sich nehmen müssen.

Das Erarbeiten der Übersetzungstechnik wird der Lernende zweckmäßigerweise bei der Prosa der Republik beginnen: Caesar, Sallust, Cicero und schließlich Cato. Dabei wird er merken, daß die gemeinhin als „leicht" bekannten Schriftsteller auch ihre recht schwierigen Stellen haben, daß überhaupt die Bezeichnungen „leicht" und „schwer" nicht absolut sind. Die Schule beginnt meist mit Caesar, weil den Kindern klare Sätze und Lesestücke, in denen etwas Augenfälliges geschieht, angemessen sind. Bald soll dann auch die Dichtung herangezogen werden, trotz mancher Schwierigkeiten, die sich vielleicht u. a. aus der Wortstellung ergeben. Doch ist hier durch die Erklärungen darauf gesehen, daß gerade bei den Dichtern, die zuerst gelesen werden sollen, Vergil, Tibull, Catull, Horaz, die Schwierigkeiten nicht überhand nehmen. Das Metrum ist dann nicht allzu schwer, wenn von Anfang an auf saubere Aussprache geachtet wurde. Die dringende Anregung, auf richtige Aussprache zu achten, wird hoffentlich nicht übersehen werden!

Im ersten, dem grammatischen Teil ist in jedem Falle die Quantität bezeichnet, im zweiten Teil ist natürlich im Text selbst darauf verzichtet, aber in den Erläuterungen sind Hilfen gegeben, lieber zu viel als zu wenig.

Es konnte nicht die Absicht sein, ein Wörterbuch zu ersetzen. Wenig sinnvoll wäre es bei der Zielsetzung dieses Lehrgangs auch gewesen, nach Art der Schul-Übungsbücher in einem „Wortschatz“ Wörter zum Lernen zusammenzustellen. Dieser Lehrgang vertraut darauf, daß sich der Benützer die Wörter zunächst anhand der Sätze merkt, dann aber sich selbst einen Wortschatz zusammenstellt, und zwar je nach Lektüre: So wird er bald etwas von der Wandelbarkeit der Sprache auch im Wortgebrauch ins Gefühl bekommen und beobachten, daß die Sprache durch die Jahrhunderte nicht die gleiche geblieben ist (plötzlich werden dann auch die Angaben der Wörterbücher „klassisch“, „vorklassisch“, „nachklassisch“ Leben gewinnen). Daher der Rat, der von der Starrheit des Wörterlernens wegführen oder vielmehr gar nicht erst zu ihr hinführen soll: Bei der Anlage eines eigenen Wörterverzeichnisses den gelesenen Schriftsteller vermerken!

Die Verbalformen der wichtigeren Verba finden sich im Anhang zusammengestellt. Die Verba sind auch in einem Index verzeichnet.

Niemand wird hoffentlich darüber streiten wollen, warum gerade dieses Stück und nicht jenes aufgenommen wurde: Die lateinische Literatur ist trotz aller Verluste reich genug, um weiten Spielraum zu lassen. Gründe für die Aufnahme gerade dieser Stücke sind meist aus dem verbindenden Text ersichtlich. Daß die Größeren, Bedeutenderen bevorzugt wurden, bedarf keiner Worte. Nun ist allerdings die lateinische Literatur mit Tacitus nicht zu Ende, im Gegenteil, ein weites, nicht endendes Gebiet öffnet sich noch im ausgehenden Altertum, im Mittelalter und in der Neuzeit. Aber wo Beschränkung not tut und ein Fundament errichtet werden soll, wird man selbstverständlich die „Klassiker“ bevorzugen. Der Um- und Ausblicke jedoch gibt es viele!